Peter F. Schmid

PERSONALE BEGEGNUNG

Peter F. Schmid

PERSONALE BEGEGNUNG

Der personzentrierte Ansatz
in Psychotherapie,
Beratung, Gruppenarbeit und Seelsorge

echter

Die Deutsche Bibliothek – CIP-Einheitsaufnahme

Schmid, Peter F.:
Personale Begegnung : der personzentrierte Ansatz in Psychotherapie, Beratung, Gruppenarbeit und Seelsorge / Peter F. Schmid. – 2. Aufl. – Würzburg : Echter, 1995
ISBN 3-429-01243-0

2., verbesserte und ergänzte Auflage 1995

Umschlag: Ernst Loew
Gesamtherstellung: Echter Würzburg
Fränkische Gesellschaftsdruckerei und Verlag GmbH
ISBN 3-429-01243-0

Vorwort

»Prüft alles. Was gut ist, behaltet.«
(1 Thess 5,21)

Eine Fülle von Literatur sowie unzählige Aus- und Fortbildungsveranstaltungen werden für Menschen in den sogenannten helfenden Berufen angeboten. Eine nahezu unüberschaubare Auswahl an Kenntnissen und Fertigkeiten wird vermittelt, die die alltäglichen zwischenmenschlichen Begegnungen, das Gespräch zu zweit und in der Gruppe, aber auch den Umgang mit sich selbst erleichtern sollen. Ob es sich um Psychotherapeuten oder Berater, um Ärzte oder Psychologen, Lehrer oder Erzieher, um Erwachsenenbildner oder Jugendleiter, um Sozialarbeiter oder Seelsorger handelt: Die Verlockung, nach »brauchbaren Methoden« zu greifen, ist groß. Der Druck der Anforderung im Beruf läßt nach rascher Effizienz und leichter Erlernbarkeit suchen. Die Vielzahl der Möglichkeiten für in Ausbildung Stehende oder Ausbildung Suchende macht die Entscheidung schwer. So fällt die Wahl oft auf leicht Zugängliches, bei weitem nicht immer auf das der suchenden Person und ihrer Situation Entsprechende.

Aus beruflichem und persönlichem Interesse, oft auch aus der Not der konkreten Situation sehen sich darüber hinaus viele, die nicht in eigentlichen Sozialberufen stehen, in ihrer praktischen Tätigkeit, aber auch im alltäglichen Umgang mit Menschen und sich selbst dazu herausgefordert, nach Hilfen, oft in Form von »Techniken«, ja »Rezepten«, Umschau zu halten und sie »anzuwenden«. Manches wird solcherart aus der Not der Stunde heraus unreflektiert übernommen, und es entsteht eine Praxis, die viele Ansätze vermischt. Oft genug wird sie nur am kurzfristigen Erfolg oder an der »Brauchbarkeit« gemessen.

Gerade für Psychotherapeuten und in Erziehungs-, Sozial- oder Pastoralberufen Tätige ist es daher erforderlich, die angebotenen Handlungs- und Denkansätze auf ihre anthropologischen Hintergründe, d. h. auf ihr zugrundeliegendes Menschenbild, zu befragen. Auch die eigenen Einstellungen und Haltungen, aus denen die täglich angewendeten Methoden, das berufliche Verhalten und die zwischenmenschlichen Beziehungen des einzelnen erwachsen, müssen zunächst einmal reflektiert und auf ihre Herkunft und ihre Ziele hin kritisch hinterfragt werden, will man eine befriedigende und sinnvolle Veränderung seiner Beziehungen und seiner Tätigkeit erreichen.

Das vorliegende Buch will dazu einen Beitrag leisten: Es bietet eine Einführung in den personzentrierten Ansatz. Grundsätzlichen Überlegungen zu hilfreicher Gesprächsführung und Beratung folgt eine ausführliche Darstellung des personzentrierten Ansatzes von Carl Rogers und von einigen seiner hauptsächlichen Anwendungsgebiete. Dies geschieht – möglichst authentisch an den Intentionen seines Begründers orientiert – im Bestreben, ihn als Konzept zum Verständnis der Person und ihrer Beziehungen zu beschreiben. Dabei wird er als Handlungsgrundlage für die vielfältigen Möglichkeiten und Formen personaler Begegnung und somit wechselseitiger Förderung von Persönlichkeitsentwicklung deutlich.

Der umfassenden Analyse eines Beratungsgesprächs folgt ein eigener Abschnitt über personzentrierte Seelsorge und ihre praktisch-theologischen Grundlagen sowie ein ausführliches Literaturverzeichnis.

Erstmals wird auch eine vollständige Bibliographie der amerikanischen und der deutschsprachigen Publikationen von Carl Rogers vorgelegt.

Wer hier Techniken und Tricks für den besseren Umgang mit Menschen sucht, wird enttäuscht sein: Aus der aufgezeigten Grundeinstellung heraus wird Gesprächsführung ebenso wie Psychotherapie oder Seelsorge vielmehr als ehrliches Bemühen verstanden, sich selbst als Person in einer hilfreichen Beziehung einzubringen. Das Buch hat solcherart einen Beitrag zur Bildung einer kritischen, eigenständigen, je persönlichen Haltung in der beruflichen und privaten Begegnung mit Menschen und in der Einstellung zu sich selbst und somit grundlegende Ansätze zu einer personzentrierten Einstellung und Praxis zum Ziel. Das Buch ist auf dem Hintergrund der Erfahrung als Ausbilder geschrieben und wendet sich an Angehörige der genannten Berufsgruppen ebenso wie an Studenten bzw. in einschlägiger Ausbildung Stehende. Es soll für den Interessierten eine profunde Information über Theorie und Praxis des personzentrierten Ansatzes in Psychotherapie, Beratung, (Aus-)Bildung, Gruppenarbeit und Seelsorge bieten. Darüber hinaus mag es auch eine Hilfe für Klienten sein, die sich mit den Grundlagen der Psychotherapie oder Beratung, die sie suchen oder erfahren, vertraut machen wollen.

Viele Anregungen verdanke ich der Auseinandersetzung mit den Ausbildungsteilnehmern in personzentrierter Gesprächsführung und Psychotherapie, den Studenten der Universität Wien und der Katholisch-Theologischen Hochschule in Linz und den Akademien und Fachschulen für Sozialarbeit sowie den Kursteilnehmern an einschlägigen Veranstaltungen. Mein Dank gilt insbesondere meinen Freunden und Kollegen in der »Arbeitsgemeinschaft Personenzentrierte Gesprächsführung (apg)« Ingeborg Rosenmayr, Robert Hutterer, Gerhard Pawlowsky und Reinhold Stipsits in Wien sowie Reverend Doug Land in La Jolla, Kalifornien. Mit ihnen zusammen wurde der fruchtbare Prozeß einer eigenständigen Rezeption und Weiterentwicklung des personzentrierten Ansatzes für die sozialen, pädagogischen, therapeutischen und pastoralen Bedingungen unseres Kultur- und Lebensraumes in Gang gesetzt und fortgeführt. Bei diesen Bemühungen fühlten wir uns durch die persönlichen Begegnungen und die Zusammenarbeit in gemeinsamen Seminaren und Veranstaltungen in Österreich mit Carl Rogers ermutigt und weiter herausgefordert. Nach seinem Tod soll die vorliegende Arbeit nun auch dem Andenken an ihn dienen.

Bedanken möchte ich mich bei den Herren Dr. Rück und Dr. Knapp vom Echter Verlag und für Hinweise für den philosophischen Teil bei Prof. Günter Rombold. Vor allem danke ich Prof. Wilhelm Zauner – nicht nur für viele Anregungen und Hinweise, sondern auch für seine Begleitung und Förderung meiner Tätigkeit und Persönlichkeitsentwicklung.
Meiner Frau danke ich herzlich für ihre Hilfe bei der Erstellung des Manuskripts.
Das Buch widme ich in großer Achtung und Wertschätzung meinem verstorbenen Lehrer und Freund, dem praktischen Theologen Prof. Ferdinand Klostermann, von dem ich neben vielem anderen gelernt habe, daß Respekt vor anderen Menschen stets mit Respekt vor sich selbst einhergeht.

Wien, im Frühjahr 1989 *Peter F. Schmid*

Vorwort zur 2. Auflage

Es freut mich, daß das Buch nicht nur eine sehr positive Rezeption erfahren hat, sondern auch in zahlreichen einschlägigen Seminaren und Kursen verwendet wird und sich ebenso als Einführung in den Personzentrierten Ansatz wie in eine personal verstandene Seelsorge bewährt hat. Die nunmehr notwendig gewordene zweite Auflage gibt Gelegenheit, neuere Entwicklungen aufzuzeigen (S. 385 ff) und manches, besonders auch hinsichtlich der jüngsten Literatur (S. 398 ff), zu ergänzen.

Wien, im Sommer 1995 *Peter F. Schmid*
A-1120 Wien, Koflergasse 4

1. VON PERSON ZU PERSON

Berufliche und private Anforderungen und Unzufriedenheit in zwischenmenschlichen Beziehungen führen bei vielen zu der Frage: Wie kann man hilfreiches Verhalten lernen?
In einer Hinführung zur Problemstellung wird gezeigt, daß dies eine falsche Fragestellung ist. Wer selbst je Hilfe gesucht hat, weiß: Gefragt sind nicht hilfreiche Verhaltensweisen, sondern hilfreiche Personen.

Im Spannungsfeld zwischen Anspruch und Realität

Viele Menschen empfinden in ihrer beruflichen Praxis oder in ihren privaten Beziehungen Unbehagen oder Ungenügen im zwischenmenschlichen Kontakt; andere spüren, daß sie ihre persönlichen und beruflichen Möglichkeiten bei weitem noch nicht ausschöpfen:
Psychologen in den vielfältigsten Sparten erleben ihre oft einseitig naturwissenschaftlich und experimentalpsychologisch orientierte Ausbildung als enttäuschend und als ungeeignet, um ihnen als Grundlage für eine befriedigende und effektive Berufsausübung zu dienen. Auch wurden ihre geheimen Hoffnungen nach größerer Selbsterkenntnis und Selbsterfahrung durch das Studium viel zu wenig befriedigt.
Ärzte erleben in der geringen zur Verfügung stehenden Zeit ihrer Praxis oder des Spitalbetriebes den Mangel an Zuwendung zum Menschen statt nur zu seiner Krankheit. Angesichts der oft ambivalenten Erwartungen ihrer Patienten fühlen sie sich zwischen dem effizienten »Medizinmann« und dem gesuchten verständnisvollen »Seelendoktor« hin- und hergerissen. Ähnliches gilt für Angehörige verschiedener medizinischer Berufe, vor allem für Krankenschwestern und Pfleger, die nicht selten in die

Rolle kommen, jene Erwartungen befriedigen zu sollen, die die Patienten eigentlich an die Ärzte haben.
Sozialarbeiter, die mit ihrer als bürokratisch oder vorwiegend ausforschend empfundenen Routinearbeit unzufrieden sind, wünschen sich, weniger diagnostisch und mehr begleitend tätig sein zu können; sie würden oft lieber rechtzeitig und präventiv Hilfe anbieten können, als erst dann tätig zu werden, wenn nur noch drastisch eingreifende Maßnahmen möglich sind. Wo es um längerfristige Betreuungen geht, empfinden sie ihre Ausbildung nicht selten als unzureichend.
Viele Lehrer und Erzieher sind unzufrieden mit den geringen Möglichkeiten, die sie im Gespräch mit Schülern in der Pause und oft nur zwischen Tür und Angel oder in der Sprechstunde mit den Eltern sehen. Sie würden lieber mehr von ihrer pädagogischen Kompetenz ins Spiel bringen und sind mit dem Unterrichtsgeschehen (bei Kindern und Erwachsenen) zunehmend unglücklich; sie erleben sich in der Spannung zwischen ihrem Anspruch, die Kreativität zu fördern, und der Notwendigkeit, einem Lehrplan und Bildungssystem Genüge zu tun.
Berater in den verschiedensten gesellschaftlichen und persönlichen Beratungsdiensten (Berufsberatung, Erziehungsberatung, Beratung für Frauen in Notsituationen, Ehe- und Familienberatung, Konsumentenberatung und vieles andere mehr) spüren ein Unbehagen mit ihrer Tätigkeit, weil sie das Gefühl nicht loswerden, oft auf die eigentlich hinter dem Anliegen, aus dem heraus sie aufgesucht werden, steckende Problematik nicht befriedigend eingehen zu können.
Seelsorger – Priester wie Laien, hauptamtliche wie schlicht in einer Gemeinde mitarbeitende Christen – spüren die vielfältigen Ansprüche ihrer Mitmenschen und wünschen sich, »die richtigen Worte zu finden«. Sie erleben sich auch in einem gewaltigen Spannungsfeld zwischen den Hoffnungen und Ängsten der Menschen, ihren eigenen beschränkten Möglichkeiten, den Anforderungen des Evangeliums und den Erwartungen und Aufträgen der Kirchenleitung.

Jugendleiter und Menschen, die in vielfältiger Art mit Jugendlichen zu tun haben, spüren, daß sie ständig daran arbeiten müssen, die Sprache der Jugendlichen zu verstehen und zu sprechen – wobei sie erleben, daß die verbale Kommunikation keineswegs ausreicht. Sie möchten sich nicht ständig genötigt sehen, zwischen Anbiederung und Konfrontation zu schwanken.

Gruppenleiter und Personen, die in Teams arbeiten, ahnen die Möglichkeiten, die eine konstruktive Zusammenarbeit ergeben kann, und leiden deshalb oft unter den Schwierigkeiten, die aus Konkurrenz und gegenseitiger Lähmung für alle Gruppenmitglieder entstehen.

Eltern schwanken zwischen ständig neuen Versuchen, mit ihren Kindern in lebendiger Auseinandersetzung zu bleiben bzw. wieder in sie einzutreten, und der Resignation, den Kontakt und Zugang verloren zu haben. Sie suchen einen Weg, auf der einen Seite die Kinder freizulassen und auf der anderen Seite mit ihren Sorgen und ihrer Verantwortung zurechtzukommen.

Ehepartner entdecken nach Jahren gemeinsamen Lebens oft schmerzlich, welch tiefe Kluft sie trennt, und sehnen sich nach einer neuen Art des Teilens und Anteilnehmens, aber auch nach persönlicher Emanzipation, so daß das Gemeinsame nicht zu Lasten ihrer eigenen Entwicklung geht. Dabei empfinden sie Veränderungen ihres Partners manchmal als beängstigend, manchmal als befreiend und als Anstoß zur eigenen Weiterentwicklung.

Viele andere, die mit Menschen arbeiten, beginnen erst langsam, den Wert von Selbsterfahrung und psychologischem Wissen zu schätzen: Manager und Wirtschaftsleute entdecken bisweilen, daß Verkaufstraining und Vertreterschulungen nur eine sehr eingeschränkte Dimension ihrer eigenen sozialen Bedürfnisse abdecken. Politiker bringen gelegentlich die Ehrlichkeit auf, ihre zwischenmenschlichen Kontakte und ihre politische Tätigkeit insgesamt zu hinterfragen. Auch Juristen und Rechtsberater beginnen zunehmend den Wert eines Verständnisses der Gesprächsbeziehung, in der sich ihre Tätigkeit abspielt, zu schätzen. Die Liste ließe sich beliebig fortsetzen.

Vor der Entscheidung zwischen Ausbildungswunsch und vielfältigen Angeboten

Viele der Genannten leiden unter Überforderung und klagen über Mangel an Zeit, »Kapazität« oder Fähigkeiten und Kenntnissen für die in ihrer Tätigkeit und in ihrem Leben empfundenen Probleme. So entsteht einerseits der Wunsch nach (zusätzlicher) Information und Ausbildung oder Weiterbildung. Andererseits verbindet sich nicht selten mit einem solchen Wunsch, Gesprächsführung zu lernen, die Erwartung, in kurzer Zeit, in einem Kurs etwa, einige Methoden oder Techniken kennenzulernen, die man dann »anwenden« kann, wenn man sie »beherrscht«. Manche wünschen sich, dabei einfach ein paar »Rezepte« zu bekommen, um mit den genannten Problemen besser fertig zu werden. Oder sie greifen zu einem Buch, in dem sie eine Liste von »Gesprächs- oder Verhaltensregeln« finden, die – einfach und bestechend einsichtig formuliert – ihre Hoffnung nähren, die zwischenmenschlichen Probleme in den Griff bekommen zu können.
Doch oft folgt solchen Erwartungen dann die große Enttäuschung darüber, daß sich die schönen Vorstellungen nicht so einfach verwirklichen lassen oder die konkrete Situation ganz anders ist, als das bei den Übungen im Buch oder beim Kurs der Fall war. Dann werden die Verhaltensregeln rasch vergessen oder beiseite gelassen, und der Betreffende sieht sich gezwungen, sich wieder auf seinen »Hausverstand« zu verlassen und es weiter nach eigenem Gutdünken recht und schlecht zu probieren.
Verständlich ist auch die Haltung jener, die angesichts der verwirrenden Fülle an psychologischen, psychotherapeutischen, sozialpsychologischen, gruppendynamischen, Selbsterfahrungs-, Verhaltens-, Gesprächsführungs-, Supervisions- und sonstigen Büchern und Seminaren, die angeboten werden, gar nicht erst die Mühe auf sich nehmen, zu sichten, was für sie brauchbar sein könnte. Oder die sich nach ersten enttäuschenden Erfahrungen wieder davon abzuwenden. Für sie wirken auch die begeisterten Erzählungen jener, die »nun endlich das

Richtige« gefunden zu haben meinen, eher abstoßend als einladend, weil die Faszination allzu messianisch und alleinseligmachend klingt.
Verantwortungsbewußtes und persönlich befriedigendes Handeln in allen genannten Gesprächssituationen setzt jedoch im Gegensatz zu einer Aneignung von Fertigkeiten voraus, daß man sich zunächst ernsthaft damit auseinandersetzt, wie ein Gespräch abläuft, was in einem solchen Gespräch eigentlich alles passiert und welche Möglichkeiten es gibt, die vielfältigen Gesprächsbeziehungen zu verbessern. Dies gilt über das Gespräch hinaus grundsätzlich für alle Formen jener Beziehungen, die im weitesten Sinn hilfreiche zwischenmenschliche Beziehungen sind.
Spätestens nämlich, wenn man »den Spieß umdreht« und fragt, wie die Betreffenden selbst sich einen hilfreichen zwischenmenschlichen Kontakt vorstellen und wie ein für sie selbst förderlicher Mensch beschaffen sein soll, stellt sich heraus: Gesucht sind nicht perfekte Methoden, sondern hilfreiche Personen. So entwickelt sich ein Verständnis dafür, daß die Gestaltung befriedigender zwischenmenschlicher Beziehungen nicht eine Sache von aufgesetzten Techniken ist, sondern nur der Einstellung und Haltung der hilfreichen Person entspringen kann.
Und damit wird klar: Das Erlernen solcher persönlicher Kompetenz erfordert weit mehr als ein Verständnis für sozialpsychologische Zusammenhänge: Es ist – und das bedeutet für viele wieder einen großen Anreiz, weil es die aufgewendete Zeit und Mühe auch für einen selbst zu lohnen verspricht – eine Frage der Entwicklung der eigenen Persönlichkeit.
Dies ist der Ausgangspunkt für den personzentrierten Ansatz.

Im Dilemma zwischen dem personzentrierten Ansatz und einem Buch

In diesem Buch werden die damit angesprochenen Einstellungen und Haltungen anhand des personzentrierten

Ansatzes ausführlich dargelegt und kritisch beleuchtet. Der Ansatz zum Verständnis der menschlichen Person und ihrer Beziehungen geht im wesentlichen auf den amerikanischen Psychotherapeuten Carl R. Rogers (1902 – 1987) zurück. Er ist nicht nur einer der grundlegenden Handlungs- und Theorieansätze der humanistischen Psychologie und Psychotherapie[1]; er vertritt darüber hinaus eine Grundhaltung in der Begegnung und im Gespräch mit Menschen, die sich in vielen Bereichen als besonders hilfreich und zielführend erwiesen hat. Er hat über die Psychotherapie hinaus in vielen »helfenden Berufen« starke Beachtung gefunden und deren Theorie und Praxis bedeutend beeinflußt.

Das ursprünglich für die psychologische Beratungspraxis und die Psychotherapie entwickelte Konzept hat anthropologische Grundannahmen und Beschreibungen für die Entwicklung der Persönlichkeit herausgebildet, die durch empirische Forschungsergebnisse nachgewiesenermaßen gültig sind. Sie sind inzwischen auch für viele andere Formen psychosozialer Arbeit als zutreffend verstanden worden und auch dort bereits teilweise überprüft (vgl. S. 94). Sie dürfen darüber hinaus als Grundlagen für jede Art konstruktiven Zusammenlebens zwischen Menschen angesehen werden.

Dieses Buch beschreibt die Grundlagen des personzentrierten Ansatzes, seine Theorie und seine Praxis. Dabei werden nicht alle Einzelprobleme der personzentrierten Psychotherapie, alle Anwendungsgebiete oder alle Bereiche der reichen Arbeit und Forschung von Carl Rogers dargestellt. Dies würde den Rahmen bei weitem sprengen, und dafür gibt es zahlreiche spezielle Literatur, auf die in den Anmerkungen und in der Bibliographie hingewiesen wird.

Die Darstellungen beschränken sich auf eine grundlegende »Einführung«, das heißt auf die anthropologischen Voraussetzungen und die daraus resultierenden Einstellungen, Haltungen und Vorgangsweisen in der Praxis. Dabei ist das Buch an der möglichst getreuen Darstellung anhand von Carl Rogers selbst und an seiner Erfahrungs-

und Praxisnähe orientiert. Den Aspekten von Lernmöglichkeiten und Ausbildung wird dabei besondere Beachtung geschenkt.
Zunächst erfolgt die Darstellung des personzentrierten Ansatzes vorwiegend am Beispiel der Gesprächsführung bzw. der Beratung und Psychotherapie, jenen Feldern also, wo er entwickelt worden ist. Diese zwischenmenschliche Situation des Helfens vorwiegend im Gespräch läßt eine Reflexion der zugrunde liegenden Einstellung besonders gut zu und ist auch den meisten Interessierten von beiden Seiten (als Helfer und als Hilfesuchender) aus eigener Erfahrung vertraut. Selbstverständlich kommt damit nicht zum Ausdruck, daß zwischenmenschliche Hilfe auf Gesprächsführung oder gar auf »Reden« reduziert werden soll. Eine solche Verkürzung würde den Grundlagen jeder sinnvollen Gesprächsführung hohnsprechen. Ganz im Gegenteil: Jedes Gespräch wird nur soweit wertvoll sein wie die Beziehung, die es trägt. Und damit ist das Gespräch ein gutes Beispiel für eine Beziehung generell, ein deutlicher »Aus-Druck« der zugrunde liegenden Begegnung der beteiligten Personen.
Dabei werden aber auch wesentliche und fundamentale Aspekte zwischenmenschlichen Handelns insgesamt angeschnitten, und viele der im folgenden explizit für die helfende Beziehung besprochenen Problemkreise lassen sich unschwer als unerläßlich für eine Reflexion über die zwischenmenschlichen Beziehungen generell aufzeigen. Denn jede menschliche Hilfe ist – personzentriert verstanden – Ausdruck einer persönlichen Beziehung, um die es zuallererst gehen muß. So ist sie ein »Sonderfall« wechselseitiger menschlicher Begegnung überhaupt.
Die Begegnung von Person zu Person aber ist eine vielfach in Theorie und Praxis noch vernachlässigte Dimension bzw. – gemessen an ihrer Bedeutung – eine noch zu wenig ernst genommene Grundkategorie der therapeutischen, sozialen, pädagogischen, psychologischen, medizinischen und pastoralen Berufe. Eine beziehungsorientierte Hilfe in allen diesen Feldern, die die personale Begegnung ernst nimmt, muß zu einem immer tiefergreifen-

den Verständnis dieses personalen Grundvollzuges vordringen.
Damit sind aber auch die Grenzen eines Buches zu einem solchen Thema deutlich. Bei allem Bezug zwischen Autor und Leser kann es bestenfalls eine Anregung und Hinführung zu dem sein, worum es dem personzentrierten Ansatz (auch beim Erlernen) geht: der Begegnung von Person zu Person.

2. DAS HELFENDE GESPRÄCH

2.1. Was heißt helfen?

»Wie kann ich helfen?« Der folgende Abschnitt geht mit dieser Frage zunächst einmal den »impliziten Theorien des Helfens« nach, die sich bei jedem finden. Bei den spontanen Vorstellungen über Hilfeleistung setzt auch sinnvollerweise der Lernprozeß zu dieser Frage an: Welche Vorstellung habe ich davon, was hilfreich ist?
Das führt zu dem Problem, ob für die Hilfe ein geschulter »Experte« oder einfach ein verständnisvoller »Mensch« besser ist. So wird ein Dilemma offenbar, das sich auch durch eine sprachliche Analyse der gebräuchlichen Bezeichnungen für Helfer und Hilfesuchende zeigt.

»Hilf dir selbst, dann hilft dir Gott«
Explizite und implizite Theorien des Helfens

Viele Menschen kommen privat oder beruflich mehr oder weniger häufig in die Situation des Helfens: Jemand erzählt einem ein Problem; man wird um Rat gefragt und um Hilfe gebeten. Oder man bietet sich selbst an. Häufig geschieht diese Hilfe im Gespräch, zu zweit oder in einer Gruppe von Menschen.
Irgendwie hat dabei jeder Mensch eine (meist implizite, nicht reflektierte) Vorstellung davon, wie er helfen kann, wenn er mit einem Problem beschäftigt wird – und darüber hinaus auch davon, wie man generell am besten hilft: Etwa die Annahme, die beste Hilfe wäre zu zeigen, daß man ähnliche Schwierigkeiten bei sich selbst kennt, sie aber auch schon gemeistert hat. Oder die Vorstellung, wenn man ein Problem nur richtig versteht, dann sei damit auch schon das wichtigste getan. Oder: Die beste

Hilfe sei, jemandem Mut zu machen und ihm zu versichern, er sei stark genug, mit dieser Schwierigkeit fertig zu werden. Nicht zu vergessen: »Hilf dir selbst, dann hilft dir Gott.« Die Liste läßt sich beliebig fortsetzen, und natürlich können sich auch mehrere Theorien bei einer Person finden.

Es scheint mir wichtig, diese aufgrund eigener Erfahrungen und anderer Lernprozesse selbstentwickelten impliziten Theorien ins Bewußtsein zu heben, will man lernen, wie Hilfe wirkungsvoll angeboten werden kann. Es ist ja nicht wie beim Erlernen einer völlig fremden Sprache, daß man beim Punkt Null beginnt, sondern jeder hat schon in vielen Fällen Beratungsdienste geleistet, etwa bei einem Gespräch unter Freunden, wo einer dem anderen sein Leid klagt.

Besonders Menschen in pädagogischen, sozialen und pastoralen Berufen aber sind von ihrer Tätigkeit her geradezu tagtäglich damit beschäftigt »zu helfen«. Bei ihnen hat sich längst ein gewisses Muster, eine Struktur, ein mehr oder weniger bewährtes Verhalten herausgebildet, dem eben eine »Theorie des Helfens« zugrunde liegt. Sie enthält grundlegende anthropologische und psychologische Annahmen. Das Menschenbild des Betreffenden kommt dabei genauso zum Tragen, wie seine eigenen Erfahrungen als Ratsuchender miteinfließen. Werden all diese Einstellungen und persönlichen Philosophien nicht bewußt gemacht, so ist ein profunder Lernprozeß kaum möglich, weil sich in der Tiefe der Persönlichkeit verwurzelte Einstellungen natürlich viel stärker auswirken, resistenter sind als Lernprozesse, die sich bloß auf der Verstandes- und Verhaltensebene abspielen.

Deshalb sollte jeder Lernprozeß zum Thema Helfen besser mit der eigenen Person beginnen: mit Selbsterfahrung und Selbstreflexion.

Dies kann natürlich in einem Buch nur sehr bedingt geschehen, weil auch die hier entstehende Beziehung keine von Angesicht zu Angesicht ist. Sehr wohl aber kann ein Reflexionsprozeß zur Auseinandersetzung mit sich selbst in Gang gesetzt werden, der dann auch über die hier ge-

schriebenen Zeilen und die damit angesprochenen Problemkreise hinaus weiterführt. (Hinweise zur Aus- und Weiterbildung finden sich auf S. 180ff und 283f.)
Beginnen wir also damit, uns genauer anzusehen, was wir eigentlich tun, wenn wir »helfen« und »Rat geben« und welche impliziten Annahmen über das Menschsein und die Entwicklung einer Person damit verbunden sind.

Hilfe durch »Beratung« von »Fachleuten«?

Weitverbreitet und unreflektiert findet sich oft folgendes Verständnis von Helfen bei menschlichen Problemen: Die erste Aufgabe des »Helfers« besteht darin, genau herauszufinden, wie man auf das eigentliche Problem kommen kann, was eigentlich das Problem des anderen genau ist (etwa durch richtige Fragestellung, Interpretation seiner Leidenssymptome, Vergleiche mit anderen Fällen, Zuordnung zu einem bestimmten Problembereich und anderes). Im Anschluß daran hat er die Aufgabe, ihm einen Lösungsvorschlag (etwa einen Ausweg, eine andere Sichtweise des Problems, einen gangbaren Weg zur Bewältigung, eine Ermunterung oder Tröstung oder auch eine Erklärung der Ursachen) zu unterbreiten.
Die ganze Verantwortung für die Problemlösung liegt also beim Helfer; der Beratene hat bloß die Aufgabe, den Anweisungen oder Ratschlägen zu folgen. Wenn sie nichts nützen, wendet er sich erneut an diesen (oder einen anderen) »Fachmann«. Und damit zeigt sich die ganze Problematik dieses Handlungskonzeptes: Es wird postuliert, daß es einen »Fachmann für Problemlösungen« gibt. Dazu muß gleich angemerkt werden, daß dies keineswegs nur die Selbsteinschätzung der um Hilfe Ersuchten, sondern vielmehr auch oft die Erwartungshaltung jener Leute ist, die sich mit Fragen oder Schwierigkeiten an jemanden wenden.[1]
Wenn man sich aber nun ansieht, worum es bei diesen Problemen eigentlich geht, zeigt sich die ganze Anmaßung und Absurdität dieser Vorstellung: Haben doch

viele dieser Schwierigkeiten, auch wenn es auf den ersten Blick nicht so scheinen mag, mit Lebensfragen ganz grundsätzlicher Art zu tun. Wer wollte dann von sich behaupten, Experte für menschliche Beziehungen, Ehe- und Familienglück, gelungenes Leben, Sinnfindung und Heilung oder gar Fachmann für das Heil und den Glauben zu sein?

Wer anders als der Betroffene selbst soll denn den richtigen Weg zur Lösung seiner Schwierigkeiten wissen und einzuschlagen imstande sein? Selbst in Fragen, wo man bei oberflächlicher Betrachtung sehr wohl annehmen könnte, daß es Fachleute gäbe, etwa bei Ehe- oder Erziehungsproblemen, stellt sich bei genauem Zusehen heraus, daß ausschließlich die Beteiligten selbst genau verstehen können, was ihre Konflikte bedeuten, und daher allein ihnen entsprechende Ansätze zur Bewältigung möglich sind. Einerseits wechseln die Theorien (über richtige Kindererziehung beispielsweise) alle paar Jahre, andererseits nützen selbst die beste Theorie und das Wissen um richtiges Verhalten in konkreten Konfliktsituationen nichts, wie jeder Betroffene weiß.

Weiterhin impliziert die beschriebene Vorstellung, daß derjenige, der sich mit seinem Problem an einen anderen wendet, den er für kompetent hält, von diesem abhängig wird: Funktioniert der gegebene Rat, verstärkt sich das Gefühl, solche Fachleute zu brauchen, weil man allein mit seinen Problemen nicht fertig wird. Geht es schief, ist man darauf angewiesen, es nochmals oder mit einem anderen zu versuchen. Statt die eigenen Kräfte zu mobilisieren und selbst zu einer Bewältigung etwas beizutragen, werden Abhängigkeitserlebnisse verstärkt. Unbesehen wird dabei generell Unselbständigkeit gefördert. Abgesehen davon, daß dabei ein ungeheurer Druck auf den »Verantwortlichen« lastet, wird darin die ganze Problematik einer solchen Haltung deutlich: Von einer kleinen Gruppe von Personen wird angenommen, daß sie wissen, wie die Menschen ihr Leben gestalten sollen.[2]

Hilfe durch menschliches Verständnis?

Daß zwischenmenschliche Hilfe nicht in der Beratung durch Experten mit ihrem Wissen oder in Ratschlägen von »Fachleuten« besteht, lernt man am besten, wenn man selbst Hilfe braucht. Spätestens dann wird einem einsichtig, daß man eigentlich einen Menschen und nicht einen »Problemlöser« sucht: Personale Erfahrungen zählen in einem solchen Fall und nicht rationale Erkenntnisse. Man möchte, daß sich der andere einem als Person und nicht der »Sache«, dem Problem, dem Thema zuwendet.

Von einem solchen Menschen erwartet man, daß er einem zuhört und einen ernst nimmt, was immer man von sich erzählt, mag es auch lächerlich, peinlich, außergewöhnlich, geringfügig oder wie immer sein. Man möchte akzeptiert und verstanden und nicht mit »guten Ratschlägen« abgespeist werden. Man wünscht sich, daß der andere imstande ist, die Dinge so zu sehen, wie man sie selbst sieht, und daß er insbesondere die eigenen Empfindungen und Gefühle, die damit verbunden sind, nachfühlen kann.

Für denjenigen, der sich dafür verantwortlich fühlt, anderen Menschen zu helfen, ist das eigentlich eine sehr befreiende Tatsache – wird man doch von dem Druck befreit, ein solcher Experte für alle möglichen Probleme und Lebensfragen zu sein, die man richtig zu diagnostizieren, zu interpretieren und zu therapieren und womöglich auch noch zu kontrollieren hat (»Was ist eigentlich sein Problem? Wie kann er es bewältigen? Wie bringe ich ihm das bei? Hält er sich auch daran?«) – eigentlich ein unmögliches und unmenschliches Ansinnen.

Wer sich ehrlich um jemanden bemüht und sich selbst in die Beziehung einbringt, ist zweifellos hilfreicher als einer, der Techniken ausprobiert.

Aber reicht das aus? Genügt es, einen Menschen einfach zu verstehen? Wie kann man einen anderen Menschen überhaupt verstehen? Das scheint gar nicht so »einfach«. Da wird doch sofort die Anforderung deutlich, einem Menschen als Menschen und damit offen und verwund-

bar (sozusagen ohne die professionellen »Waffen«) zu begegnen, sensibel und bereit, sich auf »eine fremde Welt« einzulassen, mit ihm »mitzuleben«.
Vielleicht liegt darin der Schlüssel zum Verständnis dafür, warum man lieber zu Diagnosen und Ratschlägen oder billigen Tröstungen greift: Bevor man sich wirklich auf einen anderen einläßt, ihm begegnet, seine Welt teilt, möchte man die Probleme lieber rasch »bewältigen«, um nicht selbst zu sehr davon betroffen zu werden. Es scheint eine große Zumutung zu sein, sich ganz auf die Erlebenswelt eines anderen einzulassen; dagegen ist doch das Ratschlaggeben auch eine Möglichkeit, die Sache wieder ganz dem anderen zuzuschieben, der sich nun damit zu plagen hat, die Ratschläge durchzuführen: Der Helfer »ist das Problem wieder los«.
Das Anderssein eines anderen löst oft das Gefühl der Fremdheit und Bedrohung aus, und dann will man es gern wegschieben, meiden oder nicht wahrhaben. Es ist jedoch eine große Chance, das Anderssein des anderen ernst zu nehmen und es als Bereicherung zu empfinden, als eine Möglichkeit, etwas zu lernen und Neues auch in sich selbst kennenzulernen: Kann ich doch dadurch in mir selbst neue Seiten wahrnehmen. Freilich stellt es auch ein Risiko dar, sich auf einen anderen wirklich einzulassen, weil es die eigene Welt immer ein Stück in Frage stellt und relativiert.[3]
»Experten« bringen ihre Fähigkeiten ins Spiel (sie erlernen Fähigkeiten von außen und erlangen dadurch Selbstvertrauen). Personen bringen sich selbst ins Spiel (sie erlernen Selbstvertrauen und »ent-wickeln« dadurch ihre inneren Fähigkeiten).[4]

»Ich werde dir helfen ...«
Sprachgebrauch und Bewußtsein

Was heißt helfen und wie macht man es? – Das Problem fängt bereits bei der Sprache an. Es lohnt sich, einmal die Ausdrücke für die am Geschehen Beteiligten genauer unter die Lupe zu nehmen und dabei zu reflektieren, welche Inhalte beim Gebrauch derselben mittransportiert werden. Schon das Wort *»Berater«* selbst ist problematisch, weil es das Ratschlagen, Ratgeben impliziert. Auch das amerikanische *»counselor«* ist nicht besser (lateinisch »consilium« = »Rat«). Bezeichnungen wie *»Gesprächsleiter«* oder *»Gruppenleiter«* sind ebenfalls irreführend, weil sie eine Leitungsfunktion nahelegen, die – nach allgemeinem Sprachgebrauch und Verständnis – eine direktive, also vorsätzlich in eine bestimmte Richtung lenkende und gestaltende Aufgabe impliziert. Ähnlich ist es mit dem Wort *»Gesprächsführung«* generell. Wer sich nicht extra Rechenschaft darüber ablegt, daß »führen« hier nicht ein auf ein bestimmtes Ziel ausgerichtetes Dirigieren bedeutet, kann schon allein durch die Sprache Mißverständnisse auslösen.

Selbstverständlich kann »führen« und »leiten« auch im Sinne von »anleiten«, »hinführen« – zu Erfahrungen nämlich, zu mehr Selbstbewußtsein und Selbsterfahren usw. – verstanden werden. Aber das muß man wohl eben extra dazusagen.

Ähnlich steht es mit dem in der Gruppendynamik üblichen *»Trainer«*. Wer etwas üben will, wird von einem Trainer angeleitet. Allerdings läßt das Wort ständig Assoziationen zum Sport anklingen und damit die Vorstellung von gezielten Übungen oder Trainingsprogrammen. Man könnte es natürlich auch richtig verstehen: Ein guter Trainer wird stets nur auf dem aufbauen, was im Körper und der Persönlichkeit des Trainierenden vorhanden ist.

Nicht viel anders ist es mit *»Betreuer«*, während *»Begleiter«* nicht unbedingt eine Führungskompetenz mitassoziiert.

Aber auch die Worte *»helfen«* und *»Helfer«* selbst sind problematisch geworden. Wenn man von jemandem Hilfe erwartet, erwartet man im allgemeinen, daß der Betreffende weiß, was gut für einen ist, und zielstrebig Maßnahmen in diese Richtung setzt. Allein die umgangssprachliche Redewendung »Ich werde dir schon helfen« im Sinne von »ich werde es dir schon noch zeigen, ich werde es dir heimzahlen u.ä.« entlarvt die damit verbundene Ambivalenz.

Die Begriffe *»Therapeut«* und *»therapieren«* legen ebenso wie *»Patient«* eine Krankheit und ein ärztlich-medizinisches oder damit verwandtes Vorgehen nahe, obwohl sie in ihrer ursprünglichen Verwendung eigentlich die hier angestrebte Bedeutung haben. Der Patient ist ein »Ertragender, Aushaltender, Erduldender, Leidender«. (Aber schon bei Tacitus findet sich auch die Bedeutung von »Unterwürfigkeit« für »patientia«).

»Therapieren« bedeutet eigentlich »jemandes Diener sein, jemanden freundlich behandeln, (die Götter) hochachten, verehren, für jemanden gut sorgen«, auch »jemanden mit großer Aufmerksamkeit behandeln«. Dann »jemanden pflegen, sorgfältig behandeln, heilen«. Schließlich auch »jemanden sorgfältig ausbilden«. Ähnlich finden sich im Neuen Testament die Bedeutungen »dienen, heilen, gesundmachen«, beispielsweise Mt 10,8: »›Therapiert‹ die Kranken, weckt Tote auf, macht Aussätzige rein, treibt Dämonen aus!«

Das sprachliche Problem besteht auch bezüglich des *»Analysanden«* und des *»Analytikers«* in der Psychoanalyse. »Analysieren« in der üblichen Bedeutung von »Auseinandernehmen in die Bestandteile« ist ja keineswegs das Wesentliche an der therapeutischen Psychoanalyse. Die ursprüngliche Bedeutung des griechischen »Analysis« als Lösung, »Auflösung (eines Problems), Befreiung, Erlösung« ist im Sprachverständnis abhanden gekommen. Im medizinischen Sinne bedeutete »analyo« auch »wiedergutmachen«.

Im nichtärztlichen Bereich hat sich vielfach das Wort *»Klient«* durchgesetzt, bei Psychologen und Sozialarbeitern etwa. Das Wort bezeichnete jedoch von Anfang an ein Abhängigkeitsverhältnis: Der »cliens« ist ein »Höriger«, ein »Schutzbefohlener«, ja ein »Vasall«. Im altrömischen Recht wurde unter einem Klienten ein landloser oder landarmer Plebejer verstanden, der sozial und rechtlich vom Patron abhängig war, also ein Höriger, Schutzbefohlener. Wahrscheinlich gehört »cliens« zu »clinare«

(»biegen, beugen, neigen«), das urverwandt mit dem deutschen »lehnen« ist, und bedeutet dann eigentlich etwa »wer Anlehnung gefunden hat«. Vielleicht kommt das lateinische »cliens« jedoch von »clueo« (= »heißen, genannt werden«), das aus dem Griechischen stammt: »klyo« bedeutet »hören, anhören, erfahren haben, wissen«, jedoch auch »auf jemanden hören, jemandem gehorchen«. Es ist mit dem althochdeutschen »hlosen« verwandt, das in manchen Dialekten heute noch als »losen« in der Bedeutung von »zuhören« vorkommt – womit wir interessanterweise in die Verwandtschaft zum englischen und amerikanischen »listen« (= »zuhören«) kommen.[5]
Wenn auch Carl Rogers diesen Ausdruck (das amerikanische »client«) zunächst dem des »Patienten« gegenüber vorzieht[6], weil es ihm auszuschließen scheint, daß damit dieser Mensch für krank erklärt wird oder Gegenstand eines Experiments ist, läßt sich das wohl für den deutschen Sprachraum schwer nachvollziehen. Da wird »Klient« ja beispielsweise im Rechtswesen (der Klient eines Anwalts) und eben im Sozialbereich gebraucht; auch hier sind Klienten üblicherweise nicht durch Gleichberechtigung, sondern durch massive Abhängigkeit gekennzeichnet. Carl Rogers hat seinem Ansatz, nachdem ihm »nicht-direktiv« nicht länger aussagekräftig genug erschien, selbst den Namen »klientenzentriert (client-centered)« gegeben. Aber auch diese Bezeichnung wurde – mit gutem Grund – später teilweise wieder aufgegeben und durch »personzentriert (person-centered)« abgelöst. (Zur Entwicklung dieser Bezeichnungen vgl. S. 90ff.)
Die Ausdrücke »therapist« und »counselor« behält Rogers bei. In einer späteren Entwicklungsphase des personzentrierten Verstehens und Handelns hat sich im Amerikanischen allerdings das Wort *»facilitator«* durchgesetzt, vor allem im Bereich der Gruppenarbeit. »Facilitate« bedeutet »erleichtern, fördern« (vgl. lateinisch »facilis« = »leicht«). Ein Facilitator ist einer, der das richtige Klima, die richtigen Voraussetzungen für einen Prozeß schafft, ein Katalysator. Er ist »eine den Prozeß fördernde Person«, »wirkungsvoll in der Kunst der interpersonalen Be-

ziehungen«.[7] Dies ist wohl jener Ausdruck, der am deutlichsten und am wenigsten mißverständlich die Aufgabe des »Leiters« einer Gruppe zum Ausdruck bringt. (Allerdings wirkt es im Deutschen zweifellos gekünstelt, von einem »Förderer, Ermöglicher, Erleichterer oder Katalysator« zu sprechen.)

Wenn sich somit auch im Deutschen keine unproblematische Bezeichnung für die an diesem Prozeß beteiligten Personen findet – sie werden hier abwechselnd verwendet, im Wissen um die soeben beschriebenen Schwierigkeiten und Mißverständnisse –, so ist es doch sehr wichtig, sich der (falschen) Bewußtseinsbildung durch die Sprache klar zu sein.

Das Problem ist auch in anderen Berufen bekannt: Auch *Lehrer* lernen (hoffentlich) und sind wohl dann am besten, wenn sie mit den Schülern gemeinsam lernen. *»Seel-Sorge«* (die nicht nur die Seele, sondern den ganzen Menschen meint und »Sorge« nicht in einem befürsorgenden Sinn ist) oder *»Pastoral«* (der das problematische Bild von Schafherden und Hirten zugrunde liegt) müssen mit ebensolchen Einschränkungen verstanden werden. Gleichermaßen kann die Gegenüberstellung von Seelsorgern bzw. pastoral Tätigen einerseits und Gläubigen bzw. der Gemeinde andererseits sehr rasch mißverstanden werden, weil die Seelsorger auch Gläubige sind und ein Teil der Gemeinde – einer Gemeinde, die nicht Objekt, sondern selbst Subjekt der Seelsorge ist.

2.2. Die Gesprächsdynamik

»Gewöhnlich glaubt der Mensch,
wenn er nur Worte hört,
es müsse sich dabei
doch auch was denken lassen.«
(Goethe, Faust)

Schon bei oberflächlicher Betrachtung stellt sich heraus: Ein Gespräch ist mehr als ein Wortwechsel.
Will man verstehen, was einer meint, und nicht nur hören, was er sagt, so ist notwendig, auf die Gefühle des anderen zu achten: aktiv zuzuhören. Dabei lernt man auch, seine eigenen, »unterhalb« der Worte und des Denkens liegenden Schichten besser wahrzunehmen.

»Verkaufen Sie dieses Modell eigentlich oft?«, fragt der Kunde den Autohändler.
Die Antwort: »Ich glaube, daß es gut zu Ihnen paßt.«
Scheinbar haben Frage und Antwort nichts miteinander zu tun. Der Verkäufer hat offenbar ein anderes Thema, als es in der Frage des Kunden angesprochen wird.
Das ist aber eben nur scheinbar so. In Wirklichkeit meint der Händler etwas anderes aus der Frage herauszuhören, etwas wie: »Besitze ich dann, wenn ich dieses Auto kaufe, einen Wagen, den jeder Beliebige fährt, oder habe (bin) ich damit etwas Besonderes?« Oder auch: »Werde ich damit sehr auffallen?« oder »Ist das ein gutes Auto?« bzw. Ähnliches. Und darauf reagiert er, indem er dem Kunden zu verstehen gibt, es sei genau das geeignete Auto für ihn. Lautet der nächste Satz so ähnlich wie »Finden Sie?«, hat er ganz offenbar recht gehabt. Bekommt er »Ja, aber fahren einen solchen Wagen viele?« zur Antwort, wird er sich wohl getäuscht haben.
Man kann sich den Wortwechsel auch ganz anders vorstellen. Auf die gleiche Frage hätte die Antwort auch lauten können: »Preislich ist der andere, den wir vorhin angeschaut haben, natürlich günstiger.« Hier reagiert der Händler wohl auf eine andere Botschaft, die er zu hören

vermeint, etwas wie: »Kann ich mir den Wagen auch leisten?«
Man könnte sich noch viele andere Abläufe vorstellen. Jedenfalls wird an diesem ganz simplen Alltagsgespräch deutlich: In einem Gespräch spielt sich viel mehr ab, als mit Worten gesagt wird.

Die Ebenen eines Gesprächs

Jeder Mensch empfindet und erlebt in jedem Augenblick viel mehr, als er in Worte zu fassen vermag. Was jemand *sagt,* hat immer mehr Bedeutung, als es die Worte allein auszudrücken vermögen. Oft steckt mehr dahinter, als dem Betreffenden selbst bewußt ist. Vielfach wird etwas bewußt verschwiegen oder nur verschlüsselt oder vorsichtig ausgedrückt.
Nur die Worte zu beachten, hieße damit, nur einen Teil dessen zu verstehen, worum es dem anderen geht, was er erlebt, was er in dem Augenblick gerade »ist«: Jede Mitteilung greift weit über die verbale Ebene hinaus.
Was der, der etwas sagt, *meint,* ist immer von Gefühlen begleitet. Selten werden Gefühle vollständig verbalisiert. Sie »schwingen mit«, »liegen darunter«, »stecken dahinter«; es kommt ihnen aber eine weit größere Bedeutung als den Worten zu.
Zwischen den beiden Ebenen kann Übereinstimmung herrschen, oder es kann ein Widerspruch zwischen Inhalt des Gesagten und Bedeutung des Gemeinten zum Ausdruck kommen.

WORTEBENE (Sachebene, kognitive Ebene)	Inhalt	(»was gesagt wird«)
GEFÜHLSEBENE (Erfahrungsebene, emotionale Ebene)	Bedeutung	(»was gemeint wird«)

Die emotionale (oder: affektive) Ebene eines Gesprächs wird meist durch mehr als nur durch die Worte kommuniziert. Was einer erlebt, welche Empfindungen er hat, welchen Stellenwert das für ihn hat, wovon er spricht, welche Stimmungen mitschwingen, welche Erwartungen und Befürchtungen im Zusammenhang mit dem Gemeinten vorhanden sind – all das wird oft auf nicht-verbale Weise kommuniziert: durch Mimik (Gesichtsausdruck, Grimassen, Blicke, Rotwerden ...) und Gestik (Handbewegungen, Körperhaltung, Motorik ...), durch Tonfall und Stimme (Lautstärke, Stimmhöhe, Betonung, Sprechtempo, [un]differenziertes Sprechen ...), durch nichtsprachliche Laute (räuspern, seufzen, brummen ...), durch die vielen Formen der Körpersprache – nicht zuletzt durch Schweigen.[8] Oft ist das Gemeinte nur aus dem Kontext und dem Gesprächszusammenhang zu erfassen, oder es wird etwas nur angedeutet. Die einzelnen Signale können einander ergänzen und zu den Worten stimmig sein, sie können im Widerspruch zueinander und zum Gesagten oder in einer ganz bestimmten Spannung dazu stehen.

Jedes Gespräch ist also mehr als ein Wortwechsel. Es ist ein Prozeß, der wesentlich vom Gefühl der Beteiligten bestimmt ist. Das gilt um so mehr für helfende Gespräche.

»Meine Frau ist nie zufrieden mit dem, was ich kaufe. Auch mein neues Auto gefällt ihr nicht«, beklagt sich der Mann dann bei seinem Freund.

Obwohl er es nicht sagt: Da schwingt wohl Ärger mit – oder Enttäuschung oder ein anderes Gefühl, das man nicht den Worten entnehmen kann, vielleicht aber der Stimme, dem Gesichtsausdruck, dem Zusammenhang.

Nehmen wir an, der Mann will sich bei jemandem aussprechen. Dann ist es um so wichtiger, daß der, an den er sich wendet, mitbekommt, was er eigentlich meint.

Es ist also unschwer zu verstehen, daß besonders in einem Gespräch, in dem es darum geht, daß einer ein Problem besprechen will oder Rat und Hilfe sucht, die Beachtung der Gesprächsebenen von entscheidender Bedeutung ist. Was für jede Konversation, für jedes Geplauder gilt, gilt für das helfende Gespräch um so mehr: Vielleicht getraut sich der, der Hilfe sucht, nicht gleich oder genau zu sagen, worum es ihm geht, weil es ihm peinlich ist oder zu

unbedeutend vorkommt; vielleicht ist es ihm selbst nicht so bewußt, daß er es schon formulieren kann; vielleicht möchte er sich erst vergewissern, ob er Vertrauen schöpfen kann. Vielleicht verschweigt er bewußt etwas.
Wie auch immer: Die Beteiligten werden einander nur verstehen, wenn sie darauf achten, was der jeweils andere eigentlich zum Ausdruck bringen will. Der Hilfesuchende wird den, dem er etwas von sich mitteilen will, nicht nur oberflächlich erreichen wollen, er wird auch die Emotionen des anderen wecken wollen. Der andere wird, will er wirklich verstehen, mit Hilfe seiner eigenen emotionalen Schicht verstehen und bewußt auf die Gefühle des anderen hören. Ein solches Hören auf die Gefühlsebene nennt man *aktives Zuhören.*

Schichten der Persönlichkeit

Dieses aktive Zuhören wendet sich ausdrücklich den emotionalen Schichten eines Menschen zu (vgl. ausführlich S. 140ff). Dabei entdeckt man schnell, daß die Schichten der Person viel komplexer sind, als es in dem einfachen Modell dargestellt wurde (und es ist wichtig, sich dessen bewußt zu bleiben, daß all dies immer nur stark vereinfachende Modelle sind).
Man könnte sich die oben genannten beiden Ebenen etwa folgendermaßen noch differenzierter vorstellen, wobei die jeweils tiefere Schicht die darüberliegenden beeinflußt:

WORTE	der gesprochene »Text«
ÜBERZEUGUNGEN	Meinungen, Ansichten
GEFÜHLE	der emotionale Bezug
HALTUNGEN	Grundsätze, Wertvorstellungen
EXISTENTIELLE EINSTELLUNG	Lebenseinstellung, Weltbild, Glaube

Je tiefer der Kontakt zu einem Menschen wird, um so mehr wird man von der oberflächlichen Wortebene zu den Haltungen und seiner Einstellung vordringen. In einer guten, weitgehend angstfreien Beziehung kann einer mitteilen, wie er seine Existenz versteht, wie er sich selbst erlebt. Je offener eine Beziehung ist, desto weniger vorsichtig, abwartend, defensiv werden die Äußerungen der Gesprächspartner sein und desto freier und mit weniger Abwehr werden die beiden miteinander umgehen.

Inter- und intrapersonale Kommunikation

Darüber hinaus passiert in einem solchen Dialog noch mehr: Nicht nur der jeweils andere wendet sich den tieferen Schichten seines Gesprächspartners zu. Auch jeder selbst wird offener zu sich, beginnt, in sich hineinzuhören und läßt mehr bei sich selbst zu.

Man kann es sich so vorstellen: Bei einem problembelasteten Menschen ist in gewisser Weise die innere Kommunikation zwischen den verschiedenen Schichten der Persönlichkeit gestört oder abgeschnitten. Die Worte, das Denken, das bewußte Wahrnehmen haben den Kontakt zum Erleben, zu den Erfahrungen, zu den Wertvorstellungen usw. verloren. Der Zugang des Betreffenden zu sich selbst ist blockiert.

Gelingt es einem anderen, diesen Zugang wiederherzustellen, so kann der innere Dialog wieder in Gang gesetzt werden, der Betreffende bekommt wieder Fühlung mit seiner ganzen Persönlichkeit und ihren vielfältigen Möglichkeiten. Bei einem offenen Gespräch kommt es stets auch zu einem inneren Dialog jedes der Gesprächspartner mit sich selbst.

Der komplexe Vorgang der inter- und intrapersonalen Kommunikation läßt sich, sehr vereinfacht, so darstellen:

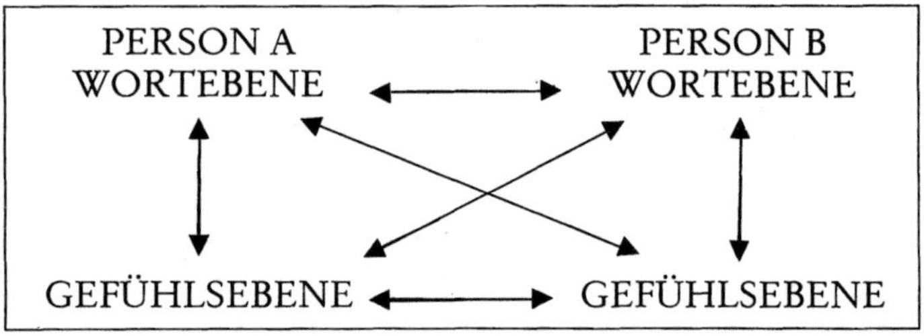

Jeder der beiden reagiert mit allen Schichten seiner Persönlichkeit auf den anderen. Das macht die Dynamik eines Gesprächs aus.

Daß es sich dabei um eine Bewegung weg von der Problemebene hin zu tieferen personalen Schichten handelt, ist deutlich geworden. Das Problem stellt sich dann oft ganz anders dar, als es zunächst ausgesehen hat. Carl Rogers schreibt: »Der Klient weiß niemals, was das Problem ist, bis er kurz vor der Lösung steht.«[9]

Einige wesentliche Punkte für ein hilfreiches Gespräch sind damit schon angeschnitten: Es ist wichtig, daß (von beiden) nicht nur die oberflächliche Wortebene beachtet, sondern der Zugang zur Kommunikation mit den tieferen, emotionalen Schichten (wieder-) hergestellt wird, damit durch den Zugang zu den inneren Vorgängen und ihrer Bewußtwerdung aus den inneren Ressourcen eines Menschen wieder neu geschöpft werden kann.

Im folgenden beschäftigen wir uns nun ausschließlich mit solchen »helfenden Gesprächen« (Beratungsgesprächen), die eine besondere Form der Gesprächsführung darstellen. Für sie gilt in besonderer Weise, daß sie mehr sind als bloße Wortwechsel; in ihnen kommt es vielmehr durch aktives Zuhören des Helfers, d. h. durch eine besondere Zuwendung zu den emotionalen Vorgängen in seinem Gesprächspartner, zu einer Beziehung, in der einerseits beim Helfer echtes Verständnis für den anderen entsteht, andererseits der Partner selbst in einen verstärkten inneren Dialog tritt.[10]

2.3. Problemzentriert oder personzentriert

Im folgenden Abschnitt werden zwei verschiedene Möglichkeiten, Hilfe zu geben, einander gegenübergestellt: direktives, auf das Problem bezogenes Vorgehen und nicht-direktives, auf die Person bezogenes Handeln.
Am Beispiel der Arzt-Patient-Beziehung wird erläutert, daß die »übliche« und vermeintlich direkte Suche nach der Lösung des Problems nur allzuleicht an der Person dessen vorbeigeht, der das Problem hat. Hingegen ist der Aufbau einer verständnisvollen Beziehung, die dem Gesprächspartner korrektive Erfahrungen ermöglicht, der Ausgangspunkt des personzentrierten Ansatzes. Helfen heißt dann: Veränderung durch anteilnehmendes Verstehen möglich machen.

Zwei verschiedene Ansätze

Wenn ein Mensch zu einem anderen kommt, ihm ein Problem erzählt und um Rat und Hilfe ersucht, so hat der andere grundsätzlich zwei Möglichkeiten, darauf zu reagieren.
Bleiben wir bei unserem Beispiel. Auf seine Bemerkung: »Meine Frau ist nie zufrieden mit dem, was ich kaufe. Auch mein neues Auto gefällt ihr nicht«, könnte er folgende Antwort bekommen:
»Hast du deiner Frau eigentlich schon einmal gesagt, sie soll nicht dauernd an dir herumnörgeln? Schließlich ist das ja dein Auto.«
Oder die Reaktion könnte sein: »Das ärgert dich gewaltig, daß du es ihr nie recht machen kannst.«
Die beiden Antworten unterscheiden sich voneinander grundlegend: Im ersten Fall bekommt der Hilfesuchende zuerst einen Ratschlag (er solle mit seiner Frau reden) und dann ein Argument (es sei ja schließlich sein Auto). Der Beratende hat offenbar eine Vorstellung, was der andere tun soll, und er macht sich darüber Gedanken, ob

sein Freund im Recht ist. Im zweiten Fall wendet er sich dessen Gefühlen zu (er hat offenbar Ärger wahrgenommen) und spricht sie an.

In dem einen Beispiel sieht der um Hilfe Gebetene die Sache etwa so: »Du erzählst mir ein Problem, du kommst damit zu mir. Ich werde also versuchen, dir einen Ratschlag zu geben oder eine Lösung zu finden. *Ich werde dir helfen.*«

Im anderen Beispiel stellt es sich für ihn so dar: »Du hast ein Problem. Da werde ich versuchen, dir zu helfen, einen Weg zu finden, wie du damit zurechtkommen kannst. *Ich werde dir dabei helfen, dir selbst zu helfen.*«

Der bedeutende Unterschied zwischen den beiden Vorgangsweisen liegt also in der ihnen zugrunde liegenden Einstellung: im Selbstverständnis des Helfers, darin, wie er seine Aufgabe, seine Rolle sieht.

Im ersten Fall liegt die Aktivität hauptsächlich beim Helfer. Er ergreift, sobald er mit dem Problem konfrontiert ist, die Initiative, indem er sich genauer erkundigt, das Gespräch in eine bestimmte Richtung lenkt und schließlich einen Lösungsweg vorschlägt. Man nennt diesen Ansatz *direktiv.* (Das Wort ist eine Übersetzung aus dem Amerikanischen: »Directive« bedeutet »richtungweisend, leitend, anweisend«. Die Alternative zwischen »direktiv« und »non-direktiv« hat nichts mit »direkt/indirekt« zu tun. Man kommt der Bedeutung schon näher, wenn man an »dirigieren«, »dirigistisch« und ähnliches denkt.)

Zum Unterschied davon verhält sich der Helfer im zweiten Beispiel *nicht-direktiv:* Er setzt keine direktiven Maßnahmen, er geht nicht davon aus, daß er die Lösung finden kann und soll, sondern sieht seine Aufgabe darin, eine Beziehung herzustellen, die es dem Gesprächspartner ermöglicht, sich selbst besser zu verstehen und einen Weg zur Konfliktbewältigung zu finden.

In den allermeisten Fällen stellt sich die Situation des Hilfesuchens und Helfens doch so dar wie in unserem Beispiel: Einer hat ein Problem, mit dem es ihm schlecht geht, und er will davon sprechen. Von dem anderen wird angenommen, daß er aufgrund seiner Fähigkeiten, seiner

Erfahrung oder seiner Ausbildung so auf den Hilfesuchenden einwirken kann, daß es diesem nachher besser geht.
Beim näheren Zusehen stellt sich zudem heraus, daß nicht nur die Methoden dieses »Einwirkens« und die ihnen zugrunde liegenden Einstellungen, wie man Hilfe leistet, sondern auch die Ziele, die mit dieser Hilfestellung angestrebt werden, grundverschieden sein können: Das reicht von der angestrebten Einsicht beim anderen, daß er die Dinge eben anders sehen muß (etwa so, wie sie der Helfer als Außenstehender sehen kann), bis zu der Vorstellung, der vom Problem Betroffene müsse in die Lage kommen, selbst entscheiden zu können, was für ihn am besten sei.
Hier läßt sich bereits ein erster Zusammenhang zwischen Einstellungen, Methodenwahl und Zielen feststellen: Je mehr der Helfer davon überzeugt ist, daß er weiß, was für den anderen gut wäre, um so eher wird er auch zu direktiven Maßnahmen greifen. Je mehr er davon überzeugt ist, er sei dazu gar nicht in der Lage, zu beurteilen, was für den anderen gut oder schlecht sei, der müsse vielmehr selbständig einen Weg finden, um so eher wird er nichtdirektive Methoden der Gesprächsführung und Hilfeleistung bevorzugen.
Selbst die Formulierung, Hilfe müsse dazu führen, daß es dem anderen nachher »besser ginge« (der wohl die meisten zustimmen würden), ist problematisch: Wann geht es jemandem besser? Wenn er einen Konflikt erfolgreich beiseite schieben kann? Wenn er sich schmerzlich der ganzen Wahrheit bewußt wird? Und vor allem: Wer will das im vorhinein wissen oder entscheiden?

Problem und Person

Kehren wir zu unserem Beispiel zurück: Im ersten Fall geht es dem Helfer offensichtlich darum, das *Problem* genau in den Griff zu bekommen. Beim direktiven Vorgehen steht die Sache (das Problem, das Thema, der Inhalt) im Vordergrund. Der Berater bemüht sich, möglichst ge-

nau zu erfassen, »worum es geht«, worin die Schwierigkeit »eigentlich« besteht, meist auch, warum es dazu gekommen ist. Er versucht, Fakten zusammenzutragen und sich einen Überblick zu verschaffen, sich ein Bild zu machen. Vielleicht vergleicht er dann mit ähnlichen Fällen aus seiner Erfahrung (mit anderen und mit sich selbst). Das alles soll ihn schließlich in die Lage versetzen, aus einer möglichst kompetenten Position heraus einen Ausweg vorzuschlagen, einen Rat zu geben.
Beim nicht-direktiven Vorgehen steht im Mittelpunkt des Interesses des Helfers jedoch das Erleben der *Person* des Hilfesuchenden: seine Gefühle, seine Gedanken, seine Stimmungen usw. Er konzentriert sich also auf den Menschen, darauf, wie der andere empfindet, was er fühlt, was ihn beschäftigt, mit einem Wort: auf das innere Erleben der Person. Da auf die Person als ganze das Hauptaugenmerk gerichtet ist, ist anzunehmen, daß auch das Problem, um dessentwillen das Gespräch gesucht wurde, nicht aus dem Auge verloren wird. Es erhält jedoch einen anderen Stellenwert im Rahmen der Erfahrung der Person in ihrer Gesamtheit. Vielleicht stellt es sich unter diesem Blickwinkel auch bei näherem Zusehen anders dar, oder es verändert oder verlagert sich. Jedenfalls ist damit gewährleistet, daß es um *seine* Sache, um *sein* Problem geht und nicht um dieses Problem »an sich«. Der Helfer stellt also eine Beziehung zu seinem Gesprächspartner her, die ihn in die Lage versetzt, den anderen besser zu verstehen. Davon verspricht er sich, daß auch der Hilfesuchende dadurch sich (und damit natürlich auch sein Problem) besser verstehen und mit sich besser umgehen lernt.
Umgekehrt – wenn das Augenmerk vorwiegend auf das Problem gerichtet ist – kann es jedoch sehr wohl passieren, daß über die Arbeit an einem Problem als solchem die Person aus dem Auge verloren wird. Kein Problem stellt sich ja – bei aller äußeren Ähnlichkeit – für zwei Menschen auf die gleiche Art und Weise dar. Steht also »das Problem als solches« im Vordergrund, kann dem Betroffenen sehr leicht Unrecht geschehen, etwa indem

seine Gefühle nicht richtig wahrgenommen werden, weil die Fakten das Vorrangige sind. Man denke nur an typische »Reizprobleme«, die mit einer starken moralischen und emotionalen Qualität belegt sind, wie etwa Abtreibung oder viele sexuelle Bereiche. Über dem Prinzipiellen kann hier leicht das Persönliche zu kurz kommen. Ähnliches gilt für Probleme, die einem immer wieder unterkommen und die »man schon kennt«.

Für das direktive Vorgehen ist daher auch der Ausdruck *problemzentriert* und für das nicht-direktive Vorgehen der Begriff *personzentriert*[11] zutreffend und – nicht nur zur Vermeidung von Mißverständnissen – weit besser angebracht; denn damit wird ja auch nicht nur ausgedrückt, was im Gespräch vermieden wird (»nicht direktiv«), sondern positiv, worum es geht: die Person – nicht nur die des Hilfesuchenden, sondern auch die des Helfers. (Es sei an dieser Stelle auch gleich dem Mißverständnis entgegengetreten, »nicht-direktiv« bedeute »nicht aktiv, permissiv, passiv oder laissez-faire«, also ein mehr oder minder unbeteiligtes Gewährenlassen. Das Gegenteil ist der Fall: Personzentriertes Verhalten ist eine engagierte, aktive Teilnahme am Erlebensprozeß des Gesprächspartners in der Beziehung.) Das Interesse gilt also dem Erleben der Person des Hilfesuchenden in der Beziehung zur Person des Beraters.

Es ist ja selbstverständlich, daß auch der Berater seine eigenen Gefühle, Einstellungen, Meinungen zu dem vorgebrachten Problem hat. Für jeden der beiden hat das gleiche Problem eine verschiedene Bedeutung, mag der Unterschied manchmal auch nur gering sein. Befaßt sich das Gespräch ausschließlich oder vorwiegend mit der Sache, so besteht die Gefahr, daß die beiden über zwei verschiedene Dinge reden bzw. der Berater zu sehr mit seinem eigenen Verständnis des Problems beschäftigt ist und dadurch gar nie dazu kommt, die Sache so zu sehen, wie sie sein Gesprächspartner erlebt.

So ist in unserem Beispiel mit dem neuen Auto und der Frau, der es nicht gefällt, ja keineswegs klar, worin das Problem für den Mann eigentlich besteht. (Hätte er gern, daß seiner Frau das Auto gefällt? Ärgert er sich selbst über den Kauf? Kann er sich nicht durchsetzen? Ist es verletzter Stolz? Oder geht es um eine Ehekrise, die sich an diesem Beispiel zeigt? Geht es um tiefsitzende Minderwertigkeitsgefühle? Die Liste ließe sich beliebig fortsetzen; das Gespräch kann nahezu jede Wendung nehmen.) Die einzige Chance, nicht an dem Menschen vorbeizureden, ist, sich seinem Erleben zuzuwenden, statt zu erforschen, ob es um Frau, Auto, Selbstwertgefühl oder was immer geht. Entsteht eine entsprechende emotionale Basis und eine vertrauensvolle Beziehung, wird diese Frage überflüssig.

So betrachtet, stellt sich also im personzentrierten Ansatz die Beziehungsebene zwischen den beiden Personen, die das Gespräch führen, als die entscheidende Ebene für die »Hilfe« heraus. Beider Einstellungen und Beziehungen zum Problem kommen in dieser Beziehung zum Tragen, werden erlebbar. Es geht um die Personen und wie sie mit dem Problem umgehen – und nicht um die Probleme, wie sie sich in diesen Personen niederschlagen.

Berater – Hilfesuchender – Problem

Die drei Pole jedes beratenden Gesprächs, die miteinander in einem engen wechselseitigen Verhältnis stehen, sind somit die beiden am Gespräch beteiligten Personen einerseits und die Sache, um die es geht, das Thema, das Objekt, das Problem oder wie immer man es bezeichnen will, andererseits.

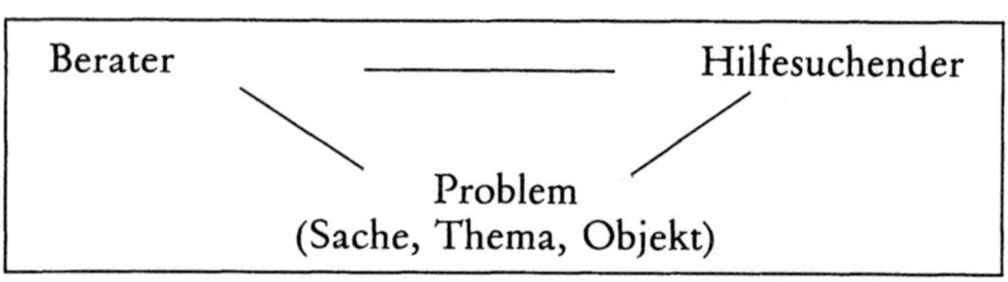

Nur wenn die beiden Personen eine Beziehung eingehen, mit deren Hilfe sie gemeinsam »gegen das Problem« vor-

gehen, wird die Gefahr vermieden, daß sich einer der beiden »mit dem Problem verbündet«, gegen den anderen. Insbesondere wird so vermieden, daß der Hilfesuchende selbst zum Objekt wird, statt Subjekt seines Handelns und damit auch der Problembewältigung zu werden.
»Das Individuum steht im Mittelpunkt der Betrachtung und nicht das Problem. Das Ziel ist es nicht, ein bestimmtes Problem zu lösen, sondern dem Individuum zu helfen, sich zu entwickeln, so daß es mit dem gegenwärtigen Problem und mit späteren Problemen auf besser integrierte Weise fertig wird«[12], schreibt Carl Rogers.
Die beiden beschriebenen Vorgangsweisen lassen sich daher schematisch so darstellen[13]:

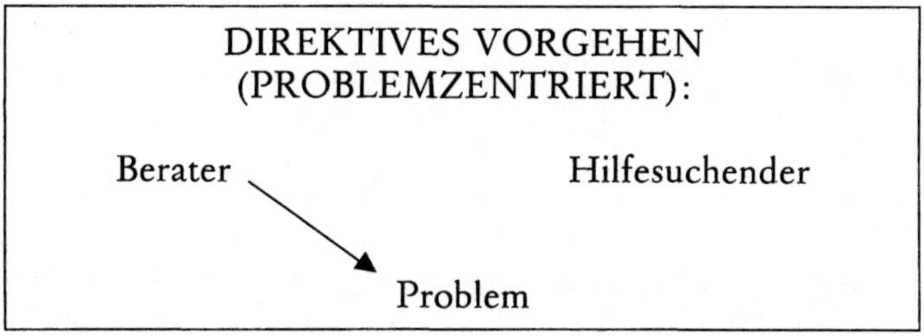

Der Berater wendet sich sofort und mit seiner eigenen Sicht dem Problem zu.

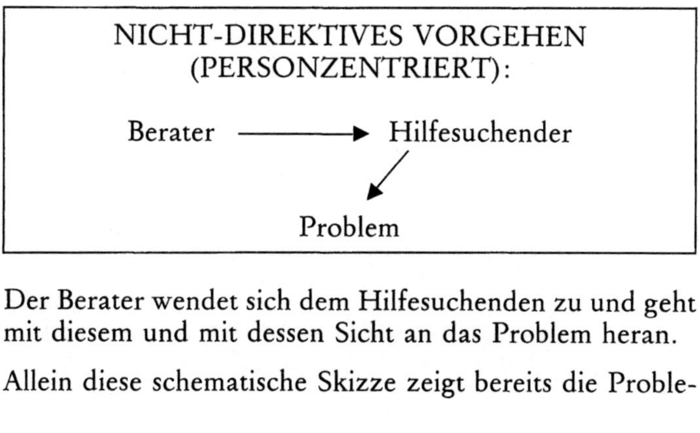

Der Berater wendet sich dem Hilfesuchenden zu und geht mit diesem und mit dessen Sicht an das Problem heran.

Allein diese schematische Skizze zeigt bereits die Problematik auf, die entsteht, wenn sich der Berater unmittelbar dem Problem zuwendet: Der Hilfesuchende bleibt dabei »links liegen«.

Vielleicht wird aber auch durch diese Skizze wieder der Eindruck erweckt, es handle sich doch um ein nicht-direktes Vorgehen, um einen Umweg, anstelle eines geradlinigen, direkten Vorgehens. Unter einem bestimmten Blickwinkel ist das richtig: Für »Probleme an sich« bietet sich oft rascher eine Lösung an. Allerdings bestehen diese Probleme dann nur im Kopf des Beraters. Das »tatsächliche Problem« besteht nämlich in der konkreten Schwierigkeit des Hilfesuchenden. Dieses reale Problem ist einmalig und kann daher gar nicht verstanden werden, wenn sich der Berater nicht der Person dessen zuwendet, der »das Problem hat«. Es ist also ein Trugschluß zu meinen, zu einem Problem hilfreich direkt vorstoßen zu können unter Umgehung der konkreten »persönlichen« Umstände.

So betrachtet, ist also das nicht-direktive Vorgehen das direkte Vorgehen. Auch wenn es manchmal langwieriger und komplizierter erscheinen mag und auch sein kann, sich dem Menschen statt der Sache zuzuwenden: Geholfen soll ja dem Menschen werden und nicht dem Problem. Rasche Lösungsvorschläge mit Scheinerfolgen erweisen sich auf lange Sicht als weitaus »langwieriger« und ineffizienter.

Die Arzt-Patient-Beziehung als Vorbild?

Für die meisten Menschen ist wohl die traditionelle Arzt-Patient-Beziehung das (meist unreflektierte) Vorbild ihrer Erwartungen an einen Berater, aber auch ihrer Erwartungen an sich selbst, wenn sie in die Rolle eines Helfers bei persönlichen Problemen kommen.

Sehen wir uns diese Arzt-Patient-Beziehung und ihren typischen Verlauf einmal genauer an. Man geht zum Arzt, wenn man irgendwelche *Symptome* einer Krankheit bemerkt, mit denen man selbst nicht zurechtzukommen

meint, und berichtet sie ihm. (»Ich habe leichtes Fieber, Kopfschmerzen und Appetitlosigkeit.«)
Dann fragt der Arzt, auf Grund der Symptomschilderung vielleicht bereits auf einen bestimmten Verdacht gelenkt, nach weiteren ihm relevant erscheinenden Details (»Wie lange haben Sie das schon? Wann ist es erstmals aufgetreten?« usw.). Er erhebt eine mehr oder weniger ausführliche *Anamnese,* eine Krankengeschichte mit weiteren Symptomen und Fakten, bzw. er führt eine *Untersuchung* des Patienten durch.
Nach der Beantwortung aller anamnestischen Fragen wird der Arzt den so erhobenen Befund auswerten und zu einer *Deutung* des Materials gelangen, d. h., er stellt die Bedeutung der einzelnen Symptome fest (»Das weist auf eine Infektionskrankheit hin«) – ein Vorgang, der sich nicht unbedingt verbal abspielen muß. Der Arzt behält es vielleicht für sich.
Dann wird er auf Grund dieser Deutung eine *Diagnose* stellen – die er mitteilt oder ganz oder teilweise verschweigt. (»Es ist eine Grippe, wie sie momentan gerade grassiert.«)
Der Diagnose folgt die *Therapieempfehlung.* (»Bleiben Sie im Bett und nehmen Sie dreimal täglich zwei von diesen Tabletten.«)
Dann ist (zumindest vorläufig) Schluß. Die Durchführung der angeratenen Therapie liegt in der Hand des Patienten (kann aber natürlich auch bei schwereren Fällen, einer Operation beispielsweise, in der Hand des Arztes liegen). Der Patient muß sich jedenfalls an die Anweisungen halten. Deren Einhaltung und Erfolg wird der Arzt in wichtigeren Fällen *kontrollieren.*
Schließlich wird erwartet, daß es durch die Therapie zur *Heilung* oder Besserung kommt. Bleibt der Heilerfolg aus, wird wieder an einem früheren Punkt begonnen: Eine andere Therapie wird probiert, deren Durchführung besser kontrolliert, oder die Diagnose wird revidiert.

»Arzt-Patient-Beziehung«:

SYMPTOMSCHILDERUNG
↓
ANAMNESE
(Untersuchung/Exploration)
↓
DEUTUNG
↓
DIAGNOSE
↓
THERAPIE(ANGEBOTE)
↓
KONTROLLE
↓
HEILUNG
(Lösung/Hilfe)

Der Ablauf folgt dem Schema: »Je genauer du mir erzählst, was mit dir los ist, desto genauer kann ich erkennen, worum es geht, und desto besser kann ich dir einen Lösungsvorschlag machen, der das Problem hoffentlich behebt.« Der Arzt wird als jener Fachmann angesehen, den man mit möglichst präzisen und vollständigen Daten versorgen muß, damit seine Diagnose und seine Therapievorschriften so gut wie möglich ausfallen. Je mehr man ihn in die Lage versetzt, sich den Überblick verschaffen zu können, worin das Problem besteht, um so besser kann er helfen: je besser die Diagnose, desto besser die Therapie.

Das klingt für die klassische Arzt-Patient-Beziehung sehr plausibel, ist aber schon in der traditionellen somatischen Medizin problematisch (der Arzt wendet sich der Krankheit und nicht dem Kranken zu), weil es die Bedeutung der Arzt-Patient-*Beziehung* völlig außer acht läßt. Seit der Beschäftigung mit der Psychosomatik wird der medizinischen Wissenschaft (wieder) zunehmend klarer, daß Krankheit auch immer eine Beziehungsdimension hat. So gesehen kann ein einfacher Arzt-Besuch nicht mehr bloß nach dem aufgeführten problem-(krankheits-)zentrierten »Heilschema« gesehen werden. (Wie viele Menschen suchen den Arzt immer wieder deswegen auf, weil sie diese menschliche Zuwendung suchen, die in der Beschäftigung mit einer Krankheit besteht? Und um zu einem Arzt kommen zu dürfen, braucht man eine Krankheit, sei es auch nur ein kleines Wehweh, das zu diesem Zweck »produziert« wird. Gute Ärzte wissen ganz genau, warum manche Symptome nicht verschwinden oder sich nur verschieben, obwohl keine körperliche Erkrankung als Ursache zu finden ist.)

Vollends problematisch wird es, wenn man die unbedachte Übernahme dieses Vorgehens für die Hilfe bei psychischen Problemen ansieht:

Man geht zu einem Berater, wenn man irgendeinen Leidensdruck verspürt, mit dem man selbst nicht mehr zurechtzukommen meint, und schildert seine *Symptome.* (»Ich kann so schlecht einschlafen und liege oft nächtelang wach. Und nichts freut mich mehr.«)

Dann fragt der Berater, der auf Grund dieser Symptomschilderung wahrscheinlich bereits eine bestimmte Vermutung hat, nach weiteren ihm relevant erscheinenden Details (»Seit wann haben Sie diese Schlaflosigkeit?«). Mit einer solchen Exploration erhebt er eine mehr oder weniger ausführliche *Anamnese,* eine »Leidensgeschichte« mit weiteren Symptomen und Fakten. (»Eigentlich seit mein Mann gestorben ist.« – »Wie lange ist das her?« usw.) So soll sein Verdacht erhärtet oder modifiziert werden.

Nach der Beantwortung aller anamnestischen Fragen wird der Berater das Material, das so zutage getreten ist, auswerten und in seiner Be-*Deutung* gewichten müssen.

Sodann wird er zu einer *Diagnose* gelangen – die er mitteilt oder ganz oder teilweise verschweigt. (»Es ist eine reaktive Depression.« Oder: »Sie haben den Tod ihres Mannes noch nicht ganz verkraftet.« Oder: »Sie sind wohl sehr allein.«)

Der Diagnose folgt die *Therapieempfehlung.* (»Versuchen

Sie sich ein bißchen abzulenken. / Gehen Sie mehr unter die Leute. / Haben Sie schon an ein Haustier gedacht?« Oder: »Sie müssen etwas mehr Geduld mit sich selbst haben. Es braucht seine Zeit.« Oder: »Kommen Sie öfter zu mir: Damit es ihnen wieder besser geht, ist es notwendig, daß Sie genauer mit mir über die Beziehung zu Ihrem verstorbenen Mann reden.« Oder ähnliches.)

Dann ist (wieder zumindest vorläufig) Schluß für die Aktivität des Therapeuten. Die Durchführung der angeratenen Lösungen liegt in der Hand des Patienten (sie kann aber natürlich auch in der Hand des Therapeuten bleiben, wenn er etwa suggestiv auf den Hilfesuchenden einwirken will). Der Hilfesuchende muß jedenfalls versuchen, die Anweisungen durchzuführen.

Einhaltung und Erfolg können vom Therapeuten unter Umständen einer *Kontrolle* unterzogen werden.

Schließlich wird erwartet, daß es durch die Therapie zur angestrebten *Lösung* oder wenigstens Besserung kommt. Bleibt der Erfolg aus, wird wieder an einem früheren Punkt begonnen: Eine andere Lösung wird in Aussicht genommen, deren Durchführung besser abgesprochen und kontrolliert, oder die Diagnose wird revidiert und damit ein anderes Problem als eigentliches angesehen.

Auch wenn es problematisch erscheinen mag, gegen Einsamkeit und Depression ein Mittel zu verordnen, wie ein Medikament gegen die Kopfschmerzen verordnet wird, die »Verordnung« eines bestimmten Verhaltens oder einer bestimmten Einstellung entspricht dem durchaus – und wird auch vielfach erwartet.

Carl Rogers bringt einen anderen sehr treffenden Vergleich, wenn er von seiner Erfahrung in der Erziehungsberatung in Rochester schreibt, er habe damals selbst den Klienten erklärt, daß die Ambulanz einem »Diagnostik-Service für Autos ähnlich sei: Man bringt ein Problem herein, erhält eine sachkundige Diagnose und dazu den Rat, wie die Störung in Ordnung zu bringen sei.«[14]

Auch im seelsorgerlichen Gespräch ist vielfach dasselbe Schema zu finden: Nach der Schilderung des Problems (»Ich kann nicht mehr so recht beten.«) wird mit weiteren

Fragen (»Wie ist das gekommen?«) nach dem zugrunde liegenden Problem geforscht (»Könnte es sein, daß es nicht so sehr an den Formen des Gebets als vielmehr grundsätzlich an Ihrer Einstellung zu Gott liegt?«). Nach erfolgter Deutung und Diagnose kann dann eine Bearbeitung des Problems in Aussicht genommen werden (»Ein Besinnungswochenende wäre eine günstige Gelegenheit, sich einmal wieder genauer mit ihrer Beziehung zu Gott zu beschäftigen.«) – genau das Schema der beschriebenen Arzt-Patient-Beziehung. Die Vorstellung, wie man zum Heil gelangt oder geführt wird, unterscheidet sich von der in bezug auf die Heilung nicht wesentlich. Der Helfer, so wird unterstellt, weiß eine Lösung, er ist der Fachmann, der helfen kann – eine Autorität auf dem in Frage kommenden Gebiet.

Die Beziehung von Person zu Person

Wie sieht die Alternative zu dem beschriebenen problemzentrierten Modell aus?

Die Ausgangssituation ist die gleiche: Der Betroffene kommt und erzählt mehr oder weniger klar, was ihn beschäftigt, schildert also seine *Symptome.*

Das Ziel ist bereits genannt: Nicht einfach »die Heilung«, »die Lösung« wird angestrebt, sondern der Hilfesuchende soll in die Lage kommen, sich selbst helfen zu können: Ziel ist die *»Hilfe zur Selbsthilfe«*. Wie kann dies erreicht werden? Wie wird eine Beziehung von Person zu Person derart erreicht, daß sie den Betroffenen in die Lage versetzt, sich selbst helfen zu können ?

Schon der erste Schritt des Arzt-Patient-Schemas hat in eine andere Richtung geführt: Wer sich mit gezielten Fragen als Fachmann für das Problem ausweist (Anamnese, Untersuchung), ruft alles andere als das Gefühl hervor, daß der Hilfesuchende selbst für seine Schwierigkeiten und deren Beseitigung zuständig und auch dazu in der Lage ist. Wenn er zum Objekt der Untersuchung wird, wird er sich nicht als Subjekt der Heilung beziehungsweise des Lösungsprozesses verstehen.

Es ist also eine gänzlich andere *Einstellung* von seiten des Helfenden erforderlich, um die Herstellung einer Beziehung einzuleiten, in der sich der Hilfesuchende als für sich selbst zuständig und verantwortlich und dazu auch in der Lage erfährt.
Es ist dazu, wie oben ausgeführt, notwendig, daß er den Berater als Person und nicht bloß als Fachmann wahrnimmt. D. h., daß ihm der Berater auch als glaubwürdige Person, mit Gefühlen und Empfindungen und in seiner Einstellung zum Hilfesuchenden begegnet. Diese Offenheit, diese *Echtheit* der Einstellung und des Verhaltens – die auch Kongruenz genannt wird, weil sich inneres Erleben und äußere Erscheinung decken – ermutigt den anderen, sich selbst gegenüber eine ähnliche Einstellung einzunehmen und seinerseits offen zu sich selbst zu sein.
Weiterhin wird es nötig sein, den Betroffenen so zu akzeptieren und anzunehmen, wie er ist und wie er sich zeigt, ohne dies von Bedingungen abhängig zu machen. Ein solches Akzeptieren drückt viel mehr als ein Gewährenlassen aus, es bedeutet eine *Wertschätzung* des anderen als die Person, die er ist – eine Haltung, die schrittweise zu einer ähnlichen Wertschätzung des Betroffenen für sich selbst führen wird. Wer so genommen wird, wie er ist, beginnt, sich selbst zu akzeptieren.
Offenheit und Wertschätzung führen dazu, den anderen auch immer besser verstehen zu lernen. Dazu ist die Haltung des Sich-Einfühlens in den anderen (Empathie) erforderlich, um den anderen von innen her so verstehen zu können, wie er sich selbst erlebt. Dieses *empathische Verstehen* führt zu einem immer größeren Verständnis auch dessen, der sich mit einem Problem konfrontiert sieht, mit sich selbst.
Die Haltungen der Aufrichtigkeit (Echtheit), des wertschätzenden Akzeptierens und der verständnisvollen Einfühlung (die ab S. 119 ausführlich beschrieben werden) führen den Prozeß des Gesprächs zweifellos in eine andere Richtung: Der Gesprächspartner lernt, mit sich selbst so umzugehen, wie der Berater mit ihm umgeht, sich also selbst besser und offener wahrzunehmen, echter zu sein

und sich zu akzeptieren. So entsteht ein neuer »innerer Dialog« des Betroffenen. Mehr und mehr setzt er sich mit seinem Erleben auseinander. Nicht der Berater mißt dem, was er exploriert hat, eine bestimmte Bedeutung bei – der Betroffene selbst steht in einem Prozeß des Sich-selbst-immer-besser-Fühlens (des *unmittelbaren gegenwärtigen Erlebens*) und -Verstehens (*Selbstexploration*, siehe S. 154ff).

Statt der Kompetenzverteilung »fragender Fachmann – auskunftgebender Leidender« wird so die intensive Beschäftigung beider mit dem emotionalen Erleben des Gesprächspartners herbeigeführt. So entsteht die Voraussetzung für die Übernahme eigener Verantwortung. Der Hilfesuchende lernt mehr und mehr, sich als seine eigene Autorität und Entscheidungsinstanz zu begreifen. Er ist für sich kompetent.

Statt der Vorbereitung der Diagnose durch die Anamnese wird durch die personzentrierte Einstellung des Beraters allmählich eine bestimmte Form der Beziehung zwischen den beiden aufgebaut. Und diese Beziehung von Person zu Person, in der der Hilfesuchende nach und nach lernt, sich selbst so zu begegnen, wie ihm der Berater begegnet, bietet die Grundlage für den nächsten Schritt.

Der so Angenommene und Verstandene kann die Erfahrung machen, daß er sich auch selbst so annehmen und verstehen kann – eine Erfahrung, die für die Mobilisierung der eigenen Heilungskräfte wesentliche Bedeutung hat. Da ein Problem haben immer auch heißt, sich nicht so zu mögen, wie man ist, ist diese *»korrektive Erfahrung«* im Angenommen- und Verstandenwerden ein heilsamer Prozeß: Wenn es in einer Beziehung (der momentanen zum Berater) möglich ist, diese Erfahrung zu machen, dann ist der Betroffene eben tatsächlich dazu in der Lage. Er kann seine bisherige Erfahrung (»ich werde nicht geliebt«, »ich fühle mich unverstanden«, »ich bin unfähig«, »ich habe nicht die Kraft dazu« oder was immer) korrigieren (»ich bin offenbar liebesfähig und liebenswert«, »ich kann mich tatsächlich verständlich machen, weil mich hier ja jemand versteht« usw.).

Das Entscheidende dabei ist: Das hat ihm nicht jemand gesagt; das hat er vielmehr erlebt. Es sind seine eigenen Fähigkeiten und Möglichkeiten, zu denen er wieder Zugang gefunden hat (und nicht die Fähigkeiten eines Experten)- was sein Selbstvertrauen stärkt und die Übernahme der Eigenverantwortlichkeit (weiter) fördert.
So ist die Voraussetzung für Selbsthilfe geschaffen, weil die Fähigkeit dazu erfahren worden ist: Der Betroffene hat mehr von seinen vorübergehend verschütteten oder bislang nicht genützten Kräften gespürt und kann darauf vertrauen, sie einsetzen zu können. Durch ein Wachstum seiner Persönlichkeit ist er stärker in der Lage, kreativ selbst Lösungen zu finden bzw. zu erarbeiten.

»Beziehung von Person zu Person«:

SYMPTOMSCHILDERUNG
↓
PERSONZENTRIERTE EINSTELLUNG
des Beraters
(Wahrhaftigkeit, Wertschätzung, einfühlendes Verständnis)
↓
SELBSTEXPLORATION
(personzentrierte Einstellung des Hilfesuchenden zu sich selbst)
↓
HILFREICHE BEZIEHUNG
↓
KORREKTIVE ERFAHRUNG
↓
SELBSTVERTRAUEN und Eigenverantwortlichkeit
↓
SELBSTHILFE bzw. Persönlichkeitsreifung

Die Einstellung des Helfers ist hier also folgende: »Je genauer du mir erzählst, *wie* es dir geht (und nicht: *warum* es dir so geht etc.), und ich dich dabei zu verstehen suche, desto mehr wird sich eine Beziehung zwischen uns entwickeln, die es dir ermöglicht, dich selbst besser zu verstehen, und desto eher wirst du auf Grund deiner zweifellos vorhandenen Fähigkeiten und Möglichkeiten, die wir jetzt vielleicht noch nicht kennen, aber dabei mehr und mehr spüren werden, einen Weg finden, der dir Hilfe bringt.«

Gegenüberstellung problem- versus personzentriert[15]

Die beiden entwickelten Modelle lassen sich nun einander so gegenüberstellen, daß die Alternativen deutlich sichtbar werden: Statt der (problemzentrierten) Exploration des »Fachmanns« steht die personzentrierte Einstellung. Der durch Deutung dieser so erhobenen Befunde entstandenen Diagnose vom »Arzt« zum »Patienten« steht die spezifische, durch Echtheit, Verständnis und Akzeptanz entstehende Beziehung von Person zu Person gegenüber. Statt der Therapieangebote durch den Helfer steht die korrektive Erfahrung in dieser Beziehung als Therapie. An die Stelle der Kontrolle von außen tritt die Eigenverantwortlichkeit und das Selbstvertrauen. Und statt der Hilfe durch andere steht die Fähigkeit zur Selbsthilfe.

Die vereinfachende, schematisierte Darstellung, die der Deutlichkeit halber herausgearbeitet wurde, mag zu der Annahme verleiten, die beiden Verhaltensweisen und Einstellungen ließen sich auch in der Realität so feinsäuberlich voneinander trennen. Selbstverständlich kommen in der Praxis nicht nur alle möglichen »Mischformen« der Gesprächsführung vor, sondern Motivation, Gesprächsverlauf, Prozeß und Zielrichtung sind auch bei weitem vielschichtiger und komplexer, als es hier dargestellt wurde. Darüber hinaus braucht wohl nicht eigens ausgeführt zu werden, daß es sich hierbei nicht um einen einmaligen Ablauf, sondern um einen kontinuierlichen Prozeß handelt.

DIREKTIV PROBLEM-ZENTRIERT	**NICHT-DIREKTIV PERSON-ZENTRIERT**
SYMPTOMSCHILDERUNG	SYMPTOMSCHILDERUNG
↓	↓
ANAMNESE/ EXPLORATION	PERSONZENTRIERTE EINSTELLUNG (Wahrhaftigkeit, Wertschätzung, Verstehen)
↓	↓
DEUTUNG	SELBSTEXPLORATION
↓	↓
DIAGNOSE	HILFREICHE BEZIEHUNG
↓	↓
THERAPIE (ANGEBOTE)	KORREKTIVE ERFAHRUNG
↓	↓
KONTROLLE	SELBSTVERTRAUEN
↓	↓
HEILUNG (Lösung/Hilfe)	SELBSTHILFE (Persönlichkeitsreifung)
ich helfe dir (expertenzentriert)	*ich helfe dir, dir selbst zu helfen*
»Arzt-Patient-Beziehung«	**»Beziehung von Person zu Person«**

Die Auseinandersetzung damit hat aber noch etwas deutlich gemacht: Die ursprünglich auftauchende Frage: »Was ist hilfreich in einem Gespräch?« hat sich verändert zu der Frage: »Wie kann ich eine hilfreiche Person sein?«. Ebenso lautet die Problematik auf seiten des Hilfesuchenden nicht mehr: »Was hilft mir?«, sondern: »Wer hilft mir?« bzw. »Wie kann ich mir selbst helfen?« – Es hat eine Verlagerung von der Methode zur Person stattgefunden.

Carl Rogers meint, »in den wahrhaftesten Momenten der Therapie« sei die Absicht zu helfen, nicht »mehr als eine Grundlage«. Statt »Nun möchte ich dir helfen«, laute die Einstellung vielmehr: »Ich möchte dich verstehen« bzw.: »Wer bist du?« Aus seinen Erfahrungen habe er gelernt, »daß die Hilfe von selbst geschieht, wenn es uns gelingt, einander zu begegnen.«[16]

Die weiter oben gestellte Frage, was Helfen eigentlich bedeutet, läßt sich aus personzentrierter Sicht so beantworten: Hilfe ist Verändern durch Verstehen. Genauer: Sie ist ein Prozeß, der in der Begegnung zweier Personen als Personen durch die korrektive Erfahrung in einer ganz bestimmten Form von Beziehung geschieht (die wesentlich durch Echtheit, Verständnis und Akzeptanz geprägt ist). Dieser Prozeß führt zu einer veränderten Einstellung sich selbst gegenüber und legt neue bzw. bislang nicht entfaltete oder verschüttete Fähigkeiten und Möglichkeiten frei und mobilisiert die eigenen Kräfte.
In einfacheren Worten ausgedrückt – helfen heißt teilen: sich einander mit-teilen und aneinander An-teil nehmen. So trivial es klingen mag: »Geteiltes Leid ist halbes Leid und geteilte Freude doppelte Freude.«

2.4. Direktive Verhaltensweisen

Dieses Kapitel zählt einige der häufigsten direktiven Gesprächsvorgänge auf. Dabei werden auch mögliche Ursachen und Folgen untersucht.
Die Beispiele können wohl aus eigener Erfahrung vom Leser beliebig ergänzt werden.

Im folgenden werden einige häufige direktive Vorgehensweisen beschrieben – das heißt Verhaltensweisen, die aus Einstellungen resultieren, die eine vorwiegend sachorientierte Problemlösung anstreben. Eine solche Aufzählung ist immer problematisch, unter anderem weil sie dem Mißverständnis Vorschub leisten kann, es ließe sich dann auch eine gegenteilige Aufzählung der »richtigen Verhaltensweisen« anstellen, was wiederum die Vorstellung von »Gesprächstechniken« nahelegt. Andererseits trifft man diese »Gesprächsmuster«, die hier vorgestellt werden, tagtäglich an – wenn ein Freund einem anderen ein Problem erzählt und dieser ihm helfen will, ebenso wie bei professionellen Beratungen aller Art. Die Liste erhebt keinen Anspruch auf Vollständigkeit.

Ratschläge erteilen
(»Ich weiß, was für Sie das Beste ist.«)

Die wohl am häufigsten vorkommende Art, wie auf die Beschreibung eines Problems reagiert wird: Der Berater fühlt sich herausgefordert – hat er erst einmal das Problem herausgearbeitet und verstanden –, dem Gesprächspartner einen oder mehrere Ratschläge zu geben, wie er mit seinen Schwierigkeiten fertig werden kann (*»dirigieren«*). Das kann von Vorschriften, was der andere nun zu tun hätte, bis zur vorsichtigen Empfehlung oder zum Vorschlag reichen, wenn allzu dirigistisches oder rezepthaftes Vorgehen als zu plump abgelehnt wird. Auch die Bemerkung: »Ich an Ihrer Stelle würde einmal ...« ist eine be-

liebte Spielart davon. Allen gemeinsam ist das Faktum, daß damit dem Gesprächspartner mehr oder weniger deutlich signalisiert wird, daß er nicht selbst imstande ist, mit seinen Schwierigkeiten zu Rande zu kommen, sondern auf Lösungen oder Lösungsvorschläge von außen angewiesen ist. Das bedeutet in jedem Fall eine Entmündigung, und so gesehen stimmt es, daß »Ratschläge Totschläge sind«. (Daß es andererseits auch nicht förderlich ist, dem Gesprächspartner einfach zuzustimmen bzw. recht zu geben, wird bei der Grundhaltung des Akzeptierens näher ausgeführt; siehe S. 134f.)
Es ist in den meisten Fällen bei genauerem Zusehen bald herauszufinden, daß solche Ratschläge vor allem dazu dienen, sich als Berater das Problem (oder die Person) vom Hals zu schaffen. Hat man erst einmal einen Rat gegeben, liegt es ja nun am anderen, ihn anzunehmen und auszuprobieren. Die Durchführung ist dann sein Problem. Und nimmt er den Rat nicht an, so ist er eben selbst schuld. Man ist also den »Schwarzen Peter«, den man sich zunächst hat zuspielen lassen, wieder losgeworden.
Beispiel: »Haben Sie schon einmal überlegt, ob Sie Ihrem Mann nicht etwas mehr Zeit lassen könnten.«

Drängen
(»Ja, aber wichtiger ist doch ...«)

Hat man mit einem solchen Lösungsrezept nicht gleich den gewünschten Erfolg – wenn der andere also nicht zu jener Einsicht gelangt, von der man findet, daß sie für ihn am besten wäre –, so bleibt die Möglichkeit, durch mehr oder weniger subtiles Drängen in die gewünschte Richtung jenen Druck auszuüben, der den anderen schließlich auf die Überlegungen bringt, die man für ihn für die richtigen hält. Dazu gibt es viele Methoden, dem Gesprächspartner eine bestimmte Problemlösungsstrategie schmackhaft zu machen. Ein sehr häufig vorkommendes Gesprächsmuster ist das »Ja, aber«-Spiel: Was immer der eine sagt, der andere wird ihm mit »Ja (das stimmt schon),

aber (viel wichtiger ist) ...« entgegnen – eine Gesprächsfigur, die beliebig lang andauern kann. Auch bohrendes Nachfragen (siehe »Nachforschen«) kann dem Zweck des Drängens in eine Richtung dienen. Eine oft gebräuchliche Spielart ist das *Argumentieren:* Der andere soll überzeugt oder gar überredet werden, daß der Berater recht hat (Suggestion, Persuasion). Dasselbe gilt auch für das Drängen zu einer (vorschnellen) Entscheidung, ein Gesprächsverhalten, das als *»Pushing«* bezeichnet wird. Je mehr der Berater darauf fixiert ist, um so stärker wird er in diese Richtung drängen. Er ignoriert dabei die Ambivalenz aller Gefühle und Einstellungen, die einer raschen Entscheidung oder einem schnellen Anfreunden mit neuentdeckten Gefühlen und Einstellungen entgegenstehen.
Das Motiv für ein solch ungeduldiges Verhalten des Beraters ist auch hier häufig die Absicht, sich den Empfindungen, Gefühlen, dem Beziehungsangebot des Gesprächspartners nicht länger in dieser Form auszusetzen, weil sie einfach als bedrohlich erlebt werden.
Beispiel: »Ich kann Ihren Ärger schon verstehen, doch ich habe Ihnen letztens schon vorgeschlagen, sich einmal in die Situation Ihres Mannes hineinzuversetzen. Dann werden Sie einsehen, daß er auf Ihre Wünsche nicht so reagieren kann.«

Moralisieren
(»So und so sollte es [nicht] sein.«)

Der Gesprächspartner wird mit einem moralischen Urteil bzw. einer Norm aus einem bestimmten Wertsystem heraus konfrontiert. Dabei wird ein allgemeiner Maßstab, der der Beurteilung des Beraters entspringt, auf einen konkreten Einzelfall angewendet. Besonders schlimm ist dies, wenn eine solche Bewertung geschieht, ohne die konkrete Situation genau zu kennen. Abgesehen davon, daß damit stets eine implizite oder explizite Schuldzuweisung verbunden ist (eine Art *richtender* Vorgehensweise), wird damit auch ein »moralischer Druck« ausgeübt – oft mit der Konsequenz, daß Weiteres oder Näheres vom Gesprächspartner bewußt oder unbewußt verschwiegen wird. Das Vermeiden des Moralisierens hat nichts damit zu tun, auf die eigene Moral zu verzichten oder sie aufzugeben. Sie ist nur dann nicht gefragt, wenn es darum geht, jemanden zu verstehen, statt über ihn zu Gericht zu sitzen. Es geht dabei um einen völlig anderen Gesichtspunkt, unter dem das Gespräch geführt wird: Nicht ob jemand moralisch richtig oder verwerflich gehandelt hat, sondern wie er erlebt, ist der Blickpunkt, unter dem ein personzentriertes Gespräch geführt wird.[17]

Häufig wird durch Moralisieren vermieden, daß das eigene Wertsystem durch andere Einstellungen in Frage gezogen wird: Fremdes wird als bedrohlich abgewehrt.

Beispiel: »Sie gehen da offenbar irgendwie den Weg des geringsten Widerstandes. Aber darf man es sich immer so leicht machen?« Oder: »Wer nicht hören will, muß fühlen.«

Dogmatisieren

(»So und so ist es [aber].«)

Eine angebliche oder wirkliche Tatsache wird dem Erleben des Gesprächspartners entgegengehalten. Eine solche dogmatisch vorgetragene Behauptung ist zumeist mit einer Art Belehrung und daher mit einer Konfrontation auf der rationalen Ebene verbunden. Besonders oft werden dazu tatsächliche oder vermeintliche »psychologische Fakten« herangezogen.

Bevor das eigene Weltbild ins Wanken gerät, wird sicherheitshalber das Verhalten der anderen danach bewertet, ob es richtig ist oder falsch. Dogmen sollen stets vor Verunsicherung schützen. (Moralisieren und dogmatisieren werden auch zusammen als *bewertendes [evaluatives] Verhalten* bezeichnet.)

Beispiel: »Als Psychologe/Theologe ... muß ich Ihnen da widersprechen.« Oder: »Das Kind braucht solche Erfahrungen, auch wenn sie für Sie schmerzlich sind. Dadurch lernt es selbständig zu handeln.«

Diagnostizieren
(»Ihr Problem ist das und das ...«)

Die Situation des anderen wird aus einem distanzierten Blickwinkel eingeschätzt, und das daraus entspringende Urteil wird ihm mitgeteilt. So wird der Gesprächspartner zum Objekt einer Untersuchung, in deren Folge er mit einer Art Etikett einem bestimmten Problemkreis zugeordnet wird. Dann handelt es sich um eine »hysterische Frau« oder einen »depressiven Mann«. Es ist schließlich nur mehr ein kleiner Schritt dazu, den anderen als krank einzustufen. Auf der Strecke bleibt dabei die individuelle Wahrnehmung und das unmittelbare persönliche Erleben. Manchmal läßt sich der Berater dabei von der plötzlichen Eingebung oder dem spontanen Eindruck leiten, manchmal geht der Diagnose eine Phase des *Sondierens (Probing)* oder eine Serie intensiven Ausfragens und Nachforschens voran, um sich die entsprechenden Informationen, die die Grundlagen für die Diagnose bilden sollen, zu beschaffen (vgl. dazu das Interpretieren).
Wer eine Untersuchung leitet und damit anstrebt, die Sache von außen zu betrachten, ist immer in einer »stärkeren« Position als einer, der sich von einer Problematik auch innerlich betreffen läßt.
Beispiel: »Autoritätsprobleme sind es, die Ihnen das Leben so schwer machen.«

Interpretieren
(»Das ist so und so, weil ...«)

Ursachen für ein bestimmtes Verhalten oder Erleben werden gesucht und/oder behauptet – oft über eine lange Reihe von Fragen (siehe unten: Nachforschen). Diese Vorgehensweise ist nach dem Schema angelegt: Wenn man weiß, woher etwas kommt, dann ist es entweder halb so schlimm oder es läßt sich leichter lösen. Die Erlebens- und Verhaltensweisen des anderen werden dann »gedeutet«. Oft werden beispielsweise pseudo-tiefenpsychologi-

sche Erklärungsmodelle mit einem entsprechenden Halbwissen dazu benützt, Zusammenhänge, etwa mit Kindheitserlebnissen, herzustellen und aktuelles Verhalten aus früherem zu erklären (*»psychologisieren«*). Durch theoretische Erklärungen kommt es dadurch auch leicht in die Nähe des Dogmatisierens. Abgesehen davon, daß solche Interpretationen schlicht falsch sein können, wird beim Gesprächspartner auf diese Art eher ein rationalisierendes Verhalten ausgelöst (bei dem für alles Erklärungen bzw. sachliche Zusammenhänge gefunden werden, die die Vermeidung von unangenehmen und abgelehnten Gefühlen zum Zweck haben). Eine andere Form des Interpretierens ist es, Vermutungen anzustellen und sie dem Gesprächspartner zur Auswahl vorzulegen.
Wenn etwas Unangenehmes erklärt ist, wird es offenbar als halb so schlimm empfunden – besonders für den Außenstehenden. Allzuleicht wird dadurch einem ganz und gar deterministischen Weltbild Vorschub geleistet: Es muß ja einer so und nur so sein, wie er ist, nachdem er diesen und jenen Einflüssen ausgesetzt war. Sichergestellt ist damit auch, daß ausschließlich jene Bereiche zur Sprache kommen, die der Berater haben möchte: Er ist es ja, der durch gezielte Fragen und Interpretationen die Problemfelder vorgibt.[18]
Beispiel: »Sind Sie ein Einzelkind?«

Nachforschen
(»Da brauche ich noch mehr Information.«)

Dem Interpretieren oder der Diagnose geht oft ein Nachfragen, Sondieren und Sammeln von Informationen voraus. Der Berater ist in einer Art Kriminologenrolle und betätigt sich als Detektiv. Es kann zuweilen zu einem Ausfragen (nach vermeintlich wichtigen Fakten), ja geradezu zum Verhör werden (*examinieren*). Die gesammelten Daten sollen dann als Grundlage für die Urteilsbildung dienen. Dabei gilt: »Wer fragt, bekommt höchstens eine Antwort«, das heißt Fragen, die aus dem Motiv des

Nachforschens gestellt werden, provozieren meist Antworten, die nicht in die Tiefe führen. Dies gilt insbesondere für Warum-Fragen. Wer nach dem Grund für etwas gefragt wird, gibt in den meisten Fällen auch einen an – das muß aber keineswegs der richtige oder eigentliche Grund sein. Bezieht sich das Nachforschen mehr auf Gefühle als auf äußere Fakten, so kann es indiskret wirken und den Eindruck der Verletzung der Intimsphäre hervorrufen.
Die Befriedigung der Neugier des Beraters beim Nachforschen und Ausfragen läßt eigene unverarbeitete Bereiche in diesem Zusammenhang vermuten. (Grundsätzlich gilt natürlich für das Fragen das gleiche wie für alle anderen Details eines Gesprächs: Es kommt darauf an, aus welcher Intention und Einstellung sie gestellt werden. Eine Frage, die echtes Interesse bekundet, und eine Frage, die den anderen ausforscht oder suggestiv auf etwas festlegen will, haben miteinander nichts anderes als das Fragezeichen gemeinsam. Es kann also nicht darum gehen, ob man Fragen stellen soll oder nicht, sondern nur darum, aus welcher Haltung heraus damit die Beziehung gestaltet wird.)[19]
Beispiel: »Erzählen Sie mir über Ihre Kindheit alles der Reihe nach, damit ich mir ein Bild machen kann.«

Generalisieren
(»Das kommt öfter vor«)

Leicht lassen sich viele Probleme mit anderen Schwierigkeiten vergleichen und so verallgemeinern. Dadurch wird der konkrete Konflikt für den Betroffenen jedoch unversehens bagatellisiert. Was zu seiner Beruhigung gedacht ist, entpuppt sich als Beschwichtigung und damit als ein Nicht-ernst-Nehmen. Ähnlich ist es mit dem *Abstrahieren*, bei dem der Berater allgemein zu dem angesprochenen Problem Stellung nimmt, in der trügerischen Hoffnung, damit dem Gesprächspartner nicht so wehzutun, wie wenn er es direkt und persönlich anspräche. Der Betroffene wird dadurch nur um so mehr isoliert.

Wenn etwas öfter vorkommt, wird es als »normaler« und weniger unangenehm empfunden. Tatsächlich jedoch ist es für den Betroffenen völlig gleichgültig, ob – beispielsweise – Tausende andere an eben derselben Krankheit sterben müssen wie er oder nicht.
Beispiel: »Die sexuellen Schwierigkeiten, von denen Sie sprechen, kommen öfter vor, als man meint.«

Identifizieren
(»So oder ähnlich ist es auch bei mir [gewesen].«)

Eine häufig vorkommende Spielart des Generalisierens ist das Identifizieren, bei dem der Berater davon spricht, daß er selbst diese oder ähnliche Probleme hat oder hatte. Meist ist es dann noch mit einem Ratschlag für die Bewältigung verbunden (»Ich würde an Ihrer Stelle ...«).
Fremdes wird Bekanntem (Selbst-Erlebtem) zugeordnet und damit aus seiner Einmaligkeit und Fremdheit herausgeholt. Dann wirkt es nicht mehr so bedrohlich. Carl Rogers weist darauf hin, daß dem Interpretieren auch eine bewertende Einstellung zugrunde liegen kann.[20]
Beispiel: »Ich kann mich noch gut erinnern, wie meine Kinder klein waren. Damals sind sie genauso gewesen. Heute ist das alles längst überwunden.«

Partei ergreifen
(»Da gebe ich Ihnen/dem anderen recht.«)

Besonders wenn von einem Konflikt mit einer dritten Person die Rede ist, die bei dem Gespräch nicht dabei ist, jedoch eine wichtige Rolle spielt (etwa ein Ehepartner), besteht die Gefahr sich ausgesprochen oder unausgesprochen mit einem der beiden zu identifizieren und dann für den einen oder den anderen Partei zu ergreifen. Dann wird entweder der Gesprächspartner in der Ambivalenz seiner Gefühle nicht ernst genommen, wenn man sich mit ihm gegen den anderen »verbündet« und ihm recht gibt

(er ist ja z.B. auf seine Frau nicht nur wütend, er liebt sie auch sehr). Oder er fühlt sich unverstanden und alleingelassen, weil sich der Berater mit der dritten Person identifiziert (wenn er sich etwa in die Gefühle der nicht anwesenden Frau hineinversetzt und diese zum Ausdruck bringt). Oft passiert das auch, wenn der Gesprächspartner scheinbar nicht von seinen eigenen Problemen, sondern von denen eines anderen spricht (»Mein Kind hat solche Lernschwierigkeiten. Was soll es tun?«). Ähnliches gilt für ein Gespräch mit einem Paar (Paarberatung), bei dem die Versuchung besonders groß ist, Partei zu ergreifen (oder dessen beschuldigt zu werden – weshalb solche Gespräche oft mit einem Beraterpaar, also zu viert, besser zu führen sind).
In solchen Fällen wird die Ambivalenz von Gefühlen und Einstellungen besonders deutlich, der der Berater durch Parteinahme zu entfliehen sucht, statt sie auszuhalten.
Beispiel: »Ich kann eigentlich Ihre Frau schon auch verstehen, wenn sie darauf so reagiert.«

Hinwegtrösten
(»So schlimm ist es gar nicht«)

Der Versuch, dem Gesprächspartner Trost in der Form zuzusprechen, daß man ihn zu beruhigen versucht oder ihm einen guten Ausgang verspricht, soll den anderen ermutigen. Ein solches »Kopf hoch!« ist aber allzuoft Ausdruck einer Ignoranz der tatsächlichen Tiefe des Konflikts oder der Betroffenheit des anderen. Stärkere Formen dieser Einstellung sind der Versuch, den anderen von bestimmten Gefühlen abzulenken oder gar ihn aufzuheitern. Die beschriebene *beschwichtigende* Haltung unterscheidet sich völlig von einem echten Trostspenden, das vor allem darin besteht, den anderen in seiner Problematik zu akzeptieren und mit ihm mitzufühlen.
Wiederum läßt sich unschwer entdecken, daß solch *beschwichtigendes* Vertrösten oder Hinwegtrösten eigentlich einer Beruhigung des Beraters dient, der damit das

Problem als nicht so dramatisch bewerten will, wie es sich zunächst darstellt.
Beispiel: »Ich habe schon oft gehört, daß sich solche Konflikte, hat man sie erst einmal überstanden, sehr konstruktiv für die Beziehung ausgewirkt haben.«

Dramatisieren
(»Das ist ernster, als Sie es einschätzen«)

Hat der Berater den Eindruck, daß sein Gesprächspartner die von ihm vermuteten schlimmen Folgen seiner Einstellung oder seines Verhalten nicht richtig abschätzt, oder ist er der Überzeugung, daß dem anderen nicht voll bewußt ist, was er da eigentlich sagt, so kann er den Versuch unternehmen, ihn durch besonders deutliches oder auch übertriebenes Aufzeigen der tatsächlichen oder vermeintlichen Problematik darauf aufmerksam zu machen.
Ein Gedanke wie: »Man muß ihm begreiflich machen, daß sich das verheerend auswirken kann« beseelt den Berater, der sich ein rascheres Einlenken des Gesprächspartners auf die vorgesehene Linie der Konfliktbewältigung wünscht. Ob die »bösen Folgen« dabei nicht nur für den Berater (emotional) schlimm sind, wird meist nicht reflektiert.
Beispiel: »Haben sie schon einmal darüber nachgedacht, was das alles für Konsequenzen nach sich ziehen wird?«

Bemitleiden
(»Das tut mir leid«)

Manches Mal passiert es, daß der Berater von den Erlebnissen des anderen so getroffen wird, daß er Mitleid empfindet, das er mehr oder weniger direkt äußert (oft nur durch nonverbale Signale wie die Stimme oder durch feuchte Augen usw.). Mitleid ist etwas anderes als Mitgefühl. Solches Mitleid stellt sich über den anderen (»Du kannst mir ja leidtun«) statt mit ihm auf einer Ebene zu stehen; mehr noch – man braucht nur auf die Bedeutung der Worte genau zu hören: »Du tust mir leid« = »Du tust mir Leid (an)«. Mitleid emfindet man, wenn man in eine unangenehme Situation gebracht worden ist: Der andere hat durch Darstellung seines Leids einem selbst Leid angetan. Mitleid ist eine Reaktion auf eine »Belästigung« mit abgewehrten Gefühlsregungen, also eine Form der aggressiven Abwehr des anderen. (Mitgefühl hingegen bedeutet ein Mit-Empfinden des Leids des anderen, bei dessen Gefühlen man dadurch bleibt, anstatt sie abzuwehren.)

Wenn der Berater Mitleid äußert, anstatt Mitgefühl zu empfinden, ist er wohl zu sehr betroffen. Hinter Mitleid verbirgt sich Aggression, wie die umgangssprachliche Redewendung »Der kann einem ja nur leid tun« unschwer enthüllt – Aggression als Reaktion auf angetanes Leid.

Beispiel: »Es macht mich ganz traurig, wenn ich daran denke, wie schlimm das alles für Sie sein muß.«

Bloß inhaltliches bzw. problembezogenes Reagieren
(»Argumente, die dafür/dagegen sprechen, sind ...« u.a.)

Reagiert wird nicht auf den emotionalen Gehalt einer Mitteilung, sondern die Sache, das Problem wird »als solches« herausge- und bearbeitet (etwa mit der Begründung, es gebe zuwenig Zeit, sich tiefer darauf einzulassen, jetzt müsse vor allem einmal rasch gehandelt werden; oder die Hintergründe wären für den Gesprächspartner zu kompliziert; oder gewisse Einsichten wären ihm nicht zuzutrauen oder zuzumuten). Es ist häufig mit einem *Intellektualisieren*, einem Ausweichen auf die Verstandesebene verbunden. Das beim Betroffenen dadurch ausgelöste Verhalten ist auch hier vielfach ein Rationalisieren. Oft gleitet auf derartige Interventionen von seiten des Beraters hin ein Gespräch in eine Debatte oder ein verbales Duell ab. Argumentieren und endlose »Ja, aber«-Sequenzen können eine weitere Folge sein (vgl. Drängen). Wird mit der Vernunft an die Vernunft (Einsicht) des Gegen-

übers appelliert, spricht man von *Persuasion.* Die Logik des Verstandes wird zu Lasten der »Psycho-Logik«, für die andere Gesetze gelten, die Argumente werden zu Lasten der Erfahrungen bevorzugt, die Wortebene zu Lasten der Gefühlsebene.
Wenn die angesprochenen Gefühle für den Berater zu heikel sind, ohne daß er es gleich merkt, kann er sehr leicht dazu tendieren, die Gefühle überhaupt nicht wahrzunehmen und ein Problem von der sachlichen Seite her aufzurollen versuchen. Damit wird gleichzeitig eine Beziehung stark abgewehrt.[21]
Beispiel: »Sie sagen, daß Sie der Tod Ihrer Frau so getroffen hat, daß Sie nicht wußten, was Sie mit Ihren Kindern jetzt sollen. Haben Sie noch andere Verwandte, die Ihnen da helfen könnten?«

Suggerieren
(»Sie werden/können/haben/usw. doch ganz sicher ...«)

Wenn sich im Gegensatz dazu der Berater ausschließlich emotional an den Gesprächspartner wendet, um bei ihm eine bestimmte gefühlsmäßige Einstellung auszulösen, ihm also etwas zu suggerieren (Kraft oder Mut beispielsweise), wird der Kontext einer Problematik, einer Einstellung oder eines Verhaltens ignoriert. Berater greifen gerne zu leichteren oder stärkeren Suggestionen, um einen gewünschten Effekt oder eine angestrebte Handlung herbeizuführen (vgl. Pushing) und so ihren Einfluß geltend zu machen. Dabei wird die innere Einstellung und die Selbstverantwortlichkeit des Partners mißachtet. (Ein unterstützendes Verhalten [»supporting«] in akuten Krisenfällen ist davon zu unterscheiden. Siehe weiter unten zur Krisenintervention, S. 250f.)
Es läßt sich leicht zeigen, daß jemand, der dringend auf einen anderen einredet, er brauche keine Angst zu haben, gegen die eigene Angst ankämpft. Darüber hinaus wird hier auf Macht und Abhängigkeit gebaut statt auf Freiheit und Selbstbestimmung.

Beispiel: »Da bin ich aber ganz sicher, daß Sie das zustande bringen werden.«

ZUSAMMENFASSUNG:
Nicht alles, was richtig ist, ist auch hilfreich

Gemeinsam ist allen diesen Vorgehensweisen, daß das emotionale Erleben des Gesprächspartners nicht respektiert wird. Als Abgehen von den genannten Grundhaltungen[22] sind sie letztlich ein Ignorieren seiner Person. Direktives Vorgehen ist problembezogen statt personbezogen. Es geht um das Problem, um die Sache – und nicht um die Person als ganze. Es macht den anderen zum Objekt einer Überlegung, einer Bewertung, eines Ratschlages oder ein Verhaltensanweisung. Über den Gesprächspartner wird implizit oder explizit ein Urteil gefällt. Als wichtig gilt, was dem Berater als wichtig erscheint. Der Berater steht also dem Ratsuchenden gegenüber und verhält sich direktiv, statt mit ihm gemeinsam, partnerschaftlich, Wege zu einer konstruktiven Veränderung zu suchen.[23]
Zweifellos sind die hier angeführten verschiedenen Möglichkeiten direktiven Vorgehens oft eng miteinander verbunden oder kommen vermischt vor. Oft sind sie auch sehr subtil »verpackt« (und damit meist noch folgenschwerer), etwa in einer Frage (»Haben Sie schon einmal darüber nachgedacht, ob ... ?«) oder – verbal gar nicht mehr nachweisbar – im Tonfall oder der Körpersprache: Wer sich gewisse Reaktionen verbal verbietet, ohne die zugrunde liegende Einstellung zu reflektieren beziehungsweise zu verändern, drückt sie eben in einer anderen Sprache als durch Worte aus: etwa durch Gesten, Mienen, durch die Stimme usw.
Kann man sich gegen einen deutlich ausgesprochenen Ratschlag (»Warum sprechen Sie nicht mit Ihrem Mann darüber?!«) noch relativ leicht zur Wehr setzen (»Das hab ich ja versucht, aber es nützt nichts!«), so wird es bei subtilen Empfehlungen schon viel schwieriger (»Aus meiner

Erfahrung kann ich nur sagen, daß letztlich die Offenheit immer geholfen usw.«)

Es ist auch meist leicht zu zeigen, daß der Hintergrund direktiven Vorgehens meist in der Abwehr einer (vermuteten) emotionalen Bedrohung für den Berater durch das Sich-Einlassen auf die Erlebenswelt des Klienten besteht.

Nun ist es keineswegs so, daß alle diese Diagnosen, Urteile, Lösungsvorschläge, Rezepte oder Verhaltensregeln falsch wären. Im Gegenteil: Oft ist das Bild, das sich der Berater von seinem Klienten macht, in vieler Hinsicht zutreffend. Jedoch geht es bei der Beratung nicht darum, was richtig, sondern darum, was hilfreich ist: Wenn, wie hier behauptet, die Beziehung das ausschlaggebende für die Hilfestellung ist, dann muß sie das Kriterium für die Angemessenheit von Gesprächsreaktionen sein und nicht die Tatsache, ob die Einschätzung der anderen Person durch den Berater zutrifft. Die Echtheit des Beziehungsangebotes, die Glaubwürdigkeit der Person und die Wahrhaftigkeit des Beraters in der Beziehung sind das Entscheidende und nicht die faktische (»was ist da wirklich los?«), moralische (»welche Einstellungen und Handlungen sind erwünscht?«) oder psychologische (»warum ist jemand so, wie er ist?«) Beurteilung des Problems. Ein solches Verhalten trägt vielmehr dazu bei, die Beziehung in einer nicht-erwünschten Weise zu beeinflussen: Sie verstärkt die Abhängigkeit des Klienten von seinem Berater und wirkt sich auf sein Selbstbewußtsein negativ aus, suggeriert ihm, selbst nicht in der Lage zu sein, seine Konflikte zu lösen.

Kaum ein Gespräch wird von solchen direktiven Vorgehensweisen völlig frei sein. Einerseits ist kein Berater imstande, sich völlig vorbehaltlos, offen, akzeptierend und einfühlend auf jede Person und jedwedes Problem einzulassen. Andererseits sind stets »Unter- und Obertöne« im Spiel. So kann beispielsweise die Formulierung einfühlenden Verstehens leicht einen suggestiven Nebeneffekt bekommen, eine Zusammenfassung zur Generalisierung geraten usw.

Es soll auch noch eigens betont werden, daß die Vermeidung direktiven Verhaltens stets gegen zwei Seiten »anzukämpfen« hat: gegen das eigene Bedürfnis dazu ebenso wie gegen entsprechende Erwartungen des Hilfesuchenden. Beide »Versuchungen« können ein wichtiger Hinweis für das Verständnis der aktuellen Gesprächssituation und der Beziehung sein – wenn man sie zu verstehen versucht, statt ihnen nachzukommen und damit dem Widerstand gegen die selbständige Auseinandersetzung auf seiten des Klienten und der Abwehr unangenehmer Gefühle auf seiten des Beraters Vorschub leistet.

Abschließend sei nochmals klargestellt, daß das Entscheidende dabei nie die Formulierungen, sondern immer die mit den Worten zum Ausdruck gebrachte emotionale Ebene ist. Die Beziehung ist das Entscheidende bei jeder Beratung. Deshalb kann eine vom bloßen Textinhalt her durchaus direktiv klingende Formulierung in höchstem Maße personzentriert sein, während umgekehrt einige scheinbar nichtssagende Worte ein tiefempfundenes Mitgefühl zum Ausdruck bringen können. Daher sind auch der Beschreibung durch Worte in einem Buch darüber Grenzen gesetzt. Ja, manche der oben angeführten Beispiele können sich, in einem anderen Kontext, als geradezu beispielhaft einfühlsame Äußerungen erweisen (und umgekehrt).

Dies sei noch kurz an einem häufig vorkommenden Beispiel erläutert: Vielfach hört man den Einwand, daß gerade das oben als direktiv beschriebene »Identifizieren« als besonders hilfreich erlebt worden sei. In einem bestimmten Gespräch sei die betreffende Person, der man ein Problem geschildert habe, gerade dadurch als besondere Hilfe erlebt worden, daß sie von ähnlichen Schwierigkeiten auch bei sich selbst gesprochen habe. Fragt man etwas genauer nach, was da passiert sei, so stellt sich meist heraus, daß hier nicht das Einbringen der gleichartigen Probleme das entscheidend Hilfreiche gewesen ist. Ganz im Gegenteil, diese sind oft ziemlich anders gelagert gewesen, und die Lösungsansätze des Beraters waren für den Hilfesuchenden gänzlich unbrauchbar. Es war vielmehr der Ausdruck an Verständnis und die Einfühlung, die in solchen Fällen in einer Sprache wie »Das kenne ich auch von mir« zum Ausdruck gebracht worden sind. Durch die entsprechenden Äußerungen wurde das Gefühl vermittelt: »Ich kann dir nachfühlen, wie du das erlebst, ich verstehe, was du mir sagen willst« und nicht: »Schau, das gibt's oder gab's bei mir auch. Das ist so und so zu bewältigen.« Ähnliches gilt für Ratschläge, die als positiv erlebt werden – sie werden dann als Zeichen von Anteilnahme erfahren.

Nach all dem Gesagten ist es wohl überflüssig, noch extra zu betonen, daß beim Erzählen eigener ähnlicher Probleme auch die gegenteilige Reaktion ausgelöst werden kann: Entweder: »Der versteht mich doch nicht, bei mir ist es ja ganz anders« oder: »Ja, der hat leicht reden, er hat es ja schon überwunden. Aber ich habe nicht die Kraft oder die Möglichkeiten dazu.«[24]

3. DER PERSONZENTRIERTE ANSATZ VON CARL ROGERS

3.1. Carl R. Rogers – Zur Entwicklung von Person und Ansatz

Viel wird von einem Menschenbild und einem Handlungsansatz deutlich, wenn man sie aus ihrer Entwicklung heraus versteht. Der folgende kurze Abriß der Biographie von Carl Rogers soll vor allem die Hintergründe der Entwicklung seines Weltbildes aufzeigen, das er in Auseinandersetzung mit den einflußreichen Strömungen von Psychologie, Psychotherapie und Psychiatrie einerseits, Philosophie, Religion und Theologie andererseits gewonnen hat. Seine Lebensgeschichte zeigt seine starke empirische und phänomenologische Ausrichtung, die Art wie Rogers seine Erfahrungen und Interessen ernst nahm und so zu Forschungsergebnissen und Theoriebildungen kam.
Über Rogers hinaus kommen damit gleichzeitig die biographischen Aspekte der Entwicklung jedes persönlichen Menschen- und Weltbildes in den Blick. Weil man auch als Wissenschaftler, Lehrer, Psychotherapeut, Seelsorger usw. immer in erster Linie Mensch, Person ist, ist es wichtig, daß man den persönlichen Anteil an seiner Arbeit nicht nur nicht übersieht, sondern ihn auch offenlegt, so daß andere diesen Zusammenhang sehen und damit das Gemeinte besser verstehen können.
Nicht zuletzt ist an Rogers' Biographie interessant, daß die Entwicklung von Rogers selbst in gewisser Weise die Entwicklung vieler Menschen in helfenden Berufen widerspiegelt: von der Rezeption vorhandener Ansätze über

die kritische Auseinandersetzung und Ablehnung zur Begegnung mit neuen, kreativen Gedanken und zur Integration von Erfahrung und Wissen. Viele personzentrierte Therapeuten haben bei sich entdeckt, daß ihre eigenen Entwicklungsschritte Anklänge zu der Ausbildung des Ansatzes bei Rogers aufweisen – ein Hinweis darauf, daß die Entstehung einer personzentrierten Einstellung nicht ohne entsprechende persönliche Entwicklung möglich ist, die bei aller individuellen Verschiedenheit durchaus Parallelen aufweist.[1]
Im Anschluß daran wird an der Geschichte des Begriffs »personzentriert« und an der Ausbreitung des Ansatzes auf andere Disziplinen und Kulturen skizzenhaft ein Überblick über seine Verbreitung und Relevanz sowie über die offenen Fragen und Aufgabenstellungen gegeben.

3.1.1. Carl Ransom Rogers, 1902–1987[2]

Die Entwicklung des personzentrierten Ansatzes hängt stark mit der persönlichen Entwicklung seines Begründers Carl Rogers und seinem Werdegang zusammen, der im folgenden nachgezeichnet wird. Darüber hinaus wird aus der Entstehungsgeschichte des Ansatzes viel von dessen Intentionen und Bedeutung verständlich.

»... Menschen wirklich nahezukommen ...«

Der Sohn praktischer, erdverbundener, hart arbeitender Eltern mit einer festen religiösen Einstellung – wie er sich selbst beschrieb – wurde am 8. Januar 1902 in Oak Park, einem Vorort von Chicago, als viertes von insgesamt sechs Kindern geboren. Seine Erziehung bezeichnete er als gekennzeichnet »durch enge Familienbindungen« und »eine strenge und kompromißlose religiöse und ethische Atmosphäre und etwas, das auf eine Verehrung des Wertes der schweren Arbeit hinauslief«.[3]

»Wenn ich zurückschaue«, schreibt er später, »wird mir deutlich, daß mein Interesse an Gesprächsführung und Therapie sicher zum Teil aus meiner frühen Einsamkeit erwuchs. Hier war ein gesellschaftlich gebilligter Weg, Menschen wirklich nahezukommen. Er stillte einen Teil des Hungers, den ich zweifellos gefühlt hatte. Auch bot er mir die Möglichkeit, Nähe zu finden, ohne den (für mich) langen und schmerzlichen Prozeß des allmählichen Bekanntwerdens durchmachen zu müssen.«[4]
Viele der Menschen, die Carl Rogers später begegnet sind, haben ihn als einen Menschen beschrieben, der außerordentlich gut zuhören konnte. Auch das hat er rückblickend auf ähnliche Motive zurückgeführt: Es sei eine »Freude, wenn ich wirklich jemanden hören kann. (...) Ich kann diese Eigenschaft bis in meine erste Grundschulzeit zurückverfolgen. Wenn ein Kind dem Lehrer eine Frage stellte und der Lehrer zwar eine perfekte und gute Antwort gab, die aber zu einer ganz anderen Frage gehörte, bekümmerte und schmerzte mich das jedesmal. (...) ich glaube, ich weiß, warum (...). Wenn ich wirklich jemanden hören kann, bringt es mich mit ihm in Kontakt. Es bereichert mein Leben. Dadurch, daß ich Leuten wirklich zuhörte, habe ich all das gelernt, was ich über Menschen, über die Person, über Psychotherapie und interpersonelle Beziehungen weiß.«[5]
Mit 12 Jahren zog die Familie auf eine Farm des Mittelwestens. In Carl, der kaum anderen sozialen Kontakt als den in seiner Familie hatte, ließ das den Wunsch aufkommen, Agrarwissenschaften zu studieren. Er begann diese Studien 1919 an der Universität von Wisconsin.

»... Fragen über den Sinn des Lebens ...«

Von einer YMCA-Gruppe spricht er als von den ersten Erfahrungen mit befriedigenden Beziehungen außerhalb seiner Familie. Bald wuchs in ihm der Wunsch heran, sein Leben in den kirchlichen Dienst zu stellen: »Ich bin sicherer als je zuvor, daß ich meine Arbeit in den Dienst des

Christentums stellen will, und ich bin ziemlich überzeugt davon, daß es darauf hinausläuft, ein Amtsträger zu werden.«[6] Er wechselte zu Geschichte als Hauptfach, weil ihm das dafür eine bessere Voraussetzung zu sein schien.

In einer Arbeit über Martin Luther schrieb er die Sätze: »Es ist falsch zu töten, sei es durch Haß, sei es durch Angst. Krieg kann nicht mit Liebe in Einklang gebracht werden, dem zentralen Grundsatz der Lehre Jesu. Es ist nicht möglich, daß die Liebe ein Motiv für den Krieg sein kann. Die beste Verteidigung ist nicht ein militärischer Angriff, sondern der Widerstand der Liebe und der Geduld.«[7]

1922 fuhr er zu einem internationalen christlichen Studententreffen nach China, was für ihn eine gewaltige Erweiterung seines Horizonts bedeutete.

Nach seiner Graduierung 1924 heiratete er Helen, eine Kunststudentin, und trat in das Union Theological Seminary in New York City ein, das er wählte, weil es ihm liberal und in intellektueller Hinsicht führend zu sein schien. Im Sommer 1925 arbeitete er im Seelsorgedienst in East Dorset, Vermont, als Teil seiner praktischen Ausbildung. Über die Erfahrung dort schreibt er unter anderem, daß es ihm einfach nicht möglich war, länger als 20 Minuten zu predigen, was ihn verwirrte, wofür ihm seine Gemeinde aber zweifellos dankbar war.

Im zweiten Jahr seiner Seminarzeit besuchte er Kurse in Klinischer Psychologie an der Columbia University und begann, auch mit Kindern zu arbeiten. Unterstützt von der Seminarleitung, veranstaltete er gemeinsam mit Kollegen ein Seminar, in dem es keinen »instructor« geben sollte und für das »der Lehrplan nur durch unsere Fragestellungen zusammengestellt« werden sollte. Er erlebte dieses Seminar als »zutiefst befriedigend und klärend. Es brachte mich ein weites Stück zu meiner eigenen Lebensphilosophie. Die Mehrheit der Gruppenmitglieder kam durch die Auseinandersetzungen mit den Fragestellungen, die sie selbst aufgebracht hatten, dazu, geradewegs aus der religiösen Arbeit wegzugehen. Ich war einer davon.«[8]

»Daß die Fragen über den Sinn des Lebens und die Möglichkeit einer konstruktiven Verbesserung des Lebens der einzelnen mich wahrscheinlich immer interessieren würden, kannte ich. Ich konnte jedoch nicht in einem Bereich arbeiten, in dem man immer von mir verlangen würde, an eine bestimmte religiöse Doktrin zu glauben. (...) Deshalb wollte ich einen Arbeitsbereich finden, der mir die Freiheit der Gedanken ließ.«
Später bezeichnete er die protestantische Tradition, in der er aufgewachsen war, mit ihrer Überzeugung von der grundlegenden Verderbtheit der menschlichen Natur als besonders ausschlaggebend für sein Absetzen von diesem Glauben. »Religion, vor allem die protestantische christliche Tradition, hat unsere Kultur mit der Grundansicht durchdrungen, daß der Mensch im Wesen sündhaft ist, und daß sich seine sündhafte Natur nur durch etwas, was einem Wunder nahekommt, negieren läßt.«[9] Seine späteren Ansichten über die grundsätzliche Vertrauenswürdigkeit des menschlichen Organismus verstand er auch als diesem Weltbild geradezu diametral entgegengesetzt.
Konsequenterweise wechselte er 1926 mit 24 Jahren auf das Teachers College der Columbia University, um Klinische und Erziehungspsychologie zu studieren.

»... den emotionalen Aspekten viel größere Beachtung schenken ...«

Im selben Jahr wurde Helens und Carls erstes Kind, David, geboren, das sie streng nach behavioristischen Kriterien zu erziehen sich vornahmen. »Glücklicherweise hatte Helen genug Hausverstand, eine gute Mutter zu sein trotz all dieses zerstörerischen psychologischen ›Wissens‹.«[10]
In den Folgejahren verspürte er stark die Diskrepanz zwischen dem vorwiegend statisch und meßtechnisch ausgerichteten Studium und seiner klinischen Praxiserfahrung am Institute for Child Guidance, an dem er arbeitete. Für seine Dissertation entwickelte er einen (später ungewöhn-

lich populären und erfolgreichen) entwicklungspsychologischen Test, mit dem er schließlich 1931 das Doktorat erwarb.
1928 zog er mit seiner Familie nach Rochester im Bundesstaat New York, wo im selben Jahr seine Tochter, Natalie, geboren wurde und wo er bis 1939 als Psychologe für das Child Study Department of the Rochester Society for the Prevention of Cruelty to Children und später als Direktor des Rochester Guidance Center arbeitete.
In diesen Jahren experimentierte er mit den verschiedensten psychologischen Methoden, wobei er sich besonders für ihre Effektivität interessierte. Er begann sich mit Otto Rank, einem Psychoanalytiker und Freud-Schüler, zu beschäftigen. Nachdem er ihn zu einem Wochenendseminar eingeladen hatte, begann er vor allem seine Praxis, weniger seine Theorien zu schätzen. Rogers ließ sich von ihm und einigen seiner in der Sozialarbeit tätigen Schülern ziemlich beeinflussen.[11]
Viel von seinen Ansichten wird verständlich aus seiner Auseinandersetzung mit der traditionellen Psychiatrie und der Psychoanalyse sowie aus seiner Gegenposition zur damals modernen und allgemein verbreiteten Verhaltenspsychologie, deren mechanistische Auffassungen er mehr und mehr ablehnte.[12]
1939 erschien sein erstes Buch (»The clinical treatment of the problem child«), in dem sich bereits erste Wurzeln der später ausformulierten Basis-Bedingungen therapeutisch hilfreichen Verhaltens finden.
Von der Arbeit in Rochester erzählte er gern ein Schlüsselerlebnis: Mit der intelligenten Mutter eines »schwierigen« Kindes kam er in der Therapie nicht weiter; er wußte zwar genau, daß das Problem in der frühen Ablehnung des Kindes lag, aber er vermochte ihr das nicht zu vermitteln, wie behutsam und geduldig er dabei auch immer vorging. Da entschloß er sich, die Therapie zu beenden. Sie war einverstanden, fragte aber unter der Tür beim Hinausgehen, ob er eigentlich auch Erwachsene berate. Als er zustimmte, sagte sie: »Also, ich brauche Hilfe« – und sie begann eruptiv über ihre Verzweiflung in ihrer

Ehe und ihr Gefühl des Versagens zu reden. Die Therapie »setzte in diesem Moment ein und führte schließlich zum Erfolg«. So entdeckte er, »daß der Klient derjenige ist, der weiß, wo der Schuh drückt, welche Richtungen einzuschlagen und welche Probleme entscheidend, welche Erfahrungen tief begraben« sind.[13] Und er entdeckte – so erzählte er –, daß seine Aufrichtigkeit eine entscheidende Rolle gespielt hatte, eine viel entscheidendere als seine Professionalität.

1939 wurde Rogers zum Professor am psychologischen Institut der Ohio State University berufen, an der er 1940 das erste je an einer Universität gehaltene Praktikum in supervidierter Therapie veranstaltete. Seine Lehrtätigkeit führte ihn nun mehr und mehr dazu, seine psychologischen Überzeugungen aufgrund seiner Erfahrungen in seinen eigenen Worten zu formulieren. Eine Rede am 11. Dezember 1940 in der Universität von Minnesota mit dem Titel »Neuere Konzepte der Psychotherapie« bezeichnete er später gern als das Geburtsdatum der klientenzentrierten Psychotherapie. Er behauptete darin, die Ziele dieser neuen Psychotherapie seien nicht die Lösung einzelner Probleme, sondern die Unterstützung des einzelnen in seiner Entwicklung (»growth«). Dabei sei den emotionalen Aspekten viel größere Beachtung zu schenken als den intellektuellen, und die Gegenwart sei viel wichtiger als die Vergangenheit. Schließlich lege dieser Ansatz größten Wert auf die therapeutische Beziehung selbst als Erfahrung von Wachstum (»growth experience«).[14] Überrascht von heftiger Zustimmung und ebensolchem Widerspruch seiner Zuhörer schätzte er dies als Reaktionen auf die Tatsache ein, daß er hier nicht Theorien zusammenfaßte, sondern seiner persönlichen Überzeugung Ausdruck verlieh.

1942 kam sein erstes Buch über seinen neuen psychotherapeutischen Ansatz heraus, »Counseling and psychotherapy» (deutsch: »Die nicht-direktive Beratung«), das auch mit dem Fall Herbert Bryan die erste vollständige Publikation einer Therapie enthält. Das Buch fand in der psychologischen Öffentlichkeit zunächst wenig Resonanz.

In den Kriegsjahren 1944-45 arbeitete Rogers in New York City in der Ausbildung für Personen, die in der psychologischen Betreuung heimkehrender Kriegsteilnehmer tätig waren.[15]

»... daß der Mensch seine Fähigkeiten herausfinden könne ...«

Nach einer Gastprofessur an der University of Chicago wurde Rogers auf Dauer dorthin berufen und eingeladen, ein Beratungszentrum zu gründen. Diese Zeit erschien ihm als besonders fruchtbar für die Entwicklung seiner Arbeit, seines Denkens und seines Stils der Zusammenarbeit mit Kollegen. 1951 erschien das Buch »Client-centered therapy« (deutsch: »Die klient-bezogene Gesprächstherapie«), in dem er, im Gegensatz zum damals üblichen Stil in der dritten Person, so persönlich wie möglich zu schreiben versuchte.
Zusammen mit Rosalind Dymond publizierte er 1954 Forschungsergebnisse über die klient-zentrierte Psychotherapie unter dem Titel »Psychotherapy and personality change«, womit er großen Anklang in der wissenschaftlichen Welt fand und 1956 einen Preis der American Psychological Association erhielt.
Im selben Jahr formulierte und 1957 veröffentlichte er »The necessary and sufficient conditions of psychotherapeutic personality change«, in denen erstmals auch die Kongruenz (Echtheit) als wesentliche Bedingung aufscheint. Dieser Artikel bildete die Grundlage für eine Unzahl weltweiter Forschungshypothesen und -arbeiten in den folgenden Jahren.
Rogers engagierte sich in den Auseinandersetzungen, ob Psychologen von der Psychotherapie auszuschließen seien, die in den dreißiger und vierziger Jahren in den USA geführt wurden. »Eine Kontroverse entstand daraus, daß ich so viel Vertrauen in das Individuum setzte. Diese Tatsache tangierte das Selbstverständnis vieler Therapeuten und wurde als Bedrohung aufgefaßt. Meine Schriften

(...) stürzten viele Psychologen und Psychiater in Verwirrung. Ich behauptete, daß der Mensch selbst seine Fähigkeiten und seine Fehlanpassungen herausfinden könne. (...) Diese Ansicht ist bedrohlich für Leute, die sich für Experten halten. (...) Es gab viele Angriffe gegen mich und auch Witze, in denen behauptet wurde, alles, was ich täte, wäre, mit den Klienten einer Meinung zu sein.«[16]
Insgesamt hatte er in diesen Jahren seine Ansichten von einem nicht-direktiven zu einem klienten-zentrierten Ansatz entwickelt: In den Mittelpunkt seines Interesses rückte immer mehr der Klient als Person und immer weniger die psychotherapeutische »Methode«.
Die Entwicklung in den Folgejahren nannte er später eine vom klienten-zentrierten zu einem person-zentrierten Ansatz – einerseits, weil die Bedeutung der Person des Therapeuten und damit die Beziehung (es findet sich aus dieser Zeit auch mehrfach der Ausdruck »beziehungs-zentriert«) zwischen den beiden immer stärker in den Blick kam, andererseits weil es sich aufdrängte, die Grundsätze von der psychotherapeutischen Situation auf andere Gebiete zu übertragen.[17]

»... ich begann, mehr und mehr von meinen eigenen Gefühlen zum Ausdruck zu bringen ...«

1957 wurde Rogers an der University von Wisconsin eine Arbeit angeboten, deren Aufgabenstellung er selbst formuliert hatte und die er als eine große Herausforderung und als Möglichkeit sah, Einfluß zu gewinnen. Bei dieser Gelegenheit sollte er Zeit zu Forschung und Zusammenarbeit mit Psychiatern und zur Arbeit auch mit Psychotikern haben.
Rogers setzte in Wisconsin ein umfassendes Forschungsprojekt in der Psychotherapie mit Schizophrenen in Gang (»The therapeutic relationship and its impact«, publiziert gemeinsam mit Gendlin, Kiesler, Truax 1967). Mit schwer gestörten Personen hatte er bislang kaum gearbeitet. Dabei stellte sich nun heraus, daß die Therapeuten

viel kreativer und aktiver bei der Kontaktaufnahme mit diesen Menschen sein mußten, um eine Beziehung herstellen zu können. Sie brachten ihre eigenen Gefühle viel mehr zur Sprache, als dies zuvor geschehen war – eine Tatsache, die die weitere Entwicklung des personzentrierten Ansatzes wesentlich beeinflussen sollte.

»Eins der Dinge, die wir in Wisconsin herausfanden, war: Wenn ich etwas ausdrückte, was ich fühlte, so war es wahrscheinlich, daß die andere Person antwortete. Das war keine Garantie, aber ich erinnere mich, daß ich über Stunden mit einem Mann zusammensaß, der oft einen großen Teil der Stunde still war – und so prüfte ich meine Gefühle. (...) Nun, als ich begann, mehr und mehr von meinen eigenen Gefühlen zum Ausdruck zu bringen, kam es dazu, daß ich manchmal eine Antwort von ihm bekam. Ich habe keine magische Formel dafür, doch ich habe den Eindruck, daß es manchmal hilft, die Gefühle der anderen Person hervorzubringen, wenn man die eigenen Gefühle ausdrückt.«[18]

Die Arbeit mit den Psychotikern und Schwierigkeiten und Fehler bei der Organisation der Forschergruppe belasteten Rogers stark. Eine Weile ging er selbst bei Nat Raskin in Therapie. Das Leben in Madison am Monona-See erlebte die Familie dagegen als sehr befriedigend und glücklich.

1963 beendete er seine Arbeit am Psychological Department – er war mit den Verhältnissen zunehmend unzufrieden geworden –, arbeitete aber am Wisconsin Psychiatric Institute weiter.

»On becoming a person«, Rogers' wohl einflußreichstes Buch und nach eigenen Aussagen sein liebstes, erschien 1961 (deutsch: »Die Entwicklung der Persönlichkeit«). Darin geht er in einer Reihe seiner wichtigsten Artikel ausführlich auf den Prozeß der Persönlichkeitsentwicklung und auf Anwendungsgebiete des personzentrierten Ansatzes ein.

»... die Fähigkeit, ein Risiko einzugehen ... nicht defensiv zu sein ...«

Anfang 1964 nahm Rogers schließlich eine Einladung an, beim neugegründeten Western Behavioral Science Institute (WBSI) mitzuarbeiten, und zog nach La Jolla, einem nördlichen Vorort von San Diego in Kalifornien. Er empfand die Arbeit dort, frei von den Einschränkungen, die der Universitätsbetrieb mit sich gebracht hatte, sehr zufriedenstellend und konstruktiv.

Inzwischen wendete er sich intensiv der Arbeit mit Encounter-Gruppen (wörtlich »Begegnungsgruppen«, siehe S. 166 ff) zu, was ihm einerseits enorme Berühmtheit auch über Fachkreise hinaus verschaffte, andererseits ein weiterer wichtiger Beitrag zur Entwicklung des personzentrierten Ansatzes war: In der Begegnung mit der »Normalpopulation«, die in solche Selbsterfahrungsgruppen kam, entstand sein Konzept von »Leiter«verhalten. Ein viel beachteter Film (»Journey into self«) wurde gedreht und 1970 das Buch über Encounter-Gruppen (»On encounter groups«, deutsch: »Encounter-Gruppen«) publiziert.

Auch hier findet sich wieder das Thema der Überwindung von Einsamkeit: »Die einsame Person ist zutiefst davon überzeugt, daß man sie nicht mehr akzeptiert oder liebt, wenn ihr wahres Selbst bekannt wird. Es gehört zu den faszinierendsten Augenblicken im Leben einer Gruppe, wenn man sieht, wie diese Überzeugung langsam schwindet. Die Feststellung, daß eine ganze Gruppe von Leuten es viel einfacher findet, sich um das wahre Selbst, statt um die äußere Fassade zu kümmern, ist nicht nur für die betreffende Person, sondern auch für die übrigen Gruppenmitglieder eine bewegende Erfahrung.« »Die Fähigkeit, ein Risiko einzugehen, gehört zu den Dingen, die ich selbst in Encounter-Gruppen gelernt habe. (...) Und wenn ich nicht versuche, anders zu sein, als ich bin (...), dann komme ich den Leuten viel näher. (...) Ich genieße das Leben deshalb viel mehr, wenn ich nicht defensiv bin.«[19]

Seine Verwandten und Freunde sprachen von großen Veränderungen durch die Gruppenerfahrungen auch an

ihm selbst: »Er zeigte viel mehr von sich selbst, wurde viel offener über sein Bedürfnisse nach Zuneigung und danach, selbst viel herzlicher zu sein.«[20]
Nach Entwicklungen am WBSI, die den humanistisch orientierten Mitgliedern nicht gefielen, gründeten diese 1968 das »Center for Studies of the Person« (CSP) in La Jolla, dem Carl Rogers als »Resident Fellow« (eine selbstgewählte Bezeichnung) bis zu seinem Tod angehörte. Es war eine Gruppe von anfangs etwa 40 Personen aus verschiedenen human- und sozialwissenschaftlichen Bereichen, die der herkömmlichen Art, menschliches Verhalten nach der Art von Objekten zu studieren, den personzentrierten Ansatz entgegensetzten. Sie trafen einander zu wöchentlichen ›staff meetings‹ und hielten die Organisation auf einem möglichst informellen, dem einzelnen einen maximalen Spielraum ermöglichenden Niveau. Rogers beurteilte das Center selbst als »ein höchst ungewöhnliches und aufregendes Experiment«. Er war der Überzeugung, daß diese »Nicht-Organisation« »ausschließlich auf der Stärke interpersonaler Teilnahme« gründete. »Uns hält nichts zusammen als das gemeinsame Interesse an der Würde und der Fähigkeit der Personen und die ständige Möglichkeit echter Kommunikation.«[21]
Als Zusammenfassung seiner bisherigen Ideen und Arbeiten zum Thema Erziehung, die im Lauf der Zeit entstanden waren, und auf Drängen vieler Pädagogen erschien 1969 Rogers' Buch über personzentriertes Lehren und Lernen. (»Freedom to learn«, deutsch: »Lernen in Freiheit«)
1972 erhielt Rogers den Distinguished Professional Contribution Award und somit als bislang einziger beide Auszeichnungen der American Psychological Association.
Im selben Jahr brachte er ein Buch über Partnerbeziehungen heraus. (»Becoming partners: Marriage and its alternatives«, deutsch: »Partnerschule«). Darin schrieb er über seine eigene Ehe: »Helen und ich wundern uns häufig, wie fruchtbar unser Zusammenleben immer noch ist und warum ausgerechnet wir so viel Glück gehabt haben. (...) Jeder von uns hatte sein eigenes Leben und eigene Interes-

sen *und* das gemeinsame Leben. (...) Wir sind als Einzelpersonen gewachsen und gleichzeitig in diesem Prozeß zusammengewachsen.«[22]
Als seine Frau später durch Krankheit an den Rollstuhl gefesselt wurde, übernahm er den größten Teil der Pflege. Die lange Krankheit belastete ihn sehr. Aus der Hilflosigkeit und Verzweiflung beider erwuchs, als es ihr vorübergehend besser ging, etliches an wechselseitiger Aggression, die er als ein gesundes Zeichen verstand.[23]
Seine Frau starb 1979 nach langen Jahren der Krankheit. »Eines Tages, als sie dem Tod sehr nahe war (...), sprudelte es plötzlich aus mir heraus, wie sehr ich sie geliebt hätte. (...) Ich sagte ihr, sie solle sich nicht verpflichtet fühlen, weiterzuleben, ihrer Familie gehe es gut und sie könne sich frei fühlen, weiterzuleben oder zu sterben, wie *sie* es wünsche. Bei Tagesanbruch lag sie im Koma und am folgenden Morgen starb sie sehr friedlich.«[23]
Sein eigenes Älterwerden beschrieb er 1980 in einem Aufsatz mit dem bezeichnenden Titel »Growing older – or older and growing« (deutsch: »Alt werden – oder älter werden und wachsen«).

»... zu einer humaneren, mehr personzentrierten Welt ...«

Mehr und mehr faszinierten Rogers die Möglichkeiten der Selbstbestimmung der Person und die Möglichkeiten zur Entwicklung in größeren Gruppen und Gemeinschaften. 1974 begann er, mehrwöchige Workshops mit Großgruppen (von 75 bis zu 800 Personen) zu veranstalten, die mit einem Minimum an Strukturen funktionierten. In seinem am stärksten politischen Buch »On personal power: Inner strength and its revolutionary impact« (deutsch: »Die Kraft des Guten«), in dem er 1977 seine Überzeugungen leidenschaftlich und sehr global formulierte, brachte er viel von diesem Optimismus zu Papier. Im Bewußtsein, »daß diese Vision manchen hoffnungslos idealistisch, anderen als gefährliche Verhöhnung geheiligter Autoritäten und wieder anderen einfach bizarr erscheinen wird«, schrieb er am Schluß dieses Buches: »Ein neuer Menschentypus mit Wertvorstellungen, die sich scharf von denjenigen unserer heutigen Gesellschaft unterscheiden, tritt in immer größerer Zahl auf den Plan. (...) Auf fast jedem Gebiet ist eine stille Revolution im Gange. Sie verspricht, uns zu einer humaneren, mehr personzentrierten Welt voranzutragen.«[25]

1980 publizierte Rogers »A way of being«, eine Zusammenfassung der Ansichten und Entwicklungen aus den siebziger Jahren (»A way of being«, deutsch [teilweise]: »Der neue Mensch«. Andere Beiträge sind in der deutschen Übersetzung des Sammelbandes »A pessoa como centro« [1977]: »Die Person als Mittelpunkt der Wirklichkeit« von Carl Rogers und Rachel Rosenberg zu finden). 1983 erschien eine völlig überarbeitete Fassung seines Buches über Lernen (»Freedom to learn for the 80's«, deutsch: »Freiheit und Engagement«).

Nach dem Tod seiner Frau reiste Carl Rogers viel. Er nahm an Workshops auf der ganzen Welt, unter anderem auch zweimal auf Einladung der apg in Österreich, in Salzburg 1981 und in Drosendorf 1984, teil. 1982 war er Teilnehmer am ersten International Forum on the Person-Centered Approach in Oaxtepec, Mexiko und 1984 am zweiten in Norwich, England.

In seinen letzten 15 Lebensjahren begann sich Rogers mehr und mehr für soziale Fragen und Friedenspolitik zu interessieren und beschäftigte sich mit den politischen Implikationen des personzentrierten Ansatzes. Er leitete ein Workshop mit irischen Katholiken und Protestanten. 1985 entstand das Carl Rogers Peace Project und im Herbst desselben Jahres leitete er ein Workshop mit zentralamerikanischen Politikern in Rust im Burgenland in Zusammenarbeit mit der University for Peace in Costa Rica. Bei Workshops in Südafrika 1982 und 1986 engagierte er sich in der Rassenproblematik. Auf verschiedenen Vorträgen setzte er sich mit dem Atomkrieg und seiner Vermeidung auseinander.

Im Herbst 1986 war er noch auf seiner letzten Auslandsreise in Moskau und Tiflis bei mehreren Veranstaltungen auf Einladung des sowjetischen Erziehungsministeriums.

»... viele meiner Ziele waren vielleicht die Ziele spiritueller Menschen über die Zeiten hinweg ...«

In seinen späteren Lebensjahren beschäftigten Rogers wieder zunehmend spirituelle Fragen; auch begann er sich mehr und mehr für die fernöstlichen Weisheitslehren zu interessieren. Bei einem Vortrag während seines Österreich-Aufenthaltes 1981 an der Universität Wien gab er seinen »spirituellen Überzeugungen« anhand von Forschungsergebnissen aus Naturwissenschaften Ausdruck und nannte sie auch »mystische Erfahrungen«, die ihn an die von ihm bislang unterschätzte Dimension »des Transzendenten« stoßen lasse.[26]

Auf Einladung des praktisch-theologischen Instituts der Universität Wien fand ein gemeinsames Privatissimum der beiden theologischen Fakultäten im selben Jahr statt. Dabei sagte er auf meine Frage, ob er eine Verbindung zwischen dem Evangelium und dem personzentrierten Ansatz sehe, er habe sein Leben lang vermieden, religiöse Begriffe zu gebrauchen – vermutlich aus zwei Gründen: »Ich glaube (...), ich fühlte mich wirklich etwas von der organisierten Religion beleidigt, und es liegt mir nichts daran, damit in Verbindung gebracht zu werden; außerdem empfand ich, daß viele religiöse Begriffe so viel Bedeutungen hatten, daß ich sie nicht gebrauchen wollte. (...) Andererseits: Während ich an der Universität von Chicago war, fand ich einiges, das mich am meisten anregte und einige meiner besten Studenten waren unter den Theologie-Studenten der Universität, darunter die, die mich auch mit Martin Buber und Sören Kierkegaard bekannt machten, und ich merkte, ich hatte Freunde, von denen ich niemals gewußt hatte. (...) So würde ich sagen, viele meiner Ziele waren vielleicht die Ziele spiritueller Menschen über die Zeiten hinweg. Und irgendwie finde ich mich mehr bereit, den Begriff ›spirituell‹ als den Begriff ›religiös‹ zu gebrauchen. (...) Ja, ich glaube, es gab viele, viele Philosophen und spirituelle Führer, und nicht nur christliche Führer, die die Person als sehr wichtig angesehen haben. So will ich bestimmt den Begriff ›person-

zentriert‹ nicht als originale Erfindung beanspruchen.«[27] 1986 wurde die Association for the Development of the Person-Centered Approach gegründet, an deren erstem Treffen in Chicago Rogers noch teilnahm.
Anfang 1987 wurde er für den Friedensnobelpreis nominiert. Kurz nach seinem 85. Geburtstag brach er sich die Hüfte. Er mußte operiert werden, wovon er sich nicht mehr erholte. Am 4. Februar 1987 starb er in La Jolla.
Einer seiner Lieblingssprüche von Lao-tse lautet: »Ein Führer ist am besten, wenn man kaum weiß, daß es ihn gibt. Nicht so gut, wenn man ihm gehorcht und ihm zujubelt. Am ärgsten, wenn man ihn verachtet. (...) Doch von einem guten Führer, der wenig spricht, wenn sein Werk getan ist, sein Ziel erreicht, werden alle sagen: Wir haben es selbst getan.«[28]

3.1.2. »Eine stille Revolution?«

Die verschiedenen Bezeichnungen für den Ansatz werden kurz erläutert. Ein historischer Abriß führt zu einem Überblick über die verschiedenen Anwendungsbereiche, für die Literatur angegeben wird.
Aktuelle Auseinandersetzungen und Trends schneiden einige offene Fragen an.

»Nicht-direktiv? Klientenzentriert? Personzentriert?«

Ursprünglich verwendete Rogers für seinen Ansatz die Bezeichnung *»non-directive« (»nicht-direktiv«)*[29], um damit seine Gegenposition zu direktiven Ansätzen wie der Verhaltenstherapie und seiner Auffassung von Psychoanalyse zu charakterisieren.[30]
Sehr bald findet sich jedoch der Name *»client-centered« (»klientenzentriert«)*[31], der nun nicht mehr nur negativ zum Ausdruck bringt, was der Ansatz nicht ist, sondern vielmehr positiv, worauf er bezogen ist: Es geht um die »Zentrierung» (Orientierung, Bezogenheit) des Gesche-

hens auf den Klienten hin – einem, wie Rogers meinte, möglichst neutralen, nicht etikettierenden Ausdruck für den hilfesuchenden Gesprächspartner.

Mit der Benennung *»person-centered« (»personzentriert«)*[32] wird eine mehrfache Weiterentwicklung zum Ausdruck gebracht: Zum einen, daß der Ansatz inzwischen den Bereich der Psychotherapie überschritten hat und auf ein breiteres Feld zwischenmenschlicher Beziehungen angewendet wird. Zum anderen, daß der Gesprächspartner nicht mehr in seiner Befindlichkeit (und Funktion) als Klient, sondern tiefergehend, ursprünglicher und noch weniger etikettierend als Person in den Blick genommen wird. Schließlich ist damit auch jedes Mißverständnis dahingehend ausgeschaltet, daß der Therapeut in seiner Funktion und nicht seinerseits als Person präsent und wichtig für die Therapie wäre. Das letzte Argument, das damit zusammenhängt, daß immer mehr die Beziehung zwischen beiden und das Erleben *beider* (und nicht nur vorwiegend das des Klienten) beachtet und zentral für Verständnis und Handeln wurde, führte auch zu Bezeichnungen, wie »relationship-centered« (»beziehungszentriert«)[33] u. ä.

»Personzentriert« ist als Bezeichnung auch geeigneter als das eine Zeitlang im deutschen Sprachraum gebräuchliche Wort »partnerzentriert«. (das von der »Abstempelung« als Klient wegführen wollte), weil der Begriff der »Person« – gerade auch in der philosophischen Tradition – umfassender die Zielrichtung des Ansatzes angibt. (So erscheint mir auch «personzentriert« geeigneter als das gebräuchlichere »personenzentriert«, weil es nicht nur eine korrektere Übersetzung darstellt, sondern auch mehr auf den Personbegriff und weniger auf das Individuum als Einzelwesen hinweist.)

Der Ausdruck »experiential therapy« (»Erlebenstherapie«), zunächst undifferenziert für verschiedene erfahrungsorientierte Ansätze verwendet, wurde eine Zeitlang auch für den personzentrierten Ansatz gebraucht, ist heute aber in diesem Kontext weitgehend für die an Gendlin orientierte Therapieform[34] gebräuchlich.

Heute werden die Bezeichnungen »person(en)zentriert«

und »klientenzentriert« verwendet. Sie werden entweder synonym gebraucht, wobei »klientenzentriert« dann nur dort gebräuchlich ist, wo der Partner üblicherweise als Klient bezeichnet wird, also in Therapie, Beratung und Sozialarbeit. (So war auch Rogers' letzte Position.) Oder sie werden – wenn Unterschiedliches damit gemeint ist – zur Differenzierung zwischen der »klassischen Rogers-Therapie« und einer analogen Erweiterung des Konzepts auf zwischenmenschliche Beziehungen allgemein gebraucht bzw. umgekehrt: Klientenzentrierte Therapie ist dann die Anwendung des personzentrierten Ansatzes auf die Psychotherapie. Damit wird meist Wert auf die verschieden starke Wechselseitigkeit der Beziehungen gelegt und eine »Quasi-Therapeutisierung« aller möglichen Arbeitsbeziehungen abgelehnt.[35]

Rückblickend meinte Rogers: »Diese Sichtweise, zunächst in Beratung und Psychotherapie entwickelt, wo sie als ›klientenzentriert‹ bekannt wurde (...), wurde, auf die Ausbildung erweitert, schülerzentriertes Unterrichten genannt. Bei ihrer Ausdehnung auf eine weite Vielfalt von Anwendungsfeldern, weit entfernt von ihrem Ausgangspunkt – Intensivgruppen, Ehe, Familienbeziehungen, Verwaltung, Minderheiten, Beziehungen zwischen Rassen, Kulturen und sogar internationale Beziehungen – scheint es am besten, einen Begriff zu wählen, der so breit wie möglich ist: personzentriert.«[36]

Die Bezeichnung *»Gesprächs(psycho)therapie«*, die sich (vor allem durch die Bücher von Tausch und die Übersetzung des Buches »Client-centered counseling« mit »Die klient-bezogene Gesprächstherapie«) leider im deutschen Sprachraum – aber auch nur hier (und hoffentlich nicht unausrottbar) – eingebürgert hat, stellt eine völlig falsche Akzentsetzung dar, weil sie bei vielen die Assoziation hervorruft, daß das Wesentliche oder gar Einzige des Ansatzes das »bloße Gespräch« (etwa im Gegensatz zu Körpertherapien oder handlungsorientierten Ansätzen) sei. Rogers hat sich immer wieder scharf gegen solche Mißverständnisse gewendet und auch den Begriff »Gesprächstherapie« abgelehnt.[37]

Manche Autoren unterscheiden – zum Teil in Zusammenhang mit den drei großen ersten Büchern[38] – drei Phasen der Entwicklung des Konzepts, eine »nicht-direktive« (1940 – 1950), eine »gefühlsverbalisierende« (»reflective«, 1950 – 1957) und eine der »Erlebenstherapie« (»experiential«, nach 1967)[39]. Dies birgt jedoch meines Erachtens die Gefahr einer zu klaren und damit zu vereinfachenden Schematisierung in sich und tut der Entwicklung Gewalt an. Die jeweils früheren Entwicklungsstadien sind bei Rogers nicht nur (im dreifachen Hegelschen Sinn) »aufgehoben« (sie sind bewahrt, abgelöst und weitergeführt), sondern es hat auch keinen »geplanten Ausbau« gegeben. Im Lebenslauf wurde deutlich, daß man eher von verschiedenen (mit Rogers' jeweiliger Tätigkeit und seinen Interessen zusammenhängenden) Schwerpunkten reden kann.[40]
Da Rogers stets die Gründung einer eigenen Schule und die Ausbildung von »Schülern« oder »Jüngern« abgelehnt hat, kam es zu einer Vielfalt an mehr oder weniger eigenständigen Weiterentwicklungen des Ansatzes, beispielsweise Eugene T. Gendlins »experiential therapy«, von der unten noch die Rede sein wird (S. 265 f). Nicht mit allen davon war Rogers aus seiner Sicht einverstanden. Nicht selten kam es dabei zu Verabsolutierungen oder Vereinfachungen, insbesondere in Hinblick auf eine praktikable Technik. Interpretationen aus den verschiedensten Gebieten setzten ein: diverse naturwissenschaftliche, sozialwissenschaftliche, phänomenologische, philosophische und psychologische Deutungen versuchten, die empirischen Ergebnisse und die theoretischen Thesen aus ihrer Sicht zu erfassen. In den siebziger und frühen achtziger Jahren gab es einen Richtungsstreit zwischen einer phänomenologisch-existentialistischen und einer naturwissenschaftlich-empirischen Richtung, der inzwischen ziemlich abgeflaut ist. Vertreter anderer psychotherapeutischer Richtungen erklärten Rogers' Arbeit aus ihrer Disziplin, und es entstanden tiefenpsychologische, verhaltenstherapeuti-

sche und systemische Interpretationen und Integrationsversuche. Rogers' Stil, sich damit auseinanderzusetzen, war in selteneren Fällen die direkte Polemik, meist tat er es dadurch, daß er seine eigenen Beobachtungen und theoretischen Folgerungen noch präziser und konsequenter auf seine Weise darzustellen versuchte.

Der Ansatz verbreitete sich in einem Zeitraum von etwa dreißig Jahren über die ganze Welt und auf praktisch alle humanwissenschaftlichen Disziplinen. Er stieß früh bei den amerikanischen Sozialarbeitern (Casework) und Pastoralpsychologen bzw. -theologen (Pastoral Counseling Bewegung) auf Interesse. Sie hatten zum Teil ähnliche eigenständige Ansätze entwickelt und wurden durch die Arbeit Rogers' bereichert und angeregt.

Schon bald hat Carl Rogers die These aufgestellt, es gäbe »allen Grund anzunehmen, daß die therapeutische Beziehung nur einen Fall zwischenmenschlicher Beziehungen darstellt und daß die gleiche Gesetzmäßigkeit alle sozialen Beziehungen regelt.«[41] Zumindest für die Bereiche Beratung und Psychotherapie, Erziehung und Lehren/Lernen sowie für Gruppen darf der Beweis inzwischen als erbracht gelten. Zweifelsohne ist kein anderer psychotherapeutischer bzw. Beratungs-Ansatz auch nur annähernd so genau empirisch erforscht und durch empirisch gesicherte Ergebnisse bestätigt worden wie der von Carl Rogers.[42] Die Anwendungen und Übertragungen geschahen zum Teil kritisch und behutsam und auf erfahrungsorientierter Basis (wodurch die Eigengesetzlichkeiten anderer Bereiche respektiert und viele neue Erkenntnisse gewonnen wurden), zum Teil unkritisch verallgemeinernd und dogmatisch (wobei statt neuer Erfahrungen bereits bekannte Postulate im Vordergrund standen). Nicht selten kam es zu einer vorschnellen Übertragung von für die psychotherapeutische Beziehung zutreffenden Erfahrungstatsachen auf andere Formen zwischenmenschlicher Beziehungen: Schulunterricht, Kindererziehung, Erwachsenenbildung, Sozialarbeit, Seelsorge oder gar Politik und Friedensarbeit sind aber nicht einfach andere Formen der Psychotherapie, in denen schlicht die gleiche Praxis ange-

messen wäre. (In manchen Punkten war da wohl Carl Rogers selbst gegen Ende seines Lebens zu euphorisch und unkritisch.[43])
In den Aussagen zu Person und Beziehung sind jedoch Grundlagen für jede Art konstruktiven Zusammenlebens zwischen Menschen (wieder)entdeckt worden. Über die vielfältigen Formen der Einzel- und Gruppenpsychotherapie[44] hinaus gibt es ausführlich beschriebene Anwendungen des personzentrierten Ansatzes für Gruppen[45] und die verschiedensten Beratungsdienste[46], für Lehren und Lernen und das gesamte Bildungssystem (Schule, Hochschule, Erwachsenenbildung)[47]. Darüber hinaus hat Rogers über das partnerschaftliche Zusammenleben und die Ehe, über Familie[48] und Kindererziehung[49], über Konfliktbearbeitung[50] und über politische Dimensionen des personzentrierten Ansatzes, wie interkulturelle Beziehungen und Friedensarbeit, geschrieben.[51] Es wurden unter anderem die Auswirkungen für Organisationen und Betriebe[52], für das Gesundheitswesen und die ärztliche Tätigkeit inklusive der Psychiatrie[53], für die sozialarbeiterische Praxis[54] und für die Seelsorge[55] beschrieben. Auch für Forschung und Wissenschaft ergeben sich eine Reihe wissenschaftstheoretischer und methodologischer Konsequenzen.[56] Nicht zuletzt hat auch eine Auseinandersetzung mit der Kunst begonnen.[57]
Theoretische Arbeit ist trotzdem noch eine Menge zu leisten:[58] Über die Psychotherapieforschung hinaus ergeben sich Konsequenzen für die Verhaltens- und Kommunikationswissenschaften und vieles andere mehr.

Tendenzen, Aufgaben, Perspektiven

Heute ist der Ansatz nicht nur in ganz Europa, sondern weltweit verbreitet und wurde insbesondere in Japan und Lateinamerika ausführlich rezipiert.[59]
Nach Europa kam er zunächst über die Sozialarbeit und die Pastoralpsychologie – und zwar vor allem über die Benelux-Länder und Frankreich. Im deutschen Sprach-

raum wurde er darüber hinaus besonders durch die Arbeiten von Tausch (erste diesbezügliche Veröffentlichungen 1956) in den sechziger Jahren im Bereich der Pädagogik und Psychologie allmählich bekannt; doch fand erst in den siebziger Jahren eine breite Rezeption in der Psychologie und Psychotherapie statt. Dies hatte zunächst eine Unzahl von empirischen Untersuchungen zur Folge und schon auf Grund der Beheimatung an mehreren deutschen Universitäten eine beträchtliche Nähe zur Verhaltenstherapie – eine Entwicklung, die in den achtziger Jahren durch eine stärkere Hinwendung zu beziehungsorientierten Konzepten abgelöst und als eine Art Trendwende zuletzt beim GwG-Kongreß im Februar 1989 in Köln deutlich wurde.
Daß die deutschsprachige Rogers-Rezeption mit beträchtlicher Verspätung erfolgte, brachte die Konsequenz mit sich, daß sich im deutschen Sprachraum eine Vorstellung der »Rogers-Therapie« verbreitete, die dem damals aktuellen Stand längst nicht mehr entsprach. Erst 1972, zu einem Zeitpunkt also, wo Rogers seinen Ansatz schon lange zu einem personzentrierten weiterentwickelt hatte, erschien die erste deutschsprachige Übersetzung eines Werkes von ihm, nämlich die seines ersten einschlägigen Buches aus dem Jahr 1942! Die dann etwa im Halbjahresabstand publizierten Übersetzungen seiner weiteren Bücher (vgl. die Liste dazu bei der Bibliographie, S. 311) brachten nicht das Bewußtsein der in Amerika in einem Zeitraum von dreißig Jahren bereits erfolgten Entwicklung, geschweige denn daß das Nachvollziehen dieses Prozesses in einem so kurzen Zeitraum hierzulande möglich gewesen wäre.
Leider wirkt das bis heute nach. So findet sich immer noch außerhalb eines engen Fachkreises vielfach eine Vorstellung der »Rogers-Therapie«, die eine grobe Simplifizierung, ja Entstellung zum Ausdruck bringt. Sie ist etwa damit zu vergleichen, als würde man unter Psychoanalyse die Tätigkeit und die Ansichten Freuds in seiner frühen Phase als Hypnotiseur verstehen. (Zu den diesbezüglichen falschen Vorstellungen siehe S. 120.) Eine oft

gehörte Meinung, auch und gerade unter Fachkollegen anderer therapeutischer Ansätze, ist: Die Rogers-Haltungen seien selbstverständlich für jedwede soziale Arbeit und Therapie so etwas wie eine Voraussetzung – aber dann, auf dieser Basis, beginne erst die »eigentliche Arbeit«![60] (Dies ist ebenso wenig zutreffend wie etwa die Behauptung, die Psycho-»Analyse« »nehme« die Patienten »auseinander«, danach müßten sie erst wieder zusammengesetzt werden.)
Vielleicht ist in dieser ebenso hartnäckigen wie falschen Qualifizierung des personzentrierten Ansatzes, die ihn auf nicht mehr als eine harmlose, freundliche, allgemeinmenschliche Einstellung reduziert, aber nicht einfach nur ein Mißverständnis, sondern ein Widerstand zu sehen – jener Widerstand, der er im Gegensatz zu anderen therapeutischen Richtungen auf einer oberflächlichen Ebene nicht ausgesetzt war. Man denke nur an die massive Ablehnung der für viele unverständlichen Tiefenpsychologie, die für ihre Vertreter stets auch Bestätigung ihrer Richtigkeit war. Der personzentrierte Ansatz hatte im Gegensatz dazu stets den Ruf einer verständlichen, sympathischen, aber doch zahnlosen und für schwierige Situationen zu unspezifischen Haltung. Doch auch die Verharmlosung und Verallgemeinerung einerseits und die Reduzierung auf Techniken und Methoden andererseits können durchaus eine Form des Widerstands darstellen – und ihm erliegen nicht wenige, die sich selbst »Anhänger« nennen.
Der personzentrierte Ansatz ist jedoch – wo er nicht verwässert wird – schon im Ansatz radikal. Er sieht in der Person des Menschen selbst die Autorität, nicht in Methoden und nicht in Experten. So ist er immerhin ein massiver Angriff auf Machtpositionen und autoritäre Allüren aller Art bei Psychotherapeuten, Lehrern, Ärzten und vielen sonstigen »Fachleuten« – eben den sogenannten Autoritäten. Eine allgemeinverständliche Sprache, die ohne Geheimwissen, Manipulationstechniken und Expertenvokabular auskommt, der konsequente Glaube an die Kompetenz jedes einzelnen für sich selbst, nicht zuletzt die Erfahrungsnähe seiner Theorie – all das macht den Ansatz

zur Bedrohung für mancherlei Verteidigungspositionen. Unter anderem hat ihn Carl Rogers deshalb eine »stille Revolution«[61] genannt.

Ob der Ansatz die vielen anderen, mit diesem Ausdruck verbundenen Hoffnungen wird erfüllen können, steht noch dahin.

Die folgende Darstellung wird, so hoffe ich, jedenfalls den tiefgehenden und radikalen Anspruch eines Menschenbildes und der damit zusammenhängenden Weise der Begegnung deutlich machen, die die ganze Person aller am Prozeß Beteiligten (des »Therapeuten« wie des »Klienten«) fordern.

Der personzentrierte Ansatz gilt – nach Tiefenpsychologie und Lern- (Verhaltens-) Psychologie zusammen mit anderen Formen der humanistischen Psychologie – als die dritte Richtung der Psychotherapie und Psychologie. Zumindest in den deutschsprachigen Ländern beruft sich die mit Abstand größte Zahl von Psychotherapeuten auf ihn.[62] Aber Quantität muß noch nicht Qualität ausmachen, und wenn auch allgemein ein Bemühen zur Hebung des Ausbildungsstandards festzustellen ist, bleibt noch viel an Arbeit in der (Weiter-) Entwicklung eigenständiger Formen von Wissenschaft, Forschung und Theoriebildung und in der Auseinandersetzung mit anderen psychotherapeutischen Konzepten zu tun.

Der Schwung des Anfangs, die Begeisterung des Neuen, die Verblüffung über »soviel Erfahrungsnähe und Verständlichkeit einer Psychologie«, der enthusiastische Zulauf zu Selbsterfahrungsgruppen ist vorbei. Längst sind andere Therapieformen »in«, und der personzentrierte Ansatz steht vor der Herausforderung, seinen Grundsätzen, insbesondere seiner Ablehnung von Rigidität, Konformität, Dogmatismus und Schulbildung treu zu bleiben, gleichzeitig aber einer Beliebigkeit und Relativierung zu widerstehen. Besonders unter dem Stichwort »Methodenintegration«[63] werden gern angeblich im Ansatz zuwenig berücksichtigte Methoden (von der Körperarbeit über die Traumarbeit bis zu aggressions- und kreativitätsstimulierenden Techniken) allzuoft unreflektiert »eingebunden«.

Das beweist wohl einen nicht unbeträchtlichen Zweifel am für den Ansatz konstitutiven Vertrauen in die Fähigkeit, Kreativität und Kraft der Person.
Es hat sich inzwischen zweifelsfrei herausgestellt, daß die personzentrierte Bewegung keine vorübergehende Modeerscheinung war. Allerspätestens mit dem Tod seines Begründers aber wurde deutlich, woran dieser selbst nie einen Zweifel gelassen hatte: daß auch der Ansatz selbst der Weiterentwicklung bedarf, wenn er sich treu bleiben will.

3.2. Zum Menschenbild des personzentrierten Ansatzes

»Person erscheint, indem sie zu anderen Personen in Beziehung tritt.«
»Ich werde am Du; Ich werdend spreche ich Du.«
(Martin Buber)[1]

Rogers ist aufgrund seiner Erfahrung überzeugt: Die menschliche Natur ist vertrauenswürdig und konstruktiv, schöpferisch, sozial und auf Reife hin ausgerichtet.
Das Wachstum dieser dem Menschen innewohnenden Kräfte wird durch die Erfahrung einer vertrauensvollen Beziehung gefördert. Das Erlebnis personaler Begegnung trägt wesentlich zur Entwicklung der Person bei.

Die grundsätzliche Vertrauenswürdigkeit und Konstruktivität der menschlichen Natur

Aus der Gegenüberstellung problemzentrierten und personzentrierten Handelns im zweiten Abschnitt ist deutlich geworden, daß es sich nicht nur um verschiedene Methoden handelt, sondern daß diesen unterschiedlichen Vorgangsweisen jeweils ein anderes Menschenbild, ein verschiedenes anthropologisches Konzept zugrunde liegt.
Die philosophischen Voraussetzungen[2] bzw. Grundannahmen des personzentrierten Ansatzes[3] faßt Rogers in einer zentralen Hypothese zusammen, nämlich der, daß »das Individuum unermeßlich reiche Anlagen in sich trägt, sich selbst zu verstehen (... und) zu verändern und daß diese Anlagen sich nur dann erschließen können, wenn eine genau definierbare Atmosphäre von fördernden psychologischen Einstellungen geschaffen werden kann.«[4] Der Mensch wird gesehen als einer, der – in einem Prozeß andauernder Veränderung stehend – die Fähigkeit besitzt, sich in Richtung größerer Reife und Funktionsfähigkeit[5] zu entwickeln (Verwirklichungs- bzw. Aktualisierungstendenz). Dabei ist er imstande,

selbst die Verantwortung für sein Erleben und Handeln zu übernehmen (Selbstverantwortlichkeit), sich »von innen her zu steuern« (Selbstbestimmung) und sein Leben und seine Probleme zu meistern (Selbstgestaltung).
Das diesen Vorstellungen zugrunde liegende »Vertrauen in den Organismus» nimmt eine »aktualisierende Tendenz« an, das heißt eine grundsätzliche Ausrichtung auf eine konstruktive Erfüllung der innewohnenden Möglichkeiten allen Lebens (nicht nur des menschlichen) bei entsprechenden Voraussetzungen. Diese Tendenz kann beeinträchtigt oder verfälscht werden, aber sie kann nicht beseitigt werden, ohne das Lebewesen selbst zu zerstören. In diesem »Bestreben nach Erfüllung« sieht Rogers die Grundlage aller Motivation. »Kurz, wir haben es mit einem Organismus zu tun, der immer auf der Suche ist, immer wieder von vorne beginnt, immer in Bereitschaft ist« – ein Bestreben nach Aktualisierung, »das nicht nur die Erhaltung, sondern auch die Steigerung des Organismus beinhaltet.«[6]
Rogers ist sich der optimistischen Sicht dieser Annahme und der Skepsis, die ihr entgegengebracht wird, bewußt. Er entgegnet dem aber mit dem Einwand, daß in der ganzen Natur insgesamt ein kreativer und nicht ein zersetzender Prozeß am Werk sei, eine »formative Tendenz«[7], die in der Tendenz der Materie, immer komplexere Formen anzunehmen, ebenso beobachtbar sei wie in der Entwicklung zu immer größerem Bewußtsein beim Menschen. Der Mensch habe an der im gesamten Universum wirkenden formativen Tendenz insofern einen besonderen Anteil, als er sich ihrer bewußt werden und sie vorantreiben könne, ja mehr noch: zu transzendierenden, die Schranken von Ich und Du sprengenden »universalen« Bewußtseinserfahrungen gelangen könne. Ohne die Tendenz zum Verfall (Entropie) ignorieren zu wollen, meint Rogers, der »Syntropie«, dem Bestreben nach gesteigerter Ordnung und wechselseitiger Komplexität auf der anorganischen wie auf der organischen Ebene werde noch zu wenig Aufmerksamkeit geschenkt. Diese zunehmend auch von Physikern, Kosmologen, Biochemikern und an-

deren Naturwissenschaftern erforschte »Evolutionstendenz« bestärke die Grundannahmen des personzentrierten Ansatzes.

Für Rogers ist die Natur des Menschen, sofern er voll entscheidungs- und handlungsfähig ist, »vertrauenswürdig und zuverlässig«, »schöpferisch und realistisch«, »positiv und konstruktiv« und »auf Sozialisierung hin aus gerichtet«.[8] Der Mensch lebt »auf Autonomie und Reife hin.«[9] »Er hat die Tendenz (...), seine Möglichkeit zu werden»[10], ist also »sowohl selbsterhaltend als auch sozial«.[11]

Zusammengefaßt: Der Mensch hat in einer fruchtbaren Atmosphäre die Freiheit, jede Richtung zu wählen; tatsächlich wählt er jedoch eine konstruktive.

Eine solche fruchtbare Atmosphäre für die Persönlichkeitsentfaltung einzuleiten und sie zu ermöglichen, ist Aufgabe einer Person in hilfreichen Beziehungen. Diese Person »macht« die konstruktive Veränderung nicht und »weiß« auch nicht, wie sie auszusehen hat, aber sie kann den Prozeß fördern.

Der Berater als Gärtner und als Geburtshelfer

Ein Beispiel mag diese Tätigkeit verdeutlichen: Eine schöne Metapher ist es, den Berater als einen Gärtner zu sehen, der eine Blumenzwiebel zu Wachstum und Blüte bringen will. Er kann sich nicht aussuchen noch bestimmen, was für eine Art Pflanze das werden wird. Aus einer Hyazinthe kann er keine Rose machen. Aber was er kann und worin seine Aufgabe besteht, ist, möglichst optimale Bedingungen für das Wachstum der Pflanze zu bereiten: Licht und Wärme, Erdreich und Feuchtigkeit – kurz das Umfeld, die Bedingungen, unter denen das Wachstum stattfindet, kann er so gestalten, daß sie dieses Wachstum fördern oder hemmen. Er hat also keinen direkten Einfluß auf das Aussehen der Pflanze, wohl aber darauf, wieviel von dem aus der Pflanze werden kann, was schon in ihr an Möglichkeiten angelegt ist. Sind diese Bedingungen (immer wieder) zur Verfügung gestellt, so wird er in

Geduld das Wachstum abwarten, ein Prozeß, den er nicht direkt und gewaltsam beschleunigen kann. Er kann sie sinnvollerweise dazu nicht drängen und keinen Druck ausüben. Solche Eingriffe würden die Pflanze höchstens kaputtmachen. Auch ein Zuviel an Sonne oder Wasser wäre schädlich. Er »macht« das Wachstum nicht, aber er steht auch nicht einfach beziehungslos daneben. Es ist eine ganz bestimmte, genau umschreibbare Tätigkeit.[12]

Ein gutes Gespräch schafft in ähnlicher Weise die Atmosphäre, die Bedingungen für ein konstruktives Wachstum, und ein schlechtes Gespräch stellt dem Wachstum allerhand Hindernisse in den Weg oder macht es unmöglich. Rogers vergleicht seine eigene Funktion in einer personzentrierten Gesprächsbeziehung auch gern mit der Tätigkeit einer Hebamme[13]. In einer an Sokrates erinnernden Beschreibung sieht er sich als Geburtshelfer für neues Personwerden. Er stellt keine neue Persönlichkeit her, er formt oder bildet sie nicht; er ist »lediglich« bei der selbständigen Entstehung und Ausprägung neuer, bisher nicht zutage getretener Seiten der Person behilflich, förderlich. Diese Tätigkeit bezeichnet Rogers ausdrücklich als Privileg. Es geht ihm also darum, den Gesprächspartner als selbständige, eigenverantwortliche Persönlichkeit zu respektieren und ein möglichst geringes Abhängigkeitsverhältnis herzustellen, mit ihm in einen echten Dialog zu treten. Dabei wird von der Voraussetzung ausgegangen, daß die Persönlichkeitsentfaltung, die Fähigkeit zur Reifung blockiert war, daß die Entwicklung gebremst oder durch ungünstige Bedingungen in eine destruktive Richtung gelangt war. Damit wurden Aspekte der Persönlichkeit abgewehrt bzw. verschüttet (verdrängt) und der Zugang zu tieferen Schichten der Persönlichkeit (teilweise) blockiert.

Wie der Helfer an seinen Partner herangeht, welchen Zugang er zu ihm hat, welche Einstellung er dabei hat und vermittelt (amerikanisch »approach«), entscheidet wesentlich, wie sich die Beziehung zwischen beiden gestalten wird. Deren Ziel ist es, Erfahrungen, Gefühle, Strebungen, zu denen im Augenblick der Zugang verlegt ist oder

die noch nicht entfaltet wurden, für den Menschen wieder zugänglich zu machen, so daß er sie in sein Erleben und Handeln seiner Persönlichkeit integrieren kann.
Eine Person, die für ihre Erfahrungen offen ist, imstande ist, existentiell zu leben (das heißt jeweils im Augenblick, offen für aktuelle Erlebnisse), mit einem genügenden Maß an Selbstbewußtsein ausgestattet, nennt Rogers eine »sich voll verwirklichende und voll handlungsfähige Person» (amerikanisch: »fully functioning person«, siehe S. 161 ff), den kreativen, mündigen Menschen: er ist imstande, sich aus seinen Fähigkeiten und Möglichkeiten heraus immer neu zu verwirklichen. Eine solche Person hat es nicht nötig, Gefühle und Erfahrungen abzuwehren, weil sie genügend Selbstvertrauen besitzt. Sie ist imstande, verantwortungsbewußt und sozial zu handeln.
Die bereits genannten und die im folgenden noch genauer auszuführenden personzentrierten Einstellungen (Wahrhaftigkeit, Wertschätzung, einfühlendes Verstehen) sind jene Bedingungen, die eine Persönlichkeitsentwicklung mit diesen Zielen fördern. *Diese Einstellungen des Beraters zur Person werden in der Erfahrung der Beziehung zwischen dem Helfer und dem Partner wirksam und erlebbar.*
Diese beiden Begriffe sind für die Anthropologie des personzentrierten Ansatzes von zentraler Bedeutung: Mit Recht spricht man daher auch von einem beziehungs- und erfahrungsorientierten Ansatz.

»Alles wirkliche Leben ist Begegnung« (Martin Buber)[14] – *Die Bedeutung der Beziehung*

War das Augenmerk bezüglich der hilfreichen Einstellungen auch in der historischen Entwicklung des personzentrierten Ansatzes zunächst auf die Verwirklichung einzelner individueller Haltungen und Verhaltensweisen des Beraters gerichtet, so wurde Carl Rogers im Lauf der Zeit immer mehr die Bedeutung der Beziehung zwischen den beiden bewußt.[15]

Vom Beginn des Lebens an erfährt sich der Mensch in Beziehungen, dabei lernt er, sich selbst und andere zu verstehen – und mißzuverstehen. Eine Korrektur von Beziehungserfahrungen ist naturgemäß nur durch neue Beziehungserfahrungen möglich. Geeignete Bedingungen sollen eine Art von Beziehung schaffen, in der es weitgehend angstfrei gelingen kann, sich auf eine neue Sicht von sich selbst und anderen einzulassen.
Rogers bezieht sich hier auf den Philosophen Martin Buber, indem er das Verbindende zwischen beiden Partnern als Begegnung auf dem (wie Buber sagt) »Abgrunde des Daseins« sieht, welches wesensmäßig nicht nur als Selbst, sondern auch als Mitsein oder Umgang und als Miteinandersein oder Liebe »in der Welt ist«. Buber schreibt:
»Die fundamentale Tatsache der menschlichen Existenz ist weder der Einzelne als solcher noch die Gesamtheit als solche. Beide, für sich betrachtet, sind nur mächtige Abstraktionen. Der Einzelne ist Tatsache der Existenz, sofern er zu anderen Einzelnen in lebendige Beziehung tritt (...). Die fundamentale Tatsache der menschlichen Existenz ist der Mensch mit dem Menschen. Was die Menschenwelt eigentümlich kennzeichnet, ist vor allem anderen dies, daß sich hier zwischen Wesen und Wesen etwas begibt, dessengleichen nirgends in der Natur zu finden ist. (...) Diese Sphäre nenne ich die Sphäre des Zwischen. (...)
Ein wirkliches Gespräch (d. h. ein nicht vorher in seinen einzelnen Beiträgen verabredetes, sondern ein völlig spontanes, in dem jeder unvorhersehbare Erwiderung hervorruft), eine wirkliche Lehrstunde (d.h. weder eine betriebsmäßig wiederholte, noch aber eine, deren Ergebnisse der Lehrende schon vorweg weiß, sondern eine sich in gegenseitigen Überraschungen entwickelnde), eine wirkliche, nicht gewohnheitliche Umarmung, ein wirklicher, nicht gespielter Zweikampf, – das Wesentliche davon vollzieht sich nicht in dem einen und dem anderen Teilnehmer, noch in einer beide und alle anderen Dinge umfassenden neutralen Welt, sondern im genauesten Sinn zwischen beiden, gleichsam in einer nur ihnen beiden zugänglichen Dimension.

(...) Jenseits des Subjektiven, diesseits des Objektiven, auf dem schmalen Grat, darauf Ich und Du sich begegnen, ist das Reich des Zwischen.«[16]
Eine solche Beziehung ist etwas je Einmaliges. Aufgabe des Beraters ist es daher nicht, akzeptierend usw. »an sich« zu sein, sondern in der konkreten Beziehung seinen momentanen Gesprächspartner anzunehmen und diesem das Gefühl zu vermitteln, angenommen zu werden. Die für das entsprechende Gesprächsklima erforderlichen Einstellungen sind also beziehungsabhängig.
Das Bild von der Hebamme knüpft an das von vielen Psychologen so bezeichnete »Urvertrauen« der ersten Kindheitsbeziehungen an: Indem er an diese Vertrauensbasis anschließt, ermöglicht der Helfer dem Hilfesuchenden, selbst offener zu werden, ein Stück Risiko einzugehen, um sich auf Neues einzulassen und weiterzuwachsen.
Wie Rogers immer wieder betont, liegt es an der Einstellung des Beraters zu Wert und Bedeutung des Individuums als Person mit eigener Entwicklung, eigenen Wertvorstellungen und Zielen, wie sehr sein Gesprächspartner sich selbst so zu begreifen vermag.[17] Hat er hingegen insgeheim die Erwartung, daß der andere dann am glücklichsten wäre, wenn er dem Berater gestatten würde, seine Maßstäbe, Werte und Ziele für ihn auszusuchen, so wird das Gegenteil bewirkt: Die Förderung von Abhängigkeit ist die (oft zunächst unbemerkte) Folge. Wird der andere in seiner Eigenständigkeit nicht radikal ernst genommen, besteht die Gefahr, daß er mehr und mehr zum Objekt wird, das analysiert, diagnostiziert, manipuliert werden kann.
Von diesem Vertrauen in die Fähigkeit des einzelnen, mit seiner psychischen Situation und mit sich selbst fertig werden zu können, hängt das Gelingen des personzentrierten Ansatzes ab; von dieser Einstellung wird die Gesprächsatmosphäre und der Gesprächsverlauf, wird die Beziehung insgesamt grundlegend beeinflußt. Entsteht durch diese vertrauensvolle und respektierende Einstellung eine Beziehung, in der der Hilfesuchende Vertrauen erleben und selbst fassen kann, wird er auch im Vertrauen zu sich selbst wachsen: Vertrauen fördert Selbstvertrauen.

Wenn er im Verlauf seines Lebens den Stellenwert der Beziehung zu Lasten der Verwirklichung einzelner Verhaltensweisen auch immer mehr herausgestrichen hat, so hat Rogers doch von allem Anfang an keinen Zweifel an der Bedeutung der Beziehung gelassen: »Die therapeutische Beziehung ist eine Beziehung, in der warme Zugewandtheit und das Fehlen jedweden Zwanges oder persönlichen Drucks durch den Berater dem Klienten den maximalen Ausdruck von Gefühlen, Einstellungen und Problemen ermöglicht. Die Beziehung ist eine wohlstrukturierte Beziehung mit Begrenzungen der Zeit, der Abhängigkeit (...) und der Verantwortlichkeit. In dieser einmaligen Erfahrung vollständiger emotioneller Freiheit innerhalb eines genau definierten Rahmens hat der Klient die Möglichkeit, seine Impulse und seine Strukturen, die positiven wie die negativen, zu erkennen und zu verstehen, wie in keiner anderen Beziehung.«[18]
Es ist die personale Begegnung, die Persönlichkeitswachstum fördert und den Menschen in seinem Wert als Person bestätigt: »Das Erlebnis der Begegnung gibt eine Antwort auf die Einsamkeit, geht aber weit darüber hinaus. Sie gibt dem Individuum (...) eine Bestätigung seiner vollen Existenz als Person.«[19]

»Werde, der du bist« (Pindar) – *Die Bedeutung der Erfahrung*

»Kann ich meiner Erfahrung trauen?«, fragt sich Carl Rogers und beantwortet die Frage selbst mit der Feststellung, das Gefühl, daß etwas bedeutsam ist, sei verläßlicher als der Intellekt – ohne daß er es deswegen als unfehlbar mißverstanden sehen will: »Erfahrung ist für mich die höchste Autorität.« Und: »Weder die Bibel noch die Propheten, weder Freud noch die Forschung, weder die Offenbarungen Gottes noch des Menschen können Vorrang vor meiner direkten Erfahrung haben.« Diese Erfahrung ist prüfbar, sie soll bei Bedarf korrigiert werden, und es ist notwendig, sich über die Erfahrung mittels innerer Ordnungsstrukturen Klarheit zu verschaffen und Theorien zu bilden (»Ich genieße es, Ordnung in der Erfahrung zu entdecken.«[20])

Die Inkongruenz zwischen Erfahrung und Bewußtsein kann in einer entsprechend gestalteten Beziehung bewußt gemacht und überwunden werden. Wenn die Erfahrung als Bezugspunkt und Bezugsinstanz, als Korrelativ zu überkommenen Einstellungen und Interpretationsmustern ernst genommen wird, hat sie einen bewußtseinskritischen Stellenwert. Dazu sind eine erfahrungsnahe Theorie und eine ebensolche Sprache erforderlich und förderlich. In einer guten Beziehung wird »die Fülle des Erfahrens« bzw. »vollständiges Erfahren«[21] möglich. Das bedeutet, daß jemand, der ein Gefühl »hat«, der ein Problem »hat», mehr und mehr seine Erlebnis- und Sichtweise in die Richtung verändert, daß er es »ist«: »In diesem Augenblick bin ich mein Ärger« kann ein Gesprächspartner erfahren – und dabei verändert sich das aktuelle Erleben aber bereits auch wieder. Wer in einem solchen Moment sein kann, was er ist, entwickelt sich insgesamt mehr und mehr zu dem, was er als ganzer ist – in aller »Fülle«, die »in ihm drinnen ist».[22] Er ist dann auch nicht nur auf den Ärger reduzierbar, nicht gezwungen, sich zu ärgern, weil er »nicht anders kann«, er »kann mehr«, als nur sich zu ärgern – mit der Selbst-Erfahrung steigt die Möglichkeit zur Verwirklichung eines ungenützten und bislang oft ungekannten Potentials an anderen Erfahrungen und Einstellungen: Zunehmend wird so auch die Erfahrung persönlicher Entscheidungsmöglichkeiten gemacht.

Dabei gelingt es dem Klienten mehr und mehr, »subjektiv in der Erfahrung zu leben, nicht so sehr Gefühle über sie zu haben«, bis er schließlich, wie sich Rogers ausdrückt, »ein wachsendes und fortdauerndes Gefühl akzeptierender Eigentümerschaft an diesen wechselnden Empfindungen, eines grundlegenden Vertrauens in den eigenen Prozeß«, hat. Das bedeutet, daß er mehr und mehr realisiert, daß er es ist, der lebt, empfindet, erfährt und sich seine Empfindungen und Erfahrungen ändern und jeweils neue Bedeutungen bekommen, die er in ihrer jeweiligen Aktualität wahrzunehmen imstande ist und nicht ständig aus früheren Bedeutungen oder eingefahrenen Interpretationsschemata heraus deuten muß. »Der Klient erfährt, daß er tatsächlich die Wahl hat, auf neue Weisen zu leben« – »frei und akzeptierend in einem fließenden Erfahrungsprozeß.«[23]

Richtigerweise muß von der Bedeutung der *aktuellen, gegenwärtigen* Erfahrung gesprochen werden, die ein heilsames Korrektiv in einem guten Gespräch ist, womit wiederum auf die Bedeutung der aktuellen Beziehung zwischen den Gesprächspartnern verwiesen ist.

In diesem Sinne ist es richtig, von der personzentrierten Psychotherapie auch als Erfahrungs- oder Erlebenstherapie (»experiential therapy«) zu sprechen,[24] womit auf die Bedeutung des in der Beziehung geschehenden aktuellen (»gegenwärtigen«) Erlebens Bezug genommen wird. Das aktuelle Erleben in der Beziehung zwischen Berater und Klient bietet nicht nur die beste Quelle zum Verständnis der Personen füreinander, sondern bildet auch einen Spiegel des Erlebens einer Person insgesamt. Kann etwa der Hilfesuchende Zuwendung, die er vom Helfer erfährt, nicht wahrnehmen oder nicht zulassen, so ist dieses unmittelbare Erleben eine wichtige Erkenntnis- und Verstehensquelle: Der Helfer kann, wenn er dieses aktuelle Gefühlsgeschehen zur Sprache bringt, mit dem unmittelbar gegenwärtigen Erleben (im »Hier und Jetzt«) arbeiten. Personzentrierte Hilfeleistung ist also die Ermöglichung erfahrungsorientierten Lernens in klar strukturierten Beziehungen. Auf die Bedeutung der korrektiven Erfahrungen, die in solchen Beziehungen möglich werden, für die Selbsthilfe wurde bereits im zweiten Abschnitt hingewiesen.[25]

Zur Kritik an der Anthropologie

Die optimistischen Annahmen Rogers' von der menschlichen Natur sind auch der Hauptangriffspunkt der Kritik an ihm. Es wird ihm Einseitigkeit, Naivität und mangelnde Differenziertheit vorgeworfen. Tatsächlich kann wohl seiner optimistischen Sicht unter anderem entgegengehalten werden, daß sie sich zuwenig mit dem Phänomen des Bösen und den destruktiven Kräften im Menschen auseinandersetzt. Eine solche Auseinandersetzung ist meines Erachtens noch zu leisten und kann von den verschiedenen Personbegriffen der europäischen Geistesgeschichte und von einer christlichen Anthropologie her wohl auch sinnvollerweise geschehen.[26] Die Nähe der von Rogers erwähnten Evolutionstendenz zu den Gedanken Teilhard de Chardins und anderen ähnlichen Ansichten ist nicht zu übersehen. Mit den von ihm selbst hergestellten Querverbindungen zu Buber und Kierkegaard, um nur die zwei am häufigsten von ihm zitierten europäischen Philosophen zu nennen, hat Rogers selbst in diese Richtung gewiesen und begonnen. Zum Teil haben die abendländische Philosophie, aber auch die östlichen Weisheitslehren – die er gern, vor allem in den späten Jahren zitiert – hier bereits weit differenziertere Beiträge geleistet.[27] Auch die Berufung auf manche Naturwissenschafter, wie zum Beispiel Fritjof Capra[28], und ihre Ansichten, geschieht bei Rogers – wenngleich auch von ihm mit großer Vorsicht vorgetragen – wohl etwas zu schnell.

Es wird allerdings viel von diesen Überlegungen verständlich und sie erhalten ihren richtigen Stellenwert, wenn man sie aus seiner eigenen biographischen Entwicklung heraus sieht. Mit seinen anthropologischen Bekenntnissen setzt sich Rogers neben der Verhaltenstherapie und der traditionellen Psychiatrie unter anderem bewußt in Gegenposition vor allem zu seiner eigenen protestantischen Tradition (der Mensch sei »im Wesen sündhaft«)[29] und zur Freudschen Konzeption des Es (insbesondere der Todestriebtheorie). »Freud und seine Jünger haben im Bereich der Psychologie überzeugende Argumente vorgelegt, daß das Es, des Menschen grundlegende und unbewußte Natur, primär aus Instinkten besteht, die, wenn sie zum Ausdruck gelangten, zu Inzest, Mord und anderen Verbrechen führen würden. Das ganze Problem der Therapie, wie diese Gruppe sie sieht, besteht darin, wie man diese ungezähmten Kräfte auf eine gesunde und konstruktive Art und Weise im Zaum halten kann, anstatt sie sich kostspielig neurotisch ausagieren zu lassen. Aber die Vorstellung, daß der Mensch im Innern irrational, unsozial, sich und andere zerstörend ist – dieses Konzept wird praktisch fraglos hingenommen.«[30]

Eine ebenso dezidierte Gegenposition hat Rogers auch immer zur Verhaltenstherapie und ihrem *verhaltens*psychologischen Verständnis von Therapie und Veränderung eingenommen: »Wenn die extreme behavioristische Position wahr ist, dann ist alles, was der Mensch tut, von Grund auf bedeutungslos, ist er doch nur ein Atom in einer unendlichen Kette von Ursache und Wirkung.«[31] Er plädiert entsprechend dafür, daß wir uns «nicht für den Verzicht auf unsere Fähigkeit der subjektiven Wahl entscheiden«, denn dann »werden wir immer freie Menschen bleiben und nie einfach Pfandstücke einer selbstherrlichen Verhaltenswissenschaft sein.«[32]

Darüber hinaus ist hier wohl auch der Versuch eines Menschen zu sehen, die vielfältigen empirischen Beobachtungen und die daraus abgeleiteten Hypothesen und ihre praktischen Auswirkungen am Ende seines Lebens in einer Art integrativer Grundhypothese zusammenzuschauen. Es scheint mir wichtig, genau zwischen den erwähnten empirischen Beobachtungen in zwischenmenschlichen Beziehungen und ihren Ergebnissen einerseits und den hypothetischen Annahmen ihrer globalen Ursachen und den für diese angeführten Argumenten andererseits zu unterscheiden. Letztere bedürfen noch gründlicher Forschung und kritischer Auseinandersetzung.[33]

Nach den Grundlagen des personzentrierten Ansatzes sollen nun die Grundeinstellungen und die daraus resultierenden Verhaltensweisen ausführlich dargestellt werden. Welche Haltungen auf seiten des Beraters nötig sind, um eine personzentrierte Beziehung mit der Möglichkeit zu korrektiven Erfahrungen einzuleiten, auf- und auszubauen, wurde aufs genaueste untersucht und beschrieben. Sie werden im folgenden – nach einer Reflexion über Herkunft und Bedeutung des Begriffs »Person« – ausführlicher dargestellt.

3.3. *EXKURS:* »Souveränität und Engagement« – zum Verständnis von »Person«

»Wer nach der Person des Menschen fragt, fragt nach dem Menschen in seinem ganzen Bestand.«[1]

Hier werden kurz die Herkunft und die Mehrdeutigkeit des Personbegriffes, von dem der Ansatz ja seinen Namen hat, erörtert. Der philosophische Personbegriff hat seinen Ursprung in der Reflexion von Beziehungserfahrung. Im Lauf der Geschichte wurde von manchen mehr die Einmaligkeit, von anderen mehr die Beziehungsorientiertheit als wesensbestimmend für die Person angesehen.
Das spezifisch personzentrierte Verständnis von Person und seine vielfältige Verbindung zu dieser Entwicklung werden skizziert.

Etymologie und Bedeutungsgeschichte

Der personzentrierte Ansatz steht in der Tradition der abendländischen Geistesgeschichte, auch wenn Carl Rogers sich nur ansatzweise auf sie beruft. Von der zentralen Stellung der Person her hat der Ansatz seinen Namen. Welches Verständnis von Person ist hier aber gemeint?[2]
Schon ein kurzer Blick auf den *umgangssprachlichen* Gebrauch zeigt, daß das Wort vieldeutig ist. Vom abwertenden »so eine (unverschämte) Person« bis zum hochschätzenden »eine gesamtpersonale Erfahrung« oder »er/sie ist eine Persönlichkeit« reicht die Bedeutungspalette. »Person« kann eine Gegenüberstellung zur Sache ausdrücken (vgl. »Personenschaden – Sachschaden«) oder eine numerische Individualität meinen (»ein Auto ist für fünf Personen zugelassen«). Sie kann als ein Gegenüber zur Gesellschaft verstanden werden (»meine persönliche, nicht die offizielle Meinung«) oder als Glied eines gesellschaftlichen Funktionszusammenhangs (»Amtspersonen« nehmen die »Personalien« von »Privatpersonen« auf). Sie hat eine juridische (»natürli-

che« und »juristische Person«) und eine grammatikalische Bedeutung (»1., 2., 3. Person«). Die letztere ist wahrscheinlich die ursprünglichste Bedeutung, und sie hat mit der Dialogsituation zu tun – mit dem Sprechenden, dem Angesprochenen und dem Besprochenen.

Etymologisch liegen die Wurzeln der Person in der Unterwelt: »Person« kommt über das lateinische »persona« wahrscheinlich von dem etruskischen Namen für einen Unterweltgott namens »Phersu«. Dieses Wort findet sich jedenfalls auf zwei etruskischen Grabbildern als Beischrift. Sie zeigen einen Mann, der aussieht wie ein Dämon und eine Maske mit Bart trägt. Wahrscheinlich fälschlich hat man es daher auch als das etruskische Wort für »Maske« angesehen. Zu dieser (übertragenen) Bedeutung kam auch das griechische Wort »prosopon«, von dem »Person« nach einer anderen Deutung lange Zeit hergeleitet wurde: »Prosopon« bedeutete ursprünglich (etwa bei Homer und in der Bibel) »Gesicht, Antlitz«, später dann auch die »Maske«, die ein Schauspieler trägt und die ein Gesicht nachahmt bzw. bei der man ein Gesicht macht. Daraus ging wieder die Bedeutung von »prosopon« als dramatische Rolle im Theater – das heißt als die Person, die der Schauspieler darzustellen hat – und seit hellenistischer Zeit auch als »Rolle im Leben« hervor. So wurde jedenfalls das griechische »prosopon« dann auch mit dem lateinischen »persona« übersetzt, das bei den Römern »Rolle, Figur, Charakter« hieß.[3]

Wie mit der Herleitung aus dem Namen eines Dämons wird mit der Wortverwendung im Theater, die sich bis heute erhalten hat (»die Personen und ihre Darsteller«), auf einen *religiösen Zusammenhang* des Personbegriffs hingewiesen: Das Theater ist kultischen Ursprungs. Die Rollen bieten mit Hilfe der Maske einen Erscheinungsraum für das Göttliche, »die Wahrheit, die Unverborgenheit des Seins, die den Menschen bestimmt und verwandelt.«[4]

Auch *der philosophische Personbegriff* – und damit der heutige Bedeutungsgehalt – hat in der Theologie seinen Ursprung. Die Frage, wie die Erfahrung mit Jesus theologisch zu deuten sei, führte zur Ausbildung der Christologie und der Trinitätslehre der frühen Kirche (Wer ist dieser Jesus?

Wie ist sein Verhältnis zu Gott? Wie und wer aber ist dann Gott?). Die Kirchenväter – erstmals Tertullian – zogen dazu »persona« heran, um diese Beziehungen zu klären.[5] So ist auch der theologisch-philosophische Wortgebrauch von Anfang an durch ein wichtiges, bis heute gültiges Merkmal charakterisiert: Er wurde zur Deutung von Beziehungserfahrung gebraucht.

Im Lauf der Philosophiegeschichte hat der Begriff eine Reihe von Entwicklungen, Veränderungen und Umdeutungen mitgemacht. Es lassen sich deutlich unterschiedliche Akzentsetzungen als Antwort auf die Frage »Wer ist der Mensch?« und damit zur Bestimmung des Begriffes »Person« erkennen, die sich in zwei verschiedenen Entwicklungssträngen niedergeschlagen haben:

Die einen betonen den *individualistischen Aspekt:* Das Wesen der Person bestehe in ihrer Absolutheit bzw. in ihrer Autarkie, also in ihrem Für-sich-Sein oder Aus-sich-Sein. Dies beginnt mit der Definition des Boethius[6] (480–525), der darin die Unteilbarkeit und Selbständigkeit der Person festhält. In dieser Tradition betont Thomas von Aquin die Sub-Sistenz, das In-sich-Stehen der Person und das Ent-Stehen des Personseins aus dem Sein. Für Kant sind einerseits das Selbstbewußtsein, andrerseits die moralische Forderung, daß Person »nicht bloß als Mittel gebraucht werden darf«, sondern »Zweck an sich selbst ist«, was »alle Willkür einschränkt«[7], zentral für den Personbegriff. Mehr und mehr kommt solcherart, insbesondere auch bei den Phänomenologen, etwa bei Husserl, Dietrich von Hildebrand oder Scheler, die soziale Dimension der Person in den Blick. Helmuth Plessner betont die Fähigkeit des Menschen als eines ex-zentrischen Wesens, zu sich selbst in ein Verhältnis treten und sich reflektieren zu können. (Im Anschluß an ihn nimmt Rombold die Sinnlichkeit und Leiblichkeit in die Definition der Person auf.)[8] Die Existenzphilosophen, wie etwa Kierkegaard oder Heidegger, protestieren gegen ein versachlichendes Personverständnis und betonen den Stellenwert der Selbsterfahrung und die Einzigartigkeit der menschlichen Existenz – sein Dasein vor dem Abgrund von Angst und Tod, aber auch in radikaler Freiheit. Heute mit der Personalität verbundene Vorstellungen wie Selbständigkeit und Freiheit, Achtung und Würde der Person, ihre Unaustauschbarkeit und Unteilbarkeit leiten sich daraus her. Das ist auch gemeint, wenn der Mensch von der Zeugung an und unabhängig von seiner physischen und psychischen Gesundheit als Person bezeichnet wird.

Eine andere philosophische Tradition versteht unter Personalität die radikal auf Beziehung hin orientierte Dimension des Menschen. Die Vertreter eines solchen *relationalen Personbegriffs* sind der Auffassung, Person sei der Mensch erst als Mit-Mensch – insofern er Glied der Gesellschaft und Partner eines Dialogs sei. So verstanden es die Kirchenväter, für die Personsein im Einander-zugewandt-Sein besteht. Für Augustinus wird der Mensch dadurch seiner Personalität inne und findet zur Selbsterkenntnis, daß er sich als von Gott angesprochenes Du erfährt. Dies drückt sich in der gegen Boethius gerichteten Definition des Richard von St. Viktor[9] (gest. 1173) aus, der die Ek-sistenz, also das Ent-Stehen aus einem anderen her und damit die Ursprungsbeziehung (wie beim Kind von der Mutter) als bestimmend für das Personsein ansieht. Fichte schreibt klipp und klar: »Der Mensch (...) wird nur unter Menschen ein Mensch – sollen überhaupt Menschen sein, so müssen es mehrere sein.«[10] Mit dem gegen jede Betrachtung des Menschen als eines Objekts gerichteten »neuen dialogischen Denken«, dem Personalismus (Ebner, Rosenzweig, Buber und andere), hat diese Denkrichtung ihren radikalsten Ausdruck gefunden: Das In-Beziehung-Sein wird als konstitutiv für das Personsein angesehen. Die fundamentale Tatsache der Existenz sei nicht der Mensch, sondern der »Mensch mit dem Menschen«, drückt es Buber aus[11]. Wer bei Person primär an Ich-Du-Beziehung, Begegnung, Dialog, Partnerschaft denkt, steht in dieser relational-dialogischen Tradition. Zu ihr muß auch Teilhard de Chardin und seine Philosophie der Personalisation gezählt werden, die im Personwerden nicht nur des einzelnen, sondern des gesamten Kosmos die Überwindung der egoistischen Individualisierung als Zukunftsperspektive sieht.

Auch in der heutigen *Psychologie und Psychotherapie* läßt sich ein ähnlicher Befund erheben: Meint C. G. Jung mit »Persona« so etwas wie eine »Seelenmaske« als eine kollektive Anpassungsattrappe und ein »Aushängeschild des Selbst«[12], so versteht im Gegensatz dazu beispielsweise die Personalistische Tiefenpsychologie Igor A. Carusos[13] in Anlehnung an Teilhard die progressive Personalisation als einen ständigen Prozeß wider die Entfremdung des Menschen.

Ein personzentrierter Personbegriff

Wird somit umgangssprachlich, theologisch, philosophisch und psychologisch Person durchaus verschieden definiert und verstanden, so erhebt sich also die Frage, welcher Personbegriff mit der Bezeichnung eines Ansatzes als eines *person*-zentrierten verbunden ist.

Rogers' Hauptinteresse galt neben der therapeutischen Beziehung der Entwicklung der Persönlichkeit. »On becoming a person« (1961) wurde daher nicht zu Unrecht sein populärstes Buch. Dabei hat er sich selbst immer als Phänomenologe verstanden[14]: Er hat seinen Personbegriff nicht aus der Philosophie abgeleitet, sondern aus der Erfahrung ein therapeutisches Konzept entwickelt und eine dazu passende psychologische und anthropologische Theorie entworfen. Seine Bezugnahme auf Denker wie Kierkegaard oder Buber erfolgte im nachhinein; die Auseinandersetzung mit ihnen befruchtete freilich die weitere Ausbildung seiner Anthropologie.

Rogers definiert Person zwar nirgends explizit, beschreibt sie aber oft.[15] So läßt sich aus seinen theoretischen Schriften, fast mehr aber noch aus seinen Erfahrungsberichten und den praxisnahen Erläuterungen und Reflexionen dazu sein Personbegriff deutlich ermitteln. Er meint mit Person offenbar immer den ganzen Menschen, den »Menschen in seinem ganzen Bestand«. Wenn er sich dabei selbst gern auf jeweils einen Vertreter des individualistischen (Kierkegaard) und einen des relationalen Personbegriffs (Buber) beruft, so ist dies wohl mehr als ein Zufall. Das an Augustinus und Richard von St. Viktor anschließende, im Personalismus gipfelnde relational-dialogische Verständnis von Person und die der Personalistischen Tiefenpsychologie nahestehende Auffassung von Personalisation (Personwerden) als Überwindung von Entfremdung kommen wohl dem Rogers'schen Verständnis von Person, die sich im Klima einer förderlichen Beziehung entwickelt, besonders nahe. Doch auch der andere Entwicklungsstrang, der die Individualität der Person, ihr Sein durch sich und aus sich betont, findet seinen Niederschlag, etwa in der Hypothese der Aktualisierungstendenz, die jedem Individuum innewohnt, oder der personzentrierten Aufgabe, seine Persönlichkeit kongruent und authentisch zu entwickeln. Die Achtung vor ihrer Einzigartigkeit, ihrem Wert und ihrer Würde drückt sich in den von Rogers beschriebenen Grundhaltungen einer personzentrierten Beziehung deutlich aus.

Wird keiner der Personbegriffe absolutgesetzt, ergänzen sie einander. Beide Dimensionen – Selbständigkeit und Beziehung, Selbstbewußtsein und Hingabe, Souveränität und Engagement – markieren jene Spannung, die charakteristisch für einen personzentrierten Personbegriff ist.

Wie die Reflexion darüber, was Person sei, aus der Beziehungserfahrung entstanden ist, ebenso wie Carl Rogers mit seinen Reflexionen stets von der konkreten zwischenmenschlichen Erfahrung ausgeht, so muß ein personzentriertes Verständnis von Person *beziehungsorientiert und erfahrungsnahe* sein.

Die personale Form der Beziehung wird *»Begegnung«* genannt.[16] Sie kann nicht »gemacht« werden; sie ereignet sich, wo sich einer in Freiheit und Absichtslosigkeit »exponiert und ins Spiel bringt«.[17] Sie ist ein Spiel ohne Spielregeln, zweckfreies, authentisches Spiel.[18] Sie ist ein Wagnis, das Risiko, sich aus sich heraustretend auf den anderen einzulassen und von ihm betroffen zu werden. Die Kunst der Begegnung ist ein dialektischer Prozeß: durch ständige Offenheit auf das Gegenüber seine Identität zu wahren.[19] Sie ist un-mittel-bare und direkte Zuwendung: »Alles Mittel ist Hindernis. Nur wo alles Mittel zerfallen ist, geschieht Begegnung«[20]. Das Spiel der Begegnung eröffnet den Raum für Personsein.

Am Anfang, vor jeder Reflexion, steht die *Erfahrung*. Was ist die Erfahrung des Menschen über sein Menschsein? Reflektiert man in Beantwortung dieser Frage seine eigene Entwicklung und geht damit zurück bis an den Anfang, so zeigt sich: Der Mensch ist ein zuallererst Angesprochener, noch bevor er selbst sprechen kann, er ist ein Du, noch bevor er Ich sagen kann, er ist ein von anderen Geliebter, noch bevor er Liebe schenken kann. Die Ursituation des Menschen ist – und damit stoßen wir auf die Bedeutung der Sprache, der Kommunikation und des Gesprächs für das Werden der Person – dialogisch. Person wird in dialogischer Begegnung gewonnen.

So gesehen ist der Mensch als Person Ant-Wort auf ihm zugesprochenes Wort. Der Mensch bezieht seine unverwechselbare Selbständigkeit aus der liebenden Begegnung, die ihn selbst zu einem Liebenden und Begegnenden werden läßt. Darin liegt auch seine Ver-Antwortung. Person ist so verstanden einer, der sein Selbstsein in einmaliger Weise, unaustauschbar verwirklicht, indem er sich mehr und mehr zu jener Persönlichkeit entwickelt, die er sein kann; indem er für andere da ist, sein Menschsein in tiefster Weise so vollzieht, daß er anderen Raum gibt, sie liebt, weil er sich selbst als ein von anderen her Ermöglichter und Geliebter vorfindet.[21]

Rogers stellt die Frage explizit: »Wer bin ich?« – jene Frage, die die Philosophie als die Frage nach der Personalität des Menschen erkannt hat. Aber er stellt sie zusammen mit der Frage: »Wie kann ich mich zu meinem Selbst *entwickeln?*«[22] und drückt damit den spezifisch personzentrierten Beitrag zur Personalität des Menschen aus: Die Frage nach der Person ist die Frage nach dem Personsein u n d die Frage nach dem Personwerden.

Personale Begegnung geschieht aus dem Person-Sein in Souveränität und Engagement. Sie ist zugleich Person-Werden, ein ständig neuer Aufbruch wider die Selbstentfremdung und die Entfremdung voneinander zu einem »authentischen Spiel«, dem »Spiel der Liebe«.

3.4. Die personzentrierten Grundhaltungen

Die Grundhaltungen personzentrierter Einstellung werden in den folgenden Kapiteln ausführlich dargestellt.
Dieser Abschnitt beschreibt, worin sie sich von einer Methode oder Technik, aber auch von Beliebigkeit unterscheiden.

Die Einstellungen und Haltungen, die aus dem beschriebenen Menschenbild folgen, verwirklichen sich in ganz konkreten Verhaltensweisen. Verwirklichung (amerikanisch »implementation«) steht hier bewußt anstelle von »Methode« oder »Technik«[1]. Dabei kommt deutlich zum Ausdruck, daß es nicht um die Anwendung technischer Kunstgriffe oder um isoliert erlernbare Methoden geht, sondern daß es sich um einen Zugang (amerikanisch »approach«) in die und in der Beziehung handelt.
In einer seiner letzten Veröffentlichungen beschreibt Rogers nochmals ganz deutlich, worum es ihm geht: »Der personzentrierte Ansatz ist in erster Linie eine Seinsweise (a way of being), die ihren Ausdruck in Einstellungen und Verhaltensweisen findet, die ein wachstumsförderndes Klima schaffen. Er ist eher eine grundlegende Philosophie als einfach eine Technik oder Methode. Wenn diese Philosophie gelebt wird, hilft sie der Person, die Entwicklung ihrer eigenen Kapazitäten zu erweitern. Wenn sie gelebt wird, stimuliert sie auch konstruktiven Wandel in anderen. Sie gibt dem einzelnen Kraft, und die Erfahrung zeigt, daß diese persönliche Kraft, wenn sie gespürt wird, nach persönlicher und sozialer Veränderung strebt.«[2]
Wenn personzentriertes Verhalten häufig als rezeptartig erlernbare Technik mißverstanden wurde und wird, so trifft dies vor allem auf die mit den Grundhaltungen in Zusammenhang stehenden Begriffe zu. Ein solches Mißverständnis rührt aus der unzulässigen Verkürzung im Umgang mit persönlicher Erfahrung: Die aufgeführten Bedingungen haben sich als notwendig erwiesen, was

nicht den Umkehrschluß zuläßt, daß sie – unabhängig von Kontext und Person »angewandt« – Hilfe automatisch und notwendigerweise herbeiführen.
Obwohl Rogers mehrfach unmißverständlich schreibt, daß klientenzentrierte Beratung, wenn sie hilfreich sein soll, »weder ein Trick noch ein Werkzeug« sein kann[3], findet sich diese verkürzende und verfälschende Darstellung auch in der Literatur immer wieder: Die »Rogers-Gesprächsführung« hat sich im deutschen Sprachraum vielfach mit der Vorstellung einer simplen Technik des »Spiegelns« oder Einlernens eines Standardrepertoires an »Gesprächs-Technik« verbunden. Manche Rezeption verkürzt hier sogar die in früheren Entwicklungsstufe Rogers' von ihm selbst verwendeten Bezeichnungen wie »nicht-direktiv« oder »reflektierend (spiegelnd)« als Aufhänger für eine »Technik der Gesprächsführung«. Sowohl der von Rogers selbst abgelehnte Ausdruck »Gesprächstherapie«[4] wie auch die bereits erwähnte verfälschende und verharmlosende Darstellung, es handle sich dabei um allgemein verständlich formulierte Grundlagen für die folgende »eigentliche« therapeutische Arbeit, mißverstehen die Intentionen Rogers' kraß (vgl. S. 96f). Die Ebene der personalen wechselseitigen Beziehung wird dabei ebenso übersehen wie die Beachtung des Erlebnis- und Erfahrungsprozesses in Klient *und* Therapeut während des Gespräches selbst – beides Aspekte, die das gerade Gegenteil zu der Auffassung von einer (leicht trainierbaren) »Gesprächs-Technik« darstellen.
Genau umgekehrt findet sich auch nicht selten ein Verständnis von Beliebigkeit, das jedwedes Verhalten und Reden damit rechtfertigt, daß es eben dem Berater intuitiv eingefallen sei oder er spontan gehandelt habe – so sei es schließlich ja authentisch gewesen und hätte ihm eben entsprochen: Auch Ignoranz und Mißachtung können authentisch sein, und dirigistische Lenkung kann durchaus jemandem entsprechen. Trotzdem ist damit keineswegs eine personzentrierte Haltung ausgedrückt.
Beim personzentrierten Ansatz handelt es sich weder um ein Repertoire an Techniken zum Umgang mit Menschen

noch um beliebige Spontaneität, sondern – wenn man so will – um eine Charakterhaltung.
Carl Rogers geht, wie dargestellt, auf Grund seiner Erfahrungen von der Annahme aus, daß jeder Mensch in sich selbst die Fähigkeit für sein Selbstverständnis, für die Änderung seiner Einstellungen und seines Verhaltens und für ein konstruktives Persönlichkeitswachstum hat. All das ist unter der Voraussetzung möglich, daß er prinzipiell in einem wachstumsfördernden Klima lebt, für das die Bedingungen genau beschrieben werden können: »Es sind drei Bedingungen (...) gleichgültig, ob wir von der Beziehung zwischen Therapeut und Klient, Eltern und Kind, Führer und Gruppe, Lehrer und Student oder Leiter und Team sprechen.(...) Die Bedingungen lassen sich in der Tat in jeder Situation anwenden, in der ein Ziel die Entwicklung der Person ist.«[5]
Rogers hat zunächst 1957 einen fundamentalen Artikel über die notwendigen und hinreichenden Bedingungen für therapeutisch hervorgerufenes Persönlichkeitswachstum geschrieben (»The necessary and sufficient conditions of therapeutic personality change«). Inzwischen wurden durch weitere Arbeiten diese Bedingungen wohl als unabdingbar notwendig, jedoch nicht einfachhin als ausreichend ausgewiesen.[6]
Diese Einstellungen wurden in der Sekundärliteratur häufig rezipiert und vielfach dargestellt, wobei aber nicht immer ihre volle (grundlegend gesamtpersonale) Bedeutung und die damit verbundene Radikalität (im Gegensatz zu einem »professionellen« Hilfsmittel) zum Ausdruck kommt. Im folgenden werden sie weitgehend anhand von Rogers' eigenen Beschreibungen so authentisch wie möglich dargestellt.[7]

3.4.1. Echtheit

Bei einem wahrhaftigen Menschen stimmen inneres Erleben und äußeres Verhalten überein. Das macht ihn glaubwürdig und schafft Vertrauen. Fassadenhaftigkeit, Pseudoprofessionalität, Abwehr eigener Gefühle dagegen erschweren die Beziehung.

Das erste Element ist »*Echtheit, Wahrhaftigkeit oder Kongruenz*«.[8] Man könnte es auch *Authentizität* nennen – geht es doch darum, sich als die Person zu zeigen, die man tatsächlich in der Beziehung ist.
Damit wird eine Haltung beschrieben, die den andern nicht täuscht, sich selbst und dem anderen nichts vormacht, keine Fassade aufrecht erhält. Solche Fassaden, die aufgebaut werden, um sich dahinter zu verstecken, können beruflicher (eine bestimmte professionelle Rolle spielen) wie persönlicher Natur sein (sich selbst gegenüber nicht ehrlich sein).
Mehr noch: Kongruent ist jemand, der »nicht nur genau das meint, was er sagt, sondern auch durch seine tiefsten Empfindungen dem entspricht, was er äußert«, bei dem also inneres Erleben und äußeres Verhalten, Fühlen und Handeln deckungsgleich (kongruent) sind. Wort- und Gefühlsebene stimmen überein. Einem solchen Menschen gegenüber weiß man genau, wie man dran ist. Rogers spricht von »Transparenz«, die »die wirklichen Gefühle hindurchscheinen läßt«: Die Person ist glaubwürdig und glaubhaft.
Ein wahrhaftiger Berater ist persönlich und aufrichtig an der Beziehung beteiligt, in Übereinstimmung mit sich selbst, spontan, offen und lebendig, eine vertrauenswürdige, integrierte Persönlichkeit.[9] Er »zieht nicht den Mantel des Beraters an«, um damit in eine Rolle zu schlüpfen, die im Widerspruch zu seinem sonstigen Leben, seiner Einstellung oder der aktuellen Beziehung steht.
Echtheit hat viel mit persönlicher Identität und Integrität[10] zu tun. Menschen mit starken Identitätsproblemen

werden sich entsprechend schwer tun, authentisch zu sein, da die damit verbundene Gelassenheit im Umgang mit sich selbst fehlt.
Dabei wird es stets eine Aufgabe bleiben, sich dem Ziel anzunähern, nämlich sich als die Person zu zeigen, die man ist, das heißt seine Gefühle und Einstellungen zu zeigen, statt sie zu verbergen und etwas »vorzuspielen«. Ehrlichkeit und Wahrhaftigkeit bedeuten ja nicht nur, jemanden nicht anzulügen, sondern eine grundsätzliche Haltung, einander nichts vorzumachen, also eine Offenheit und Transparenz im Verhalten. Auch jede falsche Routine steht dieser Haltung entgegen.
»Kann ich irgendwie so *sein*, daß der andere mich wirklich als vertrauenswürdig, verläßlich und beständig wahrnimmt?«, lautet die entscheidende Frage. Je mehr einer das eigene Sosein und damit auch die eigenen Mängel zu akzeptieren bereit ist, um so mehr wird er echt, wahrhaftig sein. Dabei ist das Vertrauen in die auftauchenden Gefühle und Impulse entscheidend. »Die Gefühle, die der Therapeut hat«, müssen »seinem Bewußtsein zugänglich sein – daß er in der Lage ist, diese Gefühle zu erleben, (...) fähig, sie mitzuteilen, wenn es zweckmäßig erscheint.« Kongruenz ist somit eine »genaue Entsprechung von Erfahrung, Bewußtsein und Kommunikation«, eine »akkurate Übereinstimmung von Erfahrung und Bewußtheit«[11] in ständigem innerem Dialog.
Ein solcher Berater kann sich selbst gut zuhören, weil er frei und sich selbst gegenüber ehrlich ist. Beide Komponenten, die Offenheit sich selbst gegenüber, und die Offenheit in der Kommunikation dem Partner gegenüber, hängen eng zusammen und machen die geforderte Authentizität aus. Sie bedingen auch die Freiheit von jedweder »Methode« oder »Technik«.

Unechtes Verhalten

Der Echtheit in der Kommunikation steht jede Unechtheit sich selbst gegenüber im Wege: Wenn ich anderes empfinde, als ich mir selbst gegenüber zuzugeben bereit bin, so wird das trotzdem unterschwellig, etwa durch Tonfall, Gestik oder Mimik dem anderen kommuniziert. Der andere erhält dadurch zwei verschiedene Botschaften: Einerseits die verbale Versicherung, gut verstanden zu werden, andererseits die nonverbale Mitteilung von Abwehr. Auch wenn es beiden nicht bewußt wird: Die Kommunikation ist gestört. Eine unbewußte Störung kann aber auch nicht bewußt beseitigt werden (wenn sie nicht bemerkt wird).

Eine Erfahrung, die dem eigenen Bewußtsein nicht zugänglich ist (Abwehr, Verdrängung), stört den Kontakt ebenso wie eine wichtige Beziehungserfahrung, die ich nicht mitteile (Verheimlichung, Täuschung). »Meine Reaktionen sind Teil unserer Interaktion. Ich schulde es dem Klienten, daß ich den Teil unserer Interaktion fortführe, der jetzt in mir vorgeht. Wenn ich das nicht tue, werden wir beide in dieser Hinsicht steckenbleiben.«[12]

Inkongruent ist, wer Schwierigkeiten überspielt, statt sie an- und auszusprechen, sich defensiv verhält, sich inhaltlich anders äußert, als es seinem Verhalten entspricht, pseudo-empathisch vorgibt, etwas zu verstehen, eine unsichtbare Mauer aufrichtet und dies leugnet, oberflächlich oder gespielt Interesse vorgibt, anders wirken mag, als er sich selbst erlebt, wer eine Maske trägt, in bestimmter Weise wirken will, sich mechanisch oder amtlich oder routinemäßig-professionell verhält oder sich gar verstellt. Eine der häufigsten Fassaden ist die Haltung der Scheinsicherheit, bei der sich der Betreffende selbst vormacht, angstfrei und sicher zu sein, und diese Haltung damit auch dem Hilfesuchenden gegenüber vortäuscht. Eine weitere, oft zu beobachtende unechte Haltung ist es, sich hinter einer Position zu verschanzen, die Beruf oder Stellung anbieten: Seine Funktion tritt an die Stelle seiner Person, und aus einer personzentrierten Einstellung wird eine aufgaben- oder funktionszentrierte Haltung. Häufig werden Anfänger unecht erlebt, weil sie ihre Angst dazu verleitet, die Unsicherheit durch pseudoprofessionelles oder besonders starres Verhalten zu kaschieren. Zu routiniertes Verhalten hingegen kann mechanisch und unpersönlich wirken, zu wenig an Betroffenheit spüren lassen. Selbstverständlich sind alle eigenen »blinden Flecke«, unbearbeiteten Konflikte und uneingestandenen Probleme Kristallisationspunkte für Maske und Fassade. Erfahrenere Berater erkennen solche Momente an Reaktionen, die für sie sonst an sich atypisch sind, wie beispielsweise auffälligem direktivem Vorgehen, etwa rationalisieren und interpretieren. Ungewöhnliche Gesprächigkeit kann ebenso verräterisch sein wie auffälliges Schweigen und Nicht-Zuhören: Dies muß dann als Zeichen dafür gesehen werden, daß offenbar etwas nicht gehört oder gesagt werden soll.

Die Forderung nach Echtheit darf auch nicht als Freibrief dafür verstanden werden, nach Belieben die Beziehung zu gestalten, auch wenn sie dabei den Hilfesuchenden zum Objekt degradiert, etwa durch wahlloses direktives Vorgehen. Es ist nicht »Echtheit an sich« gefordert (also beliebiges Umgehen mit dem anderen, wenn sich nur Innen und Außen beim Berater decken), sondern vielmehr Echtheit in Verbindung mit den anderen, noch zu beschreibenden Grundhaltungen. Darin besteht auch die große Herausforderung und die Heilkraft solcher Echtheit: echt akzeptierend und einfühlsam zu sein in einer engagierten Beziehung.

Selektive Echtheit

Soll man nun alles sagen, was man sich denkt, alle Gefühle aussprechen, die einem kommen? Das stellt ein vielfach geäußertes Mißverständnis der Authentizität dar. Ruth Cohn spricht von »selektiver Echtheit« und meint damit, daß es nicht darum gehen kann, alles und jedes, was einem in den Sinn kommt oder von Bedeutung erscheint, zur Sprache zu bringen: »Was immer ich sage, soll echt sein; aber nicht alles, was echt ist, muß ausgesprochen werden.«[13] Rogers spricht von »selektiver Authentizität« und meint ausdrücklich, daß die Gefühle mitzuteilen sind, »wenn es zweckmäßig erscheint.«[14]

Das Kriterium für die Zweckmäßigkeit – dafür also, wieviel von der inneren Offenheit der Helfer in die Kommunikation zwischen den beiden einbringt – kann nur in der Beziehung zwischen den beiden zu suchen sein: Hat es mit dem Klienten und damit mit der aktuellen Beziehung zu tun, oder ist etwas im Berater selbst durch die Beziehung ausgelöst worden, das mit dem Klienten nichts oder wenig zu tun hat? Ist die Beziehung stabil genug, so daß der Hilfesuchende die Äußerung negativer Gefühle bereits vertragen kann? Rogers selbst schreibt von der Erfahrung, daß jedes nachhaltige Gefühl besser ausgesprochen werden sollte.[15] (Bei Gefühlen, die spontan am Beginn einer Beziehung auftreten – und damit noch keineswegs nachhaltig sind -, wie etwa Sympathie oder Antipathie, ist es wohl besser, erst noch etwas differenzierter wahrzunehmen und so abzuklären, womit sie zu tun haben.)

Es ist unter Kongruenz nicht zu verstehen, »daß der Psychotherapeut sein gesamtes Selbst enthüllen muß, sondern daß alle Aspekte seiner Person, die zutage treten, reale Aspekte von ihm sind und nicht Äußerungen, die der Verteidigung dienen oder die professionellen Haltungen entsprechen, die gelernt wurden und wiederholt werden, aber nicht wirklich gemeint sind.«[16]

Ein weiteres Kriterium für die Selektivität wird in der Beziehung zu den anderen beiden Grundhaltungen zu suchen sein.

Wie geht man mit »negativen« Gefühlen um, etwa wenn sich der Berater langweilt oder ärgert? Soll man sie ausdrücken und wenn ja, wie? Selbstverständlich kann es nicht darum gehen, solche Gefühle dem anderen einfach an den Kopf zu werfen. Zunächst geht es einmal vor allem darum, sie selbst wahrzunehmen. Eine Mitteilung an den Partner wird dann förderlich sein, wenn sie aus dem Erleben der Beziehung heraus so geschehen kann, daß sie der andere nicht als Vorwurf, sondern als Zur-Sprache-Bringen eines unmittelbaren Geschehens aufnehmen kann – was vor allem auch heißt, daß er es nicht als grundsätzliches »Ich bin langweilig. Über mich muß man

sich ärgern«, sondern als gegenwärtiges Erleben des Beraters wahrzunehmen imstande ist. Geäußerte Gefühle verändern ihre Qualität, und auch diese Tatsache muß erfahrbar sein: Die Langeweile wird wohl im Moment der Äußerung sofort verflogen sein und einem anderen Gefühl Platz machen. Der Gesprächspartner wird also auch nicht darauf fixiert. Darüber hinaus wird ihm signalisiert, daß Interesse an einem besseren Kontakt und Verständnis besteht und daß der Berater also durchaus engagiert ist.
Kontinuierlich wiederkehrende »negative« Gefühle blokkieren die Beziehung, die Fähigkeit, anderes wahrzunehmen, letztlich also auch die »positiven« Seiten. Oft bedarf es der Verbalisierung zu ihrer Veränderung. Dieser Realitätsbezug ist eine wichtige Quelle für die realitätsgerechtere Wahrnehmung des Klienten.
Nicht unerwähnt soll auch bleiben, daß es oft eine gehörige Verletzung des Selbstgefühls eines Beraters bedeutet, sich solche »negativen« Gefühle seinem Gesprächspartner gegenüber einzugestehen: Ein gerütteltes Maß an Bescheidenheit gegenüber zu hohen Ansprüchen an sich selbst wird erforderlich sein: sich mit seinen eigenen Grenzen zu akzeptieren.
Andererseits gilt: »Ich brauche mir keine Sorgen zu machen, ob meine Gefühle ›therapeutisch‹ sind. Das, was ich bin, (...) ist gut genug.«[17]

Konsequenzen der Echtheit

In dem Maße, in dem der Helfer Person sein kann, wird es ihm möglich, zur Person des anderen in Beziehung zu treten und dessen Persönlichkeitsentwicklung zu fördern.[18] »Wenn ich eine hilfreiche Beziehung zu mir selbst herstellen kann, wenn ich mir meiner eigenen Gefühle eindringlich bewußt und bereit, sie zu akzeptieren, bin, dann ist die Wahrscheinlichkeit groß, daß ich eine hilfreiche Beziehung mit einem anderen eingehen kann.«[19]
Wichtig ist, daß der Berater Gefühle aller Art, also sogenannte positive und negative, bei sich wahrnimmt und ak-

zeptiert, gleichgültig, ob es sich um Gefühle der Zuneigung oder der Ablehnung gegenüber seinem Gesprächspartner handelt, ob er sich freut oder ärgert: Er ist seinen Empfindungen gegenüber aufgeschlossen und schätzt sie auch als einen Weg zum besseren Verständnis der Beziehung.

Ein solcher »transparenter« Mensch, bei dem weitgehende Übereinstimmung zwischen seinem Empfinden und seinem Verhalten besteht, schafft die Möglichkeit, in anderen, zu denen er in Beziehung steht, das gleiche hervorzurufen, so daß der Gesprächspartner weniger in Verteidigungsstellung zu sein braucht und damit auch zu sich selbst offener und ehrlicher sein kann. Es wächst die gar nicht so selbstverständliche Erkenntnis: »Es ist ungefährlich, offen und ehrlich zu sein«[20], es ist hilfreich, zu sich selbst zu stehen.

Wer sich aber selbst umfassender wahrzunehmen traut und damit blinde Stellen in seinem Gefühlsleben, seien es Bereiche wie Aggressivität, Sexualität, Machtbedürfnisse, Zärtlichkeit oder was immer (wieder) integriert, kann auch mehr von seinen eigenen Möglichkeiten Gebrauch machen, wird kreativer und ist eher imstande, die Gestaltung seines Lebens selbst in die Hand zu nehmen. Echtheit fördert also Kreativität, Originalität und Verantwortungsbewußtsein.

Menschen, die Kongruenz in der helfenden Beziehung erlebt haben, tun sich darüber hinaus auch leichter, selbst in anderen Beziehungen kongruenter zu sein. Dies wiederum kann die Kontaktfähigkeit wesentlich verbessern. Rogers meint sogar, daß einer der Gründe, warum Erwachsene sich Säuglingen so zuwenden und auf sie eingehen, sei, daß diese vollkommen unverfälscht, eben kongruent sind.[21]

Wie lernt man Echtheit?

Wahrhaftigkeit lernt man von wahrhaftigen Menschen. Die Bedeutung der Selbsterfahrung in personzentrierten

Beziehungen zeigt sich hier besonders deutlich: Nur was man an sich selbst erlebt hat, kann man entwickeln, ausbauen, weitergeben. Zu sich selbst zu stehen und sich selbst zu verstehen, für sich und andere einfühlsam zu sein *und* dies kommunizieren zu können, all dies lernt man in Beziehungen. Gerade aber bei der Echtheit wird deutlich, daß dies kein trainierbares Verhalten darstellt.

Echtheit lernen, heißt lernen, nach und nach auf überflüssig gewordenen Selbstschutz zu verzichten, unnötig gewordene Fassaden fallenlassen zu können und sich nur dort und nur jenen Schutz zu suchen, der im aktuellen Erleben nötig ist, mitgeschleppten Ballast an Panzern, Masken und Mauern jedoch loslassen zu können.

Daß hier – wie bei aller Gefühlswahrnehmung – körperliche Signale eine weit unterschätzte und eminent wichtige Rolle spielen, zeigt die Alltagssprache, die viele wichtige Gefühle »leibhaftig« ausdrückt: Es dreht sich einem der Magen um oder es kommt die Galle hoch, es wird einem warm ums Herz oder es läuft einem kalt den Rücken hinunter usw.

Echtheit lernt man nicht ein für allemal: Ständige Supervision und Praxisbegleitung ermöglichen einen kontinuierlichen Reflexions- und Lernprozeß, der auch sicherstellt, daß durch die Gespräche aufgewühlte eigene Probleme dort behandelt werden können, wo sie hingehören: in der Supervision am eigenen Leib beziehungsweise in der eigenen Psyche statt mit Hilfe oder unter Benützung des Klienten. (Ein gutes Beispiel für die Bedeutung der Kongruenz gibt die Gesprächsanalyse S. 187ff.)

3.4.2. Wertschätzende Anteilnahme

Wertschätzung und Anteilnahme sind eine Art von bedingungsloser und positiver Zuwendung, die mit Interesse den anderen annimmt, wie er ist. Sie bringt Respekt und eine Haltung der Wärme und Zuneigung zum Ausdruck.
Wer solcherart geachtet und angenommen wird, wie er ist, kann sich leichter selber akzeptieren. Das vermindert Abwehr und Angst und fördert innovatives und kreatives Verhalten.

Die zweite Bedingung für konstruktive Veränderung in einer Beziehung mit einem Klienten beschreibt Rogers als *sich um ihn kümmern*, als *»Anerkennung, Anteilnahme oder Wertschätzung«* bzw. *»Achtung – eine bedingungslose und positive Zuwendung«*. Eine solche Form der unbedingten positiven Aufmerksamkeit und uneingeschränkten Annahme des andern stellt keine (offenen oder unausgesprochenen) Bedingungen für die Zuwendung, etwa von der Art: »Wenn du dich so und so verhältst, dann mag ich dich.« Was immer der Partner zum Ausdruck bringt, was immer gerade in ihm ist – er erfährt eine nicht besitzergreifende Besorgtheit, die wohl zutreffend als »wertschätzende Anteilnahme« bezeichnet werden kann.[22]
Die beschriebene Haltung ist das Gegenteil nicht nur einer zynischen, verletzenden, ignorierenden oder belächelnden Gesprächsweise, sie steht auch einer verschlossenen, mißtrauischen, geringschätzigen, besserwisserischen oder teilnahmslosen, gar abweisenden, abwertenden oder unfreundlichen Einstellung entgegen. Kritisieren, klassifizieren und beurteilen sind einem solchen grundsätzlichen Annehmen konträr.
Nicht-akzeptierendes Verhalten, bei dem Empfindungen, Erfahrungen, Erkenntnisse, Einstellungen »von einem Erfahrenen, der es besser weiß«, aufgedrängt werden, ist grundsätzlich eine Form autoritärer Einstellung; sie setzt voraus, daß ein Experte mehr Ahnung hat, was ein anderer zu tun, zu fühlen, zu denken hat als der Betroffene selbst. Darüber wurde bei den direktiven Vorgangsweisen

ausführlich gehandelt. Sie haben allesamt einen Machtkampf um Dominanz und Geltung – das gerade Gegenteil von wechselseitiger Wertschätzung also – zur Folge.
Die beschriebene Einstellung geht natürlich auch weit über Freundlichkeit und auch darüber hinaus, was man gemeinhin unter Toleranz versteht (»Du bist eben so, und ich lasse dich, wie du bist«), und hat auch nichts mit bloßer Sympathie (»Ich finde dich sympathisch«) zu tun. Der andere wird in seiner Eigenart nicht nur geduldet oder als sympathisch erlebt; der »Helfer« schätzt sein Anderssein und fördert ihn in seiner Besonderheit. Das Anderssein des anderen wird dabei nicht als Bedrohung oder Fremdheit erlebt, sondern als Bereicherung geschätzt.[23]
Die uneingeschränkte Wertschätzung setzt des weiteren voraus, daß einer Äußerung des Klienten die Bedeutung beigemessen wird, die sie für ihn als Person hat. Eines der Haupthindernisse für die grundlegende Wertschätzung ist jedwede Art von Vorurteil, das immer eine blockierende Wirkung auf die Offenheit des Gesprächspartners hat.
Die Haltung erfordert eine *»bedingungs-lose«*[24] Annahme: Bedingungen werden immer dann gestellt, wenn die Anteilnahme von einer erwünschten Einstellung oder einem angestrebten Ergebnis abhängig gemacht wird: »Ich nehme Anteil, wenn ... (du endlich aufhörst, die Dinge so zu sehen, diese und jene Entscheidung triffst, so und so erzählst usw.)«, »Ich mag dich, wenn du so und so bist.« Jede Bedingung weist den anderen ein Stück zurück. Der wird sich dann zumindest diesbezüglich unverstanden fühlen und seine Ängste werden dementsprechend größer.
Es gibt viele Möglichkeiten, Bedingungen zu setzen, unter anderem, indem man stillschweigend Reserven oder Vorbehalte hat. Auch durch Schweigen (und damit Übergehen) kann eine solche Ablehnung zum Ausdruck gebracht werden, was meist schnell und als besonders verletzend empfunden wird.
Die Bedingungs-losigkeit ist deswegen so entscheidend, weil sie eine Quelle des Vertrauens und des Selbstwertgefühls darstellt: Der Klient lernt, auf die Verläßlichkeit der Zuwendung des Beraters zu vertrauen.

Jemanden unbedingt zu akzeptieren, heißt, Fortschritte und Rückschritte (aus der Sicht des Helfers) zu akzeptieren – und nicht, den Klienten dann zu mögen, wenn er Fortschritte »in die gewünschte Richtung« macht. Es bedeutet auch, seine Abwehr und seine Schutzbedürfnisse anzunehmen, sein Zögern und Sich-Weigern. Jemanden bedingungslos zu akzeptieren, bedeutet, ihn selbst als Person (und nicht nur die sympathischen Seiten von ihm oder die angenehmen, wünschenswerten Phasen) so anzunehmen, wie er ist.

»Das Recht jedes einzelnen zu akzeptieren, seine Erfahrungen auf seine Art anzuwenden und darin eigene Bedeutungen zu finden«[25], bedeutet letztlich, ihm nicht das Recht abzusprechen, sein Leben nach seinen eigenen Maßstäben zu gestalten. Zweifellos setzt dies bisweilen ein beträchtliches Maß an Geduld und Gewährenlassen-Können voraus.

Auch wenn »negative Gefühle«, Ängste, unsoziale Einstellungen, Unangenehmes, Peinliches, Unreifes, Aggressives hochkommt, erfährt es vom Helfer eine grundsätzliche Bejahung als Teil der Persönlichkeit des anderen, wie sie sich im Moment ausdrückt – unabhängig davon, ob es der andere selbst mag und schätzt oder solche Empfindungen eher ablehnt, ihnen peinlich berührt, scheu, reserviert oder verärgert gegenübersteht. »Wenn die negativen Gefühle des Individuums erschöpfend ausgedrückt worden sind, folgt ihnen schwach und zögernd der Ausdruck der positiven Impulse, die das Wachsen fördern«, formuliert Rogers sein Credo an die grundsätzliche Konstruktivität der menschlichen Natur. Ja mehr noch: »Je heftiger und tiefer die negativen Gefühle ausgedrückt wurden (vorausgesetzt, sie wurden akzeptiert und erkannt), desto sicherer folgt der Ausdruck positiver Gefühle, der Liebe, der sozialen Impulse, des grundlegenden Selbstrespekts und des Verlangens nach Reife.«[26]

Die uneingeschränkte, wertschätzende Anteilnahme bedeutet also nicht nur nicht, den anderen so sein zu lassen, wie er ist, sondern den anderen als »wert-voll«, *»wertschätzend«* eben, anzunehmen. Das erfordert eine Hal-

tung des mitfühlenden, aufmerksamen und anteilnehmenden Zuhörens, ihm im Wechsel seiner Gefühle zu folgen, ihn – unabhängig davon, wie man sich selbst entscheiden würde, welche Gefühle man selbst zu den betreffenden Themen hat – zu achten, zu respektieren, mehr noch: sich ihm so zuzuwenden, daß man ihn frei läßt (ohne ihm zu nahe zu treten): Man könne nur wirklich wertschätzen, was man nicht beherrschen kann, meint Rogers.
Die Haltung meint auch, sich um den anderen zu »kümmern, ohne dabei vom anderen Besitz zu ergreifen«, »verbunden mit einer Anerkennung dieser anderen Person als einer selbständigen Persönlichkeit«. Eine solche *Sorge* geht von der grundlegenden Selbstverantwortung und Selbständigkeit jedes Menschen aus, bevormundet und entmündigt nicht. Sie verpflichtet zu nichts, ist also insgesamt eine *nicht-possessive* Einstellung, die den andern nicht vereinnahmen, dirigieren oder besitzen will.
Diese »Hochschätzung« des Klienten »als eines unvollkommenen Menschen, der viele Gefühle und viele Entwicklungsmöglichkeiten hat«[27], steht im Zusammenhang mit dem Glauben an die grundlegende Vertrauenswürdigkeit der menschlichen Natur. Sie ist eine Haltung der *Wärme*, eine ermutigende und herzliche Haltung und gerade deswegen auch nicht mit einer überstarken gefühlsmäßigen Beteiligung des Beraters zu verwechseln, mit einem emotionellen Überengagement, das dem anderen den nötigen Spielraum nimmt.[28]
Wichtig ist es, zu beachten, daß der Klient wiederholt die Erfahrung des Angenommenseins machen muß, um allmählich zu einer ausreichenden Selbstakzeptanz zu kommen. »Ich höre dir zu, ich bin interessiert an dem, was du sagst, ich werde weiter in dieser Weise reagieren, ganz gleich, welchen Gesprächsstoff du wählst. Im Augenblick gilt mein ganzes Mitgefühl dir als Person.«[29] Eine solche bedingungslos wertschätzende Haltung ist eine Form des Beim-Anderen-Seins, eine An-Teil-Nahme, eine Annahme des Gesprächspartners, die durchaus mit Zuneigung[30], ja Liebe (in der Bedeutung der Agape) gleichzusetzen ist.

Die wertschätzende Anteilnahme umfaßt also mehrere Dimensionen: zunächst das Interesse des Beraters an den inneren Vorgängen und dem Erleben des Hilfesuchenden, dann die innere Anteilnahme an ihm und den Respekt vor ihm, weiterhin eine (recht verstandene) Sorge um ihn sowie die wertschätzende Zuwendung und eine emotionale Wärme.[31]

»Aus dem Respekt für den Klienten und der Bereitschaft zu akzeptieren wird fast etwas wie Ehrfurcht, wenn der Berater zuschaut, wie ein Mensch mutig und zäh darum kämpft, er selbst zu werden.«[32]

Mißverständnisse

Akzeptieren bedeutet nicht Gutheißen. Dieses Mißverständnis ist oft anzutreffen. Mit der Tatsache, daß ich das Sosein des anderen, seine Entscheidungen, Empfindungen, Handlungen annehme, ist keine moralische Qualifikation verbunden, keine Zustimmung oder Ablehnung anderen Verhaltens. Der Berater stellt keineswegs ein Zeugnis aus, das etwas in Ordnung findet und anderes ablehnt. Beim echten Zuhören, bei der hier geschilderten Form der Anteilnahme am Sosein eines Menschen, stellt sich das Problem der moralischen Qualifikation meist gar nicht. Der Helfer wendet sich einem Menschen zu, wie er ist; er fragt nicht, ob er richtig handelt, ob seine Entscheidungen zu billigen sind. Urteilende Qualifikationen sind in einer personzentrieren Zuwendung nicht gefragt, kommen gar nicht auf, solange das Augenmerk auf das Sein der Person und dessen Ausprägungen in ihren Entscheidungen, Gefühlen, Einstellungen etc. gerichtet ist. Wie der andere ist, wird gewürdigt, was nicht bedeutet, daß sein Verhalten im einzelnen bestärkt wird.[33]

Die eigene Meinung und das moralische Wertsystem des Beraters sind etwas ganz anderes und sollen eben gerade nicht dazu dienen, die Wahrnehmung des anderen zu trüben: Es ist von eminenter Wichtigkeit, zwischen eigenen Bewertungsmaßstäben und urteilsfreiem Annehmen eines anderen zu unterscheiden.

Dazu kommt, daß Bewerten stets eine Bedrohung darstellt. Der Hilfesuchende wird dazu angeleitet, sich zu fragen, ob, was er erzählen will, dem Berater auch recht ist und ob er damit auch angenommen werden wird. Wird jemand gelobt, muß er auch fürchten, getadelt zu werden. Akzeptieren ist etwas grundsätzlich anderes als Beifall zu zollen oder Mißbilligung auszudrücken; es ist ein Ausdruck des Vertrauens in die Glaubwürdigkeit der Person.
Sehr wohl aber kommt eine andere Form der moralischen Stellungnahme beim Akzeptieren zum Tragen: Es wird nicht einfach zur Kenntnis genommen, daß der andere eben so ist, sondern er wird in seinem einmaligen Sein geschätzt: Die *Person* erfährt eine eindeutig positive Qualifikation.
Ein weiterer Einwand, der gegen das bedingungslose Akzeptieren oft vorgebracht wird, ist die Frage, ob man denn jedem alles glauben dürfe beziehungsweise ob man dem Hilfesuchenden, der seine Situation ja oft selbst falsch sieht oder manchmal bewußt falsch schildert, einfach seine Sicht der Dinge so abnehmen solle. Das Mißverständnis besteht darin, daß es beim Akzeptieren nicht um ein Fürwahrhalten von Tatsachen, sondern um die positive Zuwendung zu einer Person und ihrem Erleben geht. Egal, ob es »stimmt«, was einer erzählt – die Tatsache, daß er es gerade so erzählt, hat eine Bedeutung: Damit präsentiert sich eine Person auf jene Art und Weise, wie sie es im Moment möchte, und so möchte sie etwas zum Ausdruck bringen, dessen Bedeutung vielleicht erst bei näherem Verständnis klar wird. Akzeptieren ist keine kriminologische Haltung.
Wohl kaum noch extra zu entgegnen braucht man dem Mißverständnis, daß Akzeptieren etwas mit passivem, unbeteiligtem Gewährenlassen zu tun hat; es ist im Gegenteil eine höchst aktive, engagierte Haltung.
Auch daß diese grundlegende Annahme nicht einfach eine verbale Versicherung bedeuten kann (»Ich schätze Sie«, »Das kann ich akzeptieren« usw.), versteht sich wohl von selbst. Daß einer verbalen Zusicherung nicht unbedingt eine entsprechende Haltung zugrunde liegt, haben die

meisten Hilfesuchenden zur Genüge erfahren; oft war es für sie ja geradezu mit gleichzeitiger Ablehnung verbunden – eine Erfahrung, die sich in vielen so festgesetzt hat, daß eine entsprechende bloße Versicherung nicht nur kaum glaubwürdig, sondern oft kontraproduktiv wirkt. Wichtig sind nicht korrektive Bemerkungen, sondern korrektive Erfahrungen.

Konsequenzen der Wertschätzung

Schon beim Kind geht die Selbstfindung über das Akzeptiertwerden; wer sich in seiner Eigenart nicht ernst genommen erlebt, wird größte Schwierigkeiten haben, seine Identität zu finden. Daß ein Minimum an Zuwendung die unabdingbare Voraussetzung sogar für physisches, vielmehr noch für psychisches Erleben ist, ist eine längst gesicherte psychologische Tatsache. Die Beobachtungen an hospitalisierten Kindern haben eindeutig erwiesen: Zuwendung ist so wichtig wie Nahrung, sie ist psychische Nahrung. Säuglinge, denen nicht wenigstens ein Minimum an Zuwendung zukommt, verweigern die Nahrungsaufnahme und sterben.

Jeder hat erlebt, daß er dann die Erfahrung machen kann, daß er es wert ist, gemocht, geliebt zu werden, wenn er sich von anderen akzeptiert weiß. Fehlt es daran, gewinnen Minderwertigkeitsgefühle, Schuldgefühle und -zuweisungen die Oberhand.

Das Fehlen jedweden Drucks oder Drängens (so oder so zu reden, zu handeln, zu denken, zu sein) fördert die angstfreie Beschäftigung mit sich selbst und läßt ein Stück innerer Freiheit und Selbstverantwortung wachsen. Das Bedürfnis, sich zu verteidigen, sich zu erklären, sich in einem guten Licht zu präsentieren, wird geringer. In einer solchen einzigartigen Erfahrung völliger emotionaler Freiheit vermag der Klient seine Impulse und Vorstellungen – positive und negative – frei zu erkennen wie in keiner anderen Beziehung. Dies führt zu vermehrter Selbst-Einsicht, neuem Mut und innerem Wachstum. Mit

einem Wort: Die wertschätzende Anteilnahme vermindert die Angst und fördert gleichfalls die Kreativität.[34]
Dabei wird also ein Prozeß in Gang gesetzt, der dem Partner selbst ein größeres Maß an Selbstachtung und Akzeptieren – auch bisher abgelehnter Persönlichkeitsanteile – ermöglicht. Der Klient beginnt in einer von wertschätzender Anteilnahme geprägten Beziehung, mehr und mehr sich selbst positiv zu sehen und zu mögen. »Wenn ich mich so, wie ich bin, akzeptiere, dann ändere ich mich«, schreibt Rogers[35], und auch damit weist die Wertschätzung auf die Kongruenz hin.
»Die Beratungsbeziehung erlaubt durch die warme Anteilnahme (Annahme) des Beraters, der jede Art von Nötigung und persönlichem Druck vermeidet, dem Ratsuchenden äußerste Ausdrucksmöglichkeiten für seine Gefühle, Haltungen und Probleme. In dieser einzigartigen Erfahrung völliger emotionaler Freiheit in einem gut abgegrenzten Rahmen vermag der Klient seine Impulse und Vorstellungen positiv und negativ so frei zu erkennen und zu verstehen wie in keiner anderen Beziehung.«[36]

Wie kann man Wertschätzung lernen?

Es darf nicht übersehen werden, daß mit dieser Einstellung nicht ein nie zu erreichender Idealzustand beschrieben werden soll, sondern daß das Wesentliche das Bemühen um eine möglichst tiefgehende Verwirklichung der geschilderten Haltung ist. Auch der Berater steht in einem Prozeß, in dem er Stück für Stück mehr von der anderen Person zu achten und zu mögen lernt.
Man lernt also vom Partner in der Beziehung. Genaues, sorgfältiges Zuhören ist die beste Quelle für tiefgreifendes Verständnis und entsprechende Anteilnahme. Oft ist es so, daß Haltungen anderer Menschen, die einem auf den ersten Blick verwerflich, absurd oder höchst eigenartig vorkommen, bei näherem Verständnis der Umstände und insbesondere der inneren Konflikte des Betreffenden, verständlich, ja liebenswert erscheinen.

Ein Beispiel mag dies verdeutlichen: Eine Sozialarbeiterin wird zu einer Frau geholt, von der berichtet wird, daß sie ihr Kind schlägt. Tatsächlich findet sie das Baby mit Anzeichen körperlicher Mißhandlung vor. Aggression, Abscheu und stark verurteilende Gefühle gegen die Frau steigen auf. Sie läßt sich dennoch auf ein Gespräch ein und erfährt bald von den Hintergründen: Ihr Mann, erst kürzlich aus dem Gefängnis heimgekehrt, stellte sie, als er das Kind, das während seines Gefängnisaufenthalts geboren wurde, vorfand, vor die Alternative, die Frau müsse sich entweder vom Kind trennen, oder er würde sie verlassen. Beides will die Frau auf keinen Fall: Sie will ihn nicht verlieren, aber auch nicht ihr Kind hergeben. Als »Kompromiß« versucht sie einen verzweifelten Ausweg, indem sie ihm mit dem Schlagen des Kindes, immer wenn es schreit, zu zeigen versucht, daß ihr sehr an ihm liegt. Die Gefühle der Sozialarbeiterin ändern sich natürlich stark, sobald sie von den Emotionen der Frau Näheres erfährt. Sie ist nun imstande, sie anzunehmen und sich auf eine Gesprächsbeziehung mit ihr einzulassen. Im hier beschriebenen Fall führte dies auch zu Gesprächen mit dem Mann, und die Situation konnte bereinigt werden: Das Kind konnte zu Hause bei der Mutter bleiben und mußte nicht, wie es die Spontanreaktion gewesen wäre, sofort in ein Heim gebracht werden.

Den Verzicht auf Belehren, Urteilen, Ratschläge erteilen etc. (vgl. die direktiven Vorgangsweisen) lernt man nicht, indem man sich diese Haltungen einzeln verbietet, sondern indem man an die Wurzel geht und seine grundlegenden Einstellungen, aus denen diese Verhaltensweisen resultieren, hinterfragt. Das Aushalten des Auf und Ab, der Ambivalenz und des Reichtums der Gefühle, der Höhen und Tiefen der inneren Welt eines anderen, setzt voraus, dies bei sich selbst zu kennen und zulassen zu können. Erst dann wird man es nicht nur ertragen, sondern wertschätzen können, wenn einem der Hilfesuchende auch Gefühle wie Feindseligkeit, Ablehnung, ja Kränkung und Haß entgegenbringt.

Wer bei sich selbst nicht zulassen kann, tiefgreifend geschätzt und geliebt zu werden, wer positive Gefühle abwehrt, wer gelernt hat, daß es unter Umständen gefährlich sei, Liebe zu zeigen und Liebe anzunehmen, wird zuerst selbst lernen müssen, sich annehmen zu lassen. Diesbezügliche Abwehrhaltungen sind viel mehr verbreitet, als man auf den ersten Blick meinen mag. Eine fundamental akzeptierende Beziehung kann so sehr als Bedrohung (weil etwa insgeheim mit Verpflichtungen oder Gefangengenommenwerden assoziiert) empfunden werden, daß ständige Signale, auf Distanz zu bleiben, mitausgesendet werden. Hier ist ein entsprechender Selbsterfahrungsprozeß die wichtigste Voraussetzung zur »Liebesfähigkeit« des Beraters.

Schließlich ist darauf hinzuweisen, daß es einen wechselseitigen Lernprozeß zwischen Akzeptieren und Verstehen gibt: Akzeptieren, ohne zu verstehen, ist zu wenig[37] – Verständnis, ohne zu akzeptieren, ist entmutigend.

3.4.3. Einfühlendes Verstehen und dessen Verbalisierung

Durch aktives Zuhören entsteht eine einfühlende Teilnahme (Empathie) an der inneren Erlebenswelt des anderen aus dessen eigener Sicht. Die solcherart mitgefühlten emotionalen Erlebnisinhalte werden dann zur Sprache gebracht (verbalisiert) und mit-geteilt. Das fördert nicht nur eine intensive Beziehung zwischen den Gesprächspartnern, es bringt auch den inneren Dialog (wieder) in Gang.

Die dritte wesentliche hilfreiche Haltung ist *»empathisches Verstehen«*[38], eine *einfühlende, teilnehmende*, durch *aktives Zuhören* charakterisierte Einstellung. Dabei werden sowohl die Gefühle und Empfindungen des Gesprächspartners wie auch die inneren, persönlichen Bedeutungszusammenhänge dessen, was er wahrnimmt, und dessen, was gerade noch knapp unter seiner Bewußtseinsschwelle liegt, gespürt und aus seinem *inneren Bezugsrahmen* heraus zur Sprache gebracht (*verbalisiert*). Diese Grundhal-

tung ist einerseits eine Konsequenz aus der zuvor geschilderten Wertschätzung, andererseits eine Voraussetzung für sie.
Wichtig sind beide Komponenten: die Empathie einerseits, die Kommunikation des so Mitgefühlten andererseits.
Carl Rogers, von dem, wie erwähnt, viele seiner Freunde und Klienten übereinstimmend sagen, er sei der beste Zuhörer, den sie getroffen hätten, schreibt, daß es die Aufgabe des Beraters sei, »das innere Bezugssystem des Klienten zu übernehmen, die Welt so zu sehen, wie der Klient sie sieht, den Klienten zu sehen, wie er sich selbst sieht, dabei alle Vorstellungen vom äußeren Bezugssystem abzulegen und dem Klienten etwas von diesem einfühlenden Verstehen mitzuteilen.«[39]

Aktives Zuhören[40]

Nach einer Studie[41] reden ungeschulte Berater dreimal so viel wie der Hilfesuchende, erfahrene Berater benötigen nur ein Drittel oder ein Viertel von dem an Gesprächszeit, was der Klient spricht.
Eine solche Haltung ist keineswegs alltäglich: »Wir glauben zuzuhören, aber tatsächlich hören wir äußerst selten mit echtem Verständnis und wahrer Einfühlung zu.« »Zuhören auf diese Weise« – die sich von dem üblichen Hinhören auf Äußerliches, auf Fakten und kognitive Zusammenhänge qualitativ unterscheidet – »ist eine der wirksamsten Kräfte, die ich kenne, die einen Wandel herbeiführen können.«[42]
Das hier gemeinte Zuhören ist keine passive (oder gar interesselose) Haltung, die einfach aufnimmt oder zur Kenntnis nimmt, was auf der Wortebene gesagt wird und an das Ohr des Beraters dringt (englisch: »hear«). Sie ist vielmehr eine aktive Einstellung, die teilnehmend auf die Gefühlsebene (aller am Gespräch Beteiligter) zu achten bemüht ist und dabei versucht zu verstehen, was gemeint ist (englisch: »listen«).[43]
In des Wortes doppelter Bedeutung: Diese Art, jemanden

(sich) »aus-sprechen« zu lassen, kann man auch treffend »verstehendes Zuhören«[44] nennen. Es ist eine engagierte Haltung, die Interesse zum Ausdruck bringt und es gleichzeitig mitteilt. Es ist ein schöpferisches Zuhören, ein Mitbeteiligt-Sein am Prozeß beider: Es schließt emotionales Sich-Hineinversenken in den Gesprächspartner ebenso ein wie eine große Offenheit den eigenen Gefühlen gegenüber.

Daß solches Zuhören keineswegs auf die verbale Ebene der Kommunikation beschränkt ist, sondern ebenso die nonverbalen Komponenten einschließt, versteht sich von selbst. Dabei wird auch wahrgenommen, was nicht gesagt wird – was etwa dem Gesprächspartner selbst kaum wahrnehmbar ist oder daß etwas bewußt verschwiegen wird oder anderes zuviel Angst macht und deswegen mehr umschrieben oder nur angedeutet wird. Es ist wie das Lesen zwischen den Zeilen ein Hören zwischen den Worten und Sätzen.

Aktives Zuhören, das darüber hinausgeht, dem Klienten bloß die Möglichkeit zu geben, sich auszudrücken, kommuniziert echtes Interesse, das versucht herauszuspüren, was das Ausgedrückte für die konkrete Person hier und jetzt meint und bedeutet. Der Berater ist mit dem beschäftigt, womit der Klient gerade beschäftigt ist, und nicht damit, was ihm – dem Berater – gerade wichtig erscheint. (Der Psychoanalytiker Theodor Reik spricht vom »Hören mit dem dritten Ohr«.[45])

In diesem Sinne ist es ein Mitsuchen, weder ein Heraushören noch ein Hineinhören – es schützt vielmehr vor dem Interpretieren, bei dem der Berater bestimmte Gefühle oder Zusammenhänge zu finden trachtet (»tendenziöse Apperzeption«). Es ist absichtslos und ungerichtet (»gleichschwebende Aufmerksamkeit«) und vermeidet so weitgehend die verzerrte subjektive Wahrnehmung. Eine krasse Form direktiven Vorgehens stellt es insbesondere dar, wenn der Berater schon vorher zu wissen meint, was der andere sagen wird.

Aktives Zuhören ist ein nicht-wertendes Zuhören, das den eigenen Bezugsrahmen zurückstellt und sich in den des anderen einzufühlen trachtet. Mehr Respekt vor dem anderen ist eine der Konsequenzen, die sich aus dieser Art des Miterlebens ergibt: »Wirkliche Kommunikation findet dann statt, wenn wir mit Verständnis und ohne ständiges Werten aus eigener Sicht zuhören.«[46]

Zuhören bedeutet auch nicht, einfach zu schweigen, während der andere redet. Soll es zu richtigem Verständnis führen, wird zwischendurch die Kommunikation darüber, ob das Aufgenommene dem Gemeinten entspricht, unabdingbar sein (»reflektierendes Zuhören«). Solcherart läßt sich auch das »Verhören« und das »Überhören« vermeiden. Auch ist damit nicht eine »laissez-faire-Haltung« gemeint, die indifferent, pseudo-tolerant oder teilnahmslos bleibt. Eine desinteressierte Einstellung würde den Klienten entweder dazu anleiten, sich selbst nicht wichtig zu nehmen oder selbst direktiv mit sich umzugehen, statt aufmerksam auf sich zu achten.

Jeder weiß auch, was es bedeutet, wenn einem etwas in den Mund gelegt wird, das man nicht gemeint und/oder nicht gesagt hat, und was es hervorruft, wenn man das Gefühl hat, etwas Wichtiges ist nicht »angekommen«. Mangelndes Zuhören ruft Enttäuschung, Verletztheit, Wut, Mißtrauen und Selbstmißtrauen, Verwirrung und Sich-alleingelassen-Fühlen hervor.

Aktives Zuhören hingegen leistet eine ständige Nachprüfung, ob die Wahrnehmungen zutreffen (auch zur eigenen Korrektur für den Gesprächspartner). Es ist eine Kommunikation an den Hilfesuchenden, daß der Helfer bemüht ist, das ihm Wesentliche zu verstehen. Es führt schließlich dazu, daß auch der Gesprächspartner lernt, sich selbst zuzuhören – damit wird seine Sensibilität gefördert, sich selbst besser zu verstehen und mehr zu akzeptieren. Es erzeugt eine Atmosphäre der Sicherheit und wirkt entängstigend.[47]

Empathie[48]

»Sich einfühlen« in, besser »mitfühlen« oder »mit(er)leben« mit dem Hilfesuchenden ist eine conditio sine qua non für jede Form hilfreicher Kommunikation. Empathisch sein bedeutet, sich in die innere Erlebniswelt eines anderen hineinzuversetzen und darauf einzulassen, ohne darin aufzugehen. Durch aufmerksames, aktives Zuhören tritt der Berater in die innere Welt seines Gesprächspartners und deren Gehalt ein. Treffend wird sie auch »einfühlende Vergegenwärtigung«[49] genannt. Man spricht dabei von »empathischer Identifikation«, bei der die Gefühle des Gesprächspartners erfahren werden, ohne daß sie selbst erlebt werden – im Gegensatz zur emotionalen Identifikation, bei der der Berater die Gefühle selbst hat.[50] Diese wichtige Unterscheidung hält ein »Mituntergehen« in der Gefühlswelt des anderen und ein »Mitschwingen«, ein Berührt- und Betroffensein deutlich auseinander. Dabei kann selbstverständlich nicht das Ziel sein, daß es dem Helfer ebenso geht wie dem Hilfesuchenden, vielmehr geht es darum, wie ein Resonanzkasten von dem Erleben des anderen so angerührt zu sein, daß ein differenziertes Mitschwingen möglich wird. Dabei läßt der Berater die Gefühlsebene des anderen bei sich »anklingen«, ohne daß er selbst »mitspielt«. Verliert der Berater die Qualität des »als ob«[51] und geht selbst in dem Gefühl auf, kann er anstatt zur Entlastung zur Belastung des Hilfesuchenden werden.

Es wird dabei nicht irgendeine Art »Grundgefühl« gesucht, sondern es handelt sich um ein Mitgehen in der ambivalenten Wechselfolge der Gefühle. Auch ist es ein Mißverständnis zu meinen, das augenblickliche tatsächliche Verstehen sei das Ausschlaggebende; Untersuchungen[52] haben gezeigt, daß für das Gefühl, verstanden zu werden, das Verstehenwollen des Beraters ausschlaggebend war und nicht das Faktum, auf Anhieb verstanden zu werden. Dieses Bemühen des Beraters signalisiert dem Klienten auch, sich selbst um Verständnis für sich zu bemühen. Empathie ist also nicht eine spontane Fertigkeit, sie ist ein emotionaler Prozeß.

Das Prozeßhafte am empathischen Verstehen wird auch deutlich, wenn man die Haltung des Beraters als ein Oszillieren, ein Hin- und Herschwingen zwischen dem Mit-

Erleben der Gefühlswelt des anderen und ein Sich-daraus-Distanzieren und Hinhören auf die eigene Resonanz auf dieses Miterleben beschreibt. Maximale Annäherung einerseits und eine gewisse Distanz zum Gesprächspartner andererseits wechseln miteinander (manchmal in ganz rascher Folge) ab. So wird es dem Berater möglich, ganz er selbst zu bleiben und sich doch auf den anderen einzulassen sowie dabei außerdem zwischen den Gefühlen des anderen und seinen eigenen Gefühlen zu unterscheiden. Erst dadurch kann er weitgehend wirklich verstehen, was im anderen vorgeht (und das von dem auseinanderhalten, was seine eigenen Anteile sind).

Diametral entgegen einer solchen mitfühlenden Haltung steht jedes Analysieren oder Beurteilen des anderen. Auch jene Haltung, die man mit der umgangssprachlichen Bedeutung des Wortes »Mitleid« assoziiert, ist hier nicht gemeint (vgl. »bemitleiden«, S. 67). Fixiertsein auf Persönlichkeitstheorien und Beratungstechniken stehen der Empathie genauso im Weg wie vorschnelle Versuche, sich eine Lösung auszudenken, und Angstreaktionen, die einen für Gefühle unempfindlicher machen.

Für empathisches Verstehen ist das Akzeptieren des Erfühlten wesentlich. Es hat zur Folge, daß der Betreffende sich selbst gegenüber einfühlsamer verhält und sich selbst besser verstehen kann.

Empathie ist, insgesamt gesehen, eine zutiefst heilsame Form der Solidarität.

Der innere Bezugsrahmen[53]

Die Dinge mit den Augen des Hilfesuchenden zu sehen, den emotionalen und biographischen Stellenwert von Worten, Gefühlen, Einstellungen, Beschränkungen zu verstehen, hilft, zwischen einem äußeren Verständnis und einem inneren Verstehen zu unterscheiden. Die Empathie des Beraters strebt danach, die Bewertung einer Aussage durch den Gesprächspartner nachzuvollziehen, mit ihm zu denken und zu fühlen, zu erleben, »als ob« man er wäre.

»Um Ihnen behilflich zu sein, stelle ich mich selbst (...) beiseite und dringe so vollständig wie möglich in Ihre Wahrnehmungswelt ein. Ich werde in gewisser Weise ein zweites Selbst für Sie – ein Alter Ego Ihrer eigenen Einstellungen und Gefühle – eine ungefährliche Gelegenheit für Sie, sich selbst genauer zu erkennen, sich selbst wahrer und tiefer zu erfahren und signifikanter zu wählen.«[54]
Dieses Hinhören auf das Bezugssystem der Gefühle und Gedanken, der Erfahrungen und des Erlebens des Hilfesuchenden macht es möglich, das Weltbild des anderen mitzubekommen, den Rahmen, in dem sich seine Probleme abspielen, seine »Brille«, die Wirklichkeit zu betrachten und zu erleben, zu begreifen – nicht »ein für allemal«, sondern »hier und jetzt« (»in ihrer jeweiligen Augenblicksbedeutung«[55]). Diese Konzentration auf das aktuelle Geschehen ist wesentlich, um sich nicht von früheren Zuschreibungen, allgemeinen Bedeutungen für den anderen, eigenen Assoziationen oder gar generellen Symboldeutungen auf eine falsche Fährte bringen zu lassen. Nicht ein schematisches, sondern ein individuelles und spezifisches Verständnis ist gefragt.
Das bedeutet einerseits, den anderen jeweils »dort abzuholen, wo er gerade steht«, andererseits auch ständig für Veränderungen und Nuancen offen zu sein und ihn nicht auf einmal geäußerte Bedeutungen zu fixieren. Die innere Bewertung und Sicht von Gefühlen und Fakten ändert sich ja ständig, und nur ein sorgfältiges Zuhören aus dem jeweils aktuellen Bezugsrahmen heraus ermöglicht ein tiefgreifendes Verständnis. Es geht darum, daß die Äußerungen des Beraters den Hilfesuchenden »seines Erlebens gewahr« werden lassen, ihm helfen, »den zunächst nur gefühlten Bedeutungsgehalt klarer zu erfassen.«[56]
Je mehr es gelingt, die »emotionale Gestimmtheit des Gesprächspartners zu beachten, um so mehr wird man die »Welt seiner persönlichen Sinngebungen«[57] erfühlen können. Dem steht jedes Interpretieren und Diagnostizieren entgegen. Wer den anderen von außen betrachtet, ihn zum Objekt macht, kann notwendigerweise nicht seine innere Sicht der Dinge mitvollziehen.

Den Bezugsrahmen des Klienten ernst nehmen, bedeutet auch, nicht weiterzugehen, als der Gesprächspartner in diesem Augenblick gehen kann (»aus Ihrer Sicht ist das verständlich, wenn man es aber von einem anderen Gesichtspunkt aus sieht, dann ...«). Schon Freud spricht davon, in der Therapie dem anderen einen Schritt, aber auch nicht mehr vorauszusein. Rogers beschreibt es so: »Wenn die Welt des Klienten dem Therapeuten klar geworden ist und er sich darin frei bewegen kann, dann ist es ihm möglich, dem Klienten von dem, worüber dieser erst ein unbestimmtes Wissen besitzt, sein Verständnis zu vermitteln, und er kann auch Bedeutungen innerhalb der Erfahrung des Klienten in Worte fassen, deren sich der Klient noch kaum bewußt ist.«[58] Oder: »Im günstigsten Fall ist der Therapeut dann so sehr eins mit der privaten Welt des anderen, daß er nicht nur die Bedeutungszusammenhänge, deren sich der Klient bewußt ist, klären kann, sondern sogar solche, die gerade unterhalb der Bewußtseinsgrenze liegen.«[59] Das gibt dem Klienten die Freiheit, den Prozeß selbst zu gestalten und darauf zu vertrauen, daß das eigene Tempo und die selbstgewählte Richtung die Selbsthilfe ermöglichen. Ungeduld und Besserwissen hingegen zerstören die Empathie.
Die verbale Versicherung, »ich verstehe sie«, kann nicht genügen (und wird in Wirklichkeit oft gesagt, wo tatsächliches Verstehen fehlt, um dies zu verschleiern); es ist schon notwendig, echtes »feedback« zu geben und zu sagen, was man verstanden hat.

Verbalisierung emotionaler Erlebnisinhalte[60]

Die Gefühle müssen wahrgenommen, aus dem inneren Bezugsrahmen verstanden und dann aber auch zur Sprache gebracht werden: Wie der Berater dem Hilfesuchenden sein Verständnis mitteilt, kann auf die verschiedenste Art und Weise geschehen. Jedenfalls muß es ebenso wie der Versuch zu verstehen selbst, so weit als möglich frei von allen Wertungen sein.

Die Kommunikation darüber, was der Helfer von dem verstanden hat, was der Klient mitteilen wollte, ist Ausdruck seines aktiven Bemühens und das sichtbare Zeichen seiner Einstellung und Beziehung zu ihm. Das grenzt es von jeder Art formalisierten Reagierens oder technisch-methodenhaften Intervenierens ab. Das sogenannte »Spiegeln« der Gefühle (amerikanisch »reflecting of feelings«) darf in keiner Weise so mißverstanden werden, als handle es sich dabei um ein starres Wiedergeben der Emotionen des Gesprächspartners (und noch weniger als bloß inhaltliches Wiederholen des Gesagten). »›Widerspiegeln‹ wurde mit der Zeit ein Wort, das mich dazu brachte, jedesmal den Kopf einzuziehen«, kommentiert Rogers solche Zerrvorstellungen. Er meint »keineswegs eine hölzerne Technik des Pseudoverstehens, bei welcher der Berater lediglich ›widerspiegelt‹, was sein Klient soeben gesagt hat.« Solche »Ausdeutungen meines Ansatzes, wie sie sich mitunter in die Ausbildung und Fortbildung von Beratern eingeschlichen haben, muß ich mißbilligen.«[61]
Einer, der vor einem Spiegel steht, sieht darin sich selbst und kann sich erkennen. Je genauer er hinsieht, um so besser. Je nachdem, wie man den Spiegel hält, wird man von dieser oder jener Seite mehr sehen, und es besser betrachten können. Eine ebensolche Funktion kann der Berater in einem guten Gespräch haben, wenn er dieses »Spiegeln« im genannten Sinn als Ausdruck seines empathischen Verständnisses aus dem inneren Bezugsrahmen des Klienten heraus versteht.
Wer in einen Spiegel schaut, kann darin auch Dinge sehen, die er ohne ihn vielleicht nicht wahrgenommen hätte, Aspekte an sich selbst etwa, verborgene Seiten. Jedenfalls kann er nichts sehen, was gar nicht da ist. Er wäre auch mit einem Zerrspiegel schlecht bedient.
Solches Verbalisieren ist zunächst eine Empfangsbestätigung dafür, daß das Gesagte auch angekommen ist und wird dann zur Probe dafür, ob es als Gemeintes richtig verstanden worden ist. Die Mitteilung wird des weiteren dadurch so »zurückgeleitet«, daß der andere »angeregt wird, seine Gedanken und Gefühle weiter zu entfalten«[62].

So gesehen kann es auch hilfreiches Spiegeln sein, die von dem Hilfesuchenden oft undeutlich und mit einem gewissen Widerstand gebrachten Gefühle, Einstellungen und Verhaltensweisen mit mitfühlendem Verständnis neu zu formulieren.[63]

Die Verbalisierung der emotionalen Erlebnisinhalte soll so konkret wie möglich formuliert sein. Dadurch wirkt sie erhellend und klärend. War die Verbalisierung zutreffend, fühlt sich der Klient verstanden und angeleitet, sich weiter und tiefer auf sich selbst einzulassen. War sie nicht ganz korrekt, kann er den Berater oder sich korrigieren und auch so sich selbst besser verstehen.

Die Verbalisierung der Gefühle soll darüber hinaus so persönlich wie möglich und nicht etikettierend oder diagnostizierend formuliert sein (»Sie fühlen sich in einer solchen Situation kleiner und kommen sich unterlegen vor?«, nicht: »Das sind dann die Minderwertigkeitsgefühle«). Findet diese Kommunikation fortlaufend statt, wird der Eindruck leichter vermieden, der Berater sei mit Nachdenken, Einstufen, Zuordnen und ähnlichem beschäftigt, was unterschwellig immer die Angst vor dem Klassifiziertwerden auslöst.

Falsch verstandenes Verbalisieren gibt externale, »sachliche«, problem- statt personzentrierte Inhalte wieder oder agiert einfach echoartig und bleibt damit ganz an der Oberfläche. Ähnlich geht es meist mit globalen Zusammenfassungen, die zuwenig konkret sind, oder mit intellektualisierenden und abstrahierenden Bemerkungen.

Dieses Verbalisieren meint auch nicht eine Art von »klärender Objektivierung«, ist also nicht ein Versuch, dem Hilfesuchenden etwas klarzumachen – ausgehend von der Vorstellung, daß der Helfer »weiß«, was dem anderen fehlt oder wie er zu erleben hat. Vielfach findet man ein solches Verhalten bei Personen, die oberflächlich auf den anderen eingehen, dies aber dazu benützen, subtil ihre Sicht der Dinge zu transportieren: Sie diagnostizieren hintergründig, bringen pseudoprofessionelle Wertmaßstäbe ins Spiel, stellen Prognosen und damit insgeheim ihren Scharfsinn unter Beweis.

Ein weiteres Beispiel mag dies noch verdeutlichen: Bei einem Gespräch mit einer Frau über die Konflikte mit ihrer Mutter hat es wenig Sinn, etwa eine »Doppelbindung« zu diagnostizieren und ihr dann, wenn auch in eine verständliche Sprache übersetzt, dies mitzuteilen (zum Beispiel mit den Worten: »Bei Ihnen handelt es sich um zwei Bedürfnisse, die einander aber ausschließen.«). Wenn der Berater hingegen nachzuvollziehen versucht, wie die beiden das erleben, wird er etwa sagen: »Es kommt Ihnen auf der einen Seite vor, daß Sie ihrer Mutter gern nahe wären, und auf der anderen Seite beengt sie das auch wieder sehr, und in diesem Dilemma fühlen Sie sich hin- und hergerissen ...« Oder: »Sie möchten Ihre Mutter gerne bei sich haben und fühlen sich aber gerade dadurch auch eingesperrt.« Eine solche Verbalisierung ihres Empfindens ist nachvollziehbar und hilft ihr und dem Beratenden, das Selbstverständnis dieser Frau besser zu verstehen.
Bei dem gemeinten Verstehen geht es also darum, zu versuchen, den anderen von innen heraus, das heißt so, wie er sich selbst erlebt, wahrzunehmen (»Wenn ich mich in den anderen hineinversetze, so spüre ich, daß da das Gefühl ist, ...«). Damit unterscheidet es sich ganz wesentlich von einer von außen kommenden Betrachtung und Beurteilung, wie sie etwa beim Interpretieren vorliegt (»Bei ihm handelt es sich um ...«). Durch solche Versuche, das Selbstverständnis zu verstehen, kann es zu einer Konfrontation mit sich selbst kommen (»Ich entdecke in mir ..., fühle aber auch ...«) und dadurch ist eine unmittelbare Auseinandersetzung und In-Frage-Stellung dieses Selbstverständnisses durch den Gesprächspartner selbst möglich.
Richtiges Verbalisieren stellt sicher, daß fremde Aspekte im Gespräch weitgehend vermieden werden, daß der Klient im Mittelpunkt bleibt und so zu weiterer Selbstexploration[64] angeregt wird. Damit wird ein Prozeß in Gang gesetzt bzw. aufrecht erhalten, der die fortwährend und immer tiefergreifende Auseinandersetzung des Hilfesuchenden mit sich selbst und seinen inneren und äußeren Möglichkeiten fördert. Der Berater ist dabei »nicht nur

Spiegel, sondern wird zu einem Gefährten, der den Klienten bei seiner Suche in einem tiefdunklen und dicht verwachsenen Wald begleitet.«[65]

Konsequenzen des einfühlenden Verstehens

Wem zugehört wird, der beginnt, auf sich selber genauer hinzuhören; wer sich dabei verstanden fühlt, bringt mehr Verständnis für sich selbst auf. Wessen Bezugsrahmen ernst genommen wird, der beginnt, sich mehr selbst als Instanz für sein Erleben und Handeln ernst zu nehmen. Wem mit Empathie begegnet wird, der wird seine Gefühle selbst achten und schätzen lernen.
Der innere Dialog wird in Gang gesetzt: Im Gesprächspartner wird durch die Verbalisierung seines emotionalen Erlebens und die damit verbundene Zuwendung und Wertschätzung durch einen als echt erfahrenen Helfer die »Selbstexploration«, das heißt die vermehrte, differenzierte Auseinandersetzung mit seinem inneren Erleben, gefördert.

Wie kann man Empathie lernen?

Einfühlungsvermögen sei einer »der besten Einzelindikatoren für psychische Reife«, meint Rogers[66]. »Die unreife Persönlichkeit kann es sich nicht gestatten, die Welt eines anderen zu verstehen, weil sie von seiner eigenen verschieden und deshalb für ihn bedrohlich ist. (...) Nur das in seiner eigenen Identität und seinem Selbst-Sein relativ sichere Individuum kann dem anderen erlauben, anders und einzigartig zu sein, und ist imstande, diese Einzigartigkeit zu verstehen und zu schätzen.«
Die Auseinandersetzung mit der eigenen Erlebenswelt und deren Grenzen ist der beste Lernprozeß, der Empathie auch für andere wachsen läßt. Sie stellt gleichzeitig sicher, daß die Gefahr, fremdes und eigenes Erleben zu vermischen, wenn schon nicht ausgeschaltet, so doch wenigstens verringert wird. Abgesehen von der Erfahrung am eigenen Leib, kann dies hervorragend in Selbsterfah-

rungsgruppen geschehen, wo man gut überprüfen kann, ob man jemanden so verstanden hat, wie er es selbst gemeint hat. Auch im täglichen Umgang mit Menschen kann man lernen, das eigene »Gefühl für Gefühle« zu verbessern.

Zusammenhang

Es wird bei näherer Betrachtung deutlich, daß die genannten Grundhaltungen eine Einheit bilden, deren Elemente manchmal in Spannung zueinanderstehen, die aber ohne einander nicht von Bedeutung wären. *Hilfreich sind diese Einstellungen in ihrer Kombination als eine Grundhaltung der Person.*

Sicher stellt die Wahrhaftigkeit das entscheidendste Kriterium für eine hilfreiche personzentrierte Beziehung dar. Warum das Element der Echtheit »das grundlegendste der drei Bedingungen ist«, stellt Rogers so dar: »Die Reihenfolge, in der die drei therapeutischen Bedingungen geschrieben sind, hat einige Bedeutung, denn sie sind logisch miteinander verflochten. (...) Es ist wichtig, daß der Therapeut ein hohes Niveau von genauer Empathie erreicht. Jedoch, um tief einfühlsam gegenüber dem Moment-zu-Moment-Sein einer anderen Person zu sein, wird von uns Therapeuten gefordert, daß wir die andere Person akzeptieren und einigermaßen schätzen. Folglich kann ein zufriedenstellendes Niveau von Empathie kaum existieren, ohne daß da auch ein bedeutender Grad an bedingungsloser positiver Achtung ist. Aber keine von beiden kann möglicherweise in der Beziehung bedeutungsvoll sein, es sei denn, sie sind real. Folglich muß ein Therapeut in diesen beiden und anderen Hinsichten integriert und echt in der therapeutischen Begegnung sein, sonst könnten die anderen Bedingungen kaum in einem zufriedenstellenden Grade existieren.«[67]

Man kann auch sagen: Die Echtheit ist die Bedingung dafür, daß die anderen Einstellungen als hilfreich erfahren werden können.[68]

3.5. Der personzentrierte Prozeß

Eine personzentrierte Beziehung löst die beschriebenen Grundhaltungen in beiden aus: Auch im Gesprächspartner findet ein Prozeß statt, der durch immer tiefere Auseinandersetzung mit sich selbst (Selbstexploration) und Beachtung des unmittelbar gegenwärtigen Erlebens gekennzeichnet ist. Darüber hinaus beschreibt dieses Kapitel charakteristische Schritte des Entwicklungsprozesses.

Bis jetzt hatte die Fragestellung gelautet: Welche Voraussetzungen und Haltungen beim Berater sind für eine hilfreiche Beziehung erforderlich? Um die Beziehung besser verstehen zu können, ist es wichtig, sich über beide Seiten Gedanken zu machen. Darum lautet die nächste Frage: Welcher Prozeß soll beim Gesprächspartner gefördert werden? Welches Verhalten und welche Einstellung seinerseits werden für ihn hilfreich sein?[1]

Einstellungen des Hilfesuchenden

Mit wem hat man es eigentlich als Berater, als Helfer zu tun? Rogers beschreibt einen Klienten als jemanden, »der aktiv und freiwillig Hilfe in bezug auf ein Problem sucht, aber nicht die Absicht hat, seine eigene Verantwortlichkeit für die Situation aufzugeben.«[2] Er hat hier Beratungsgespräche im engeren Sinne vor Augen – in vielen nichttherapeutischen Situationen wird es aber vorkommen, daß ein Gesprächspartner diese »idealen« Voraussetzungen nicht unbedingt mitbringt, und es ist erst die Aufgabe des Helfers, diese Einstellungen herauszuarbeiten.
In Situationen, in denen die Hilfe nicht freiwillig gesucht wird (»Wie komme ich dazu, daß Sie sich hier einmischen?« – man denke an viele Bereiche der sozialen oder seelsorgerlichen Arbeit, an Situationen, wo »von außen her« eine Intervention nötig erscheint), sondern wo sie jemand angeboten (oder gar vorgeschrieben) bekommt,

wird vor alledem erst eine Vertrauensbasis hergestellt werden müssen. Ist das nicht möglich, wird auch ein hilfreiches Gespräch nicht möglich sein.[3]
In anderen Situationen, wenn jemand seine Verantwortlichkeit völlig aufgeben möchte (»Sie sind doch der Fachmann! Sagen Sie mir, was ich tun soll!«) oder schon aufgegeben hat, wird an dieser Bedingung vorweg gearbeitet werden müssen, bis der Betreffende sie wenigstens teilweise zu übernehmen bereit ist.
In gewisser Weise finden sich beide Haltungen in jeder Beratungsbeziehung: »Wie komme ich eigentlich dazu, Ihnen das alles zu erzählen?« und: »So zeigen Sie mir doch einen Lösungsweg auf, wenn Sie schon mehr Erfahrung haben als ich oder nicht so drinnen stecken!«
Es ist also sehr wichtig zu beachten, daß der, dem die Hilfe angeboten wird, schon mit ganz bestimmten Voraussetzungen kommt, die ihm oft selbst nicht bewußt sind oder die er kaum reflektiert hat. Will man ihn als Person ernst nehmen, ist es wichtig, die Gesprächsbeziehung nicht als Reiz-Reaktions-Schema in dem Sinn mißzuverstehen, daß alle Impulse (bezüglich Haltungen, emotionalen Einstellungen usw.) vom Berater ausgehen und der andere darauf bloß re-agiert. Dies würde die gesamte Verantwortung für die Beziehung wieder allein dem Berater aufbürden, und der Klient bekäme unversehens die Botschaft übermittelt, er sei mehr oder weniger von den Interventionen des Beraters abhängig.

Der Prozeß im Gesprächspartner[4]

Wenn die anthropologischen Annahmen von der grundlegenden Fähigkeit zur Selbsthilfe richtig sind, so ist zweifellos einer der wichtigsten Vorgänge im Klienten während einer Beratung, daß er auf seine vorhandenen, bislang ungenützten Fähigkeiten zurückgreift und von seinen Möglichkeiten mehr Gebrauch macht. Um dazu imstande zu sein, muß er sich selbst besser verstehen und mehr akzeptieren. Er muß sich also selbst »erforschen«

und sein Bewußtsein von sich und seine tatsächlichen Gegebenheiten weitgehend in Übereinstimmung bringen, das heißt kongruenter werden.
Damit haben wir im wesentlichen die Behauptung aufgestellt, im Hilfesuchenden müßten jene Haltungen mehr und mehr Platz greifen, die wir als Grundeinstellungen des Beraters beschrieben haben. Oder anders formuliert: Die Haltungen des Beraters wirken ansteckend, beispielgebend, herausfordernd. Was für den Berater notwendig war, daß er als hilfreich erlebt werden kann, gilt gleichermaßen für den Klienten, damit er sich selbst helfen kann.[5] Der Klient »geht auf sich selbst so zu«, wie es der Helfer ihm gegenüber tut: respekt- und verständnisvoll, einfühlsam und wahrhaftig. Carl Rogers schreibt: »Diese Tendenzen, die den Einstellungen des Therapeuten entsprechen, bedeuten, daß die Person für sich selbst ein erfolgreicherer Förderer ihrer Entwicklung wird.«[6] Das geschieht selbstverständlich in einem mehr oder weniger langen Prozeß.[7]

Selbstexploration[8]

Wenn ein Hilfesuchender über sich zu sprechen beginnt, fängt er oft mit äußeren Tatsachen, wie etwa dem Alter, seinem Beruf oder aktuellen Geschehnissen, an. Dabei werden vielfach die emotionalen Qualitäten dieser Fakten wenig oder nur andeutungsweise zur Sprache gebracht bzw. auch erlebensmäßig zugelassen.
Falls der Berater in der oben beschriebenen Art und Weise eine personzentrierte Beziehung herzustellen bemüht ist, wird der Klient bald mehr und mehr über seine spezifischen persönlichen inneren Erlebnisse, über sein Fühlen, seine emotionalen Einstellungen und Bewertungen, Ziele und Wünsche, über sein Selbstbild (die Sicht, die er von sich selbst hat) etc. zu sprechen beginnen. Er wird genauer und konkreter werden, sich weniger hinter allgemeinen Ausdrücken verstecken. So wird er auch zunehmend versuchen, sich verständlich auszudrücken. Dazu wird es notwendig sein, sich darum zu bemühen, so deut-

lich wie möglich auszudrücken, was in ihm vorgeht. Er wird sich also über sich selbst klarer werden, auch wenn dies vielleicht zunächst bedeutet, mehr Verwirrung zuzulassen und wahrzunehmen. Dabei kann es vorkommen, daß er neue Aspekte seines inneren Erlebens oder neue Zusammenhänge in sich findet, die ihm bisher noch kaum oder gar nicht bewußt waren.[9]

Eine solche lebendige Auseinandersetzung (»Durcharbeitung«) mit dem eigenen Erleben führt naturgemäß zu gefühlsmäßiger Betroffenheit (im Gegensatz zu informativ-sachlicher Beschreibung, Ironisierung oder Teilnahmslosigkeit), die – bei entsprechend konstruktivem Verlauf – zu größerer Integration der dabei erspürten und erlebten Anteile seiner selbst und zu einer annehmenderen Haltung ihnen gegenüber führt. Auch unangenehme, für das Alltagsempfinden eher peinliche, abgewehrte usw. Seiten können akzeptiert werden. Die Beschäftigung mit sich selbst wird zunehmend angstfreier. Der Hilfesuchende wird mehr und mehr über seine augenblicklichen Gefühle und Erfahrungen sprechen, auch über die in der aktuellen Gesprächsbeziehung. Dabei wird auch zunehmend die persönliche Bedeutung von Empfindungen und Einstellungen zum Tragen kommen und Gegenstand seines Interesses werden. Er bekommt sich selbst als differenzierte Person in den Blick und sieht nicht mehr isoliert Teile, Aspekte oder »Probleme« von sich.

»Selbstexploration« ist als eine »aktive und lebendige Erforschung der gesamten Erlebniswelt des Klienten«[10] mehr als bloß eine Bestandsaufnahme dessen, was da ist; sie ist vielmehr die Erkundung der Bedeutung und der Zusammenhänge des eigenen Erlebens.

Manchmal bekommt man den Einwand zu hören, dies setze eine besondere Intelligenz oder Verbalisierungsfähigkeit des Hilfesuchenden voraus, was nicht stimmt: Die Fähigkeit, sich auf sich selbst einzulassen, hat nichts mit Intelligenz zu tun, und die Verbalisierung kann mit sehr einfachen sprachlichen Mitteln geschehen. (Gerade manche Intellektuelle hingegen tun sich besonders schwer bei der Beschreibung emotionaler Vorgänge.)

Die vermehrte Selbstexploration ist nicht nur ein wichtiges Signal und Korrektiv für den Helfer und ein Indikator dafür, ob ein personzentrierter Prozeß in Gang ist, sie führt auch zu einem verstärkten Selbstwertgefühl des Klienten, das mit vermehrter Selbstakzeptanz einhergeht. Die Abnahme innerer Spannungen, die Zunahme des Vertrauens in die eigene Person vereint mit dem Zurückgehen von Verteidigungseinstellungen und der Zunahme von Verantwortlichkeit und Verantwortungsbewußtsein sind mit vermehrter Selbstexploration verbunden.

Unmittelbar gegenwärtiges Erleben[11]

Bei Gesprächspartnern, die sich intensiver mit sich selbst auseinandersetzen, kann man beobachten, wie sie sich unmittelbar auf das beziehen, was sie gerade erleben, und dem eine immer größere Bedeutung beizumessen beginnen – ein Vorgang, der zunehmend bewußter vollzogen wird. »Ein präsentes Gefühl wird unmittelbar und reichhaltig erlebt. Die Unmittelbarkeit des Erfahrens und das Gefühl, das seinen Inhalt ausmacht, werden akzeptiert. Da ist etwas, das ist nicht etwas, das man leugnen, befürchten, bekämpfen muß.«[12] Diese schon bald von Rogers[13] beobachtete Tatsache, daß die von Gefühlen »getroffenen« Klienten versuchen, dem Gefühl näherzukommen und es genau ausdrücken zu wollen – nicht nur annähernd, sondern auf der Suche nach dem genau passenden symbolischen Ausdruck für ein Gefühl – wurde später als »experiencing« bezeichnet: Das für korrektive Erfahrungen relevante »unmittelbar gegenwärtige Erleben« ist die »Beschäftigung mit den Gefühlen im Hier und Jetzt«, der »jeweils unmittelbar gefühlte und wahrgenommene Erlebnisvorgang«[14]. Damit ist alles gemeint, dessen sich der Betreffende innewird, was er als unmittelbar gegebenes Erleben in seinem Bewußtsein antrifft, seine unmittelbare »Selbst-Erfahrung« – ein jenseits intellektueller Vorgänge liegender Prozeß des Fühlens und des gefühlsmäßigen Wahrnehmens und nicht so sehr des Denkens, Wissens oder Verbalisierens.

»Experiencing« findet im Präsens, in der unmittelbaren Gegenwart statt. Dieses emotionale »Durchspüren«, ein Prozeß, den man auch als vorbegrifflich und organismisch bezeichnen kann, verweist auf einen unmittelbar fortwährenden Fluß des Erlebens und Erfahrens und führt zu einer implizit gefühlten Bedeutung dieses unmittelbar gegenwärtigen Erlebens.
Das Erleben eines Menschen kann als fortdauernder Strom der Gefühle in jeder Person verstanden werden. Von diesem Fluß getragen zu werden, sich seiner ständig gewahr zu sein und das Verhalten davon »beeinflussen« zu lassen, ist Ausdruck ungestörten Erlebens. Tritt eine Störung auf, so ist der Kontakt zum fortfließenden Erlebensstrom unterbrochen oder verlorengegangen. Durch eine personzentrierte Beziehung kann der Kontakt wiederhergestellt werden.[15] Diese Erlebnis-Intensität wird – als Ausdruck der Beziehung zwischen den beiden – auch vom Berater unmittelbar gefühlsmäßig erfaßt[16] (der dann manchmal sehr treffende Bemerkungen machen kann, ohne genau zu wissen, warum er dies in dem bestimmten Augenblick genau so gesagt hat). »Die Therapie besteht aus dem vielfachen Erfahren des Selbst in einer emotional bedeutungsvollen Beziehung zu einem Berater.«[17] Die Worte (beider: des Helfers und des Hilfesuchenden) haben wenig Bedeutung, verglichen mit dem augenblicklichen emotionalen Geschehen in und zwischen beiden.
Der bereits früher erwähnte Eugene T. Gendlin[18], ein Student und späterer Mitarbeiter Rogers', hat sich damit ausführlich befaßt und herausgefunden, daß Veränderungen an Klienten dann besonders günstig sind, wenn sie an den Therapien nicht nur gefühlsmäßig beteiligt sind, sondern ihre verbalen Formulierungen mit dem gegenwärtigen Erleben vergleichen – eine Vorgangsweise, die sie im Lauf des Gesprächsprozesses mehr und mehr erlernen.
Das unmittelbar gegenwärtige Erleben stellt nämlich einen Bezugspunkt dar, etwas, worauf sich der Klient beziehen kann. Es wird als implizit sinn- und bedeutungsvoll erlebt, auch wenn die Bedeutung oft komplex oder diffus ist, eher gefühlt als exakt symbolisiert wird. So be-

einflußt es auch die (präzisere) Bildung von Vorstellungen und (Selbst-)Konzepten.
Mehr und mehr wird so der Klient »fähig, subjektiv in der Erfahrung zu leben, nicht so sehr Gefühle über sie zu haben. (...) Das Selbst als Objekt verschwindet mehr und mehr, *das Selbst in diesem Moment ist dieses Gefühl.*«[19] Bei vielen Menschen geht es dabei um die »Wiederherstellung des Kontakts mit der Erfahrung.« Der reifere Mensch gebraucht seine Erfahrung als direkte Bezugsquelle, an die er sich wenden kann, um adäquate Begriffe und Vorstellungen bilden zu können und mit ihrer Hilfe sein Verhalten zu steuern.« So kann »der einzelne seine Erfahrung bewußter erleben und freier mit seinen Gefühlen leben.«[20]
Durch den Bezug auf das unmittelbar gegenwärtige Erleben findet der Gesprächspartner neue Aspekte, die ihm vorher als solche nicht bewußt, sondern nur in diffuser, impliziter Weise »gegeben« waren; er kann nun mehr differenzieren. Rogers drückt es so aus: Das Individuum »läßt mehr Erfahrungstatbestände in das Bewußtsein dringen und gelangt so zu einer realistischeren Bewertung seiner selbst, seiner Beziehungen und seiner Umgebung.«[21]
Die Förderung dieses Prozesses durch den Berater hängt ab von der Intensität seines Bemühens um das Verstehen der Erlebniswelt seines Gesprächspartners. Je mehr seine Interventionen sich auf das unmittelbar gegenwärtige gefühlsmäßige Erleben beziehen, um so eher werden sie hilfreich dafür sein, es tiefer und intensiver erleben zu können, es präziser auszudrücken und seine Bedeutung zu erfassen.[22]

Charakteristische Schritte der Entwicklung

Carl Rogers[23] hat folgende »charakteristische Schritte im therapeutischen Prozeß« ausgemacht, die ähnlich in Beratungsbeziehungen beobachtet werden können:
Zunächst: Der Gesprächspartner will Hilfe. Einer der bedeutendsten Schritte zur Möglichkeit, Hilfe anzubieten und zu bekommen, ist die Klarheit darüber, daß derje-

nige, der sie sucht, Hilfe haben will. Sind die Ausgangsfaktoren anders, und die Situation ist nicht so, daß es einen Hilfesuchenden gibt, sondern daß Hilfe angeboten oder vorgeschrieben (oder ähnliches) wird, so ist es wichtig, diesen Schritt so bald wie möglich zu erreichen: daß derjenige, der die Hilfe braucht, sie auch haben will.
Dann wird die Situation definiert: Der Hilfesuchende hat selbst die Verantwortung für sich und sein Problem; der Helfer hat keine Patentlösungen anzubieten, sondern ist bereit, eine personzentrierte Beziehung einzugehen.
Wichtig ist in der Folge die Ermutigung zum freien Ausdruck: Durch eine freundliche, interessierte und aufnahmebereite Einstellung wird der Gesprächspartner ermutigt, seine Gefühle zu äußern – nicht nur die »positiven« und angenehmen, auch die unangenehmen, peinlichen, selbst abgelehnten.
Der Helfer akzeptiert und versucht zu klären: Wenn der Berater auch die »negativen« Gefühle annehmen kann, entsteht eine Atmosphäre, in der es für den, der seine Probleme schildert, leichter ist, sie auch zu akzeptieren statt sie durch verschiedene Abwehrmechanismen von sich fernzuhalten.
Es kommt zu einem stufenweise fortschreitenden Ausdruck »positiver« Gefühle. Wenn die zunächst abgelehnten Gefühle nicht mehr zurückgehalten werden (womit alle Gefühle überhaupt eher blockiert und zurückgedrängt waren), kommt es zu einem vermehrten Ausdruck wachstumsfördernder Emotionen, wie Liebe, soziale Impulse, grundlegender Selbstrespekt, Verlangen nach Reife und anderem.
In der Folge erkennt der Gesprächspartner seine eigenen konstruktiven Impulse immer mehr und realistischer. Dadurch entwickelt er Einsicht, das heißt er versteht sich selbst auf neue Art und Weise, womit die Basis für neue Integrationsebenen gegeben ist.
Nun kann es zu einer Klärung der zur Wahl stehenden Möglichkeiten kommen: Mögliche Handlungsabläufe werden abgewogen, wobei vorübergehend Angst und eine etwas hoffnungslose Einstellung auftreten können. Mit

dem Anerkennen von Angst und Mutlosigkeit und dem Verzicht auf Drängen oder Raten fördert der Berater die Entscheidungsfähigkeit.
Behutsam kann es so zu ersten positiven Handlungen kommen, wenn sie auch winzig sein mögen. Ihre Bedeutung liegt in der Übersetzung der Einsicht in Handlungen.
Darauf aufbauend ergibt sich eine wachsende Einsicht: Umfassenderes und genaueres Selbstverstehen gibt zunehmend Einblick in die eigenen Handlungen und erweitert die Basis für die Autonomie. Gesteigerte Unabhängigkeit resultiert daraus: Weniger Angst vor Entscheidungen sind begleitet von mehr Vertrauen in selbstgelenkte Handlungen. Dies wird auch in der Beziehung zum Berater sichtbar, zu dem eine neue Weise der Zusammenarbeit entstanden ist. Das Interesse an ihm dient als Modell des Interesses an anderen Menschen.
Schließlich läßt das Hilfsbedürfnis nach: Die Erkenntnis wächst, daß die Beratungsbeziehung zu Ende gehen muß. Der Berater hilft, dies zu klären und drängt nicht. Hier kommt es noch häufig zu einem Ausdruck persönlicher Gefühle, die der Berater erwidern kann.[24]

3.6. Das Ziel: Die reife Persönlichkeit

»Um zu handeln, muß man sein.«
(Lao-tse)

Die voll entwickelte Persönlichkeit ist für Erfahrungen offen und ständig in Entwicklung begriffen. Sie hat Selbstvertrauen und kann mit verschiedenen Anforderungen flexibel umgehen.
Sie bildet eine innere Wertungsinstanz aus und richtet sich nach ihren eigenen Normen und Wertvorstellungen.

Erfahrungsoffenheit, Vertrauen, Flexibilität

Nach allen vorhergehenden Ausführungen versteht sich von selbst, daß das Ziel eines hilfreichen Prozesses nicht etwas Statisches, Fixes sein kann, sondern wieder ein dynamischer Prozeß ist – ein Prozeß allerdings, in dem der zuvor Hilfesuchende nun selbständiger und stärker geworden ist, mit sich und seinen Problemen, mit seiner Umgebung und den Anforderungen fertig zu werden. Im optimalen Fall ist durch die personzentrierte Beziehung ein Prozeß der Persönlichkeitsentwicklung in Gang gesetzt worden, der auch nach der Beendigung dieser Beziehung weitergeht.
Die von Rogers als Ziel angegebene »voll entwickelte Persönlichkeit« (amerikanisch: »fully functioning person«)[1] ist eine für alle Erfahrungen offene, sich selbst achtende Person, die es kaum nötig hat, Abwehrhaltungen einzunehmen und jedenfalls keine grundsätzlichen Abwehrstrukturen aufrechterhält. Sie handelt gemäß ihrer Aktualisierungstendenz, ist sich ihrer individuellen Einmaligkeit bewußt. Ihre Entwicklung ist nicht vorhersagbar, aber zuverlässig. Sie ist ständig im Werden – im Personwerden, im Menschwerden.
Die »sich voll verwirklichende und voll handlungsfähige Person« ist imstande, existentiell, im jeweiligen Augenblick zu leben. Sie findet wachsendes Vertrauen in den eigenen

Organismus, ist imstande ihre Bedürfnisse zu befriedigen und Fehler zu korrigieren. Sie entfaltet sich mehr und mehr und entdeckt dabei auch immer neue Seiten an sich. Sie ist gegenüber Erfahrungen aufgeschlossen und vertraut darauf, in den jeweiligen Lebenssituationen jenes Verhalten entwikkeln zu können, das ihr am besten entspricht und sie weiter wachsen läßt. (Wenn Rogers in diesem Zusammenhang vom »guten Leben« spricht, meint er einen Prozeß, keinen Daseins-Zustand, er gibt damit kein Ziel, sondern eher eine Richtung an.)

Eine solche Person ist imstande, sich anzupassen. Anpassung, früher gern von Rogers als Ziel angegeben, ist ein mißverständlicher Begriff. Er kann Angleichung, Konformismus (amerikanisch: »adjustment«) bedeuten, was hier sicher nicht gemeint ist. Die angestrebte Anpassung im Sinne von Flexibilität (amerikanisch: »adaptability«) meint vielmehr eine Haltung, bei der die Person ihr Leben den Verhältnissen entsprechend gestaltet auf Grund ihrer Fähigkeit, von den verschiedenen in ihr vorhandenen Möglichkeiten Gebrauch zu machen und so der jeweiligen Situation entsprechend zu handeln.

In späteren Jahren bezieht sich Rogers oft auf Lao-tse: »Um zu handeln, muß man sein« zitiert er ihn. Auch bei Kierkegaard findet er sich wieder: »Das Selbst zu werden, das man in Wahrheit ist«, gelte es. Auch Shakespeares »Dir selbst sei treu« zitiert er gern.[2] So fällt für ihn die Frage nach dem Ziel des therapeutischen Prozesses mit der Frage nach den persönlichen Zielen, ja nach dem Sinn des Lebens überhaupt zusammen.[3]

Die Entwicklung zu einer solchen Persönlichkeit geht weg von Fassaden, weg von »eigentlich wollte ich«, weg vom Erfüllen kultureller Erwartungen, weg vom Bestreben, anderen zu gefallen – hin zu Selbstbestimmung, zum »Prozeß-Sein«, zur Komplexität, zur Erfahrungsoffenheit, zum Akzeptieren anderer, zu Selbstvertrauen – also dahin, der Prozeß zu sein, der man selbst ist.[4]

Verantwortungsbewußtsein, Wertfindung, Selbstbestimmung

In längeren Beratungsprozessen kann man meist folgende Entwicklung zu Werten und moralischen Einstellungen beobachten: Von der (vielfach völlig unreflektierten) Einstellung »so und so *muß* es sein« verändert sich die Wahrnehmung zunächst dahingehend, daß einem klar wird, an welche Personen man diese Moralvorschriften knüpft (»die und die erwarten, daß ich so bin«). Im weiteren Verlauf wird dann einsichtig, daß verschiedene Personen verschiedene Erwartungsvorstellungen an einen haben (»die einen erwarten, daß ich so bin, die anderen wollen mich so haben; was soll ich denn nun machen?«). Nach einer solchen Phase paradoxen Erlebens wird schließlich klar, daß es auf die eigene Entscheidung ankommt, wie man sich verhalten und nach welchen Normen man sich ausrichten will (»so und so *will* ich sein«).

Diese personale Grundlegung moralisch verantwortlichen Handelns ist freilich das gerade Gegenteil von »jeder kann und soll tun und lassen, was ihm gerade beliebt«. Vielmehr entsteht dadurch ein Bewußtsein der Gemeinsamkeit und gegenseitigen Verantwortlichkeit, weil es ja durch Beziehungen gewachsen und in Beziehungen erlebt worden ist. (Dies ist auch gegen ein individualistisches Mißverständnis der »voll entwickelten Person« festzuhalten. Der Ansatz ist person-, nicht ichzentriert. Der vielzitierte Satz »Jeder ist für sich selbst verantwortlich«, den man so häufig in Gruppendynamikseminaren zu hören bekommt, ist nur insofern richtig, als er sich gegen eine vereinnahmende und besitzergreifende Haltung, die den anderen als unselbständig bevormunden will, wendet. Verantwortung ist aber eine Kategorie oder Dimension der Beziehung und nicht des Individuums, wie Treue oder Liebe Haltungen des einzelnen in einer Beziehung sind. So gesehen kann nie nur einer in einer Beziehung »verantwortlich sein«, wie auch nicht nur einer die Beziehung »hat«.)

Maßstäbe und Werte werden bei einem solchen Menschen aufgrund der eigenen Erfahrung gewonnen und gebildet. Durch diese seine innere Bewertungsinstanz, die er ausbildet, richtet er sich immer weniger nach Normen und der Zustimmung anderer, wenn es zu wählen oder zu entscheiden gilt. Anderen zu gefallen als bloßen Selbstzweck, lehnt er ab. Seine entscheidende Frage lautet: »Lebe ich so, daß ich innerlich zufrieden bin, so daß wirklich ich es bin, der sich darin äußert?«

Rogers stellt die Behauptung auf,[5] daß Menschen, die mehr Offenheit gegenüber ihrer Erfahrung entwickeln, gemeinsame Wertstrukturen zeigen, die so beschaffen sind, daß sie die eigene Entwicklung und die anderer in ihrer Gemeinschaft fördern und so zum Überleben und zur Evolution der Menschheit als ganzer beitragen. Die auf diese Weise universellen, aus der Erfahrung gewonnenen Werte seien Aufrichtigkeit, Selbstbestimmung, Selbsterkenntnis, soziale Offenheit, soziale Verantwortlichkeit und Bemühen um liebevolle zwischenmenschliche Beziehungen.

Ein solcher Mensch »entdeckt (...) immer mehr, daß auf seinen eigenen Organismus Verlaß ist, daß er ein angemessenes Instrument ist, um zu dem Verhalten zu finden, das der jeweiligen Situation am ehesten gerecht wird.«[6] Er nimmt relativ genau die Situationen in ihrer Komplexität wahr, kann Kompromisse abwägen und ausbalancieren. Er erlebt sich nicht als unfehlbar, ist aber durch seine Offenheit für neue Erfahrungen relativ schnell zu einer entsprechenden Korrektur imstande.

So ist er auch ständig zu Veränderung bereit: Er erlebt sich als Subjekt in einem Prozeß, nicht als Objekt äußerer Einflüsse – als Prozeß, nicht als Produkt. Er wird kritischer und kritikfähiger, kann auch mit ihm entgegengebrachter Kritik besser umgehen. Seine Problemlösungsfähigkeit wird gesteigert, die Angst geht zurück, und es kommt zu einer Befreiung von der Vergangenheit statt einer Fixierung auf sie.

Durch die Förderung der Entwicklung der Identität ist eine solche Person auf einem Weg, auf dem man nicht äußeren Einflüssen, sondern einem verantworteten inneren Erfahrungsprozeß zu vertrauen lernt. Die neu gewonnene bzw. neu entdeckte Kreativität befreit ein Stück von äußeren und inneren Abhängigkeiten und Zwängen und ermöglicht einen

Freiheitsraum für neues selbstverantwortetes Verhalten.[7] Er wird mehr der Mensch, der er sein möchte, selbstbewußter und selbstbestimmender, reifer, weniger frustriert, eher in der Lage, Situationen kreativ zu begegnen, integrierter, effektiver, realistischer, imstande, sich »dergestalt neu zu organisieren, daß er mit dem Leben auf eine konstruktivere, intelligentere, sozialere und auch befriedigendere Art und Weise fertig wird.«[8] Statt festgefahrener Ziele, sieht er ständig neue Möglichkeiten, ist sensibel anderen gegenüber und teilt sie nicht in fixe Kategorien ein; enge Beziehungen werden positiv bewertet, deren Intimität, Kommunikation und Realität hochgeschätzt.[9]

Am Schluß steht weniger Selbstbewußtheit und mehr Selbst. Rogers zitiert einen Klienten ein Jahr nach Abschluß seiner Therapie: »Ich bin nicht mehr selbstbewußt, wie ich es einmal war ... ich konzentriere mich nicht mehr darauf, ich selbst zu sein. Ich *bin* einfach.«[10]

3.7. Die personzentrierte Gruppe

Die Arbeit in und mit Gruppen ist nicht nur ein besonders weitverbreitetes »Anwendungsgebiet« des personzentrierten Ansatzes; sie bietet auch hervorragende Möglichkeiten, personzentrierte Beziehungen zu erleben und zu erlernen.
Dem personzentrierten Gruppen-»Leiter« kommt dabei vor allem die Aufgabe zu, ein aktiver und engagierter Gruppenteilnehmer zu sein, statt Führungsaufgaben, welcher Art auch immer, zu übernehmen.

Die Gruppe als Erfahrungsgemeinschaft

Für die personzentrierte Gruppe gilt nicht nur im Prinzip das gleiche wie für die personzentrierte Zweierbeziehung, manche wesentliche Charakteristika des personzentrierten Ansatzes werden in der Gruppe noch deutlicher sichtbar.[1]
Rogers begann sich im Laufe seiner Arbeit mehr und mehr für das Phänomen der Selbsterfahrungsgruppe und ihre Möglichkeiten zu interessieren, wobei er sich schon früher in seinen Mitarbeiterteams mit den Prozessen in der Gruppe beschäftigt hatte. Er arbeitete dann zunächst mit Kleingruppen, bald aber auch mit Großgruppen (mit bis zu hundert und noch mehr Teilnehmern).[2] Mit »Encounter-Gruppen« werden heute (im Bereich der personzentrierten Arbeit) »Selbsterfahrungs«-Gruppen bezeichnet, an denen Menschen teilnehmen, die dies nicht vorwiegend aus therapeutischen Gründen tun, sondern die ihre Kommunikations- und Erlebnisfähigkeit verbessern wollen.
Die Gruppe ist als »Erfahrungs-Gemeinschaft«[3] ein hervorragender Ort menschlicher Begegnung (amerikanisch: »encounter«). Damit eröffnen sich für beide für das Menschenbild des personzentrierten Ansatzes so wichtigen Elemente, für die Erfahrung wie für die Beziehung, neue Dimensionen. Auf die Bedeutung der Selbsterfahrung für das Erlernen personzentrierter Einstellungen wurde schon mehrfach hingewiesen; über die Zweierbeziehung hinaus ist daher die Gruppe auch ein hervorragendes Lerninstrument für personzentrierte Einstellungen und personzentriertes Verhalten.

Rogers nennt folgende Merkmale für die Veränderungen in solchen und durch solche Gruppen[4]: Es kommt zu einer Reduktion der Abwehr und Freiheit des Ausdrucks durch ein Klima der Sicherheit. Das Ausdrücken unmittelbarer Gefühlsreaktionen der Mitglieder untereinander und zu sich selbst wird gefördert. Ein Klima gegenseitigen Vertrauens und größerer Akzeptanz des emotionalen, intellektuellen und physischen Seins einschließlich des Potentials entsteht. Das Erlebnis von Veränderung wird als weniger bedrohlich wahrgenommen. Die Fähigkeit, einander zu verstehen und voneinander zu lernen, steigt. Durch Rückmeldungen (»feedback«) von einer Person zur anderen erfahren die einzelnen, wie sie den anderen erscheinen und welche Einflüsse sie auf interpersonale Beziehungen haben. Neue Ideen, Konzepte und Richtungen entstehen durch die verbesserte Kommunikation und größere Freiheit. Innovation gilt eher als wünschenswert denn als bedrohlich. Das Lernen in der Gruppe wirkt sich nach der Gruppenerfahrung zeitweilig oder dauerhaft auf die privaten und beruflichen Beziehungen aus.

Auch für die Gruppe wird eine Selbstaktualisierungstendenz angenommen, das heißt es gilt der Vertrauensgrundsatz, daß die Gruppe aufgrund der vielfältigen Möglichkeiten ihrer Teilnehmer, unter denen einer der Gruppen-»Leiter« (amerikanisch: »group facilitator«) ist, imstande ist, einen konstruktiven Weg einzuschlagen, und daß sie ihn unter geeigneten Bedingungen auch einschlagen wird.

Der Gruppen-»Leiter« als facilitator

Dieser Gruppenprozeß findet nicht aufgrund eines besonderen Expertentums oder Charismas des Gruppen-»Leiters« statt. Seine Aufgabe ist es, die geeigneten Bedingungen[5] für das Wachstum der Gruppe einzuleiten – ihr Potential freizugeben – und im übrigen tatsächlich ein Gruppen-»Teilnehmer« zu sein, sich also nicht außerhalb der oder über die Gruppe zu stellen, sondern ein Teil zu sein wie die anderen. Damit unterscheidet sich das personzentrierte Verständnis

eines konstruktiven, hilfreichen Gruppenprozesses ganz wesentlich von der Konzeption anderer gruppendynamischer Ansätze, die oft besondere Beeinflussungstechniken beim Leiter (Abstinenz, Interpretationen, Veranlassen und Durchführen von Übungen oder »gruppendynamischen Spielen«, bewußtes Schweigen, manchmal auch vorsätzlich provokantes Verhalten usw.) oder gelenkte Gruppenprozesse (Herstellung von Abhängigkeit und Aggressivität und deren Auflösung oder spezifische Verfahren, die die Interaktionen der Teilnehmer regeln) als entscheidend für den Gruppenverlauf ansehen. Auch Interventionen des Gruppenleiters, die auf den Prozeß der Gruppe bezogen sind und ihn interpretieren, sind eine in der Gruppenpraxis häufig vorkommende Art direktiven Vorgehens, die die Personen und ihr Erleben übergeht oder als Folge des Prozesses darstellt, statt die Personen als Gestalter des Gruppenprozesses zu verstehen und diesbezügliche Erfahrungen zu unterstützen.
Ein nicht lenkendes Gruppen-»Leiter«-Verhalten ist deswegen um so wichtiger, weil – wie die Erfahrung zeigt – gerade in sogenannten unstrukturierten Gruppen die Erwartungen, »geführt« zu werden, Anweisungen oder Aufgaben zu bekommen (»einer muß ja sagen, was wir hier tun *sollen*«), besonders groß sind. In solchen unstrukturierten Gruppen, die kein besonderes Thema, keine spezielle Aufgabe und kein vorgegebenes Ziel haben, sondern in denen Raum und Zeit da sind, um selbst herauszufinden, was der einzelne und die Gruppe *wollen*, wird oft das Bedürfnis nach Anleitung und Autorität in erschreckender Weise deutlich. Dementsprechend groß ist auch die Versuchung für den Gruppen-»Leiter«, zu direktiven Maßnahmen zu greifen. Tatsächlich besteht eine seiner Aufgaben darin, durch seine bloße Existenz zu verhindern, daß andere diesen Anspruch erheben oder diese Bedürfnisse befriedigen und selbst den Leiter der Gruppe zu spielen beginnen (das heißt die Rolle jemandes übernehmen, der wisse, was für die anderen gut sei bzw. was die Gruppe zu tun hätte).
Der Gruppenprozeß kann so bei den einzelnen von der Frage »was soll ich tun?« über »was will ich tun?« zu »was mag ich gern?«, »was kann ich?« und schließlich zu »wer bin

ich?« und darüber hinaus zu »wer sind wir?« führen. Sich auf einen solchen Prozeß einzulassen (nicht: etwas zu planen) bedeutet für den, der es tut, ein Risiko. Der Gruppen-»Leiter« kann die Mitglieder dazu ermutigen, ein solches Risiko auf sich zu nehmen, nicht indem er erwünschtes oder richtiges Verhalten vorgibt, sondern indem er sich selbst auf ein solches Risiko in der Gruppe einläßt. Er kann dies um so leichter tun, als er in der Gruppe ja nicht allein ist.

Einer der wesentlichen Unterschiede zwischen der helfenden Arbeit zu zweit und der in der Gruppe ist die Tatsache, daß in der Gruppe allmählich die Teilnehmer mehr und mehr *füreinander* hilfreiche Einstellungen und hilfreiches Verhalten entwickeln und damit der Prozeß weit weniger auf den Berater bzw. Helfer bzw. Gruppen-»Leiter« bezogen ist als in Einzelgesprächen. Dies passiert durchaus so, daß ein Gruppenmitglied einem anderen bei dessen Problem ein hohes Maß an Einfühlung und Verständnis entgegenbringen kann, während ihm selbst gegenüber bei seinen eigenen Schwierigkeiten von anderen diese Haltungen zum Ausdruck gebracht werden. So entsteht und geschieht wechselseitig in der Gruppe Solidarität und Hilfe.

Das gibt dem Gruppen-»Leiter« zugleich die Möglichkeit, selbst noch offener auch mit seinen eigenen Gefühlen und Erfahrungen in der Gruppe umzugehen. Dadurch ist er für die Gruppe insgesamt ein Beispiel an Offenheit im Umgang mit dem eigenen Erleben, und so fördert er wieder den Gruppenprozeß. Die Tatsache, daß andere Gruppenteilnehmer ebenso ihr Potential an Hilfe zur Verfügung stellen, entlastet ihn – verglichen mit dem Gespräch zu zweit – davon, daß dies allein seine Aufgabe sei, und ermöglicht ihm, mehr von sich als der Person zu zeigen, die er auch unabhängig von einer hilfreichen Beziehung selbst ist.

»Er muß echt sein, ein Modell für transparentes Verhalten, indem er sagt: So bin ich und so zeige ich mich, soweit es mir möglich ist. Dadurch macht er es anderen möglich, dasselbe zu tun: sich einander mitzuteilen statt übereinander zu reden. (...) Er hält die Situation offen: Nach einiger Zeit, wenn andere Gruppenteilnehmer sich dessen bewußt werden, daß sie gerade so viel Recht haben, den Verlauf und die Bedeutung der Gruppe für sie selbst zu beeinflussen wie jeder andere hier, den Leiter eingeschlossen, dann kann er weniger Leiter und mehr Gruppenmitglied sein. Aber ich sage lieber, daß jeder in gleichem Maß fähig ist, ein solcher Leiter zu werden, als daß ich sage, ich kann auch ein Mitglied werden.«[6]

Freilich darf diese Einstellung wieder nicht selbst zur Methode oder zum Kokettieren mit dem »Wissen, wie es sein wird« bzw. zur selbstgefälligen Routine werden: »Wenn der Leiter ebenso darauf eingestellt ist, daß die Gruppe scheitern kann, wie er hofft, daß dies nicht geschieht, dann ist eine einzigartige Erfahrung für alle höchstwahrscheinlich. (...) Vielleicht ist die schwierigste Anforderung an den Leiter, seine eigenen Bedürfnisse, kompetent, tüchtig und effektiv zu erscheinen, aufzugeben.« Das bedeutet auch, daß er »seine eigene Überzeugung von dem, was das Individuum oder die Gruppe tun *sollte*, wie sie sein *sollte* und was sie fühlen *sollte*, abgelegt hat. Ohne diese Freiheit von der ›Tyrannei des Sollens‹ ist die Interaktion in der Gruppe wahrscheinlich weitgehend mechanistisch, vielleicht intensiv, aber (...) sie ist nur eine andere Art von Manipulation.«[7]

Die Gruppe als Ort der Einübung von Freiheit und Wahrhaftigkeit

Unstrukturierte Gruppen, in den der Gruppen-»Leiter« von Anfang an jedem einzelnen in der Gruppe völlige Freiheit gibt *und* ihm gleichzeitig das Vertrauen entgegenbringt, daß er imstande ist, von seiner Freiheit konstruktiven Gebrauch zu machen, bieten eine für unsere Gesellschaft (die vielen »Gruppendynamik-Seminare«, die es gibt, inklusive) sonst sehr seltene Gelegenheit, eine wirklich freie Interaktion zu entwickeln und ihre Beziehungen authentisch und autonom zu gestalten.

Zu erleben, daß es möglich ist, sich offen als der zu zeigen, der man in Wahrheit ist, es nicht nötig zu haben, Masken und Fassaden aufrechtzuerhalten[8], und trotzdem – oder vielmehr deswegen – akzeptiert, gemocht und geschätzt zu

werden, ist eine Erfahrung, die in der Gruppe mit den vielen verschiedenen Teilnehmern natürlich viel eher möglich ist als in der Situation mit einem professionellen Berater allein (als dessen Aufgabe man es ja ansieht, alles zu verstehen). Dies ist für viele Menschen eine zutiefst befreiende Erfahrung, die sie auch ermutigt, in der Alltagssituation, außerhalb solcher Gruppen, ein weniger defensives Verhalten an den Tag zu legen, mehr »zu sich zu stehen«.[9]
In der Gruppe wird also noch deutlicher sichtbar und erfahrbar, was für den personzentrierten Ansatz insgesamt gilt: die Bedeutung des Erlebens von und in Beziehungen für die Entwicklung einer reifen Persönlichkeit, des Personwerdens durch Begegnung.[10]

3.8. Personzentriertes Lernen

Lernen, Erziehung und Bildung können in einem Klima der Freiheit zur Entwicklung der gesamten Persönlichkeit statt zur Beherrschung von Wissen, Situationen oder Menschen führen.
Dieses Kapitel zeigt die Bedingungen und Chancen dafür auf und gibt einen Überblick über die Ausbildung und Supervision im personzentrierten Ansatz.

»Ich bedaure, hier nicht wissenschaftlich unterkühlt bleiben zu können. Das Problem ist zu dringlich. Ich kann nur mit Leidenschaft zum Ausdruck bringen, daß es um den Menschen geht. (...) Bessere Lehrgänge, bessere Curricula, ein besseres Stoffangebot und bessere Lernmaschinen werden das Problem nicht lösen können. Einzig Persönlichkeiten, die sich wirklich als solche in ihren Beziehungen zu Lernenden verhalten, sind in der Lage, eine Bresche in dieses drängendste Problem der gegenwärtigen Erziehung zu schlagen.«[1] Mit solchen eindringlichen Worten weist Rogers auf die Bedeutung einer Änderung unseres traditionellen Bildungssystems hin.
Es würde den Rahmen dieses Buches bei weitem sprengen, ausführlich auf eine personzentrierte Theorie von Lernen und Erziehung einzugehen.[2] Neben den Psychotherapeuten, Sozialarbeitern und Seelsorgern sind es aber sicher die Pädagogen, die dem personzentrierten Ansatz das meiste Interesse entgegenbringen. Darüber hinaus sind Lernprozesse Vorgänge, mit denen es Menschen in allen Sozialberufen zu tun haben, und viele suchen nach alternativen Formen des Lernens.
Meines Erachtens ist der personzentrierte Ansatz in der Pädagogik *die* Alternative zu dem Dilemma »autoritäre versus antiautoritäre Erziehung«. Das gleiche kann wohl für den Unterricht gesagt werden.
Es muß hier genügen, auf einige wichtige Prinzipien und Konsequenzen für Lehren und Lernen hinzuweisen, sowie die Aus- und Fortbildung in personzentrierter Arbeit kurz vorzustellen.

3.8.1. Lehren und lernen

Gemeinsam lernen, nicht lehren

Aus Menschenbild und Beziehung, wie sie für den personzentrierten Ansatz beschrieben worden sind, ergeben sich eine Reihe von Konsequenzen für personzentriertes Lernen, die den traditionellen Formen des Lernens oft diametral entgegengesetzt sind.

Zunächst: »Wir können einen anderen Menschen nicht direkt lehren, wir können nur sein Lernen fördern.«[3] Nimmt man den personzentrierten Ansatz ernst, dann kann es eigentlich kein Lehren geben in dem Sinn, daß einer der Lehrer ist, der anderen, den Schülern, etwas beibringt. Es kann sich eigentlich nur um einen gemeinsamen Lernprozeß handeln, in dem alle Lernende sind. Was immer einer an Erfahrung und Wissen anderen voraushat, er kann es vor allem dazu verwenden, gemeinsames Lernen zu ermöglichen und wird in diesem Sinn auch selbst am meisten lernen, wenn er seinen »Vorsprung« für weitere eigene Lernerfahrungen nutzbar zu machen versteht.

Für Lernen im engeren Sinn gilt das gleiche wie dabei, das »Leben zu lernen«: Die in der einzelnen Person zugrundegelegten Möglichkeiten werden entfaltet. Das Wort »Ausbildung« enthält diesen Gedanken: Aus-gebildet kann ja nur etwas werden, was schon vorhanden ist.

Gerade im Zusammenhang mit »lernen« finden sich viele Autoritäts-, ja autoritäre Erwartungen. Man sucht jemanden, der einem sagt, was und wie man lernen soll, den man für kompetent hält, einem etwas beizubringen. Gerade auch unter solchen Rahmenbedingungen, wie es Schule und Universität immer noch weitgehend sind, findet sich der größte Widerstand gegen selbstgesteuertes und gemeinsames Lernen – so daß, so bitter es klingen mag, oft der nachhaltigste Lerneffekt der von Abhängigkeit von und Arrangement mit der Autorität ist.

Auch wenn es so schön heißt, daß wir nicht für die Schule, sondern für das Leben lernen: Wer in einem traditionellen Unterrichts- oder Bildungssystem erfolgreich sein will, muß nicht wenig Energie dafür einsetzen, sich damit herumzuschlagen, wie er den Ansprüchen anderer gerecht werden kann – statt sich auf den Lernprozeß einzulassen, seine eigenen Ansprüche herauszufinden und ihnen nachzugehen. Wieviel Mühe wird oft dafür aufgewendet, herauszufinden, wie man den Lernstoff einem Prüfer präsentieren muß, damit die Prüfung erfolgreich bestanden wird! Wieviel Mühe wenden Lehrer oft auf, ihren Schülern beizubringen, wie sie nicht lernen sollen und was sie alles falsch machen! Von den Inhalten einmal ganz abgesehen: Solches Verhalten fördert Anpassung, aber nicht Kreativität, die ihrerseits eine Frucht personzentrierter Lernprozesse ist.

Erfahrungsorientiertes Lernen

Jeder Erzieher weiß, daß man Erfahrungen anderen nicht beibringen kann, sondern jeder selbst lernen muß. Die gutgemeinte Vorstellung von Eltern, sie möchten ihrem Kind etwas ersparen, was sie selbst mühsam erfahren, erlernt haben, stößt bei den Kindern und Jugendlichen naturgemäß auf Unverständnis und Ablehnung – der Mensch kann nicht passiv Erfahrungen »übernehmen«, er kann sie nur selbst »machen«, »er-fahren«; das weist auf eine aktive Tätigkeit hin. Weder die Indoktrination noch das Beiseiteräumen aller Schwierigkeiten fördern Lernerfahrungen.

Das heißt natürlich auch nicht, daß man nur oder vorwiegend allein lernt, ganz im Gegenteil: Erfahrungsorientiertes Lernen (»lebendiges Lernen«) geschieht in Beziehungen, das heißt in Auseinandersetzung mit den Lernprozessen anderer. Es ist ein »Aus-Tausch« in wechselseitiger Anregung.

Was aufgedrängt, einseitig rational präsentiert oder ohne Bezug zur Person vermittelt wird, bleibt angelernt. Umgekehrt muß unterstrichen werden, daß ausschließlich oder vorwiegend affektive Prozesse ebensowenig einen vollständigen personalen Lernprozeß bilden: Erfahrungen allein sind zuwenig, werden sie nicht in das Denken integriert.

Signifikantes Lernen

Signifikantes, das heißt bedeutungsvolles Lernen[4], das einen weiterbringt und nicht einengt oder fixiert – das gilt für den Wissenserwerb ebenso wie für handwerkliche Fähigkeiten, für affektiv-emotionales Lernen wie für »das Leben Lernen« –, ist immer ein Stück Persönlichkeitsentwicklung.
Wenn dies zutrifft, dann umfaßt jeder Lernprozeß die ganze Person[5], also auch ihre emotionale Seite. Wieviel auch schon gegen die Einseitigkeit eines rein rationalen Verständnisses von Lernen geschrieben worden ist, in der Praxis steht der Umgang mit den Emotionen, den eigenen und denen der anderen, oft immer noch unter dem Prinzip des Ignorierens: Emotionen werden als Ablenkung, als Störung empfunden und möglichst ausgeschaltet. Sie werden nicht als Hinweis auf den Lernprozeß und als Teil des Lernens verstanden, sondern als hinderlich betrachtet. Aber die Tatsache, daß man bei einer endlich gelösten algebraischen Gleichung auch eine innerliche Befriedigung verspürt oder daß es einem beim Vokabellernen »den Magen umdreht« bedeutet doch, daß auch scheinbar rein rationale oder routinemäßige Lernvorgänge mit der ganzen Person verbunden sind. Um wieviel mehr trifft das dann auf Lernprozesse zu, die für die Gestaltung von Beziehungen und das eigene Leben relevant sind.

Selbstgesteuertes Lernen

Jeder ist imstande, findet er nur die richtigen Lernbedingungen vor, selbst herauszufinden, wie er am besten und wirkungsvollsten lernen kann. Er wird auch – steht er in Kommunikation mit sich selbst, seinen Bedürfnissen und

Wünschen, seinen Ängsten und Blockaden, seinen Möglichkeiten und Interessen – selbst am besten herausfinden können, was er wann lernen will. Seinen Lernplan, insbesondere in Hinsicht auf persönlichkeits- und beziehungsrelevantes Lernen, erstellt jeder am besten selbst.
Man hört oft den Einwand, wenn man das Lernen den Betreffenden selbst überlassen würde, so käme nichts dabei heraus oder es würden zeit- und kraftraubende Umwege eingeschlagen. Bei näherem Zusehen wird hier aber nur die Beobachtung gemacht, daß in dem Moment, wo jemandem Freiheit beim Lernen gegeben wird, auch die bislang nicht möglichen, weil unterdrückten »Nachlernprozesse« einsetzen. Es ist wie bei einem, der sich wundert, daß Schüler miteinander aggressiv umzugehen beginnen, wenn man nur einmal auf die Kontrolle über sie verzichtet. Waren sie zuvor durch allerlei Maßnahmen im Ausdruck jeglicher Aggressivität nahezu völlig eingeschränkt, so ist es sicher falsch, daraus die Konsequenz zu ziehen, so sei der Mensch eben: er werde asozial, sobald man ihn nicht mehr unter Kontrolle hält. Das Argument wäre ebenso stichhaltig, wie wenn man aus der Tatsache, daß einer nach zwei schlaflosen Nächten bei der nächsten sich bietenden Gelegenheit schlafen geht, den Schluß zieht, Menschen würden andauernd schlafen, hielte man sie nicht auch zu etwas anderem an.

Personzentrierte Lehrereinstellung

Freilich erfordert dies von den Lehrern ein ebensolches Vertrauen in die Person des Lernenden wie es für den Therapeuten oder Gruppenleiter erforderlich ist. Für sie gilt das gleiche, was für den Gesprächsprozeß vom Berater gesagt wurde. Personzentrierte Lehrer, von denen Rogers meint, sie Lehrer zu nennen, wäre gar nicht mehr exakt, weil sie fast keine der üblichen Lehrerfunktionen mehr wahrnehmen, würden »nicht einfach Unterrichtsmethoden modifizieren, sondern sie revolutionieren. (...) Sie sind Katalysatoren und Facilitators, die den Lernenden Freiheit, Leben und Gelegenheit zum Lernen geben.«[6]

Als lernförderliche Verhaltensweisen solcher Lehrer führt Rogers an: Sie tragen dazu bei, das Anfangsklima bei den Lernenden zu schaffen; sie helfen, deren Ziele ans Licht zu bringen und abzuklären; sie vertrauen darauf, daß die Lernenden sinnvolle Vorhaben durchführen wollen; sie bemühen sich, ein möglichst breites Angebot von Hilfsquellen, mit denen gelernt werden kann, zu organisieren; sie betrachten sich selbst als flexibles Hilfsmittel, das genutzt werden kann (»Studienberater«); sie akzeptieren emotionale wie intellektuelle Stellungnahmen; sie werden zunehmend Mitlernende, je mehr sich die Atmosphäre gegenseitiger Anerkennung unter den Lernenden festigt; sie teilen sich selbst mit, ohne sich dadurch aufzudrängen oder damit etwas zu fordern; sie bleiben stets für tiefe oder starke Gefühle hellhörig; sie bemühen sich, eigene Grenzen zu erkennen und zu akzeptieren.[7] Es scheint mir auch besser, statt von »schülerzentriertem« Unterricht oder »teilnehmerzentriertem« Leiterverhalten durchgängig von personzentrierter Einstellung zu sprechen, damit sich nicht das Mißverständnis einstellt, daß damit die jeweiligen Rollen gemeint sind. Das Wesentliche ist ja gerade, daß Schüler und Lehrer nicht in ihrer Rolle als Schüler und Lehrer miteinander umgehen, sondern einander als Personen betrachten und so miteinander kommunizieren. Auch der Leiter eines Seminars ist nicht in seiner Funktion als Leiter, wohl aber in seiner Teilnahme als Person entscheidend für die Bildung eines lernförderlichen personzentrierten Klimas.

Carl Rogers weist auch ausdrücklich darauf hin, daß jeder Lehrer gut daran tut, sein Verhalten nicht plötzlich um 180 Grad umzudrehen, sondern nur so viel an Vertrauen und Freiheit in die Lernsituation einzubringen, wie er von sich aus gern einbringen möchte, ohne sich selbst »zu vergewaltigen«. Eine Veränderung des Lehrerverhaltens und seiner Einstellung in kleinen Schritten bewahrt nicht nur vor großen Frustrationen, sondern gibt auch mehr Gelegenheit, allmählich von vertrauten Konzepten zu innovativen und kreativen Formen zu finden.[8]

Lernen muß gelernt werden

Die große Schwierigkeit liegt ja darin, daß eine Änderung zu selbstgesteuertem, erfahrungsorientiertem Lernen nicht beim Punkt Null beginnt – weder auf seiten des Lehrers noch auf seiten der Lernenden. Es setzt vielmehr innerhalb bestehender Rahmenbedingungen und auf der Basis eines aus vielen vorangegangenen Erfahrungen resultierenden Verständnisses von Lernen ein. Wenn also ein Lehrer in einer Schule den Schritt zu mehr personzentriertem Lernen setzen will, darf er sich nicht wundern, wenn ihm zunächst allerhand Widerstand (von seiten der Schüler, der Eltern, der Kollegen und der Vorgesetzten) entgegenschlägt und eigene Zweifel sich melden.
Auch Lernen muß gelernt werden. Die große Kunst besteht darin, so viel an Freiheit zu geben, wie man selbst aushält und die Betroffenen verkraften, ohne sich dabei alleingelassen und entmutigt zu fühlen. Man darf von Menschen, die jahraus, jahrein mehr oder weniger indoktrinierendes, außengesteuertes und einseitig rationales Lernen gewohnt waren, nicht erwarten, daß sie über Nacht das Gegenteil fertigbringen; das gleiche gilt für Lehrer und ihre Unterrichts- und Erziehungsstile.

Die Freiheit zu lernen

Seine beiden großen Bücher über das Lernen hat Rogers »Freedom to learn« genannt[9] und damit den aus seiner Sicht zentralen Begriff im Zusammenhang mit erfahrungsorientiertem, signifikantem, also für die Person bedeutungsvollem Lernen gewählt. Er meint damit mehr als die Freiheit, sich selbst seine Lerninhalte auszusuchen statt genormte Aufgaben zu erfüllen; er spielt damit auch auf das im Bedürfnis nach fortwährendem Lernen sichtbar werdende Engagement im Suchen nach der Wahrheit an. Dazu zitiert er Kierkegaard: »Die Wahrheit gibt es nur im Prozeß des Werdens, im Prozeß der Aneignung.«[10]
Als Faktoren eines solchen Lernens, das auf der eigenen

Erfahrung beruht, gibt Rogers an[11]: Es schließt persönliches Engagement ein (die ganze Person mit Gefühlen und kognitiven Aspekten steht im Lernvorgang). Es ist selbstinitiiert (das Gefühl des Entdeckens, Ergreifens, Begreifens kommt von innen). Es durchdringt den ganzen Menschen (und ändert Verhalten und Einstellung). Es wird vom Lernenden selbst bewertet (der selbst weiß, ob es sein Bedürfnis trifft). Als wesentlichstes Merkmal schließlich gilt, daß der Lernende Sinn, Bedeutung darin findet.
Die Theorie zu solchem signifikanten Lernen geht von der Vorstellung eines natürlichen Potentials zum Lernen aus – der Neugier. Es ist eine selbstgesteuerte, selbstverantwortete Aktivität und zwar sowohl im Hinblick auf die Ziele, die (als für den Lernenden relevant wahrgenommenen) Zwecke, die Inhalte wie auch den Prozeß der Auseinandersetzung und die Bewertung der Lernergebnisse. Es erfolgt durch Handlungen, die die ganze Person des Lernenden einbeziehen, an für ihn bedeutsamen Problemen. Es kann durch ein hilfreiches Lernklima gefördert werden, das durch die beschriebenen, für eine personzentrierte Persönlichkeitsentwicklung förderlichen Grundhaltungen entsteht.
Dieses Lernklima ist wichtig: Je geringer der Lernende das Lernen, das ja eine Veränderung in der eigenen Person hervorruft, als bedrohlich empfindet, um so weniger Widerstand wird er dem Lernprozeß entgegensetzen und um so differenzierter kann der Lernprozeß stattfinden.
Schließlich führt Rogers an, daß Unabhängigkeit, Kreativität, Selbstvertrauen gefördert werden, wenn Selbstkritik und Selbstbeurteilung von grundlegender Bedeutung sind und Fremdbewertung zweitrangigen Charakter hat.[12]
Noch eines gibt er zu bedenken, was es Erziehern oder Lehrern schwer macht, sich auf Veränderungen einzulassen: Es ist »der Widerwille derjenigen, die an der Macht sind, diese Macht mit denen zu teilen, für die sie verantwortlich sind.« Denn: Wissen ist Macht – das deutsche Sprichwort fällt einem unwillkürlich dazu ein. »In einem tieferen Sinn bedeutet dies, daß wir Angst haben, eine wirklich demokratische Einstellung anzunehmen.«[13]

3.8.2. Ausbildung und Supervision

Ausbildung in personzentrierter Arbeit[14]

Die Grundüberlegung zu jeder Art von Ausbildung im personzentrierten Ansatz ist, daß Methode und Inhalt nicht zu trennen sind. Personzentrierte Gesprächsführung lernt man vor allem durch Gespräche, nicht aus Büchern. Die Freiheit zu Selbstbestimmung und Selbstverantwortlichkeit kann nur gelernt werden, wenn der Lernende selbst für seinen Lernprozeß verantwortlich ist.
Es ist ebenso ein Unsinn, personzentrierte »Techniken« lernen oder vermitteln zu wollen, wie es ein Widerspruch in sich ist, sich die Grundhaltungen des personzentrieren Ansatzes durch Übungen oder sogenannte Spiele aneignen zu wollen. Trotzdem findet sich dazu eine beträchtliche Literatur und eine Fülle von (Kurz-)Kursangeboten, die auf ein reges diesbezügliches Interesse verweisen. Sie müssen wohl aber als Zeichen für das Bedürfnis betrachtet werden, einen die eigene Persönlichkeit fordernden Lernprozeß auf trainierbare Fertigkeiten zu reduzieren. Dabei darf nicht übersehen werden, daß hinter dem Wunsch, ein bestimmtes Methodenrepertoire zu erlernen, immer auch ein sublimer Wunsch nach »Beherrschung« der Situation steht – der im personzentrierten Kontext als eine Beherrschung der eigenen und der anderen Person(en) verständlich wird –, also entweder der Wunsch, sich einer unangenehmen Beziehung zu entziehen oder ein heimlicher Wunsch nach Machtausübung.[15]
Eine gründliche Ausbildung in personzentrierter Arbeit[16] zielt auf eine entsprechende Entwicklung der Persönlichkeit und umfaßt eine mehrjährige intensive Auseinandersetzung in den Bereichen Selbsterfahrung, Theorie, Praxis und Supervision, wobei ein breites Spektrum von Erfahrungsmöglichkeiten angeboten wird: die Arbeit mit verschiedenen Ausbildern, verschiedenen Personen und Personengruppen und in methodisch vielfältigen Lernsituationen. Die Ausbildungsteilnehmer bestimmen im Rah-

men der angebotenen Ausbildungselemente ihren Lernweg selbst und besprechen ihn regelmäßig mit einem Ausbilder.
Die *Selbsterfahrung* ist auf die Erfahrung der Vorgänge und Prozesse der eigenen Person in den Beziehungen zu anderen Personen gerichtet. Dabei können die Ausbildungsteilnehmer die Vorgänge und Prozesse, die für personzentrierte zwischenmenschliche Beziehungen bedeutsam sind, an der eigenen Person erleben. Dies soll in einem Klima stattfinden, das die Freiheit bietet, sich mitzuteilen und neue Verhaltensweisen auszuprobieren. Die Selbsterfahrung findet in der Gruppe (laufende und geblockte Selbsterfahrungs- oder Encountergruppen)[17] und in der »Einzelberatung« (»Lerntherapie«) statt.
Lernprozesse in unstrukturierten Selbsterfahrungsgruppen bieten eine besonders gute Möglichkeit, selbstverantwortetes und selbstgesteuertes Lernen zu fördern, weil mangels eines vorgegebenen Programms oder Inhalts jeder der Teilnehmer der Gruppe die Gelegenheit hat, für sich selbst zu bestimmen, was er tun oder lassen möchte. So verlagert sich auch für den Anfänger die Fragestellung bald von: »Was soll ich tun? Was wird hier von mir erwartet?« zu: »Was möchte ich tun? Was will ich lernen?«
In der Gruppe wie vor allem auch in der Lerntherapie werden die Ausbildungsteilnehmer in die Lage versetzt, selbst jene Situationen an sich zu erleben, die sie einmal gestalten wollen: Niemand kann sinnvollerweise Berater oder Therapeut werden, ohne an sich selbst als Klient den Prozeß erlebt zu haben.
Die *theoretische Ausbildung* (in laufenden und Blockseminaren) ist zunächst auf die Auseinandersetzung mit den aus der Reflexion der eigenen Erfahrung gewonnenen »impliziten Theorien« gerichtet. Sie beschäftigt sich gründlich mit den theoretischen Annahmen über personzentrierte Beratungsbeziehungen und mit einschlägiger Literatur sowie anderen psychotherapeutischen Ansätzen und strebt eine kritische Auseinandersetzung mit den zugrundeliegenden anthropologischen und psychologischen Konzepten an. Die Ausbildungsteilnehmer sollen zu ihrer

je persönlich formulierten Theoriebildung für ihre Arbeit finden. In einer schriftlichen Arbeit setzen sich die Ausbildungskandidaten mit einem Bereich aus der persönlichen Erfahrung theoretisch auseinander.
Die Supervision (einzeln und in der Gruppe) ist als *Praxisbegleitung* auf das Erlernen, die Reflexion und die Selbstkontrolle in der personzentrierten Arbeit der Teilnehmer während der Ausbildung ausgerichtet (siehe unten). In laufenden »Praxis-Gruppen« werden Gesprächsverläufe und Beziehungsprozesse ausführlich besprochen und analysiert.

Personzentrierte Supervision[18]

Eines der wichtigsten Elemente eines kontinuierlichen Lernprozesses in der Aus- und Weiterbildung, insbesondere auch zur korrigierenden Begleitung der beruflichen Tätigkeit, ist die Supervision. Der Begriff kommt zunächst aus der Sozialarbeit. Man versteht darunter die Praxisbegleitung eines in einem sozialen Beruf Tätigen, des Supervisanden, durch eine (zumeist im relevanten Berufsfeld) erfahrene und (meist in Psychotherapie oder einer ähnlichen Tätigkeit) ausgebildete Person, dem Supervisor, mit dem Ziel der Integration von Praxiserfahrung, Theorie und Persönlichkeitsentwicklung. Sie kann allein mit dem Supervisor (»Einzelsupervision«) oder als Gruppensupervision stattfinden, sollte jedoch in jedem Fall regelmäßig (etwa im Abstand einer Woche oder vierzehntägig) erfolgen.
Supervision dient der eigenen Lernkontrolle und der Korrektur; sie ist nicht Kontrolle durch andere im Sinne von Aufsicht. In ihr werden die erfahrene Praxis und deren Zusammenhänge mit der Person des Supervisanden reflektiert.
Personzentrierte Supervision arbeitet mit der Erfahrung in der aktuellen Beziehung: In der Supervisionsbeziehung (zum Supervisor und, falls in der Gruppe, zu den anderen Gruppenteilnehmern) werden anhand der berichteten Ar-

beitsbeziehungen und -probleme verschiedene Gefühle lebendig. Die Aufmerksamkeit gilt der berichtenden Person mit ihren gegenwärtigen Gefühlen und nicht dem berichteten Problem, auch nicht dem Klienten, von dem berichtet wird (beides sind »Fallen«, die von der *person*zentrierten Supervision wegbringen). So ergibt sich die Möglichkeit zu dem weiter vorn beschriebenen Lernprozeß mit seinen korrektiven Erfahrungen.
Dabei wird vorausgesetzt, daß die berichtete Beziehung in die aktuelle Beziehung durch die Person des Supervisanden »mitgebracht« und in gewisser Weise wieder lebendig wird: Wenn etwa ein Gruppenteilnehmer von einer Konfliktberatung berichtet, in der er sich schwer tut, so stellen sich durch die Dynamik der Gruppe in der Beziehung zu den anderen Teilnehmern oder zum Supervisor gewisse Aspekte der vorgebrachten Gesprächsbeziehung wieder ein. Sie werden in der Gruppe erlebbar und können so zur Sprache gebracht werden. Damit besteht die Möglichkeit, daß durch genaues Verständnis der aktuellen Gruppenbeziehungen auch ein Lerneffekt für das bessere Verständnis der berichteten Beziehung im Gespräch erzielt wird und der Supervisand dort besser weiterarbeiten kann. Dabei wird nicht zu erklären versucht, worin das Problem besteht, sondern es wird ein Wachstum der Person (und damit ihrer Wahrnehmungsfähigkeit, ihres Selbstverständnisses, ihrer Akzeptanz und Empathie usw.) angestrebt.
Dieses Lernen kann in verschiedener Weise gefördert werden, beispielsweise in der Form, daß sich ein Gruppenmitglied mit dem Berater identifiziert und dazu sagt, was er an seiner Stelle getan hätte. Es kann dazu kommen, daß der Berater selbst nun emotional »die Seiten wechselt« und intensiv nachempfindet, wie er selbst – in der Gruppe nun zum »Klienten« geworden – auf »die Beratung« reagiert: Er kann die Gefühle seines tatsächlichen Klienten nun besser nachempfinden (schon allein deswegen, weil er sie ja in der Supervision darstellen muß, um sich überhaupt verständlich zu machen, wenn er von seiner Beratung berichtet). Dabei werden auch Momente

seiner eigenen Person sichtbar, die der Supervisand selbst noch nicht wahrgenommen hat, die er aber ebenso »in die Supervision bringt« wie jene Anteile, die ihm bewußt sind. Die selektive Wahrnehmung wird bearbeitbar.

Personzentrierte Supervision geht also davon aus, daß im (gegenwärtigen) Erleben der Gruppe auch »nacherlebt« wird, was aus dem (vergangenen) Erleben berichtet wird; daß sich die geschilderten Beziehungen in den aktuellen Supervisionsbeziehungen wiederfinden. Wie in einem guten Beratungsgespräch oder einer Selbsterfahrungsgruppe kann dann aus der Erfahrung in der Beziehung und ihrer Reflexion eine entsprechende Horizont- und Bewußtseinserweiterung und damit ein gesamtpersonaler Lernprozeß stattfinden.

Dies kann auch erzielt werden, wenn ein »Rollenspiel« stattfindet, in dem in einem eigens hergestellten Setting die Rollen getauscht werden, das heißt daß der Berater seinen eigenen Klienten spielt und ein anderer aus der Gruppe den Berater. Zweifellos können solche Rollenspiele hilfreich sein; sie erweisen sich aber als überflüssig, wenn man auf den sich von selbst einstellenden Gruppenprozeß vertraut, wo die spontane Dynamik die Gelegenheit bietet, daß sich die Erfahrungen des Supervisanden in den Beziehungen der Gruppe vielfältiger und differenzierter niederschlagen als dies in einem noch so klug ausgetüftelten Spiel der Fall sein kann.

Zur Supervision gehört auch die Reflexion der Theorie – eine kritische Rückbindung der Praxis an die Theorie wie eine Befragung der Theorie auf ihre Gültigkeit in der Praxis. Dies ermöglicht einen vielschichtigen Lernprozeß, der die Person des Supervisanden mit seinen Erfahrungen und Erwartungen, das aktuelle Erleben der an der Supervisionsbeziehung Beteiligten, die konkrete Situation, in der die zu supervidierende Arbeit erfolgt, und die Theorie des personzentrierten Ansatzes miteinschließt.

Durch die kritische Beleuchtung der Praxis werden insbesondere die impliziten theoretischen Vorstellungen von Helfen und Beratung (von denen am Beginn dieses Buches die Rede war) transparent und bearbeitbar. Sie beste-

hen oft trotz inzwischen anders gelernter und für den Betreffenden inzwischen selbst bewußter, »offizieller« Theorie weiter und stellen den eigentlichen Motor der Handlungen des Supervisanden dar.
Darüber hinaus wird Einstellung und Menschenbild sowie das psychologische (oder soziologische oder theologische, pastorale usw.) Konzept des Supervisanden, wie es sich in seiner Praxis niederschlägt, deutlich, und die Schwachstellen bzw. die teilweise Unangemessenheit werden dem Bewußtsein zugänglich. Nach personzentriertem Verständnis findet durch eine solche korrektive Erfahrung ein persönlichkeitsverändernder Lernprozeß statt.
Als Hilfsmittel können in der Supervision unter anderem folgende Elemente eingesetzt werden: Das schon erwähnte *Rollenspiel* kann als Wiederbelebung einer Praxissituation – nicht als methodisches Training oder frei phantasierte Szene oder gar als gestelltes Theaterspielen – dienen. Das *Gesprächsprotokoll (Verbatim)*, in dem die wesentlichen Passagen eines Gesprächs wörtlich in direkter Rede niedergeschrieben werden und das auch eine Niederschrift der emotionalen Vorgänge während des Gesprächs enthält, bietet die Gelegenheit, die Eindrücke unmittelbar nach dem Gespräch festzuhalten und so das verdrängende oder harmonisierende »mangelnde Gedächtnis« auszuschalten. Die *Tonbandaufnahme* bietet die getreueste Wiedergabe des Gesprächsverlaufs, ersetzt aber deshalb die (emotionale) Darstellung der Gesprächsbeziehung durch den Supervisanden nicht. Das *Protokoll eines gesamten Beratungsverlaufs*, wobei bei jedem Kontakt kurz das Wesentliche notiert wird, hilft den Prozeß einer längeren Beratungsbeziehung genau zu verfolgen.
Daß Supervision in hohem Maße auch die Auseinandersetzung mit dem eigenen Berufsbild und der beruflichen und persönlichen Identität fördert, braucht wohl nicht eigens begründet zu werden.

4. EIN GESPRÄCHSBEISPIEL

Ein kurzes Gesprächsbeispiel soll zeigen, wie sich Beziehung und Prozeß nuanciert (auch in einem so kurzen Gespräch) entwickeln und jede einzelne Phase ihre Bedeutung hat.
Der Leser ist eingeladen, den Gesprächsverlauf nachzuvollziehen und sich selbst ein Urteil über den Prozeß zu bilden.

Das Gespräch stammt aus einer Supervisionsgruppe einer Telefonberatungsstelle. Bei der Beraterin handelt es sich um eine erfahrene, langjährige Mitarbeiterin.
Für die nachfolgende Besprechung wurden die Gesprächssequenzen (jeweils ein Dialog Anruferin – Beraterin) numeriert.

Beraterin: (meldet sich) »Notrufdienst.«

1 Anruferin: »Ich – ich bin ganz verzweifelt. Ich bin so verlassen, allein lieg ich hier ... schwer krank.«

B: »Sie sind ganz ... einsam und verlassen in Ihrer Krankheit – ohne jemanden, der sich nach Ihnen umschaut.«

2 A: »Ich bin verheiratet. Aber seitdem ich so krank bin, kann ich – kann ich meinem Mann nicht mehr geben, was er von mir erwartet.«

B: »Und das bedrückt Sie jetzt, daß Sie Ihrem Mann als Frau nicht mehr die Partnerin sein können.«

3 A: »Ich versteh das, daß mein Mann zu ... zu anderen Frauen geht – eben weil er mit mir diese Schwierigkeit hat.«

B: »Sie verstehen es wohl – aber es schmerzt Sie wohl auch.«

4 A: »Ja. – Ich möchte ihn gerne haben, ich möchte ihn ganz alleine für mich haben.«

B: »Und Sie sehen keinen Weg, wie das möglich wäre.«

5 A: »Nein.« (schweigt)

B: »Und aus dieser Not heraus sind Sie jetzt ganz unglücklich und verzweifelt.«

6 A: (leicht trotzig in der Stimme) »Ich weiß überhaupt nicht, wie das weitergehen soll. Ich ... ich kann ohne meinen Mann nicht leben, aber ich ... ich kann nicht von ihm verlangen, daß er sich an eine Frau bindet, die schwer krank ist.«

B: »Sie lieben Ihren Mann sehr.«

7 A: »Ja.«

B: »Und Sie fühlen sich von ihm ... nicht so geliebt.«

8 A: (zögernd) »Ich habe das Gefühl, solang ... – wir sind schon sehr lange verheiratet: 17 Jahre – solang ich mit ihm ausgehen konnte und immer mitmachen konnte, was er wollte, solang haben wir uns gut verstanden. Jetzt, wo ich krank bin, klappt es nicht mehr.«

B: »Klappt auch das Verstehen nicht mehr?«

9 A: »Ich bin immer so aggressiv, wenn er nach Hause kommt, weil ich weiß, daß er ... bei einer anderen Frau war.«

B: »Sie sprechen mit ihm darüber?«

10 A: »Ja, ich mach ihm Vorwürfe, daß er das tut.«

B: »Und dann tut es Ihnen leid, daß Sie ihm Vorwürfe machen.«

11 A: »Ich kann nicht anders. Ich bin ... eifersüchtig.«

B: »Und andrerseits verstehen Sie ihn in seiner Situation doch auch.«

12 A: »Ja. Er kann ja mit mir ... von mir gar nichts mehr haben. Ich kann die Wirtschaft nicht versorgen. Ich lieg nur herum.«

B: »Und Sie kommen sich jetzt so ... minderwertig vor. Sie spüren keine Möglichkeit, ihm auch in dieser Situation noch etwas sein zu können.«

13 A: »Ja. Ich weiß nicht, wie es weitergehen soll.« (schweigt)

B: »Sie fürchten, daß Sie nicht die ... Großzügigkeit und die Seelengröße aufbringen können, die diese Situation von Ihnen erfordern würde.«

14 A: (schweigt)

B: »Sie fühlen sich überfordert dadurch.«

15 A: (mit trotziger Stimme) »Ja, soll ich nichts dagegen haben, daß er mit der anderen Frau in Kontakt steht?«

B: »Ich versteh Sie sehr gut, daß Sie da was dagegen haben; aber er ist ... ein Mann, und seine Situation ist halt auch sehr schwer.«

16 A: »Ich lieg hier so allein den ganzen Tag und grüble immer darüber nach, daß er jetzt bei einer anderen Frau ist. Und da denk ich mich so hinein, und dann kommt der ganze Jammer wieder.«

B: »Und Ihre Gedanken gehen dauernd im Kreis um dasselbe Problem.«

17 A: »Ja, ich – ich seh ja ein, daß es nicht gut ist, wenn er nach Hause kommt und ich ihm Vorwürfe mach und daß ich aggressiv bin, aber ich kann es einfach nicht, ich kann nicht anders sein.«

B: »Ich find das herrlich, daß Sie das einsehen. Ich find, da ist der Punkt, wo Sie vielleicht ansetzen können, der Punkt, der sich Ihnen ja selber darbietet.«

18 A: (nach längerer Pause) »Sie meinen, ich sollte nicht so aggressiv sein?«

B: (rasch) »Ich mein es nicht, Sie meinen es selber – daß Sie das nicht sollten.«

19 A: »Aber wie mach ich das?« (schweigt)

B: »Es ist schwer, Ihnen eine Patentlösung anzubin..., anzubieten; aber Sie selber sagen sich's ja. Wenn Sie mit Ihren Problemen immer wieder um den einen Punkt kreisen, blockieren Sie sich ja für jeden anderen Gedanken.«

20 A: »Aber was tut man den ganzen Tag, wenn man immer ans Bett gebunden ist?«

B: (rasch) »Ich kann auch gut verstehen, daß Sie an Ihren Mann denken. Vielleicht können Sie sich ... auch positiv mit ihm beschäftigen. Sie haben auch viele gemeinsame schöne Jahre verbracht.«

21 A: (zögernd) »Ja, wir haben viel Schönes erlebt. (schweigt) Ich ... ich möchte gern, daß es jetzt auch so ist.«

B: »Vielleicht ist ›auch so‹ nicht der richtige Ausdruck; aber in einer anderen Weise erfüllt könnte es vielleicht auch sein.«

22 A: (nach langer Pause) »Ich weiß nicht, wie ich dazu kommen könnte.«

B: (nach längerer Pause) »Sie ... können nicht loslassen. Vielleicht ist das irgendwo wirklich eine ganz große Schwierigkeit in Ihrer Situation.«

23 A: »Ich kann doch meinen Mann nicht ... loslassen und einen Menschen gehen lassen, mit dem ich so viele Jahre meines Lebens verbracht habe.«

B: »Nein. Ich glaube auch nicht, daß Sie ihn loslassen sollen. Sie müssen ihm vielleicht doch nur eine gewisse Freiheit einräumen, innerhalb derer er Ihnen dann wieder ganz gehören kann.«

24 A: »Sie meinen, ich sollte also doch dieses Verhältnis mit der anderen Frau ... gutheißen?«

B: »›Gutheißen‹ ist vielleicht doch eine große Zumutung. Aber eine gewisse Großzügigkeit aufbringen ... und dadurch den inneren Kontakt mit Ihrem Mann um so enger gestalten. Er wird das sehr dankbar spüren, glaube ich.«

25 A: »Sie meinen, daß das für unsere Ehe günstig ist, wenn ich jetzt – ihm diese Freiheit gebe?«

B: »Es wäre sicher eines Versuchs wert bei einem Menschen, den Sie so lieben.«

26 A: »Daß wir uns dann wieder finden könnten? – Gut, ich will's versuchen.«

B: »Ich wünsch Ihnen Glück dazu.«

27 A: »Danke.«

Vielleicht halten Sie als Leser hier kurz inne, bevor Sie die Überlegungen zu diesem Gespräch lesen, nehmen Ihre eigenen Gefühle zu dem Gesprächsverlauf wahr und bilden sich eine eigene Meinung dazu.
Natürlich fehlen Ihnen die Stimmen, der Tonfall, die At-

mosphäre. (Aussehen, Mimik und Gestik fehlen übrigens am Telefon auch.) Trotzdem werden Gefühle ausgelöst, Empfindungen angesprochen, Einstellungen wachgerufen. Haben Sie sich mit einer der beiden identifiziert? Mit wem? Empfinden Sie den Gesprächsverlauf befriedigend, hilfreich? Sind Ihnen »Lösungsvorschläge« oder Empfehlungen durch den Kopf gegangen? Haben Sie sich Fragen gestellt, die Sie gerne der Anruferin gestellt hätten oder die Sie gerne beantwortet hätten? Etwa welche Krankheit die Frau eigentlich hat? Haben Sie sich mehr mit der Situation ihres Mannes beschäftigt oder mit ihrer? Oder mit beiden? Glauben Sie, daß sich durch das Gespräch etwas ändern wird? Ist die Beraterin wohl mit dem Gespräch zufrieden gewesen? Und die Anruferin?

Eine detaillierte Besprechung des Gesprächsverlaufs soll zur Klärung die aufgeworfenen Fragen näher beleuchten: Das Gespräch beginnt recht direkt und unvermittelt (1 A: »Ich – ich bin ganz verzweifelt. Ich bin so verlassen, ganz allein lieg ich hier ... schwer krank.«). Das ist bei jemandem, der unter großem Leidensdruck steht oder das Gespräch schon lange vorgehabt hat, nichts Außergewöhnliches. Es wird auch sofort eine Stimmung mitgebracht. Die Beraterin ist herausgefordert, sich, ohne lange Zeit zur Einstimmung zu haben, unmittelbar darauf einzulassen.

Es gelingt ihr ganz offenbar auch, darauf zu verzichten, sich durch Orientierungs- oder »Sachfragen« Zeit zu verschaffen. Etwa nach der Krankheit, die die Frau hat, oder danach, wie lange sie sie schon hat. Eine solche Frage wäre – wie sich im Gesprächsverlauf herausstellt – überflüssig gewesen. Die Art der Krankheit ist für das Problem nicht relevant. Hätte die Anruferin gewollt, hätte sie das jederzeit mitteilen können. Man darf darauf vertrauen, daß die Hilfesuchenden die für das Verständnis relevanten Sachverhalte schon mitteilen und kann sich dadurch von Anfang an die Einleitung eines bloßen Frage-Antwort-Gespräches ersparen und eine mögliche spätere Fixierung darauf.

An dieser Stelle wäre auch die Frage nach äußeren Daten eine glatte Ignorierung der so direkt geäußerten Gefühle (»verzweifelt«, »verlassen«, »ganz allein«). Die Beraterin versteht es offenbar auch, das stärkste dieser Gefühle herauszuspüren. Nachdem sie kurz wiederholt hat, was sie gehört hat – das mag ihre »Anlaufzeit« gewesen sein – (1 B: »Sie sind ganz ... einsam und verlassen in ihrer Krankheit«), trifft sie zweifellos den Kern der Mitteilung (» – ohne jemanden, der sich nach Ihnen umschaut.«) Es ist wohl zu Recht anzunehmen, daß dies kein Zufallstreffer war, sondern sie aufgrund ihrer Erfahrung und Sensibilität, die sie dazu veranlaßt haben, gerade am Anfang besonders aufmerksam zuzuhören, die Nuancen bewußt wahrgenommen hat. So hat sie verstanden, was ihr die Anruferin mitteilen wollte, ohne es noch so deutlich ausgedrückt zu haben.

Dieser Versuch, den anderen von innen her zu verstehen und das zu verbalisieren, führt dazu, daß die Anruferin nun ihrerseits direkter und deutlicher wird. (2 A: »Ich bin verheiratet. Aber seitdem ich so krank bin, kann ich – kann ich meinem Mann nicht mehr geben, was er von mir erwartet.«) Es geht also nicht um einen allgemeinen Verzweiflungszustand, auch nicht um die Krankheit als solche, sondern um die dadurch veränderte Beziehung zu ihrem Mann.

Welches Gefühl teilt die Frau da nun mit? Sie sagt, sie könne ihm seine Erwartungen nicht mehr erfüllen. Ohne den Tonfall ist es kaum zu sagen, aber wenn man hört, wie es gesagt wird, darf zu Recht gespürt werden, daß mit dem Gesagten noch mehr mitgemeint ist, nämlich, daß nicht nur sie ihren Mann enttäuscht, sondern sie sich auch von ihm enttäuscht fühlt. Bei der Besprechung des Gesprächs hat die Beraterin auch gesagt, sie hätte dies sofort vermutet, sei sich aber nicht ganz sicher gewesen, ob dies nicht eine zu einfache und schnelle Interpretation des Geäußerten wäre und war deshalb vorsichtig mit ihrer Reaktion. (2 B: »Und das bedrückt Sie jetzt, daß Sie Ihrem Mann als Frau nicht mehr die Partnerin sein können.«)

In dieser Formulierung wird deutlich gezeigt, daß die

Botschaft, es gehe um die Beziehung zu ihrem Mann, angekommen ist und darüber hinaus auch, daß es die Frau bedrückt, nicht mehr seinen Erwartungen entsprechen zu können. Sie verzichtet damit darauf, dem Gespräch eine ganz eindeutige Richtung zu geben (beispielsweise mit: »Eigentlich sind Sie auf Ihren Mann böse oder von ihm enttäuscht«) und überläßt es der Anruferin, den nächsten Schritt zu setzen.
So kommt auch prompt die nächste Präzisierung (3 A: »Ich versteh das, daß mein Mann zu ... zu anderen Frauen geht, – eben weil er mit mir diese Schwierigkeit hat.«), mit der aber nun auch nochmals und deutlicher als zuvor die eigene Enttäuschung darüber mitgeteilt wird. (»Ich verstehe das« heißt hier eben: »Ich versteh das auf der einen Seite, aber andererseits bin ich ja auch noch da!«)
Sehr differenziert verbalisiert die Beraterin nun, was sie schon zuvor gespürt hatte (3 B: »Sie verstehen es wohl – aber es schmerzt Sie wohl auch.«). Diese ausgezeichnete Intervention vermeidet es, die Anruferin auf ein Gefühl festzulegen. Falls die Verbalisierung nicht gestimmt hätte, hätte sie ohne Schwierigkeiten sagen können: »Nein, es schmerzt mich nicht, aber ... (es ärgert mich/verletzt mich sehr/kränkt mich usw.)« oder aber »Nein, es schmerzt mich nicht, daß er zu anderen Frauen geht, das kann ich schon verstehen, sondern ...« – um dann neuerlich zu sagen, worum es ihr geht.
Worte und emotionale Reaktion der Beraterin scheinen aber genau zutreffend gewesen zu sein. Darüber hinaus hat sie offenbar auch mitkommuniziert, daß sie dieses Gefühl nicht nur wahrnehmen, sondern gut akzeptieren kann. Als Konsequenz dessen geht die Anrufende deutlich einen Schritt weiter und äußert noch genauer, worin für sie die Schwierigkeit besteht (4 A: »Ja. – Ich möchte ihn gerne haben, ich möchte ihn ganz alleine für mich haben.«).
Man kann daran sehen, welch gute und verständnisvolle Beziehung in kürzester Zeit zwischen den beiden entstanden ist. Von der ersten Schilderung »ich bin allein« über

»es geht um meinen Mann« und »er geht zu anderen Frauen« bis zu »ich will ihn ganz alleine für mich haben« fand eine fortschreitende Offenheit und damit auch emotionale Betroffenheit statt. Das zeigt sich auch noch innerhalb ihres letzten Satzes (von »ich möchte ihn gerne haben« zu »ich möchte ihn ganz alleine für mich haben.«). Man darf nicht übersehen, daß die Anruferin damit bereits eine keineswegs allgemein tolerierte Einstellung von sich gibt. Keine Frau braucht zu befürchten, auf Ablehnung zu stoßen, wenn sie sagt, »ich bin gekränkt, weil mein Mann zu anderen Frauen geht«, aber auf die Aussage »ich möchte ihn ganz alleine für mich haben« muß man schon mit der Antwort »so darf man nicht denken!« rechnen. Es gehört also ein gewisser Mut dazu, dies zu sagen. Daraus darf man schließen, daß die Gesprächsatmosphäre zu diesem Zeitpunkt bereits von einem beträchtlichen Vertrauen gekennzeichnet war.

Und an diesem Punkt nimmt das Gespräch eine Wendung: Die Mitarbeiterin der Telefonberatung sagt (4 B): »Und Sie sehen keinen Weg, wie das möglich wäre.« Sie hat ganz offenbar nicht überhört, was die Frau gesagt hat, aber sie reagiert darauf ganz anders, als sie es bisher getan hat. Würde sie in ihrer bisherigen Art, auf das Gehörte und Gefühlte verständnisvoll einzugehen, fortfahren, hätte sie wohl etwas Ähnliches gesagt wie: »Sie möchten ihn nicht loslassen« oder: »Sie haben Angst, ihn zu verlieren« oder: »Sie möchten, daß er ganz alleine Ihnen gehört« und vielleicht hinzugesetzt – falls sie es mitgehört hätte –: »und das ist auch ein Gedanke, vor dem Sie ein bißchen zurückschrecken« oder ähnlich.

Aber sie antwortet ganz anders. Sie bezieht sich zwar auf das, wie sie es später nannte, »besitzergreifende Gefühl« der Anruferin, aber sie erreicht nicht die Tiefe der Einfühlung, die sie zuvor hatte. Bei der Besprechung erzählte sie, daß sie in diesem Moment »instinktiv eine Art Zurückhaltung oder gar Ablehnung« gespürt hatte, ohne sie sofort zu verstehen. Dann ging ihr der Satz durch den Kopf: »Wenn du ihn nicht ganz verlieren willst, mußt du ihn aber loslassen.« Danach befragt, wieso dieser Ge-

danke bei ihr hochgekommen sein, sagte sie, das sei wohl so eine Art »moralische Ablehnung gegen die Haltung, jemanden so haben, so besitzen zu wollen«. Dieses Empfinden hätte sie aber gleich wieder beiseite geschoben, weil es hier doch nicht ihre Aufgabe sei, moralisch zu urteilen, sondern zu verstehen. Deshalb hätte sie diese innere Reaktion wieder verworfen. Sie könne ja auch nicht sagen: »Aber so, liebe Frau, kann es doch nicht gehen. Sie dürfen doch nicht ihren Mann einfach besitzen wollen.«
Das Beiseiteschieben hat aber nichts an der Einstellung der Beraterin geändert; im Gegenteil: Weil sie es beiseite schob, konnte sie sich selbst auch nicht damit auseinandersetzen. So war ihre Haltung im weiteren Verlauf des Gesprächs zwar davon beeinflußt, ohne daß ihr dies aber klar war.
Prompt ist an der nächsten Reaktion der Hilfesuchenden zu merken, was passiert ist: Es folgt (5 A) ein knappes »Nein« und dann ein Schweigen.
Die Linie, auf der sich die Beziehung und die Selbstexploration der Gesprächspartnerin bis jetzt bewegt hatten, wurde von der Beraterin verlassen, und damit ist der immer offenere Fluß der Gefühle unterbrochen und das Gespräch ins Stocken geraten. Die Anruferin hat wohl die Ablehnung instinktiv gespürt und sich ein Stück zurückgezogen. Man darf annehmen, daß sich – um es vorsichtig auszudrücken – diese Zurückhaltung, weiter die geäußerten Gefühle so anzunehmen, wie dies bisher geschehen ist, mit einer eigenen wenigstens teilweisen Ablehnung einer solchen Einstellung (»den Mann ganz allein *haben* zu wollen«) trifft und dadurch verstärkt.
Die bisherige Wertschätzung und Akzeptanz ist unterbrochen. Die Beraterin unternimmt einen neuen Anlauf (5 B: »Und aus dieser Not heraus sind Sie jetzt ganz unglücklich und verzweifelt.«). Damit wechselt sie zwar wieder von einer eher gedanklichen Ebene (»Sie wissen nicht ...«) zu einer emotionaleren Ebene (»Sie sind unglücklich und verzweifelt«) und verwendet dabei sogar den allerersten von der Frau geäußerten Gefühlsausdruck (»verzweifelt«), aber die Intervention liegt auf einer viel oberflächli-

cheren emotionalen Ebene, als sie bereits zuvor erreicht worden war.

So etwas kommt in nahezu jedem Gespräch vor – keine Bewegung geht geradlinig und ohne Stocken in die Tiefe; letztlich ist so ein Widerstand auch Ausdruck eines Widerstandes beim Betroffenen selbst, der in der Beziehung kommuniziert wird; das Gespräch könnte also von hier wieder weiter in die Tiefe gehen und dann bald über den bereits erreichten Punkt hinausgehen, wenn – ja, wenn die Beraterin dazu innerlich bereit wäre.

Dazu müßte sie sich aber ihres eigenen inneren Konflikts bewußt sein. Dieser lautet, vereinfacht ausgedrückt: »Ich kann Sie ja verstehen, aber so darf man eben nicht denken.« Und sie schließt daher auch sofort eine Folgerung oder Prognose an: »Und daher wird es auch so nicht gehen.« Diese Prognose, die einer von ihr getroffenen Einschätzung des Konflikts entstammt, ist ihr bewußt. Er ist der Filter für ihr weiteres Gesprächsverhalten. Da er aber selbst nur eine Konsequenz aus ihrer tiefersitzenden moralischen Bewertung der Einstellung der Gesprächspartnerin ist, kann er ohne Bewußtwerdung dieser Bewertung nicht aufgelöst werden: Die Blockade bleibt.

Was wäre die Alternative gewesen – ausgehend davon, daß die Beraterin eben gerade diese Gefühle hatte? Mit der Wahrnehmung der inneren Abwehr oder der äußeren Blockade hätte diese Einstellung zur Sprache gebracht werden können; das wäre auch für den Fall, daß die Anruferin Ähnliches in sich spürt, wie wir vermutet haben, sehr wichtig für die betroffene Ehefrau gewesen. Dies hätte wahrscheinlich schon allein dadurch geschehen können, daß die Beraterin, ohne dabei ihre Echtheit aufzugeben und eine verständnisvolle Frau vorzuspielen, die heiklen Worte »Sie möchten ihn ganz allein für sich haben« einfach wiederholt, sie also im Gespräch hält, weiter »zur Diskussion stellt« (statt mit »Und Sie sehen keinen Weg, wie das möglich wäre« glatt darüber hinwegzugehen und das entscheidende Gefühl einfach nur mit »das« zu benennen und damit zu verschleiern). Auch wenn in ihrer Stimme oder durch eine andere Formulierung dabei die

Zweifel an der »Erlaubtheit« dieser Haltung klargeworden wären – es wäre immer noch besser gewesen, darüber zu reden, als eines der wesentlichen Gefühle unter den Teppich zu kehren. Vielleicht aber hätte das Gespräch auch dadurch einen anderen Verlauf genommen, daß die kranke Frau mehr über ihr Gefühl, den Mann »ganz allein haben zu wollen« gesagt hätte. Man kann sich vorstellen, daß ein Satz wie »Ja, ich habe einfach fürchterliche Angst, ihn jetzt zu verlieren. Gerade jetzt, wo ich ihn so brauche, läuft er mir zu anderen davon. Ich will ihn aber für mich haben. Er ist ja schließlich mein Mann« in den Ohren der Beraterin schon ganz anders und akzeptabler klingt, daß also durch die Differenzierung ein neues Verstehen möglich gewesen wäre und durch das bessere Verstehen ein vermehrtes Akzeptieren. Alles dies wurde aber verhindert, weil »das« beiseite geschoben wurde.

Man darf im übrigen häufig vermuten, daß eine Reaktion des Beraters in Richtung auf die Frage: »Und wie soll es jetzt weitergehn?« oder: »Und da sehen sie nicht, wie Sie nun weiter tun können?«, wenn sie eine Kette von fortschreitend tiefer erforschten Gefühlen unterbricht, ein Ausdruck des Unverständnisses oder der Ablehnung sind.

Kehren wir von den »Was wäre, wenn«-Überlegungen zu unserem konkreten Gespräch zurück. Mit leicht trotziger Stimme sagt die Anruferin (6 A): »Ich weiß überhaupt nicht, wie das weitergehen soll.« Der Trotz deutet daraufhin, daß sie sich da als Person übergangen gefühlt hat und auf sich wieder hinweisen muß.

Und dann fährt sie fort: »Ich ... ich kann ohne meinen Mann nicht leben, aber ich ... ich kann nicht von ihm verlangen, daß er sich an eine Frau bindet, die schwer krank ist.« Damit wiederholt sie in anderen Worten, was sie schon gesagt hat. Sie weist also nochmals auf beide Seiten ihrer Ambivalenz hin (»ich kann ohne ihn nicht – aber ich kann ihn auch verstehen«) – ein Vorgang, den man häufig beobachten kann: Wer sich nicht verstanden fühlt, versucht zunächst, sich noch einmal verständlich zu machen.

Davon ist auch etwas angekommen: »Sie lieben Ihren Mann sehr«, empfindet und sagt die Beraterin (6 B). Ein tiefempfundenes »Ja« (7 A) bestätigt dies. Der Dialog baut sich wieder auf: (7 B) »Und Sie fühlen sich von ihm ... nicht so geliebt.« – (8 A) (zögernd) »Ich habe das Gefühl, solang ... – wir sind schon sehr lange verheiratet: 17 Jahre – solang ich mit ihm ausgehen konnte und immer mitmachen konnte, was er wollte, solang haben wir uns gut verstanden. Jetzt, wo ich krank bin, klappt es nicht mehr.« Damit weist die Anruferin genau auf das bereits oben erwähnte Gefühl hin: daß nach einer so langen gemeinsamen Zeit eben gerade jetzt, wo es ihr so schlecht geht und wo sie nicht kann, wie sie früher gekonnt hat, sie von ihm anderes erwartet hätte – sie spricht aber ihre eigenen Gefühle dabei nicht direkt aus. Sie sagt nicht, wie sehr sie das kränkt oder wie es sie ärgert oder welche Gefühle immer es in ihr auslöst.
Die Beraterin versucht darauf hinzuarbeiten, indem sie die emotionale Ebene anspricht (8 B: »Klappt auch das Verstehen nicht mehr?«), was tatsächlich dazu führt, daß die Anruferin wieder über ihre Gefühle auch explizit zu sprechen beginnt und erstmals ihre Aggression zur Sprache bringt (die schon vorher im Trotz spürbar war): »Ich bin immer so aggressiv, wenn er nach Hause kommt, weil ich weiß, daß er ... bei einer anderen Frau war« (9 A).
Leider vermeidet es die Beraterin erneut, auf dieses offene »Eingeständnis« ihrer »negativen« Gefühle einzugehen. Statt dessen reagiert sie mit der Frage nach dem faktischen Geschehen: (9 B: »Sie sprechen mit ihm darüber?«). Die Antwort (10 A: »Ja, ich mach ihm Vorwürfe, daß er das tut.«) bringt wieder beziehungsweise noch immer die Aggressionen zur Sprache, auf die die Beraterin aber wieder nicht eingeht. Ganz im Gegenteil: Mit (10 B): »Und dann tut es Ihnen leid, daß Sie ihm Vorwürfe machen« spricht sie das Mitleid statt der Aggression an. Kein Wunder also, daß die Anruferin sich neuerlich verteidigen muß. (11 A: »Ich kann nicht anders. Ich bin ... eifersüchtig.«)
Mit den letzten Worten hat sie allerdings mit einer weite-

ren Facette ihres Empfindens wieder ihr Dilemma zur Sprache gebracht, das sie so beschäftigt: Mit der Eifersucht benennt sie wieder den Konflikt, den sie vorher mit »Ich möchte ihn haben« ausgedrückt hat; auch die aggressiven Empfindungen dieses Gefühls schwingen mit.
Die Beraterin greift es aber wieder nicht auf. Mit (11 B): »Und andrerseits verstehen Sie ihn in seiner Situation doch auch« kommt sie zwar auf ein viel früher (3 A) geäußertes Gefühl der Anruferin zurück, das allerdings in der Zwischenzeit schon weit differenzierter besprochen worden war. Die Anruferin greift dies in ihrem nächsten Gesprächsbeitrag zwar auf (12 A: »Ja. Er kann ja mit mir ... von mir gar nichts mehr haben«[1]), weist aber danach deutlich auf ihre gegenwärtige schlimme Lage hin, und zwar tut sie dies ebenfalls mit ihren eigenen Worten ganz vom Anfang des Gesprächs (1 A). Man kann also zu Recht sagen, daß das Gespräch damit in gewisser Weise wieder am Anfang steht: »Ich kann die Wirtschaft nicht versorgen. Ich lieg nur herum.«
Die Beraterin sagt noch (12 B): »Und Sie kommen sich jetzt so ... minderwertig vor. Sie spüren keine Möglichkeit, ihm auch in dieser Situation noch etwas sein zu können«, erhält aber nur zu Antwort (13 A): »Ja. Ich weiß nicht, wie es weitergehen soll«, und dann stockt das Gespräch endgültig. Es ist nahezu auf einem Nullpunkt angekommen, was die geäußerten Emotionen und die Auseinandersetzung betrifft ebenso wie in bezug auf die Beziehung.
Die Beraterin ergreift nun die Initiative und spricht einen Gedanken an, den sie schon viel früher gehabt hatte (13 B): »Sie fürchten, daß Sie nicht die ... Großzügigkeit und die Seelengröße aufbringen können, die diese Situation von ihnen erfordern würde.« Das ist nichts anderes als ein in einer Pseudoverbalisierung (»Sie fürchten, daß Sie nicht ... aufbringen«) verpackter Lösungsvorschlag. Im Klartext heißt dies soviel wie: »In Ihrer Situation wird es das beste sein, großzügig zu sein statt eifersüchtig und aggressiv.« Man kann es – noch drastischer – auch so formulieren: Statt auf die Gefühle der Anruferin (Aggres-

sion, Eifersucht, Verlassenheit usw.) akzeptierend einzugehen, gibt ihr die Beraterin zu verstehen, sie möge diese Gefühle nicht haben und statt dessen großzügig sein.
Daß in der Folge (14 A) die Anruferin nur noch schweigt, ist durchaus als Ausdruck ihrer Sprachlosigkeit zu verstehen. Und man braucht nicht zynisch zu sein, um den nächsten Satz der Beraterin (14 B: »Sie fühlen sich überfordert dadurch«) auch als Ausdruck ihrer eigenen Überforderung zu verstehen: Es ist ihr Versuch, das Gespräch konstruktiv weiterzuführen.
Wenn die Anruferin nun (15 A) mit trotziger Stimme sagt: »Ja, soll ich nichts dagegen haben, daß er mit der anderen Frau in Kontakt steht?«, so weist sie damit ganz massiv darauf hin, daß sie sich in ihren Gefühlen nun keineswegs mehr ernst genommen fühlt.
Die Beraterin aber fährt auf ihrer Linie fort, nämlich Verständnis für ihren eigenen Standpunkt und ihre Lösungsempfehlung anzustreben (15 B): »Ich versteh Sie sehr gut, daß Sie da was dagegen haben; aber er ist ... ein Mann, und seine Situation ist halt auch sehr schwer.« Dazu wechselt sie aber nun gänzlich ihren Standpunkt, indem sie Verständnis für den Mann der Anruferin verlangt (!), statt sich auf ihre Gesprächspartnerin und deren Gefühle zu konzentrieren. Es ist leicht nachzuvollziehen, was es für Auswirkungen auf eine Beratungsbeziehung haben muß, wenn die Beraterin Verständnis für denjenigen aufbringt, mit dem die Hilfesuchende Konflikte hat, insbesondere wenn sich die Hilfesuchende selbst nicht verstanden fühlt.
Dementsprechend ist ihre Reaktion (16 A: »Ich lieg hier so allein den ganzen Tag und grüble immer darüber nach, daß er jetzt bei einer anderen Frau ist. Und da denk ich mich so hinein, und dann kommt der ganze Jammer wieder«), mit der sie erneut und noch deutlicher als vorher darauf verweist, daß sie es ist, der es schlecht geht.
Man kann sich dazu eine zweiseitige Schaukel vorstellen, die auf einem Bock in der Mitte aufsitzt: Drückt man die eine Seite hinunter, geht automatisch die andere in die Höhe und umgekehrt: Wenn die Beraterin Verständnis

für den Mann aufbringt, wird die Frau auf ihre eigene Hilflosigkeit hinweisen; würde sie den Mann kritisieren, so führte das wahrscheinlich zu einer Verteidigung seiner Haltung durch die Frau. Die Gefühle der Frau ihm gegenüber sind – wie bereits gesehen – ambivalent, und beide Seiten sollen von der Beraterin wahrgenommen werden, ohne eine davon zu verstärken, weil das notwendigerweise zu einer Gegenreaktion der Hilfesuchenden führt. Es ist Sache der Frau selbst, eine Gewichtung ihrer Empfindungen vorzunehmen und eine Entscheidung für Ihre Haltung zu treffen, die sie ja auch selbst verantworten muß und deren Konsequenzen sie selbst zu tragen haben wird.

So geht auch das Gespräch im Kreis (16 B: »Und Ihre Gedanken gehen dauernd im Kreis um dasselbe Problem«), aber nicht nur: Es ist im nächsten Satz der Gesprächspartnerin zu bemerken, daß die teils versteckte, teils offene Botschaft der Beraterin doch langsam »Früchte trägt«. Obwohl es nie offen ausgesprochen und von ihr verlangt wurde, antwortet sie (17 A): »Ja, ich – ich seh ja ein, daß es nicht gut ist, wenn er nach Hause kommt und ich ihm Vorwürfe mach und daß ich aggressiv bin, aber ich kann es einfach nicht, ich kann nicht anders sein.« Sie betont damit nun schon zum zweiten Mal, daß Sie »nicht anders (sein) kann« (11 A, 17 A).

Die Beraterin scheint in ihrem Blickwinkel so eingeengt und dadurch so auf ihre Sicht der Dinge fixiert zu sein, daß sie sogar darauf so reagiert, als wäre hier von einer wirklichen Einsicht die Rede. (17 B: »Ich find das herrlich, daß Sie das einsehen.«) Mehr noch, sie setzt sofort in die erwünschte Richtung nach und schlägt direkt und direktiv vor: »Ich find, da ist der Punkt, wo Sie vielleicht ansetzen können, der Punkt, der sich Ihnen ja selber darbietet.« Die letzte Behauptung stimmt einfach nicht, zumindest nicht für die momentane Lage der Frau, die mehrfach schon darauf hingewiesen hat: »Ihr Punkt« liegt dort, daß sie es so erlebt, nicht anders als aggressiv und eifersüchtig sein zu können und ihren Mann »für sich haben zu wollen.«

Im Gespräch tritt neuerlich eine Pause ein. Man kann nur rätseln, was in dieser Zeit in der Frau vorgeht, ohne daß sie es sagt. Nachher jedenfalls fragt sie (18 A): »Sie meinen, ich sollte nicht so aggressiv sein?«, worauf sie rasch zur Antwort erhält (18 B): »Ich mein es nicht, Sie meinen es selber – daß Sie das nicht sollten.« Das ist das gleiche Spiel wie vorhin. Der Anruferin wird eine Wendung in ihren Überlegungen unterschoben, die nicht von ihr ausgegangen ist, sondern von der Beraterin stimuliert war. Dementsprechend hilflos reagiert sie auch darauf (19 A: »Aber wie mach ich das?«) und schweigt dann wieder. Die Beraterin ist zu erfahren, um eine direktive Antwort auf diese Frage zu geben. Aber ihr Versprecher (19 B: »Es ist schwer, Ihnen eine Patentlösung anzubin..., anzubieten«) verrät sie. Da war doch der Ansatz zu »eine Patentlösung anzu*binden*«, den sie noch selbst korrigiert hat. Daß sie sich die Versuchung zu einem direkten Rezept verboten hat, konnte ihre innere Einstellung nicht verändern, sondern sie versuchte nur zu kontrollieren, was sie sagte und bewußt kommunizierte. Die nicht bewußt kommunizierten Botschaften konnte sie naturgemäß nicht kontrollieren.

Sie bleibt bei ihrer »Strategie«, die angepeilte Lösung als von der Anruferin selbst ausgehend darzustellen: » – aber Sie selber sagen sich's ja. Wenn Sie mit Ihren Problemen immer wieder um den einen Punkt kreisen, blockieren Sie sich ja für jeden anderen Gedanken.« Beachtenswert ist, wie der letzte Satz gerade für die Beraterin selbst gilt.

Neuerlicher Protest, verbunden mit einem drastischen Hinweis auf die eigene Lage, ist die Folge (20 A: »Aber was tut man den ganzen Tag, wenn man immer ans Bett gebunden ist?«).

Die Situation hat sich mittlerweise charakteristisch umgekehrt: Die Anruferin stellt Fragen, und die Beraterin kommt immer mehr in die mißliche Lage, sie beantworten oder ihnen ausweichen zu müssen. Auf die letzte Frage reagiert sie rasch, ein Hinweis darauf, daß sie selbst etwas verfolgt und ihre Gelassenheit längst aufgegeben hat. Es ist eine Mischung aus Verständnis für die Situation und einer Antwort, einem neuerlichen »Rezept«. (20 B: »Ich kann auch gut verstehen, daß Sie an Ihren Mann denken. Vielleicht können Sie sich ... auch positiv mit ihm beschäftigen. Sie haben auch viele gemeinsame schöne Jahre verbracht.«)

Der folgende Gesprächsbeitrag zeigt wieder deutlich, wie die Anruferin bemüht ist, nachdem sie auf die Interventionen der Beraterin irgendwie eingegangen ist, auf ihre eigene Situation zu sprechen zu kommen (21 A: [zögernd] »Ja, wir haben viel Schönes erlebt. [schweigt] Ich ... ich möchte gern, daß es jetzt auch so ist«).

Ein neuerlicher Versuch folgt, die Anruferin auf andere Gedanken zu bringen (21 B: »Vielleicht ist ›auch so‹ nicht der richtige Ausdruck; aber in einer anderen Weise erfüllt könnte es vielleicht auch sein«). Die Beraterin verfolgt ihr Ziel, von dem sie offenbar auch annimmt, daß sich die Anruferin ihm zu nähern bereit ist, wirklich mit Beharrlichkeit.

Aber auch der letzte Vorschlag muß auf Unverständnis stoßen, weil die Anruferin natürlich innerlich bei weitem nicht dazu in der Verfassung ist. So sagt sie nach einer weiteren langen Pause (22 A): »Ich weiß nicht, wie ich dazu kommen könnte.«

Die Beraterin sieht nun zweifellos ein, daß ihre ständigen Versuche, die Einstellung der Anruferin in die gewünschte Richtung zu ändern, an den aktuellen Gefühlen der Frau vorbeigehen. Nicht zuletzt die längeren, eher ratlosen Pausen zeigten dies. So macht sie einen neuerlichen Versuch, auf die tatsächlichen Gefühle der Anruferin im Augenblick zu sprechen zu kommen (22 B): »Sie ... können nicht loslassen. Vielleicht ist das irgendwo wirklich eine ganz große Schwierigkeit in Ihrer Situation.«

Allein diese kurze Bemerkung, die noch dazu nicht gerade besonders tief einfühlsam formuliert ist und jedenfalls weit hinter dem zu Beginn bereits erreichten Beziehungs- und Verständnisniveau zurückbleibt, reicht aus dafür, daß die hilfesuchende Anruferin erneut direkt sagt, worum es ihr geht (23 A): »Ich kann doch meinen Mann

nicht ... loslassen und einen Menschen gehen lassen, mit dem ich so viele Jahre meines Lebens verbracht habe.«
Damit trifft sie aber wieder den »heiklen Punkt« der Beraterin, die deshalb sofort zu ihrer »Vermeidungsstrategie« zurückkehrt, mit der sie einer weiteren Erörterung der Gefühle des Besitzens und Loslassens einen Riegel vorschiebt. Deshalb greift sie wieder zu ihrem bereits mehrfach geäußerten Lösungsweg (23 B): »Nein. Ich glaube auch nicht, daß Sie ihn loslassen sollen. Sie müssen ihm vielleicht doch nur eine gewisse Freiheit einräumen, innerhalb derer er Ihnen dann wieder ganz gehören kann.«
Auf dieses Drängen reagiert die Anruferin mit der Frage (24 A): »Sie meinen, ich sollte also doch dieses Verhältnis mit der anderen Frau ... gutheißen?« Damit ist sie nun definitiv damit beschäftigt, sich mit der angebotenen Lösung auseinanderzusetzen, statt nach eigenen Möglichkeiten zur Auseinandersetzung mit ihrer Lage zu suchen.
Mit dem folgenden Plädoyer für ihre Vorstellungen (24 B: »›Gutheißen‹ ist vielleicht doch eine große Zumutung. Aber eine gewisse Großzügigkeit aufbringen ... und dadurch den inneren Kontakt mit Ihrem Mann um so enger gestalten. Er wird das sehr dankbar spüren, glaube ich«) verstärkt die Beraterin, daß sich die Anruferin in der begonnenen Weise mit ihrem Vorschlag beschäftigt (25 A): »Sie meinen, daß das für unsere Ehe günstig ist, wenn ich jetzt – ihm diese Freiheit gebe?« Und die Aussage, die in diesem Satz steckt, stimmt: »Sie meinen ... « – die Beraterin meint das tatsächlich und findet es für wert, daß die Anruferin diesen Versuch macht (25 B: »Es wäre sicher eines Versuchs wert bei einem Menschen, den Sie so lieben«).
Beträchtliche Zweifel klingen in den letzten Worten der Hilfesuchenden mit (26 A: »Daß wir uns dann wieder finden könnten?«). Auch wenn sie mit: »Gut, ich will's versuchen« anzukündigen scheint, daß sie es in die angesprochene Richtung probieren will, bedeutet das keineswegs, daß sie damit zufrieden ist. Auch die freundlichen Schlußworte (26 B: »Ich wünsch Ihnen Glück dazu.« 27 A: »Danke«) können nicht über den unbefriedigenden

Schluß hinwegtäuschen – ein Schluß, der eigentlich recht abrupt von der Anruferin gesetzt wird. Das kann man durchaus so verstehen, daß sie gemerkt hat, daß in diesem Gespräch für sie nicht mehr drin ist. (Dieses unbefriedigende Gefühl hatte die Beraterin übrigens unmittelbar nach dem Gespräch auch; auch für sie kam das Ende eher plötzlich – sie konnte es sich zwar im Moment nicht erklären, aber sie hatte kein stimmiges Gefühl zu dem Gespräch, obwohl die Anruferin ihre Denk- und Handlungsrichtung verbal eingeschlagen hatte.)

Aber selbst wenn die Anruferin mit diesem Gespräch zufrieden und überzeugt wäre, damit einen gangbaren Weg gesagt bekommen zu haben – die Frage nach der Durchführbarkeit darf gestellt und deren Erfolg bezweifelt werden. Zu deutlich wurden die starken Gefühle der Kränkung und Zurücksetzung, der Aggression und der Demütigung, die mitgeschwungen sind, übergangen und beiseite gelassen, als daß man damit rechnen darf, daß die Frau aus ihrem Inneren heraus zu der erwähnten »Großmut« oder der inneren Freigabe ihres Mannes imstande ist. Es ist durchaus denkbar, daß die Frau in ihrer Not froh ist, diese Gedanken wie einen Strohhalm, an den sie sich klammern kann, angeboten bekommen zu haben – sie wird dadurch wahrscheinlich demnächst um so stärker unter ihren Gefühlen leiden, die sie sich auch in diesem Gespräch nicht so recht zugeben durfte und mit denen sie kämpft.

Erst wenn diese Gefühle in einer Beziehung so akzeptiert werden, daß die Frau sie bei sich selbst akzeptieren kann, kann sie den nächsten Schritt machen und über eine neue Einstellung zu ihrem Mann nachsinnen. Eine neue Einstellung ist undenkbar, solange die alte »nicht wahr sein durfte«, das heißt nicht akzeptiert wurde. Sie hatte keine Chance, sich mit ihren eigenen Vorstellungen zur Bewältigung des Problems auseinanderzusetzen, ja nicht einmal dazu vorzudringen, in sich solche Vorstellungen wahrzunehmen und hochkommen zu lassen, weil ihre drängenden Gefühle ab einem bestimmten Niveau nicht mehr zugelassen wurden.

Der Grund lag in der ablehnenden Einstellung der Beraterin zu den Gefühlen und Wünschen, die sie als »besitzergreifend«, »possessiv«, »verständlich, aber nicht zielführend« bezeichnete. Genauer: nicht in der Ablehnung als solcher, sondern in der Ablehnung der Auseinandersetzung damit, die blitzschnell durch das »Beiseiteschieben« der entsprechenden Einwände gegen die Gefühle der Anrufenden zum Ausdruck kam. Sie hätte diesen Gefühlen ja keineswegs recht geben müssen, aber sie hätte vielleicht die Chance gehabt, die betreffenden Empfindungen besser zu verstehen und auch zu akzeptieren, wenn sie ausführlich zur Sprache gebracht und in der Beziehung angenommen worden wären.
Die einfache Unterscheidung, daß akzeptieren nicht zustimmen bedeutet und daß eine wohlwollende Annahme der Emotionen der Anruferin nicht bedeutet hätte, ihr recht zu geben oder sie in diesen Gefühlen zu bestärken, war der Beraterin im Gespräch selbst nicht präsent. Sie konnte so auch nicht darauf vertrauen, daß die Betroffene in sich selbst genug konstruktive Gefühle und Konfliktbewältigungsansätze findet, wenn sie nur tief genug gehen »darf«. Daher hatte die Beraterin das Bedürfnis, ihr solche Ansätze und Einsichten von außen zu vermitteln. Dies hat sie sich selbst noch dazu verschleiert, indem sie sich die Ablehnung der betreffenden Gefühle verbot, weil sie dies als Beraterin »nicht durfte«. Daß sie damit um so mehr Ablehnung kommuniziert hat, war ihr nicht bewußt. Durch die moralische Beurteilung der Emotionen und dadurch entsprechend auch der Person wurde der Weg zu einem Klärungsprozeß verbaut; statt dessen kam es zu einer Fixierung auf die immer gleiche Botschaft: loslassen statt besitzen wollen.
In der Supervision konnte leicht herausgefunden werden, daß diese Botschaft für die Beraterin selbst von großer Bedeutung ist und sie es sich in manchen Situation »selbst immer wieder vorsagen muß«. Die Einstellung, mit der sie selbst Probleme hatte, sollte also der Gesprächspartnerin besonders nahegelegt werden. Das Beispiel zeigt somit auch, wie selbst erfahrenen Beratern eine personzentrierte

Beziehung dort mißlingen kann, wo sie selbst von der Gefühlswelt des anderen zu stark betroffen sind.
Der Einwand, der einem kommen mag, was die leidende Frau denn sonst tun solle – viel mehr sinnvolle Möglichkeiten stünden ihr ja nicht offen –, ist nicht relevant: Es geht nicht darum, das Problem zu lösen beziehungsweise die Sache zu besprechen (nämlich welche Möglichkeit die beste sei), sondern um die Person als solche und damit um ihre Entwicklung hin zur Fähigkeit zur Selbsthilfe (also darum, wie die betroffene Person imstande ist, mit ihren Möglichkeiten zu leben). Die Möglichkeit, die andere Beziehung ihres Mannes verständnisvoll zu tolerieren, mag für sie ein brauchbarer Weg sein, aber nur, wenn sie selbst dazu finden kann. Nur gesagt zu bekommen und dann zu wissen, welche Möglichkeit wohl angeraten sei, schließt keineswegs die Fähigkeit mit ein, dies auch durchzuführen; das kann im Gegenteil sehr blockierend wirken: Statt das Selbstvertrauen in die Fähigkeit zu stärken, kritische Situationen aus eigener Kraft bewältigen zu können, wird die gegenteilige Einstellung unterstützt.[2]

5. PERSONZENTRIERTE SEELSORGE ALS BEGEGNUNG VON PERSON ZU PERSON

5.1. »Seel-Sorge« und »Psycho-Therapie«

Was ist der Stellenwert psychologischer und psychotherapeutischer Überlegungen in der seelsorgerlichen Praxis? Wie ist das Verhältnis von »Seel-Sorge« und »Psycho-Therapie«?
Über die Erörterung dieser Fragen hinaus werden hier die Gründe für die Entscheidung, gerade den personzentrierten Ansatz aus den Humanwissenschaften zu wählen, dargelegt.

Humanwissenschaften und Seelsorge: Erwartungen und Enttäuschungen

Zweifellos haben in den letzten Jahrzehnten die Humanwissenschaften auf die Pastoraltheologie und die Seelsorge einen bedeutenden Einfluß ausgeübt. Dennoch fehlt es bis zum heutigen Tag am selbstverständlichen Umgang mit ihnen und ihren Ergebnissen, wenn auch zunehmend ihre Erkenntnisse und Methoden Eingang in Theorie und Praxis der Seelsorge finden. Weitverbreitete Skepsis einerseits und eine oft enthusiastische, übertriebene Erwartung andererseits stehen einem leidenschaftslosen Umgang mit ihren Methoden und Resultaten entgegen. Wenn von Pastoralpsychologie und humanwissenschaftlichen Methoden in der Seelsorge, von Gesprächsführung und Gruppendynamik die Rede ist, kann man auf ebenso heftige Ablehnung wie begeisterte Zustimmung stoßen. Die einen erwarten sich davon die Lösung ihrer alltäglichen Probleme im Umgang mit den Mitmenschen, die anderen befürchten, daß Seelsorge auf Psychotherapie,

Theologie auf Verhaltenswissenschaft, Glaube auf allgemeine Humanität reduziert wird.
Eine Fülle von Aus- und Fortbildungsveranstaltungen sowie die einschlägige Literatur bieten für Laien und Priester, für hauptamtlich und nebenberuflich in der Seelsorge Tätige eine fast unübersehbare Auswahl an Kenntnissen und Fertigkeiten – für die Sakramentenpastoral und die Predigt, für Liturgie und zwischenmenschliche Begegnungen, für das Gespräch zu zweit und in der Gruppe, aber auch für den Umgang des Seelsorgers mit sich selbst. Für den Interessierten stellt sich die Frage nach den richtigen Kriterien für eine Auswahl und Entscheidung.
Angesichts der immer größeren Anforderungen, die sich an den in der Seelsorge heute Tätigen stellen, wird auch dessen Wunsch nach adäquaten Hilfen für seinen Umgang mit Gemeindemitgliedern, Mitarbeitern, Ratsuchenden, Andersdenkenden und Streitbaren, aber auch für seine privaten, persönlichen Beziehungen verständlich. Nicht selten verbindet sich aber mit diesem Wunsch die Erwartung, in kurzer Zeit das »nötige Rüstzeug« dafür zu erwerben, die zwischenmenschlichen Probleme in den Griff bekommen zu können.
So ist heute unverändert die Frage aktuell, die die Deutsche Gesellschaft für Pastoralpsychologie vor einem Jahrzehnt gestellt hat: »Handelt es sich bei dem Trend zur Pastoralpsychologie um eine Invasion glaubens- und kirchenfremder oder sogar kirchenfeindlicher Ideologien und Praktiken oder geht es um eine ernsthafte und begrüßenswerte Hilfe, die Ausbildung und Fortbildung der Seelsorger und seelsorgliche Praxis wirksamer und glaubwürdiger zu gestalten?«[1]

Maßstäbe seelsorgerlichen Handelns

Seelsorge ist unter anderem zweifellos wesentlich eine helfende Tätigkeit. Schon der Name Jesus bedeutet »Gott hilft«. Wie kann die helfende Tätigkeit nun auch tatsächlich zur hilfreichen Tätigkeit werden?

Es ist ja ganz offensichtlich, daß viele Situationen in der täglichen Seelsorge-Arbeit eine diesbezüglich verantwortungsbewußte Haltung erfordern, beispielsweise die vielfältigen Formen der seelsorgerlichen Begegnung im Gespräch: Vom zufälligen Gespräch auf der Straße bis zum Beichtgespräch, von der seelsorgerlichen Beratung in Glaubens- und Lebensfragen bis zum Gespräch zur Vorbereitung auf ein Sakrament, vom Religionsunterricht bis zum Krankenbesuch, vom Predigtgespräch bis zur Telefonseelsorge, ob mit einzelnen oder in der Gruppe, ob spontan oder mit Absicht herbeigeführt – die Bedeutung des Gesprächs für die seelsorgerliche Praxis ist nicht zu ignorieren. Aber gerade weil es so selbstverständlich ist, daß man dauernd redet, wird oft viel zuwenig beachtet, wie wichtig es ist, wie man miteinander redet.
Darüber hinaus zeigt die Erfahrung eines jeden Seelsorgers – noch vor aller theologischen, philosophischen oder psychologischen Überlegung: Es geht um mehr als um die Bewältigung von Gesprächssituationen. Vielmehr handelt es sich um Fragen wie: Welche inneren Haltungen und Einstellungen seinen Mitmenschen und sich selbst gegenüber sind für den Seelsorger erforderlich, wenn er glaubhaft das Evangelium verkünden, seinen Dienst in einer Gemeinde leisten, Hilfe anbieten will? Und in welchen konkreten Verhaltensweisen äußern sich diese Einstellungen? Wie muß ein solcher Mensch *sein* und was muß er *können?*
Damit sind auch folgende Fragestellungen verbunden: Was heißt helfen eigentlich überhaupt? Wie muß ein Gespräch verlaufen, wenn es hilfreich sein soll? Welchen Stellenwert hat Beratung in der Seelsorge? Welche Qualifikationen sind dafür erforderlich, und wie kann man sie erwerben? – Probleme, die sich grundsätzlich für alle Formen der Beziehung in der Seelsorge stellen: zu sich selbst, zu den Menschen, zu Gott.
Seelsorgerliches Handeln wird dabei seine Grundlagen immer wieder an zwei miteinander zusammenhängenden Fragen zu orientieren haben: Entspricht es dem Handeln Jesu, wie es uns in der Bibel überliefert wird? Und: Wel-

ches Menschenbild, welches anthropologische Konzept ist die (implizite oder explizite) Grundlage für die seelsorgerliche Tätigkeit?

Das Verhältnis von Psychotherapie und Seelsorge

Bezüglich der zweiten Frage haben die Humanwissenschaften in letzter Zeit eine Fülle von – meist auf empirischer Basis entwickelten – Theorien und Handlungskonzepten beigesteuert, die grundlegend für alle sogenannten helfenden Berufe geworden sind. Dabei herrscht – bei aller Verschiedenheit und Widersprüchlichkeit – bezüglich einiger fundamentaler Einstellungen und Verhaltensweisen im zwischenmenschlichen Bereich weitgehend Übereinstimmung. Das gilt gleichermaßen für seelsorgerliches Handeln.

Hier stellt sich unausweichlich die Frage nach der Verhältnisbestimmung von Theologie einerseits und Psychologie bzw. Psychotherapie andererseits. Den Humanwissenschaften kann dabei nicht die Rolle einer Hilfswissenschaft der Pastoraltheologie zukommen, die für die seelsorgerliche Praxis brauchbare Anregungen oder Konzepte liefert – damit würde ihr weltanschaulicher Hintergrund ignoriert und eine Auseinandersetzung mit den Inhalten vermieden. Die nichttheologischen Wissenschaften beliebig dergestalt heranzuziehen, daß man ihnen entnimmt, was einem brauchbar erscheint, hieße, sie in ihrer Eigenständigkeit, mit ihren autonomen Erkenntnisquellen und Prinzipien nicht ernst zu nehmen. Dies wäre keine »Prüfung« im Sinn des im Vorwort zitierten »Prüft alles. Was gut ist, behaltet« (1 Thess 5,21); es wäre Ignoranz und die Vermeidung von Kritik. Denn zweifellos kommt der Psychologie und der Psychotherapie eine kritische Funktion für alle Wissenschaften zu, denen es um den Menschen geht – also auch für die Theologie (wie auch umgekehrt: Auch von Psychologie und Psychotherapie ist ein Ernstnehmen theologischen Fragens und Forschens sowie der Kritik zu fordern, die aus den der Theologie eigenen

Fragestellungen zum Menschen entstammt, was bisher ebenfalls kaum geschieht).
Aber auch als bloß »geschätzte« und nach Bedarf in Anspruch genommene kritische Instanz zur Korrektur der eigenen Position werden diese Wissenschaften noch nicht so genommen, wie sie sich selbst verstehen: Nicht nur mit ihren je eigenen Methoden und Forschungspraktiken, sondern ihrem je eigenen Zugang zu Quelle, Inhalt und Ziel ihres Interesses, dem Menschen. Dort wo es um den Menschen geht, wird sich eine Begegnung zwischen Theologie und Psychologie wohl am sinnvollsten als unvoreingenommener Dialog und als Kooperation in wechselseitiger Befruchtung gestalten.[2]

Warum gerade der personzentrierte Ansatz?

Angesichts der genannten Vielfalt der Ansätze und Methoden stellt sich aber um so mehr die Frage, warum hier gerade der personzentrierte Ansatz für die Seelsorge ausgewählt wurde.
Zunächst: Die Arbeit von Carl Rogers hat zu den oben aufgeworfenen Fragestellungen, wie aus der Darstellung ihrer Grundlagen und Konsequenzen ersichtlich wurde, wesentliche und fundamentale Aspekte beigetragen.
Darüber hinaus müssen als entscheidende Faktoren für die Auseinandersetzung gerade mit dem personzentrierten Konzept unter anderem seine Erfahrungsorientiertheit und Praxisnähe, seine Verständlichkeit (auch die Theorie entspricht dem heutigen Bewußtsein und Weltbild weit eher als andere psychotherapeutische Theoriegebäude), seine weitgehende empirische Bestätigung, seine Erlernbarkeit (in einem überschaubaren zeitlichen und finanziellen Rahmen) sowie seine vielfache Bestätigung durch die guten Erfahrungen, die in der Praxis mit ihm gemacht worden sind, ins Treffen geführt werden.
Vor allem aber, so scheint mir, sind es seine anthropologischen Voraussetzungen, die für den personzentrierten Ansatz sprechen. Von daher scheint er besonders geeig-

net, in der Seelsorge als Grundlage für die Reflexion über das Handeln zu dienen – weist doch das aus sorgfältiger Beobachtung und existentieller Betroffenheit stammende Menschenbild, auf dem dieser Ansatz beruht, oft eine beachtliche Nähe zu biblischen Aussagen über den Menschen auf, wie noch zu zeigen sein wird.

Die Pastoraltheologie hat sich sowohl in den USA wie in Europa (zum Teil noch vor der Übersetzung von Rogers' Schriften) als eine der ersten angewandten Wissenschaften mit der Arbeit von Rogers auseinandergesetzt und – ihrerseits auf eine eigene Tradition aufbauend – eine kritische Rezeption des Ansatzes begonnen. Die US-amerikanische Seelsorgebewegung (auch »Pastoral-Counseling-Bewegung« genannt) und ihre theologische Reflexion, die in den dreißiger Jahren eingesetzt hat, reichen in ihren Wurzeln vor den personzentrierten Ansatz zurück, haben aber gerade in der Auseinandersetzung mit Carl Rogers besonders intensive Früchte getragen.[3]

In den sechziger Jahren kamen besonders über Holland[4] und Belgien[5] die Anregungen in den deutschen Sprachraum. Nach der Übersetzung amerikanischer pastoraler Autoren[6] und der Werke Carl Rogers' setzte in den siebziger Jahren eine intensive Beschäftigung in der deutschsprachigen Pastoralpsychologie mit dem personzentrierten Ansatz und der humanistischen Psychologie ein.[7]

Es soll aber nicht unerwähnt bleiben, daß sich vielfach auch eine vorschnelle »Vereinnahmung« des personzentrierten Ansatzes als einfach identisch mit christlichem Gedankengut beziehungsweise eine klischierende Simplifizierung und Reduktion auf trainierbare Techniken gerade im Zusammenhang mit seelsorgerlicher Tätigkeit eingeschlichen hat. (Dies hängt unter anderem mit der Tatsache zusammen, daß die deutsche Rogers-Rezeption über lange Zeit weitgehend auf eine frühe Phase der Entwicklung des Konzepts beschränkt blieb und auch heute noch mit der unzutreffenden Bezeichnung »Gesprächstherapie« oft falsche Vorstellungen verbunden und gerade auch in der pastoralen Literatur anzutreffen sind; siehe S. 120.)

Auch ein individualistisches Mißverständnis des Begriffs »person-zentriert« sollte nach der vorausgegangenen Darstellung ausgeschlossen sein: Die Personalität des Menschen verweist aus sich heraus auf sein Beziehungsbedürfnis und seine Begegnungsfähigkeit. Der Mensch wird voller Mensch gerade in und durch Beziehungen.
Es wäre jedoch völlig fehl am Platz, die personzentrierte Sichtweise als *die Methode* seelsorglichen Handelns hinzustellen, womit wiederum der *Ansatz* (amerikanisch: »approach«, d.h. »Annäherung, Herangehen, Weg, Zugang«; vgl. griechisch »methodos« = »Weg, etwas zu erreichen«) auf Techniken reduziert und als Methode verabsolutiert würde. Es soll natürlich nicht einer auf eine bestimmte Methode eingeschworenen Praxis das Wort geredet werden (als solle damit Seelsorge ausschließlich nach dem Muster einer bestimmten psychologischen Richtung stattfinden). Handelt es sich doch beim personzentrierten Ansatz im Gegensatz dazu um eine bestimmte grundlegene Sicht und Zugangsweise zum Menschen und seinem Leben, wie durch die Beschreibung deutlich geworden ist. Daß dabei der Mensch als Person in den Blick kommt, macht das Entscheidende dieses Verständnisses aus, keineswegs bestimmte Methoden oder Praktiken. Alle konkreten Handlungsvorgänge hingegen müssen ihre Angemessenheit an diesem Grundverständnis messen. Denn eine entsprechende Einstellung hat allerdings methodologische Konsequenzen: Im jeweiligen Kontext ist herauszufinden, welche konkreten Wege und Methoden angemessen sind.
Die von Rogers beschriebenen Einstellungen und Prozesse, die jedenfalls hinsichtlich Weg und Ziel einem christlichen Selbstverständnis vielfach nahekommen, sind natürlich keine vollständig neue Entdeckung; vieles davon findet sich in der christlichen Tradition. Sie sind aber auch im Umgang zwischen Christen und in der Seelsorge noch keineswegs eine Selbstverständlichkeit.
Dieses Konzept hat, wie jedes andere, seine Grenzen, wenn es dem heutigen Empfinden und Bewußtsein auch mehr entspricht als etwa die ursprünglich naturwissen-

schaftlich orientierten Therapieansätze Freuds (psychoanalytische Tiefenpsychologie) oder Skinners (Verhaltenstherapie), gegen die Rogers seine Psychologie und Anthropologie in bewußter Konfrontation entwickelt hat. Auch wäre die Propagierung universell gültiger seelsorgerlicher Methoden sinnlos.

Grundlagen einer personzentrierten Seelsorge

Nimmt man den personzentrierten Ansatz und sein Menschenbild im Licht des Evangeliums ernst, so führt er von sich aus zu einer Reihe von theologischen Fragestellungen. Sie betreffen das im folgenden dargelegte Verständnis einer beziehungsorientierten und diakonischen Seelsorge und bilden die Grundlage für Thesen zu einer personzentrierten Theorie und Praxis.
Die folgenden Überlegungen führen, ausgehend von der diakonischen Dimension des seelsorglichen Tuns, auch aus sich selbst heraus zu Konsequenzen für das Verständnis und die Praxis der Verkündigung und der Liturgie; beides sind ja Vollzüge, die ebenso eine entsprechende Beziehung von Person zu Person voraussetzen, ja deren Bedeutung noch unterstreichen.
Man wird nach dem Tun Jesu, wie es uns die Evangelien berichten, und nach Erfahrungen mit der Praxis der Kirche wohl mit Fug und Recht sagen können, die beste Verkündigung sei eine entsprechend glaubhafte Erfahrung in der Beziehung – ebenso wie die besten Worte und Taten ohne entsprechend glaubwürdige Beziehungen ihre Bedeutung verfehlen. Oder um es mit den Worten von Paulus an die Gemeinde in Korinth zu sagen: »Wenn ich in den Sprachen der Menschen und Engel redete, hätte aber die Liebe nicht, wäre ich ein dröhnendes Erz oder eine lärmende Pauke. Und wenn ich prophetisch reden könnte und alle Geheimnisse wüßte und alle Erkenntnis hätte; wenn ich alle Glaubenskraft besäße und damit Berge versetzen könnte, hätte aber die Liebe nicht, wäre ich nichts« (1 Kor 13,1f).

5.2. Seelsorge – Diakonia im Geist Jesu

Seelsorge – unter dem Gesichtspunkt der Diakonia in den Blick genommen – ist konkretes Handeln im Dienst am Christsein der Christen. Sie ist als umfassender Lernprozeß aller Beteiligten, ja der gesamten Kirche zu verstehen.
Im Gegensatz zu einer betreuenden oder beratenden Auffassung eröffnet sich so ein Verständnis von Seelsorge als personaler Begegnung.

Seelsorge ist Aufgabe aller Getauften

Seelsorge bedeutet nach dem Zweiten Vatikanischen Konzil die gesamte Sendung der Kirche in der Welt, in ausdrücklicher Solidarität mit »Freude und Hoffnung, Trauer und Angst der Menschen von heute, besonders der Armen und Bedrängten aller Art« angesichts der charakteristischen Herausforderung der Gegenwart.[8] Sie ist Aufgabe des gesamten Gottesvolkes« und somit nicht nur mehr als »die Kunst der Pastoren«, also der Seelsorger von Amts wegen, zu verstehen. Diese handeln vielmehr im Dienst ihrer Brüder und Schwestern. Träger der Seelsorge sind somit alle Mitglieder der Kirche, je nach ihrem Auftrag und ihren Möglichkeiten.
Mit dieser Aufgabenstellung bezieht sich das Konzil ausdrücklich auf Jesus und seinen Umgang mit seinen Mitmenschen: Maßgeblich für die Seelsorge ist das Verständnis von Jesus als dem ersten und eigentlichen Seelsorger in seinem Wirken für das Reich Gottes. Jesus als der Christus ist der eigentliche Träger der Seelsorge. Er ist der »Pastor« (Joh 10; 1 Petr 5,4). Sein konkretes Leben, sein Umgang mit den Menschen ist und bleibt Korrektiv für jedes seelsorgerliche Selbstverständnis. »Jesus war der erste Christ, was immer er sonst noch gewesen sein mag. Christliches Handeln ist dadurch gekennzeichnet, daß es so wie Jesus (...) Gott zugunsten des anderen in Anspruch nimmt, und zwar nicht theoretisch sondern praktisch.«[9]

Die Kirche handelt in der Nachfolge Jesu. Sie ist Ursakrament – Zeichen des Heiles: Seelsorge ist die Praxis der Kirche, der Selbstvollzug der Kirche, insoweit es unmittelbar um das Heil der Menschen geht. Sie ist die zeitgemäße Verkündigung und Tradition des Evangeliums als Verwirklichung und Gegenwärtigmachung der universalen Heilszusage Gottes an die Menschen. Der wesentliche Inhalt dieses Evangeliums ist die mit Christus gekommene »Fülle des Heils.«
Dieses »Heilswirken Gottes« richtet sich nicht nur an die Seele, sondern an den Menschen mit Leib und Seele: Seelsorge geht alles an, was das Leben des Menschen ausmacht. Sie ist ganzheitliche Glaubenshilfe, Hilfe aus dem Glauben zum Glauben, sie ist Sorge um das gesamte Leben in allen seinen Dimensionen – um das Leben in Fülle (Joh 10,10). Oder anders und im Hinblick auf die vorausgehenden Überlegungen formuliert: Seelsorge ist Dienst der Kirche am Menschen als Person.

Seelsorge ist immer »Dienst«, nicht »Herrschaft«

Die »Fülle des Heils« ist ja sichtbar geworden in Jesus als einem, der »nicht gekommen ist, um bedient zu werden, sondern um zu dienen und sein Leben zu geben als Lösepreis für viele« (Mk 10,45). In ihm, der unter uns lebte, »wie der, der bedient« (Lk 22,27), ist »die Diakonie Gottes unter den Menschen«[10] erlebbar geworden.
Jesus hat Partei ergriffen; er hat sich nicht auf die Seite der Machthaber und der Frommen, sondern auf die Seite der »Armen« und der Sünder gestellt. Seine Vorliebe für die »Einfachen und Armen, die Kinder, Kranken und Sünder, die Trauernden und vom Leben Enttäuschten, die nach Gerechtigkeit Hungernden, Unterdrückten, Verfolgten, gesellschaftlich Verfemten, Gestrauchelten, die Zöllner und Huren« hat er als Ausdruck der Solidarität Gottes mit ihnen verstanden. »Sie sind die unmittelbarsten und ersten Adressaten seiner befreienden, erlösenden Botschaft. Sie hält Jesus am ehesten für fähig, seinem Ruf zu Umkehr und Veränderung zu folgen.«[11]

Die Aufgabe der Seelsorge läßt sich unter diesem zentralen Leitgesichtspunkt, der sich aus dem Selbstverständnis Jesu als eines Dienenden ergibt, also präziser und konkreter fassen: »Was kirchliche Lebens- und Gemeinschaftsfunktion ist, das ist ein ›Dienst‹. Nicht nur seine eigene apostolische Aufgabe nennt Paulus stets Dienst, *diakonia*, sondern was immer in der Gemeinde zum Segen aller vom Geist gewirkt wird.«[12]

Zu Recht wird diese »Diakonia«, die Dienstfunktion, immer stärker betont, ist doch Nachfolge Jesu zuallererst Nachfolge seiner oben beschriebenen Zuwendung zu den Menschen, seiner Parteinahme für die Diskriminierten, Randgruppen, Bedrängten, Leidenden, Verletzten – mit einem Wort für die Armen. Zwar wurde »arm sein« immer schon nicht nur materiell verstanden, jedoch hat gerade das zunehmend durch die Psychotherapie mitgeprägte Menschenbild den Blick für »psychische, emotionale Armut« erneut geschärft, ebenso wie durch die modernen Gesellschaftswissenschaften die »strukturelle Armut« in den Blick kam. Durch die ökologische Bewegung schließlich wurde auch die Verantwortung für Natur und Welt als Lebensraum, die Aufgabe der Seelsorge für die Schöpfung als ganzes forciert.

Die Grundvollzüge einer christlichen Gemeinde[13] – Liturgie, Verkündigung, Diakonie – sind folgerichtig unter dem Blickwinkel einer so verstandenen Diakonia in ihrem inneren Zusammenhang zu sehen: Das Hören des Wortes Gottes, das heilsmächtig zu den Menschen kommt und zum Glauben führt (»der Glaube kommt vom Hören«, Röm 10,17), wird nur in der Erfahrung solcher Diakonia zu fruchtbarer, dankbarer und preisender Verkündigung führen. Die Worte und Zeichen in Liturgie und Feier der Sakramente werden das Heilsmysterium um so glaubwürdiger gegenwärtigsetzen, je mehr sie zum Leben der Menschen (zu ihren Gedanken und Gefühlen) Bezug haben und die Gemeinschaft der Christen in der Kirche fördern. Die Diakonie (im traditionell gebrauchten, engeren Sinn als »Caritas«) schließlich wird kirchlicher Weltdienst, je mehr er sich in partnerschaftlicher, dialogischer, an-teil-nehmender Zuwendung verwirklicht und je weniger er betreuende, letztlich abhängig machende Hilfe ist.

Daß jede Leitungsfunktion und jedes Amt – gerade weil es sich vom seine Aufgabe als Dienst verstehenden Jesus Christus herleitet – nur eine Dienst- und keine Machtfunktion sein kann, wurde und wird zwar verbal immer betont; in der praktischen Verwirklichung bedarf das aber stets neu der Rückbesinnung darauf, daß dieser Dienst personal-dialogisch und nicht hierarchisch-herrschaftlich zu verwirklichen ist. Daher darf in diesem Zusammenhang nicht unerwähnt bleiben, daß kein Begriff vor seiner mißbräuchlichen Verkehrung ins Gegenteil geschützt ist. Viele herrschaftliche Machtausübung, gerade auch in der Kirche, hat sich selbst als »Dienst« bezeichnet und getarnt, weshalb der Ausdruck mit gebührender Vorsicht zu gebrauchen ist.

Seelsorgliches Handeln kann also als »Dienst an den Diensten« der Christen gesehen werden. »Seelsorglich handelt, wer seine Mitchristen bei ihrem Versuch, Jesu Umgangsstil zu wagen, ermutigt. Solche Seelsorge ist nötig, weil Jesu Lebensstil riskant ist, weil ich dabei den kürzeren ziehen kann, so wie Jesus bei seiner bedingungslosen Zuwendung zu den Menschen den kürzeren gezogen hat. Seelsorge ist die Begleitung der Mitchristen auf dem riskanten Weg, auf die Menschen zuzugehen, in Gottes Namen an sie zu glauben, sie im Vertrauen auf Gott zu lieben.«[14]

Die Diakonia gibt einen Vorgeschmack auf das Reich Gottes

Sogar im verengenden Verständnis von Diakonie als karitative Einzelhandlungen ist der Gesichtspunkt nicht verlorengegangen, daß in diesem Geschehen jenes Heil aufleuchtet, das uns mit dem angebrochenen Reich Gottes verheißen ist: Konkret praktizierte Nächstenliebe gibt eine Vorahnung von der Fülle des Heils und ist ein Vorgriff darauf, was uns verheißen ist: Es wird Heil für alle geben (vgl. 1 Tim 2,4).

»Wer Hunger hat und wem dann zu essen gegeben wird, der hat eine Vorahnung davon, was es heißt, daß einmal aller Hunger gestillt werden wird. Wem geholfen wird, mit einem Konflikt in seinem Leben fertig zu werden, der kann vorausahnen, was es bedeutet, daß einmal jeder Konflikt gelöst sein wird. Wem einmal die Tränen getrocknet wurden, hat einen ersten Begriff davon, was es heißt, daß Gott einmal ›jede Träne trocknen wird‹ (Offb 21,3). (...) Die Diakonie vermittelt doch einen Begriff davon, daß es sich beim ›Jenseits‹ nicht um ein ›totaliter aliter‹ handelt, sondern unsere Hoffnung in der Richtung liegt, in der auch unsere irdischen Hoffnungen letztlich liegen. (...) Durch Diakonie können wir am ehesten begreiflich machen, was es heißt, das Reich Gottes habe schon begonnen oder sei mitten unter uns (vgl. Lk 17,21).«[15]

Um wieviel mehr muß dieser eschatologische Charakter in einer umfassend diakonischen Seelsorge zum Ausdruck kommen!

Gerade in der Theologie der Fußwaschung (Joh 13,3 – 16), die bei Johannes an der Stelle steht, wo die anderen Evangelien den Einsetzungsbericht der Eucharistie bringen, wird der Zusammenhang der Diakonie mit liturgischer Feier und Verkündigung besonders deutlich. Vielleicht sollte man diese Tatsache noch radikaler ernst nehmen: Der (Sklaven-)Dienst der Fußwaschung ist nicht eine x-beliebige Handlung Jesu unter vielen. Von der Exegese her wird seine zentrale Bedeutung als Vermächtnis Jesu an seine Freunde deutlich: »Jesus aber wußte, daß ihm der Vater alles in die Hand gelegt hatte und daß er von Gott gekommen war und zu Gott zurückkehrt; da stand er vom Mahl auf (...) und begann, den Jüngern die Füße zu waschen« (Joh 13,3f). So beginnt der Bericht, und er endet mit einem deutlichen Vermächtnis: »Begreift ihr, was ich euch getan habe? (...) Ein Beispiel habe ich euch gegeben, damit auch ihr tut, wie ich euch getan habe« (Joh 13,12.15).

Niemand käme auf die Idee, dem Verfasser des Johannesevangeliums wegen dieser literarischen Komposition, die ja zweifelsfrei eine Aussageabsicht verfolgt, den Vorwurf zu machen, er verflache damit das Evangelium zu einem »bloßen Humanismus«, er reduziere Jesu Tätigkeit auf Sozialarbeit, er lasse die Nachfolge Jesu zu »reiner Mitmenschlichkeit« verkümmern. Im Gegenteil: Die Feier der Eucharistie ist ebenso Dienst, Diakonia, am »Leben in Fülle« wie es die Verkündigung ist. Sieht man daher die Diakonia in einem solchen umfassenden Sinn, so sind alle Grundvorgänge der Gemeinde diakonisch, haben Dienstcharakter. In Weiterführung des Stellenwerts der Diakonia im Leben Jesu kann man also geradezu von der Diakonia als einem Leitgesichtspunkt der Seelsorge sprechen. Denn zweifellos gilt, daß die Diakonia der Ernstfall ist: Da wird nicht »nur« geredet oder gefeiert. Da wird gehandelt. Und daran wird immer noch alles »gemessen« – von den Menschen wie von Gott.

Freilich müßte dann unter diakonischer Tätigkeit mehr verstanden werden als eine Anhäufung von einzelnen Werken – sei es durch Einzelpersonen oder Institutionen. Diakonia, so verstanden, bedeutet auch mehr als eine Betreuung gewisser Lebensbereiche – etwa derer, die von der jeweiligen Gesellschaft vernachlässigt werden, so wichtig und unverzichtbar diese Aufgabe auch für die Seelsorge, ja für das Christsein ist.

Solche Diakonia bezeichnet vielmehr eine Grundhaltung und Einstellung von Menschen, die sich selbst in den Dienst anderer stellen, weil sie die Erfahrung gemacht haben, daß auch sie durch solchen Dienst anderer in ihrem Leben Sinn und Liebe gefunden haben. Sie ist liebende Antwort auf die Erfahrung von Liebe (»Caritas«!) und der Ausdruck der menschlichen Erfahrungstatsache, daß erfahrene Liebe dazu drängt, weitergegeben zu werden. Sie gründet letztlich in der Überzeugung, daß »ihr mir getan habt, was ihr dem Geringsten meiner Brüder getan habt« (Mt 25,40).

Diakonie ist also hier in einem solchen umfassenden Sinn gemeint als eine das gesamte Denken und Handeln der Kirche durchdringende Dimension.

Von der betreuenden über die beratende zur begegnenden Seelsorge

Mehr und mehr findet eine Verlagerung von der traditionellen betreuenden zur beratenden Seelsorge statt. Dies hat zweifellos vielfältige Ursachen. Das zunehmende Bewußtsein, daß psychischen und zwischenmenschlichen Problemen und Krisen durch Aussprache und Beratung wirkungsvoll entgegengetreten werden kann, trägt dazu ebenso bei wie eine veränderte Einstellung der Seelsorger zu ihrer Tätigkeit. Die betreuende Seelsorge ist auch nicht zuletzt deswegen ins Feuer der Kritik geraten, weil die Skepsis gegenüber »Missionierung« oder Kontrolle bei den Christen ganz allgemein und bei den Seelsorgern im speziellen steigt.

Bei der Betreuung, bei individuellen Haus- oder Krankenbesuchen ebenso wie bei flächendeckender »Versorgungspastoral«, geht die Initiative vom Seelsorger oder den Seelsorgern aus, was auch inhaltliche Konsequenzen hat: Wer den Kontakt sucht oder das Konzept macht, gibt oft auch das Thema vor. Doch die Verkündigung kann heute weniger denn je durch eine einbahnige Belehrung geschehen. Verkündigung bedeutet auch Hinhören auf die Stimmen der Zeit, Beobachten geistiger Strömungen, Wahrnehmung von berechtigten Anliegen. Die Welt von heute läßt sich nicht mehr einfach belehren. Aber sie wird bereit sein zum Gespräch, wenn Vertreter der Kirche dieses Gespräch ehrlich suchen.[16] Um den »Gott der Menschen«, dessen »Güte und Menschenfreundlichkeit« (Tit 3,4) uns erschienen ist, zu erfahren, bedarf es menschlicher Güte und Freundlichkeit, menschlicher Beziehung und Begegnung.

Die Veränderung von der betreuenden zur beratenden Seelsorge bedeutet keineswegs eine Auflösung der Seelsorge in eine reine Beratungstätigkeit. Es handelt sich vielmehr um einen Bewußtseinswandel hinsichtlich der Erreichung der Ziele und dadurch eine Akzentverschiebung: Zweifellos entnimmt die »beratende Seelsorge« viele ihrer Prinzipien den modernen Humanwissenschaften, bleibt dabei jedoch ihrer grundsätzlichen Aufgabe treu: Eine zuhörende und einfühlsame Seelsorge, die versucht, den Anruf Gottes in der jeweiligen Situation nicht einseitig von seiten des Seelsorgers zu interpretieren, sondern mit den Betroffenen gemeinsam zu suchen und zu verstehen, ändert nicht ihr Ziel, sondern ihre Arbeitsweise – aus einem gewachsenen Verständnis vom Menschen, von menschlichen Beziehungen und Gemeinschaften heraus.

»Beratende Seelsorge rechnet damit, daß der Geist Gottes längst im Herzen des anderen am Werk ist. Ein Seelenführer gleicht daher nicht einem Mannschaftsführer oder Industriekapitän, der die Ziele vorgibt, sondern einem Urwaldführer, der eine Expedition begleitet, die selbst ihr Ziel festlegt, aber seine Geländekenntnis in Anspruch nimmt. Er gleicht einem Fahrlehrer, der aufmerksam und risikobewußt mitfährt, aber dem Fahrschüler das Steuer überläßt, damit er selber zu fahren lernt. Beratende Seelsorge ist bemüht, sich überflüssig zu machen, d.h. den anderen im wachsenden Maß ›in die Herrlichkeit und Freiheit der Kinder Gottes‹ (Röm 8,21; Gal 5,13) hinein zu entlassen. Dadurch kommt es innerhalb des seelsorglichen Gesprächs häufig zu einem geheimnisvollen Rollentausch, d.h. zu der Erfahrung, daß beide geben und beide empfangen, d.h. wechselseitig einander trösten durch den Gott allen Trostes (Röm 1,11f; 2 Kor 1,4).«[17]

Vielleicht sollte man daher noch besser als von einer beratenden von einer begegnenden und dialogischen Seelsorge reden beziehungsweise das Verständnis und die Praxis dahin weiterentwickeln (was gleichzeitig eine Rückbesinnung auf die älteste Schicht des Neuen Testaments bedeutete, in der das »Einander« – »vergebt einander«, »ermahnt einander«, »stärkt einander«, »nehmt einander an« usw. – einen zentralen Stellenwert hat und Glaubensvermittlung als lebendigen Dienst aneinander versteht; vgl. z. B. Röm 15,7).

Seelsorge als Begegnung ist ein umfassender Lernprozeß der Kirche

Welche unmittelbaren Konsequenzen ergeben sich aus einem solchen Seelsorgeverständnis? Zum einen wird sofort deutlich, daß so verstandene Seelsorge nicht Aufgabe einiger Spezialisten, Funktionäre oder Amtsträger, sondern aller Christen ist – obwohl zweifellos auch »Spezialisten« notwendig sind. Zum anderen ist ersichtlich, daß Seelsorge als Diakonia und Begegnung eines ständigen Lernprozesses bedarf – seitens der »Spezialisten« wie seitens aller Engagierter – ja mehr noch, daß darin ein Lernprozeß der gesamten Kirche sichtbar wird.

Wenn wir davon ausgehen, daß Begegnung eine der Grundstrukturen der Seelsorge ist, dann hat dies in allen ihren Ebenen Gültigkeit: etwa in der Seelsorge in der Familie oder in der Freundschaft, in der Nachbarschaft, in der Gemeinde, in der Orts- und Gesamtkirche. Dann gilt dies auch in allen Kategorien der Seelsorge: in der Pfarrseelsorge ebenso wie in der Krankenseelsorge, in der Studenten- wie in der Altenseelsorge, im seelsorglichen Umgang mit Künstlern wie in der Seelsorge am Seelsorger, um nur einige Beispiele zu nennen. Die Begegnung ist auch eine alle Vollzüge der Gemeinde durchziehende Grundstruktur: die Verkündigung wie die Liturgie und die Diakonie.

Das bedeutet, daß die Fähigkeit zur personalen Begegnung von jedem Seelsorger verlangt ist. Jeder, der einen Dienst tut an denen, die christlich handeln, ist in die personale Begegnung gestellt und gerufen. Es beginnt bei den Eltern als Seelsorgern und gilt für die Nachbarschaftshilfe ebenso wie für die Tätigkeit in Organisationen.

Um so mehr gilt es natürlich für die hauptamtlichen Seelsorger, Priester wie Laien, für die es zu ihrem Beruf gehört, Seelsorge als personale Begegnung auszuüben, zu ermöglichen, zu fördern und zu begleiten. Sie müssen um die theologischen und anthropologischen Grundlagen und die praktischen psychologischen und sozialpsychologischen Hintergründe und »Gesetzlichkeiten« für die Möglichkeiten und Vollzüge personaler Begegnungen wissen und die entsprechenden Fähigkeiten (her)aus-bilden und reifen lassen. Mehr noch: Sie müssen imstande sein, diese Fähigkeiten bei anderen zu wecken, zu begleiten, zu koordinieren, andere entsprechend ihrem je eigenen Charisma zu ermutigen, zu unterstützen, zu fordern und zu fördern.

Darüber hinaus ist es notwendig, für spezielle Aufgabenbereiche spezifisch ausgebildete Seelsorger zu haben: für das helfende Gespräch, für Lebens- und Krisenberatung, Telefonseelsorge und Notrufdienste, für die Grenzgebiete von Psychotherapie und Seelsorge, für die verschiedensten sozialen und rechtlichen Beratungsdienste usw. Gleiches gilt für die Ehevorbereitung und -beratung, ebenso für die Erziehungsberatung und ähnliche Bereiche.

Das zu einem dialogischen gewandelte Verständnis von Seelsorge ist bei aller theologischen Fundierung in der Praxis noch lange nicht durchgängig Wirklichkeit geworden. Die jüngste Entwicklung in der katholischen Kirche zeigt sogar in der zentralistischen Praxis bei aller verbaler Berufung auf das Konzil gegenläufige Tendenzen. Es bedarf daher auch einer intensiven Auseinandersetzung mit der praktischen Umsetzung, die auch für die Aus- und Fortbildung entscheidende Konsequenzen nach sich zieht. Denn nur fortwährende Lernprozesse ermöglichen eine stetige und allmählich durchgängige Bewußtseinsveränderung.

Was Kardinal Franz König 1965 nach dem Konzil als Leitgedanken formuliert hat, bleibt nach wir vor gültige Aufgabe: »Es wird notwendig sein, die neuen Erkenntnisse und Erfahrungen, die sich mit den weltbewegenden Auswirkungen des Zweiten Vatikanischen Konzils ergeben, gründlich zu studieren, gleichzeitig aber auch die Resultate auf dem Gebiet des Ökumenismus, der Soziologie, Anthropologie und Psychologie zu berücksichtigen und für die Pastoral zu integrieren.«[18] Man wird in der Sicht der hier angestellten Überlegungen sagen dürfen: aus einem ernsthaften Dialog auch die entsprechenden Konsequenzen zu ziehen.

5.3. Der Glaube an einen personalen Gott

Die theologischen Grundlagen einer personzentrierten Pastoral gehen von der Erfahrung eines Beziehung anbietenden Gottes aus. So ist er in Bundesangebot und Exoduserlebnis als einer, der für andere da ist, begriffen worden. Er ist ein Gott des Gesprächs, der in seinem fleischgewordenen Wort, Jesus, sein bedingungsloses Ja zu allen Menschen gesprochen hat. In seiner Nachfolge ist die Kirche ein Ort der Begegnung, der Kommunion und der Kommunikation.

»Mit dem Reich Gottes ist es wie bei einem Mann, der Samen auf seinen Acker aussät. Er geht nach Hause, schläft, steht wieder auf. Es wird Nacht, es wird Tag. Der Same keimt und wächst, ohne daß er es bemerkt. Ganz von selbst trägt die Erde ihre Frucht, zuerst den Halm, dann die Ähre, dann das volle Korn in der Ähre. Wenn die Frucht es zuläßt, geht der Bauer aufs Feld, um zu mähen; denn die Zeit der Ernte ist da« (Mk 4,26–29).
In diesem Gleichnis von der selbstwachsenden Saat steckt viel Vertrauen. Ähnlich in den Gleichnissen vom Senfkorn und anderen Bildern Jesu über das angebrochene Gottesreich. Da ist nicht von Leistung und Methodik die Rede, nicht von Planung und Strategie. Da ist von Zuversicht, von innerer, aus Gott wirkender Kraft die Rede, von Geduld und Selbständigkeit, von einem Prozeß, der von selbst auf ein reifes Ziel zustrebt.
Das Gleichnis erinnert an das Bild mit der Blumenzwiebel, die der Gärtner betreut (vgl. S. 102f). Gott hat den entscheidenden Anfang gesetzt – die Saat wächst von selbst. Wie die Tätigkeit des Bauern harte Arbeit ist und er doch weiß, daß er Wachstum und Ernte nicht »macht«, so ist es mit der Seelsorge: Sie bedarf intensiven persönlichen Einsatzes bei allem Wissen um und Vertrauen in die Selbständigkeit des Wachstumsprozesses der Person. (Und wie im beratenden Gespräch entzieht sich oft das, was mit der reifen Frucht geschieht, demjenigen, der sich um das Heranreifen bemüht hat.)

Der Gott Jesu ist ein Gott der Beziehung

Der jüdisch-christliche Gott ist zweifellos ein Gott der Beziehung[19]: In seinem Bundesangebot hat er sich als ein Gott geoffenbart, der auf die Menschen »zugeht« und sie »anspricht«. Er wirbt unablässig um die Beziehung und bleibt auch dann, wenn sein Bemühen zunächst scheitert, seinem Angebot treu. Er ist ein Gott des Exodus, des Auszugs aus unterdrückenden Strukturen. Durch einen solchen Exodus erhielt ein ganzes Volk seine Identität.
Seit dieser Erfahrung heißt in dieser Tradition »ich bin« immer auch »ich bin für dich da«. Ein Gott, der sich selbst »ich bin, der ich bin« nennen läßt, respektiert offenbar das Selbstsein und die Autonomie des Menschen: »Auch du bist, der du bist«; mehr noch: »Du bist auch der, der du sein kannst – mit all deinen Möglichkeiten und Fähigkeiten. Brich auf und riskiere es!«
»Wir haben schon sehr viel vom Geheimnis der Allerheiligsten Dreifaltigkeit begriffen, wenn wir erfahren haben: Gott ist ein Gott des Gesprächs. Er ist kein unnahbarer Götze, kein kalter Schiedsrichter des großen Welttheaters. Was wir von ihm wissen, ist: daß er kommt, daß er auf uns zugeht, daß er mit uns ins Gespräch kommen und bei uns sein will. ›Ihr sollt mein Volk sein und ich will euer Gott sein‹ hat schon die Formel geheißen, unter der das alttestamentliche Bundesvolk seinen Gott begriffen hat. ›Mit ewiger Liebe habe ich dich geliebt. Ich habe meine Hand auf dich gelegt und dich an mich gezogen. Mein bist du.‹ So hat es der Prophet verkündet.«[20]

Jesus – die Erfahrung der Begegnung Gottes mit den Menschen

Nachdem er auf vielerlei Weise, durch die Propheten, gesprochen hat, tat er es »zuletzt« durch seinen Sohn (Hebr 1,1f). Am deutlichsten wurde dieser Gott in seinem »Wort«, in Jesus, dem »fleischgewordenen Wort« (Joh 1): »›So sehr hat Gott die Welt geliebt, daß er seinen einzigen

Sohn gesandt hat.‹ Dieser Sohn Gottes, Jesus Christus, ist das Wort, mit dem uns Gott angesprochen hat, um uns ins Gespräch zu ziehen, in ein liebendes, ermunterndes, bestärkendes, vergebendes und heilendes Gespräch – in ein Gespräch ohne Ende (...) weil es ›seine Freude ist, bei den Menschen zu sein.‹«[21]
Jesus führte immer wieder Gespräche mit Menschen, die Heilung suchten, körperliche und seelische. Er tritt mit diesen Menschen in Beziehung und stellt eine Atmosphäre des Vertrauens her, indem er ihnen vertrauensvoll begegnet. Ein anderes Wort für Vertrauen ist: Glaube. Was er von den Betroffenen verlangt, ist also ebenfalls Vertrauen. Das bezeichnet er als das eigentlich Heilende: »Dein Glaube hat dir geholfen« (Mt 8,25 u.ö.).
Solche Gesprächssituationen, in denen es Jesus um Heil und Heilung (immer des ganzen Menschen) geht, sind immer wieder von der gleichen Einstellung geprägt: Durch die Erfahrung der Begegnung soll die Angst genommen und das Vertrauen, der Glaube, geweckt oder gestärkt werden. Es ist im wahrsten Sinn des Wortes eine »Heilung aus der Begegnung«. Ohne hier, wie das andernorts geschehen ist, aus Jesu Verhalten direkt ein Vorbild für psychotherapeutisches Handeln ableiten zu wollen[22], wird man wohl zu Recht auf die Nähe des personzentrierten Ansatzes zur Haltung Jesu verweisen dürfen.[23]
Besonders die Vorbehaltlosigkeit seiner Zuwendung fällt auf. Jesus stellt keine Bedingungen in der Begegnung mit den Menschen. So ist auch Gott, den er verkündet: Auch der barmherzige, liebende Vater im Gleichnis (Lk 15,11-32) geht seinem Sohn entgegen, ohne von ihm eine Vorbedingung für die Aufnahme zu verlangen, im Gegenteil: Er freut sich so, daß er ein Riesenfest veranstalten läßt. Wenn ein Jesusbild tradiert wird, das ihn sagen läßt: »Kommt alle zu mir, die ihr euch plagt und unter Lasten stöhnt wie unter einem Joch. Ich will euch Ruhe verschaffen. Nehmt mein Joch auf euch und lernt von mir. Denn mein Joch drückt nicht, und was ich euch zu tragen gebe, ist keine Last. Ich bin gütig und selbstlos. So werdet ihr in eurem Herzen zur Ruhe kommen« (Mt 11,28f), darf man

annehmen, daß die Begegnung mit ihm tatsächlich außergewöhnlich tief annehmend und heilend erlebt wurde.
Die Übereinstimmung zwischen den Worten Jesu und seinem Verhalten (eine Haltung, die wir oben als Echtheit beschrieben haben) muß besonders beeindruckend gewirkt und zur Glaubwürdigkeit und Kraft der Begegnungserfahrung mit ihm beigetragen haben. Wort und Werk, Verkündigung, Praxis und Person können bei Jesus nicht getrennt werden, sie stellen eine Einheit dar.

Kirche – ein Ort der Kommunion und Kommunikation

»So begreifen wir auch auf eine neue Weise, was Kirche ist. Kirche ist ein Ort des Gesprächs, an dem wir auf das Wort Gottes hin aufeinander zugehen und so die Nähe des großen Dritten erfahren: ›Wo zwei oder drei in meinem Namen versammelt sind, da bin ich mitten unter ihnen.‹ Kirche ist der Ort, an dem und durch den uns Gott ins Gespräch zieht durch sein Wort und Sakrament; aber auch ein Ort, an dem wir das Gespräch von Mensch zu Mensch lernen und einüben sollen, an dem unser Leben zu einem Gespräch mit Gott wird. Gott selbst hat dieses Zeichen Kirche mitten in die Welt gesetzt, und es bedeutet: Habt Mut zum Gespräch. Ich habe das Gespräch mit euch begonnen, und es gibt nichts, was dieses Gespräch zum Stillstand bringen könnte.«[24]
Die Kirche Jesu Christi ist ein Ort der Gemeinschaft und des Gesprächs. Der Glaube lebt aus dem Gespräch und überlebt im Gespräch, er kommt aus dem Gespräch und führt ins Gespräch.
Gott selbst, als Heiliger Geist nicht umsonst »Paraklet« (»Beistand«, »verstehender Helfer«) genannt, hat seine Hilfe zugesagt. Die Worte und Taten, die in dieser Kirche geschehen, sollen solcherart Zeichen (Sakramente) für die Beziehung Gottes zu seinen Menschen sein.
Wenn diese Gemeinschaft solche Zeichen in Wort und Handeln setzt, geschieht Begegnung Gottes mit ihnen und ihre Begegnung mit Gott je aufs neue. Dieses Tun aus dem Glauben und für den Glauben heißt Seelsorge.

5.4. Seelsorge als Begegnung von Person zu Person – Thesen zu einer personzentrierten Seelsorge

Was sind die wesentlichen Elemente einer begegnenden Seelsorge? Hier werden thesenhaft Grundlagen einer personzentrierten Seelsorge und Anstöße zu ihrer Verwirklichung formuliert.

Sie ist eine Fortsetzung des Beziehungsangebotes Gottes[25]

Seelsorge ist allen Christen aufgetragen – als mitmenschliche Sorge jedes Getauften.[26] (Sorge ist hier nicht in einem befürsorgenden und damit bevormundenden Sinn verstanden, sondern als Teil-nahme am Leben und Schicksal der Menschen als Mit-menschen.) Seelsorge ist Diakonia, Verwirklichung des Evangeliums als existentielles Engagement für das Leben der anderen Menschen.[27]
Wer seelsorgerlich tätig ist, handelt so im Namen Gottes und nach dem Vorbild Gottes, wenn er das Gespräch sucht und anbietet, die Beziehung als zentral für sein Tun ansieht. Die Sorge um das Gelingen von Beziehungen ist also ein ganz vornehmer Dienst der Seelsorge, wahrhaft ein Handeln in der Folge des Beziehungsangebotes Gottes, ja Handeln Gottes am Menschen selbst. Das in Christus an uns ergangene Ja Gottes (2 Kor 1)[28] wird in einer annehmenden, akzeptierenden Art jedes Seelsorgers neu ausgesprochen. Er ist sich dabei dessen bewußt, daß sein eigenes Wort unter dem Anspruch des Wortes Gottes steht, daß er in der Verbalisierung der Erfahrungen seines Gesprächspartners dieses Ja Gottes zur Sprache bringt.

Sie ist eine Seelsorge des Exodus

Seelsorge in der Tradition der Heilserfahrung des Volkes Gottes ist ein ständiger Aufruf zu Umkehr und Erneuerung. Sie ist eine zutiefst vom Exodusgeschehen erfüllte Einstellung, die den Aufbruch und die Selbständigkeit den sicheren Fleischtöpfen und der Unterdrückung und Sklaverei vorzieht. Sie weiß, daß sie von Sicherheiten und Absicherungen Abschied nehmen muß (und das Risiko des Aufbruchs nicht scheuen darf), von Vertröstung und Beschwichtigung (statt aktiver Hoffnung und Arbeit an der Befreiung), von Leistungs- und Erfolgsdenken (Erfolg ist keiner der Namen Gottes), vom Festhalten an Wahrheiten (statt der Suche nach der Wahrheit), von der Illusion »der reinen Motivationen« (statt der wahrhaftigen Selbstkritik).[29]
Sie ist aber auch eine Verheißung von Trost und Hoffnung, von Zukunft und »gelobtem Land«. Sie weiß darum, daß das gelobte Land nie ein für allemal in Besitz genommen werden kann, sondern stets von neuem zu erringen sein wird – wie keine Beziehung, einmal gewonnen, festgehalten werden kann – bis zu dem Tag, an dem wir Gott schauen werden, in unmittelbarer Begegnung »von Angesicht zu Angesicht.« Es ist ein Ringen um Freiheit, bis die gesamte »Schöpfung von der Knechtung an die Vergänglichkeit befreit wird zur Freiheit der Herrlichkeit, der Kinder Gottes« (Röm 8,21). Bis dahin ist sie auf der gemeinsamen Suche, weil keiner das gelobte Land schon endgültig gefunden, Menschsein vor Gott in allen seinen Dimensionen verwirklicht hat. Die Erfahrung des Mose gilt heute ebenso: Das größte Hindernis, das gelobte Land zu erreichen, ist der Zweifel, also die Aufgabe des grundlegenden Vertrauens (Glaubens). So ist sie eine innovative, risikofreudige, kreative Seelsorge.

Sie ist eine Seelsorge wider die Entfremdung, eine Seelsorge der Versöhnung

Wie die Nachkommen Abrahams in Ägypten ist der heutige Mensch sich selbst und seinen Möglichkeiten und Fähigkeiten vielfach entfremdet – oft, ohne es zu merken. Damit ist er auch Gott und der Erfahrung Gottes entfremdet. Die Psychotherapie weiß um die Angst als Quelle und Wurzel von Neurose und Lebenskrise. Und um die Notwendigkeit – die »Not-Wendigkeit« – des Aufbruchs aus Strukturen, die fremd, von außen auferlegt sind.
Seelsorge kann damit (als Lernprozeß für den Seelsorger wie für den Seelsorgepartner verstanden) der »Erneuerung durch Versöhnung« dienen, einer Versöhnung, die – in Jesus bereits geschehene Wirklichkeit (2 Kor 5) – jeweils zu realisieren ist. Diese Seelsorge trägt dazu bei, unsere »Entfremdung von uns selbst, von unseren Familien, von unseren Mitchristen, von Menschen außerhalb der Kirche und von einer tieferen Beziehung zu Gott überwinden« zu helfen.[30] Sie leistet einen Beitrag auf dem Weg von der Angst zum Vertrauen, von der Schuld zur Vergebung, von der Verzweiflung zu Sinnhaftigkeit und Hoffnung.

Sie ist eine Seelsorge des Vertrauens in die Erlösung

Daß Jesus in seinen Begegnungen mit den Menschen über die Zuwendung zu ihnen und ihre Bejahung hinaus den Weg für eine vertrauensvolle Beziehung zu Gott geöffnet hat, öffnet den Blick auf eine tiefe Grundlage jeder vorbehaltlos akzeptierenden Begegnung. Sie weist über die aktuelle Erfahrung hinaus auf ein grundlegendes Angenommensein des Menschen hin. So darf das Vertrauen in die grundsätzlich konstruktiven Kräfte zur Heilung (Heilwerdung) im Menschen, wie sie der personzentrierte Ansatz als Voraussetzung seiner Haltung annimmt, durchaus theologisch verstanden werden als Vertrauen in Gottes Heilszusage.

Heilung und Heil sind voneinander nicht zu trennen, wenngleich Heil zweifellos ein umfassenderes Heilwerden meint als die Heilung von physischen und psychischen Krankheiten oder Problemen. Die sprachliche Verwandtschaft zwischen Heilung, Heil und Heiligung verweist auf die zugrunde liegende Wirklichkeit der bereits geschehenen Erlösung in Jesus, dem Wort Gottes.
Wenn wir glauben, daß der Mensch bereits erlöst, versöhnt, befreit ist, dann gilt es, diese Tatsachen ans Licht zu bringen: statt ihn auf seine Vergangenheit zu fixieren, den Druck der Vergangenheit, dort wo er belastend ist, von ihm zu nehmen, ihn zu allen seinen Möglichkeiten zu befreien, zu wecken und wachsen zu lassen, dem Menschen zu helfen, das zu werden, worauf hin er angelegt ist, seine Chancen, die in ihm stecken, zu realisieren.

Sie ist eine kairologische Seelsorge

Diese Chancen liegen – auch das zeigt der personzentrierte Ansatz – stets in der Gegenwart. Die Bedeutung des Hier und Jetzt, des Augenblicks, in dem man lebt, wird von der humanistischen Psychologie immer wieder betont. Statt auf die Vergangenheit (und damit die Tradition) fixiert zu bleiben, wird die Bedeutung der Geschichte für das gegenwärtige Leben verstanden. Statt sich in Zukunftsträume zu verlieren, wird die Bedeutung der Wünsche (und damit der Hoffnung) für das Verständnis der Gegenwart ernstgenommen. Wer, statt jetzt zu leben, in (vergangene oder künftige) bessere Zeiten flüchtet, vermeidet die aktuelle Auseinandersetzung.
Ein Glaube, der sich auf das konkrete Erleben von Menschen mit Jesus, eine in einer bestimmten historischen Situation Ereignis gewordene Gotteserfahrung, bezieht, für den die Bedeutung des Damals und Dort konstitutiv ist, darf von der Bedeutung des Hier und Jetzt nicht absehen: »Jetzt ist der Tag des Heils; jetzt ist die Stunde der Gnade« (2 Kor 6,2).
Menschen, die selbst in der Gegenwart zu leben imstande

sind, werden anderen aus dieser Lebendigkeit heraus begegnen können. Menschen im rechten Augenblick (griechisch »kairos«) anzusprechen, ist eine große Kunst. Den rechten Augenblick zu erfassen, erfordert sensible Personen, die mit entsprechendem Vertrauen in sich und andere ausgestattet sind. Es wird ihnen um so eher gelingen, je mehr sie »aktiv zuzuhören« imstande sind: Zuhören heißt auch, auf die Zeichen der Zeit zu hören. Es kann keine zeitlose Seelsorge geben – das kairologische Element der Seelsorge, das Hier und Jetzt, muß ernst genommen werden.

Sie ist eine erfahrungsorientierte Seelsorge

Wenn es in der Seelsorge darum geht, einander zu helfen, daß wir »durch den Glauben das Leben haben in seinem Namen« (Joh 20,31), dann ist wohl nach allen Überlegungen zu Entwicklung und Wachstum der Person auf ein reicheres, erfüllteres Leben hin einsichtig, daß gerade der Glaube einen eminenten Stellenwert in diesem Prozeß hat.
Der Glaube aber kommt aus der Erfahrung, besonders aus der Erfahrung in der Begegnung mit Glaubenden. Für eine solche Begegnung ist auf seiten des Seelsorgers nicht eine Ansammlung verschiedener Fertigkeiten und Techniken, sondern eine entsprechende Grundhaltung erforderlich.
Schwierigkeiten und Probleme – gerade auch im Bereich des Glaubens – liegen, wie ausführlich gezeigt wurde, wesentlich auf der emotionalen Ebene und können daher durch rein rationales Vorgehen, wie etwa durch Argumentieren, nicht beseitigt werden. Wie es in einer hilfreichen Beziehung auf das Eingehen auf die Gefühlsebene ankommt, so geht es der Verkündigung ja nicht primär um Vermittlung von Informationen beziehungsweise Glaubenswahrheiten, sondern auch um die entsprechende Hilfe für das konkrete Leben, um die Erfahrung personalen Glaubens.

So gesehen heißt glauben, sich auf Erfahrungen einzulassen, diese Erfahrungen zu reflektieren, anderen Menschen Erfahrungen zu ermöglichen. Und damit wird deutlich, daß der Seelsorger und sein Mitchrist grundsätzlich auf einer Ebene stehen, in einer Beziehung, in der sie einander helfen können, ihre Erfahrungen auszuloten und transparent werden zu lassen auf die Beziehung zu Gott hin.

Sie ermöglicht Erfahrung als Heilserfahrung

Im Auftrag zu heilen (griechisch »therapeuete«!) liegt eine Möglichkeit zur Erfahrung von Heil: »Geht und verkündet: Das Himmelreich ist nahe! Heilt Kranke, weckt Tote, macht Aussätzige rein, treibt Dämonen aus! Umsonst habt ihr empfangen, umsonst sollt ihr auch weitergeben« (Mt 10,8; vgl. S. 30). »Ein anfanghafter Prozeß der Heilung konvergiert (...) zur Heilserfahrung. Der Ratsuchende erlebt (...), daß ein Mensch sich seiner annimmt und daß er nicht verlassen ist. Pastoraltheologisch bedeutet die Realisierung eines solchen Verhaltens praktische Vergegenwärtigung der dichtesten Heilsverheißung und Heilszusage Gottes, die Gott dem Mose in der Offenbarung seines Namens gegeben hat. Heißt doch Jahwe ›ich bin durch alle Zeiten heilswirksam da.‹«[31]
Erfahrung von Heil kann geschehen, wo die Haltung Jesu in konkreten menschlichen Beziehungen spürbar wird, wo wir einander annehmen, wie Christus uns angenommen hat (*»zur Ehre Gottes«*, wie es Röm 15,7 heißt), wo wir fähig sind, »für die Unwissenden und Irrenden Verständnis aufzubringen«, wie es vom Hohenpriester Christus im Hebräerbrief (5,2) heißt: »Er kann mitfühlen (griechisch ›metriopathein‹) mit denen, die unwissend sind und irren, weil er auch selbst Schwachheit an sich trägt« (vgl. die beschriebene Haltung der »Empathie«!). In diesem Auftrag zu heilen und der damit verbundenen Chance, Heil zu erfahren, liegt auch der Auftrag zur Menschwerdung: Uns als Menschen wirklich anzunehmen und dadurch immer

mehr Mensch zu werden, das bleibt für jeden einzelnen immer wieder erst noch die Aufgabe und Chance.
Wenn das Ziel einer so verstandenen Seelsorge der reife, persönliche, verantwortete Glaube ist, bedarf es wahrhaftiger, annehmender und einfühlsamer Seelsorger, die es verstehen, den Boden für korrektive Erfahrungen als Heilserfahrungen zu bereiten.
Damit sind Grundhaltungen personzentrierter Begegnungen genannt. Vieles, was im Rahmen des personzentrierten Ansatzes an konkreten Einstellungen und Verhaltensweisen entwickelt worden ist, tut einer heutigen Seelsorge not, erscheint auch in einem seelsorglichen Kontext in einem neuen, aktuellen Licht. (So gesehen darf Carl Rogers durchaus als ein moderner Prophet verstanden werden.)
In diesen Einstellungen, die den Gesprächs- beziehungsweise Seelsorgepartner als ganze Person in den Blick nehmen (»personzentriert«) und auch den Seelsorger selbst als Person in diesem Sinn verstehen, sind somit auch die wesentlichen Elemente für eine seelsorgerliche Begegnung gegeben.

Sie ist eine wahrhaftige Seelsorge

Es bedarf glaubwürdiger, wahrhaftiger, kongruenter Menschen: Es bedarf einer »Reinheit« im Sinne Jesu, das heißt einer inneren Durchsichtigkeit, Klarheit und Redlichkeit – einer Wahrhaftigkeit, die auf der ständigen Suche nach der Wahrheit und davon überzeugt ist, daß es die Wahrheit ist, die freimacht (und nicht die eigene Einschätzung; vgl. Joh 8,32).
Ein solcher Mensch weiß, daß er nicht mehr verlorengehen kann, weil Gott ihn »wahrgenommen« hat, für »wahr« genommen hat, angenommen hat, wie er ist, ernstgenommen hat, angesprochen und zum Du genommen hat. In dieser Haltung wird er auch andere annehmen können, weil er sich selbst zutiefst angenommen erfährt. Er wird den Menschen in seiner Würde annehmen und wird so die mitgeteilten Erfahrungen im Licht des

Glaubens verbalisieren, um den Menschen zu helfen, zu einer »Selbstexploration« in dem Sinne zu kommen, daß sie zu einem immer tieferen Verständnis von sich selbst als Partner Gottes finden.

Sie ist eine wertschätzende und respektvolle Seelsorge

Eine personzentrierte Begegnung kann ein Raum der Einübung von mehr Freiheit und Autonomie, eine Gelegenheit sein, (Glaubens-)Entscheidungen treffen zu lernen. In einer solchen Begegnung liegt eine große Kraft und eine große Möglichkeit. Als Begegnung zwischen Menschen ist sie Voraussetzung für eine Begegnung mit Gott. Die befreiende Botschaft von der Annahme und Liebe durch Gott kann in einer akzeptierenden, liebenden Beziehung erfahren werden, die dazu beiträgt, daß wir »zum vollen Maß der Fülle Christi« gelangen (Eph 4,13). Insoweit in einer solchen Begegnung die Haltungen und Einstellungen Jesu seinen Mitmenschen gegenüber transparent werden, ist sie offen für die Erfahrung des liebenden Gottes, wie er im Verhalten Jesu sichtbar geworden ist. Nach Paulus ist das die Voraussetzung für einen grundlegenden Wandel, für Versöhnung, für einen neuen Anfang, eine »neue Schöpfung« (2 Kor 5).
Das alles wird nicht möglich sein, wenn sich der einzelne nicht der Frage stellt, wie sein Glaube, seine persönliche Einstellung, sein Selbst- und Menschenbild wirklich aussehen, welche Motivationen ihn zum Handeln veranlassen und welche Ziele ihn leiten. So wird er auch lernen, die je persönliche Einstellung und Motivation anderer wahrzunehmen, zu respektieren und zu schätzen. Er wird vom Glauben anderer lernen, statt den seinen aufdrängen zu wollen.
Ob wir einander in Beziehungen fördern, einander etwas zutrauen, füreinander offen sind und Freiheit geben oder ob wir einander darin einschränken, bestimmt sicher auch, wie wir unsere Beziehungen zu Gott erleben: ob einschränkend oder freimachend. Das Selbstbild färbt auf

das Menschenbild ab, und das Menschenbild beeinflußt das Gottesbild. Wer gewohnt ist, menschliches Verhalten als berechenbar anzusehen, wird auch Gott vorschreiben, wie er zu sein hat.

Sie ist eine symbolisierende und verbalisierende Seelsorge

In einfühlsamer und sensibler Haltung wird ein solcher Mensch (Lebens-)Krisen in ihrer jeweiligen Bedeutung für die Person zu verstehen suchen und sie auch als Chance sehen können (griechisch »krisis« = »Entscheidung«). Er weiß, daß sich vom Glauben her auch darin die Perspektive auf Gott hin öffnen läßt – nicht durch Worte allerdings, wohl aber durch personale Erfahrungen.

Er wird all das nicht aufdrängen oder vorschnell hineininterpretieren oder »drüberstülpen«. Er braucht seine Existenz oder seinen Zeitaufwand nicht zu rechtfertigen, indem er alles »religiös interpretiert«. Er hat es nicht notwendig, aus dem Besprechen eines Lebensproblems sofort ein Glaubensproblem »herauszudestillieren« oder das Geäußerte in diese Richtung zu interpretieren, weil er weiß, daß Lebens- und Glaubensfragen zutiefst zusammenhängen. Aus seiner inneren Redlichkeit heraus wird er umgekehrt nicht scheuen, Glaubensfragen zu erkennen und beim Namen zu nennen, wo er sie spürt, und sie in die Gesprächsbeziehung einbringen.

Es bedarf in jeder einzelnen menschlichen Beziehung immer wieder der Fähigkeit, die persönlichen existentiellen Erfahrungen jeweils ernst zu nehmen, sie zu verstehen und damit die Möglichkeit zu schaffen, daß sie transparent werden für eine Erfahrung auf Gott hin.[32] Bibel und christliche Tradition bieten einen reichen Schatz an Symbolen, Bildern, Gleichnissen usw. (die eine allzu einseitig rationale Theologie oft unverständlich werden ließ). Hand in Hand mit der Fähigkeit, sich selbst, seine Empfindungen, Gefühle, Sinnesregungen, Wünsche, Hoffnungen und Ängste zu verstehen, geht die Fähigkeit, Symbole zu verstehen und zu seinem Erleben in Beziehung zu setzen. Die Sprache der Bibel etwa, aus dem Leben und Erleben entstanden, kann wieder verständlich und bedeutsam werden, wenn die Erfahrungen, die in ihr niedergeschrieben sind, wieder erlebbar werden.

Sie ist keine Seelsorge der guten Ratschläge und der Argumente, sondern eine Seelsorge der Betroffenheit und des Mitfühlens

Die Verkündigung muß frei von Dogmatisieren, die Bußpraxis frei von Moralisieren sein (schlimm genug, daß moralisieren und dogmatisieren gleich mit Glaube und Kirche assoziiert werden). Moralisieren ist oft genug das glatte Gegenteil moralischen Verhaltens, dogmatisch-autoritäres Vorgehen steht konträr zur Partnerschaft Gottes mit den Menschen.
Sie muß frei von Interpretieren und Diagnostizieren im Sinne des Urteilens über andere sein. Eine Seelsorge, die sich gegen jeden Herrschaftsanspruch von Menschen über Menschen wendet, orientiert sich an den Worten des 1. Petrusbriefes, wo es bereits deutlich genug heißt: »Spielt nicht die Herren über die euch Anvertrauten, sondern seid Vorbild ...«(5,3).
Der Seelsorger wird sich darum auch vor vorschnellem Trösten hüten müssen und lieber zuhörend »An-Teil« nehmen: »Höret doch meiner Rede zu und laßt mir das eure Tröstung sein«, sagt Hiob in Zeiten größter Not (21,2). Er wird sich vor allen gutmeinenden Ratschlägen und Lösungsangeboten hüten, weil er um den Wert der Selbsterfahrung weiß: Am Anfang war das Wort – und nicht die Antwort. (Im Buch der Sprüche heißt es klipp und klar: »Wenn einer Antwort gibt, bevor er zugehört hat, gereicht ihm das zur Torheit und Schande«, Spr 18,3.)
Der Seelsorger wird vielmehr die Not, die er spürt, zur Sprache bringen (verbalisieren) und in mitfühlender Anteilnahme ernst nehmen. So wird er zum Facilitator eines

Wachstumsprozesses. Seine Tätigkeit ist eine echte Lebens-Hilfe, indem sie Entscheidungshilfe, Hilfe zur Selbstwerdung ist. Dazu wird er sich in die Situation des anderen versetzen (Paulus: »Den Schwachen wurde ich ein Schwacher, um die Schwachen zu gewinnen. Allen bin ich alles geworden ...«, 1 Kor 9,22). Er wird mit Paulus auch darauf vertrauen dürfen, daß er gerade darin seine Ichstärke findet: »Wenn ich schwach bin, dann bin ich stark« (2 Kor 12,10)[33] – eine Erfahrung, die ihn auch auf ähnliche Prozesse bei seinen Mitmenschen vertrauen läßt. Dazu wird der Seelsorger die Grundlagen des eigenen Handelns kritisch hinterfragen. Dies bleibt für jeden einzelnen ebenso immer eine Aufgabe, wie die jeweils persönlich adäquate, das heißt der Person entsprechende, »kongruente« persönliche Verhaltensweise im Umgang mit anderen zu entwickeln.

Wer sich auf den »personzentrierten Weg« einläßt, wird erleben, daß es gar nicht so einfach ist, auf gutgemeinte Ratschläge zu verzichten oder den anderen nicht sofort aus eigenen Wertvorstellungen heraus zu beurteilen. Er wird erfahren, daß es oft leichter ist, jemandem etwas »beibringen« zu wollen als ihm wirklich zuzuhören. Er wird aber auch entdecken, wie groß oft schon die Kluft zwischen Erfahrung und Theologie ist. Die allgemeine Entfremdung des Menschen von seinen Gefühlen, seinem persönlichen Erleben hat auch im Bereich des Glaubens keinen Halt gemacht. Gefühle scheinen vielfach keinen Platz in einer rationalen Welt und einem einseitigen, intellektualisierenden Verständnis des Glaubens zu haben.

Sie ist Sorge um Menschwerdung

Wenn sich Seelsorge als Sorge um das (gegenwärtige und künftige) Heil des Menschen in umfassender Weise versteht, dann geht es ihr um das Leben des Menschen im Sinn des johanneischen »zoe«. Dann ist damit die Sorge um das gesamte Verhalten des Menschen in seiner Verantwortung vor Gott und der Welt eingeschlossen und damit ihr Ziel der wahrhaft Mensch gewordene Mensch.

Rogers schreibt: »In der Tat, nur in der Erfahrung einer menschlichen Beziehung, in der man geliebt wird (etwas, was der Agape der Theologen nahekommt, wie ich meine), kann der einzelne beginnen, Selbstachtung, Selbstannahme und schließlich sogar Liebe zu sich selbst zu spüren. Wenn er so anfängt, sich selbst als liebenswert und wertvoll anzusehen, trotz aller seiner Fehler, dann wird er auch beginnen können, Liebe und Zärtlichkeit für andere zu empfinden.«[34]

Was Rogers »die voll entwickelte Persönlichkeit« (siehe S. 161) nennt, den selbstverantwortlichen, entscheidungsfähigen, offenen Menschen, das wird im christlichen Kontext gern als »mündiger Mensch« bezeichnet. Er ist ein Mensch, der die Wertmaßstäbe aus seinem Inneren nimmt. Der wahrhaft Mensch gewordene Mensch ist Ziel einer solchen »Seel-Sorge«.

Aber auch »der Weg der Kirche ist der Mensch«.[35] Dies ist, nimmt man die Menschwerdung Gottes ernst, »ein letzter theologischer Maßstab«.[36]

Sie ist Sorge um Leib und Seele

Eine personzentrierte Seelsorge ist selbstverständlich keine einseitige »Seel«-Sorge, weil der Mensch als ganzer in den Blick kommt und erfahren wird. Leibfeindlichkeit oder Reserviertheit vor leiblichen, sinnlichen Erfahrungen haben da keinen Platz mehr.

Auch wenn sich die Einstellung zur Sexualität schon etwas entkrampft hat: Da bleibt noch viel zu tun – wider die Tabuisierung einerseits und die Dramatisierung andererseits. Die Bedeutung des Körperlichen ernstzunehmen – gerade dazu hat die Psychologie in den letzten Jahren entscheidende Beiträge geleistet – ist die Voraussetzung dafür, den Menschen in seiner Leiblichkeit ernstzunehmen. Dies wiederum ist die Voraussetzung für einen Glauben an die Auferstehung des Leibes. Die Seelsorge muß sich darum an den ganzen Menschen wenden – als einen heilsbedürftigen und einen heilsfähigen.

Sie ist Hilfe zu Selbsthilfe

Die »Hilfe zur Selbsthilfe« im Gegensatz zu einer Hilfe, die neue Abhängigkeiten nach sich zieht und dem anderen nicht zutraut, sich selbst helfen zu können, wird in aller nur wünschenswerten Deutlichkeit vom Zweiten Vatikanum gefordert: »Alles apostolische Wirken muß seinen Ursprung und seine Kraft von der Liebe herleiten.« Christus »selbst wollte gleichsam derselbe Gegenstand der Liebe sein wie die Brüder (...). Damit die Übung dieser Liebe über jeden Verdacht erhaben sei und als solche auch in Erscheinung trete, muß man im Nächsten das Bild Gottes sehen, nach dem er geschaffen ist, und Christus den Herrn, dem in Wahrheit all das geboten wird, was einem Bedürftigen gegeben wird. Man muß auch in tiefer Menschlichkeit auf die personale Freiheit und Würde dessen Rücksicht nehmen, der die Hilfe empfängt. Weder das Suchen des eigenen Vorteils noch Herrschsucht dürfen die Absicht beflecken. (...) Man muß die Ursachen der Übel beseitigen, nicht nur die Wirkungen. Die Hilfeleistung sollte so geordnet sein, daß sich die Empfänger, allmählich von äußerer Abhängigkeit befreit, auf die Dauer selbst helfen können.«[37]
Nur in solchen Beziehungen ist auch die (glaubhafte) Vermittlung von Glaubenserfahrung möglich – in Beziehungen mit Menschen, die echt, akzeptierend und verständnisvoll statt »professionell«, beurteilend und belehrend sind, die wissen, daß es nicht so sehr darauf ankommt, mit welchen Worten sie etwas sagen, sondern vielmehr darauf, aus welcher Überzeugung und Grundhaltung heraus sie sprechen. Diese Eigenschaften und Fähigkeiten, die Haltung und Einstellung, die der personzentrierte Ansatz von einem hilfreichen Berater verlangt, gelten uneingeschränkt für einen um die Verwirklichung einer christlichen Lebenseinstellung bemühten Menschen: wahrhaftig und offen, wertschätzend und verständnisvoll, mitfühlend und achtsam.

Sie ist ein ständiger Lernprozeß

Oft sind die Erwartungen der Menschen aber ganz anders. Die Auseinandersetzung mit den Vorstellungen, die an die Kirche und ihre Seelsorger herangetragen werden, gehört zum täglichen Brot jedes in der Seelsorge Tätigen. Auch hier erwarten die Menschen oft konkrete Ratschläge und klare, einfache Antworten auf ihre Fragen, wobei allzu oft nur eine eigene Auseinandersetzung vermieden werden soll. Der Seelsorger als kirchlicher Funktionär, der »Antwort auf alle Fragen« hat und »Ausweg aus allen Plagen« weiß, ist für manche eine willkommene Figur, um sich um eine personale Herausforderung zu drücken. Hier weder einfach den Wünschen nachzukommen noch bloß zu enttäuschen, sondern sich auf Beziehungen und Auseinandersetzungen einzulassen, einen gemeinsamen Lernprozeß in Gang zu setzen, in die Fähigkeit der Leute zur eigenen Lebens- und Glaubensbewältigung zu vertrauen und dies auch vermitteln zu können, ist eine gewaltige und herausfordernde Aufgabe.
Ähnliches gilt für die konkreten Erwartungen und Vorstellungen vieler Vorgesetzter im kirchlichen Dienst, mit denen oft ebenfalls ein mühsamer Prozeß der Auseinandersetzung nötig ist, will der Betreffende sich selbst treu bleiben und doch seinen Auftrag an seinem Platz erfüllen. Jeder Seelsorger wird sich in einem Spannungsfeld zwischen der Botschaft Jesu, dem konkreten Auftrag der Kirche und den Erwartungen seiner Mitchristen vorfinden, in dem er seine persönliche Identität als Seelsorger zu finden hat – ein Spannungsfeld, das er um so eher bewältigen kann, je mehr er zu sich selbst als Person steht. Je wahrhaftiger (echter, kongruenter) sein Reden und Handeln dann ist, um so glaubwürdiger wird er erscheinen.
Wie eine Begegnung etwas Lebendiges und nichts Statisches ist, ist auch der Glaube ein prozeßhaftes Geschehen, ein Lernprozeß also, in dem alle Lernende sind – der Seelsorger ebenso wie die Menschen, mit denen er lebt und arbeitet. Seelsorge ist so verstanden ein ständiger Lernprozeß, ein partnerschaftliches Suchen, ein immer

neuer Anfang entsprechend der Botschaft des Evangeliums: »Kehrt um!« (Mk 1,15), sie ist Begegnung als Hilfe zu persönlichem Wachstum und zur Vertiefung der Kommunikationsfähigkeit – mit andern, mit sich selbst, mit Gott.

Sie ist eine diakonische Seelsorge

Wenn die Seelsorge Hilfe zur Selbsthilfe sein soll, dann ist sie – mit einem traditionellen Wort ausgedrückt – ein Dienst am Menschen. An Jesus, von dem gesagt wird, er sei nicht gekommen, um sich bedienen zu lassen, sondern um zu dienen (Mk 10,45), wird sich auch in dieser Hinsicht die Art und Weise des Umgangs miteinander zu messen haben (vgl. S. 218).
Der Therapeut, der Facilitator, der Diakon – sie alle haben den Dienstcharakter ihrer Tätigkeit schon in ihren Namen: Therapeuten, von der Wortbedeutung her ebenso wie die Diakone »Diener«, ermöglichen und fördern (»Facilitator«!) das Heilwerden derer, die ihnen anvertraut sind: »Therapiert die Kranken!« (Mt 10,8; vgl. S. 30, 219,31). Dabei sind sie der ständigen Versuchung ausgesetzt, ihre »privilegierte Stellung« – die ihnen durch Ausbildung, Funktion, Rollenzuschreibung usw. zukommt – und damit ihre Macht zur Herrschaft zu korrumpieren: zum Mißbrauch von Macht, der sich vor allem im Abhängighalten und Abhängigmachen von anderen zeigt.
Seelsorge hingegen ist – wie dargestellt – primär eine diakonische Aufgabe, die sich in den Dienst am Menschwerden der Menschen, am Christwerden der Christen stellt. In bewußter Alternative zum Arrangement mit den Mächtigen stellt sie sich dabei auf die Seite der Machtlosen. Sie ergreift Partei für die »Sünder« und die »Armen«, das heißt die Diskriminierten, die Ausgebeuteten, die Randexistenzen. Nicht zufällig wird gerade auch daran besonders ihre Glaubwürdigkeit gemessen.

Sie ist eine dialogisch-partnerschaftliche Seelsorge

Der Christ handelt nicht nur im Namen Jesu, sondern auch an Jesus (»Was ihr dem geringsten meiner Brüder getan habt, habt ihr mir getan« Mt 25,40) – so ist die Begegnung mit anderen Menschen, besonders die mit Notleidenden und Schwachen immer auch eine Begegnung mit ihm. Damit ist die zutiefst wechselseitige Beziehung jedes seelsorgerlichen Vorgangs angesprochen: Seelsorge wird nicht einseitig vollzogen; sie ist ein wechselseitiges Geschehen der Heilszusage.
Ob beauftragter Seelsorger oder »einfacher Christ«, ob hauptamtlich oder ehrenamtlich tätig, ob in leitenden Funktionen oder nicht, ob im Rampenlicht der Öffentlichkeit wirksam oder im verborgenen: Dem beziehungstiftenden Gott gegenüber sind alle gleich, und alle sind sein Bild und damit auch Bild seiner Beziehungszusage. So kann es unter den Menschen kein Oben und Unten geben, sondern alle sind Partner, Partner Gottes und damit erst recht Partner untereinander. Alle sind »Berater« und »Klienten«, sind Sprechende und Hörende; alle sind Seelsorger: Die ganze Gemeinde ist Subjekt, nicht Objekt der Seelsorge.
Ein solches Seelsorge-Verständnis widerspricht auch jedem Betreuungsgedanken in dem Sinn, daß einzelne Betreuer wüßten, was für andere gut sei und ihnen helfe. Es ist vielmehr Aufgabe der Betroffenen selbst, die Gestaltung ihres (Gemeinde-)Lebens in die Hand zu nehmen. Die Seelsorger leisten dabei den Dienst eines »Facilitators«, eines, der diese Tätigkeit fördert und dabei hilft.[38] Seelsorge heißt, eine Beziehung eingehen, in der wechselseitige Glaubenserfahrung möglich ist, in der sich beiden der Zugang zum eigenen Glauben und zu dem des anderen öffnet.[39]
Gott »hat dem Seelsorger durch dessen ›Klienten‹ vielleicht genauso viel und genauso Wichtiges zu sagen wie dem ›Klienten‹ durch den Seelsorger«.[40] Jeder, der sich offen auf die Erfahrungen in helfenden Gesprächen einläßt, sie ehrlich reflektiert, wird dies bestätigen können.

Das heißt für den Seelsorger: Sich selbst und seine Person in die Beziehungen einzubringen, »ins Spiel zu bringen«, sich auf einen offenen Dialog und Austausch einzulassen (wenn dies in vielen Fällen auch Geduld erfordern wird: Selbstbestimmung ist von Mitbestimmung nicht zu trennen. Verantwortungsbewußtes Mitbestimmen kann man aber nicht einfach von einem Tag auf den anderen, dazu ist ein Lernprozeß erforderlich, der anderen oft Geduld und langen Atem abverlangt).
Eine Seelsorge-Tätigkeit in der Gemeinde Jesu Christi wird also eine solidarische Seelsorge sein, die um die grundsätzliche Gleichheit der Menschen weiß; sie wird notwendigerweise eine dialogisch-partnerschaftliche Seelsorge sein.

Sie ist eine gemeinschaftsorientierte, aber institutionskritische Seelsorge

Die Erfahrung mit Gruppen im personzentrierten Ansatz (daß hier vieles an Begegnung und Beziehung möglich ist, das in der Zweierbeziehung nicht zum Tragen kommen kann), lehrt, daß wir eine Seelsorge der Zusammenarbeit statt des Alleingangs, daß wir Teamarbeit, Gruppenarbeit, kollektives Verantwortungsbewußtsein, gemeinsame Suche – kurz: verantwortliche Gemeinschaften – noch viel mehr brauchen, als wir dies bis heute auf Grund einer langen Tradition des Gegenübers von Amtsträgern und »einfachen« Kirchenmitgliedern, von Pastoren und Pastoranden, von leitenden Hirten und geführten Schafen, von fachgebildeten, lehrenden Predigern und empfangenden Hörern, von Vätern und Söhnen gewohnt sind: »Einer ist euer Meister, ihr alle aber seid Brüder; einer ist euer Vater: der im Himmel; einer ist euer Führer: Christus« (Mt 23,8 – 10).
Die Bedeutung der kleinen Gruppe ebenso wie der großen Gemeinschaft (der Gemeinde) weisen auf die Tatsache hin, daß Seelsorge nie individualistische Heilssuche für den einzelnen sein kann.

Lebendige Gruppen sind aber immer institutionskritisch (ohne zu vergessen, wie wichtig die Bedeutung von Institutionen ist, wo sie dem einzelnen und der Gruppe dienen), hinterfragen die Institutionen ständig, ob sie ihrer subsidiären Aufgabe nachkommen oder ein Eigenleben entwickeln, das dem Wachstum der Personen und der Gemeinschaften im Weg steht. »Institutionen sind für den Menschen da« (Rogers[41]), nicht umgekehrt – das gilt auch für die Kirche.

Sie ist eine Seelsorge des Gebets

Wer das dialogische Gespräch als Offenbarung des eigenen Innern (sich selbst und anderen gegenüber) schätzen gelernt hat, wird gerade dem Gespräch mit Gott einen hohen Stellenwert beimessen. Erleben drängt ins Gespräch, will es nicht verdrängt werden. Die Verbalisierung des eigenen Erlebens im Gespräch mit Gott, ist eine konsequente Antwort auf Gottes Gesprächsangebot.
Dazu zählt das Hadern mit Gott ebenso wie der tiefe Ausdruck dankbarer Gefühle, der Streit ebenso wie die Hochachtung, der Ausdruck von sich selbst gegenüber nicht so recht eingestandenen Gefühlen ebenso wie jene leisen »Stimmen«, die sonst nicht zur Sprache kommen, weil sie von den Lauten des Tages übertönt werden.
So wird auch die Liturgie und ihre Gestaltung erfahrungsnah sein – der emotionalen Ebene des Menschen entsprechend, nicht einseitig rational, Ausdruck einer kommunikativen Gemeinschaft, den ganzen Menschen in seiner Sinnlichkeit und Geistigkeit ansprechend.
Und daß ein Gespräch nicht nur in wohlgewählten Worten besteht, sondern das Stammeln ebenso umfassen kann wie den nonverbalen körperlichen Ausdruck, gilt für das Gebet erst recht. Das Gespräch mit Gott führt, wird es nicht statt der Auseinandersetzung mit Menschen geführt, zu einer Verbesserung der Kommunikationsfähigkeit mit den Mitmenschen; das wahrhaftige, ehrliche zwischenmenschliche Gespräch ist eo ipso Gepräch mit Gott.

Sie ist eine Seelsorge des Gesprächs

In einer solchen partnerschaftlichen Seelsorge stehen also Zuhören (das Paul Tillich einmal als »erste Liebespflicht« bezeichnet) und Verstehen, gemeinsames Suchen, Ermöglichen von Erfahrungen, Hilfe zu personalem Glauben und brüderliche Liebe im Zentrum. Sie wird daher das Gespräch als eine wesentliche Form der Verkündigung und Diakonie verstehen und ihm einen entsprechenden Stellenwert zumessen.

Was wir in der Kirche brauchen, sind mehr Gespräche und weniger Besprechungen, mehr Beziehungen und weniger Verhältnisse, mehr Begegnungen und weniger Treffen. (»Das Gerede mancher Leute verletzt wie Schwertstiche; die Zunge des Weisen ist es, die Heilung bringt« Spr 12,18).

In einem Gespräch wird nicht das richtige Argument gesucht (wie bei einer Diskussion), sondern der Mensch, mit dem man spricht. In einem Gespräch will man nicht recht haben, sondern dem anderen gerecht werden. Ein Gespräch macht man nicht, man erlebt es als Geschenk.[42]

Zum »seelsorgerlichen Gespräch« gehören ja nicht nur das explizite Glaubensgespräch, die vielfältigen Gespräche im Zusammenhang mit Liturgie und Sakramentenspendung (Taufgespräch, Gespräch zur Vorbereitung auf die Ehe, Beichtgespräch, Predigtgespräch, Gespräch mit den Angehörigen eines Toten), das Gespräch mit Kranken, Sterbenden und Trauernden, der Religionsunterricht, die Gruppenstunde mit Kindern und Jugendlichen und die religiöse Erwachsenenbildung, das Beratungsgespräch in Lebens- und Glaubenskrisen (Ehe-, Familien- und Erziehungsberatung, die »Sprechstunde« usw.), das Gespräch mit Fernstehenden und Ausgetretenen, die Gespräche und Besprechungen mit Mitarbeitern und der »Hausbesuch«; dazu gehören nicht nur die vielfältigen kirchlichen Beratungsdienste, von der Telefonseelsorge bis zur Krisenberatung für Schwangere in Notsituationen; dazu gehört auch und mit dem gleichen Stellenwert jedes »zufällige« Gespräch auf der Straße, in dem es zu einer

menschlichen Begegnung kommt, jede Auseinandersetzung mit den Mitmenschen, jede noch so kurze oder langfristige Begegnung: Überall da wird die Haltung des Seelsorgers als Person vermittelt, wird er transparent für seiner innere Einstellung, für seinen Glauben.
Kaum eine andere Tätigkeit kennt so viele verschiedene und vielfältige Gesprächs-, Begegnungs- und Beziehungssituationen wie der Dienst eines Seelsorgers. Für ihn gilt wahrlich: »Tod und Leben stehen in der Zunge Gewalt.« Und weiter heißt es im Buch der Sprüche nicht umsonst: »Wer sie liebevoll gebraucht, genießt ihre Frucht« (18,21). Jedes Gespräch wird dann zu einem Akt der Verkündigung. Welche Botschaft dabei verkündigt wird – das hängt von der Haltung der Beteiligten ab.
Ein Gespräch wird nicht durch den religiösen Inhalt und nicht durch eine spezifische Methode zu einem Seelsorge-Gespräch. Vielmehr liegt es an der Intention und Motivation dessen, der ein solches Gespräch führt: aus welchem Selbstverständnis und in welcher Haltung der Seelsorger seinem Gesprächspartner begegnet. Als »Fachmann« wird er es aus der Einstellung heraus tun: »Ich bin gekommen, um ihnen beizubringen, wie man Gott und die Welt sehen muß und wie man Probleme lösen und glücklich werden kann.« Als Glaubender wird er in der Haltung Jesu handeln: »Ich bin gekommen, daß sie das Leben haben und es in Fülle haben« (Joh 10,10).
Irgendwo zwischen diesen beiden Einstellungen wird jeder sich selbst finden, zwischen Vertrauen und Verordnen, zwischen Respekt und Achtung vor dem andern als einem andern und dem Nicht-aushalten-Können des Fremden, zwischen echter (Seel-)Sorge und ängstlichem Befürsorgen, zwischen Mitleiden und Mitleid, zwischen Liebe und Selbstschutz.

Sie ist nicht Psychotherapie

Viele Seelsorger kommen in die Lage, Krisenintervention durchzuführen, in akuten Notsituationen zu helfen. Darunter finden sich auch manche, die eigentlich einen Psychotherapeuten brauchen. Einen Seelsorger sucht mancher leichter auf als einen Psychotherapeuten – das ist nicht unähnlich wie bei Praktischen Ärzten –, und so kommen in der Seelsorge Tätige oft auch mit Menschen in Kontakt, für deren Beratung und Hilfe sie überfordert und nicht ausgebildet sind.

Hier ist es notwendig, wenigstens über jenes Minimum an Erfahrung und Wissen zu verfügen, um sich nicht zu überfordern und gegebenenfalls noch mehr Schaden anzurichten.[43] Auch um den Unterschied zwischer »Erster Hilfe«, die über eine akute Krise hinweghilft (etwa aktuelle Selbstmordabsichten, Schockerlebnisse usw.) und vom Seelsorger als der gerade damit konfrontierten Person zu leisten ist, und grundlegender Hilfe, die eine Psychotherapie erforderlich erscheinen läßt, muß gewußt werden.

Grundsätzlich aber gilt: Je mehr ich einen Menschen als Kranken behandle, um so eher lege ich ihn auf seine Krankheit fest; je mehr ich ihn auf seine unselbständigen, störenden Seiten festlege, um so mehr werden diese verstärkt – und umgekehrt. Aufmerksames, verständnisvolles Zuhören kann keinem »psychisch Kranken« schaden! Auch in extremen Situationen ist es gut zu bedenken, daß es unendlich viel mehr Gemeinsames mit einem solchen Menschen gibt als Trennendes, daß man auch Menschen mit den seltsamsten oder noch so ablehnenswert erscheinenden Symptomen viel ähnlicher ist als unähnlich.[44]

Sie erfordert eine erfahrungsorientierte Wissenschaft und Ausbildung

Leider gilt im großen und ganzen trotz mancher Verbesserungen immer noch, was (bezeichnenderweise ein an der Psychoanalyse brennend interessierter Schweizer Pfarrer) Oskar Pfister bereits zu Beginn dieses Jahrhunderts festgestellt hat: »Es ist ein Ärgernis, daß man heute sechs, acht, zehn Semester Theologie studieren kann, ohne in den Vorlesungen seine brennendsten Fragen, das tiefste Sehnen, die quälendste Not, die leuchtendste Hoffnung seiner Seele kraftvoll in Behandlung genommen zu sehen. Es ist etwas Empörendes, daß die wissenschaftliche Glaubenslehre sich nicht kümmert um den vielgestaltigen Jammer des Volkes, der Jesus das Herz erschütterte (...) Unsere wissenschaftliche Glaubenslehre ist in psychologischer, logischer, soziologischer und erkenntnistheoretischer Hinsicht unreif, dilettantisch, konfus.«[45]

Einer personzentrierten Seelsorge muß eine erfahrungsorientierte, erfahrungsnahe theologische Wissenschaft entsprechen. Sie wird, wie es in der personzentrierten Psychotherapie gegenwärtig geschieht, ihre eigenen Methoden dort entwickeln müssen, wo sich die traditionellen als inadäquat und eher hinderlich als förderlich herausstellen.

Selbstverständlich muß auch die praktische Ausbildung den Kriterien entsprechen, die an personzentrierte Lernprozesse angelegt werden. Selbstgesteuertes Lernen trägt der Tatsache Rechnung, daß man nicht für andere Erfahrungen machen kann und auch nicht vorschreiben kann, wann wer welche Erfahrungen zu machen hat. Man kann aber sehr wohl die entsprechenden Bedingungen schaffen. Es ist auch ein Mißverständnis zu meinen, daß praxisorientiertes Lernen ohne die entsprechende theoretische Fundierung und Aufarbeitung auskommen könnte: Erfahrungen drängen dazu, in das Denken integriert zu werden.

Es wurde gezeigt, daß die Gruppe der Lernenden eine entscheidende Rolle spielt, weil sie als Beziehungsfeld vielfältige Chancen für das Erlernen des Umgangs mit und in Beziehungen bietet. Dies gilt insbesondere für die Praxisreflexion, bei der die zur Sprache gebrachten Situationen aus der Erfahrung der Teilnehmer bei ihren Seelsorge-Einsätzen in der Gruppe »wiederbelebt«, aktualisiert werden und so der Erfahrung aller und der Bearbeitung durch die Gruppe zugänglich werden (vgl. S. 182f).

In der zunehmenden Vorsicht, die auf eine teilweise enthusiastische Aufnahme der gruppendynamischen, sozialpsychologischen und psychotherapeutischen Methoden gefolgt ist, weil sie die in sie gesetzten Erwartungen nicht erfüllen konnten, liegt auch eine große Chance: Die Krise der Methoden ist eine Chance für Personen. Damit ist auch zugleich auf die Verantwortung, die den theologischen und pastoralen Lehrern als Personen (und nicht nur als Wissensvermittlern) zukommt, sehr deutlich hingewiesen.

Eine Ausbildung für Seelsorger, die den erwähnten Anforderungen entspricht, muß also »lebendiges Lernen«[46] sein, sie muß zuallererst eine »Aus-Bildung« ihrer Person sein, also eine Möglichkeit zur entsprechenden Entwicklung ihrer Persönlichkeit (vgl. S. 180ff).

Die amerikanische Seelsorgebewegung hat mit der klinisch-praktischen Seelsorge-Ausbildung (»Clinical Pastoral Training, CPT«) ein bedeutendes Modell für eine Seelsorge-Aus- und Fortbildung, die den beschriebenen Anforderungen entspricht, entwickelt.[47] Es ist dem personzentrierten Lernmodell nahe verwandt und zum Teil von ihm direkt beeinflußt. Ausgehend von der Erfahrung, daß praktische Lernprozesse am wirkungsvollsten (und oft auch am »raschesten«) dort stattfinden, wo Probleme, Situationen und Beziehungen nicht simuliert werden – wie in gestellten Rollenspielen beispielsweise – sondern dort, wo die Probleme real sind, wurden klinische Ausbildungsplätze (in Krankenhäusern, Gefängnissen, Erziehungsanstalten usw.) eingerichtet, an denen die Studenten in einem Praktikum eingesetzt werden. In ausführlicher Supervision und Aufarbeitung der Erlebnisse werden die einzelnen Erfahrungen jeweils mit dem Ausbilder einzeln oder in der Gruppe besprochen. Dabei findet auch eine Auseinandersetzung mit der spezifischen Identität des Seelsorgers statt.

Für die oben genannten »Spezialisten« – das sind also selbstverständlich die Mitarbeiter in Beratungsdiensten und ähnlichem, aber auch etwa die für Personalfragen zuständigen Leute in kirchlichen Ämtern, die Leiter von Ausbildungsinstitutionen (Priesterseminare, Theologenzentren etc.), aber wohl auch »Lehrpfarrer« und andere, die eine einschlägige Qualifikation aufweisen sollten – ist eine eigene Ausbildung erforderlich. Zum Teil werden solche Ausbildungen in Spezialkursen, etwa für Krankenhausseelsorge, angeboten, zum Teil ist es am besten, eine spezifische Berater-, Gruppenleiter- oder Gesprächsführungsausbildung zu absolvieren.

Sie bedarf einer ständigen Supervision und Weiterbildung

Auch eine Supervision der seelsorglichen Tätigkeit selbst, das heißt ein Prozeß der Praxisbegleitung mit Selbsterfahrung und kritischer Reflexion der eigenen Praxis, zu zweit oder in der Gruppe, ist unbedingt erforderlich, soll das eigene Tun nicht verantwortungslos werden. In kaum einem sozialen Berufsfeld ist eine Tätigkeit heute noch ohne regelmäßige berufsbegleitende Supervision und entsprechende, von Zeit zu Zeit erfolgende Fortbildung möglich. Da ist in der Seelsorge noch viel zu verändern: Wie soll der Seelsorger ohne regelmäßige Besprechung seiner auftretenden Konflikte, Schwierigkeiten und Veränderungen die Seelsorge-Beziehungen für sich und seine Partner befriedigend gestalten können?
Auch dazu wurden Modelle speziell für die Seelsorge erarbeitet.[48] Nur wer sich einer solchen »Hygiene für die eigene Psyche«, einer ständigen Auseinandersetzung mit seinem eigenen »emotionalen Haushalt«, mit seinen blinden Flecken immer wieder stellt, hat die Voraussetzungen dafür, sich auf andere wirklich einlassen zu können, ohne Gefahr zu laufen, die anderen ständig dazu zu mißbrauchen, daß er sich eigentlich nur mit sich selbst beschäftigt (vgl. S. 182ff).[49]

5.5. Liebe: »Eine Art der Zuneigung, die Kraft hat«

Die in diesem Buch beschriebenen Einstellungen und Grundhaltungen konvergieren auf einen – traditionell christlichen – Begriff: die Liebe. Sie ist das Fundament allen seelsorglichen Handelns. Was es konkret in den vielfältigen zwischenmenschlichen Beziehungen in der Seelsorge heißt, jemanden zu lieben, dazu kann der personzentrierte Ansatz eine Menge beitragen – freilich ohne die damit angesprochene Dimension auszuloten: Die Voraussetzungen können erlernt werden; die Liebe bleibt Geschenk.

In einem Versuch, die Beziehung im therapeutischen Prozeß begrifflich zu formulieren, schreibt Rogers einmal, daß der Klient »in dieser begrenzten Beziehung zu dem Therapeuten akzeptiert, respektiert und geliebt wird. ›Geliebt‹ hat hier vielleicht seine tiefste und allgemeinste Bedeutung – nämlich die, tief verstanden und tief angenommen zu werden.«[50]

Kann die Seelsorge über die Liebe von der Psychotherapie etwas lernen? Kann solches Handeln zutreffend mit »lieben« bezeichnet werden?

An einer anderen Stelle schreibt Rogers: »Es bedeutet eine Art Liebe zu dem Klienten, so wie er ist; vorausgesetzt, daß wir das Wort Liebe entsprechend dem theologischen Begriff Agape verstehen und nicht in seiner romantischen oder besitzergreifenden Bedeutung. Das Gefühl, das ich beschreibe, ist weder patriarchalisch noch sentimental, auch ist es nicht von einer oberflächlich-liebenswürdigen Zuwendung. Es achtet den anderen Menschen als eigenständiges Individuum und ergreift nicht Besitz von ihm. Es ist eine Art der Zuneigung, die Kraft hat und die nicht fordert. Wir haben dafür den Ausdruck ›positive Zuwendung‹ gewählt.«[51]

Im Dialog zwischen Martin Buber und Carl Rogers, in dem beide, von ihrem jeweiligen Erfahrungshintergrund

ausgehend, das Spezifische der therapeutischen Begegnung auszuloten versuchten, charakterisierte Rogers diesen Aspekt der akzeptierenden Liebe folgendermaßen:
»Buber: Nehmen wir zum Beispiel Mann und Frau, Ehemann und Ehefrau. Er sagt, nicht ausdrücklich, aber durch seine ganze Beziehung zu ihr: ›Ich nehme dich an, so wie du bist‹. Aber das heißt nicht ›Ich möchte dich nicht ändern‹. Sondern das heißt ›Ich entdecke in dir durch meine Liebe, die dich annimmt, was aus dir werden soll.‹ Ist es das, was Sie meinen?«
Rogers: Ja. Und ich denke, das kommt dem sehr nahe, was ich unter der Erfahrung der Akzeptanz verstehe, obwohl ich dazu neige, es anders auszudrücken. Ich denke, wir nehmen den Einzelnen *und* seine Fähigkeiten an. Es scheint mir eine konkrete Frage zu sein, ob wir den Einzelnen so annehmen können, wie er ist – denn oft ist er in einer schlechten Verfassung –, wenn wir nicht in einem gewissen Sinne auch seine Fähigkeiten verstehen und anerkennen. Ich glaube, ich spüre auch, daß totales Vertrauen – Vertrauen zu diesem Menschen, so wie er ist – die stärkste treibende Kraft zur Veränderung ist, die ich kenne. In anderen Worten, ich vermute, herauszufinden ›ich werde angenommen, so wie ich bin‹, löst die Veränderung aus oder weckt die Fähigkeiten – dann kann ich mir einfach nicht helfen, dann muß ich mich ändern.«[52]
Damit ist wohl deutlich, daß die hier gemeinte Liebe nicht die Bedeutung haben kann, die sie im täglichen Sprachgebrauch als Liebe zwischen den Geschlechtern oder zwischen Eltern und Kind oder in einer Freundschaft hat. Es ist ein Verständnis von Liebe, wie es in der jüdisch-christlichen Tradition entwickelt worden ist. Es meint eine fundamentale Seinsweise in der Beziehung der Menschen als Mit-Menschen, in der Gefühl *und* Verstand, verständnisvolles Mitfühlen und kritische Betrachtung, Miteinander-Sein und Einander-Gegenübertreten impliziert sind.
Diese Liebe als konkret heilende Kraft wiederzuentdekken, ist eine große Herausforderung für jeden einzelnen in der Seelsorge.
Freilich wird damit aber auch auf eine Dimension verwie-

sen, die durch Selbst- und Beziehungserfahrung auslotbare Bereiche des Erlernens übersteigt, ohne jedoch dieses Lernen als Voraussetzung überflüssig zu machen – lieben »kann« man nicht einfach, man muß es lernen. Und dazu sind die besten Erfahrungen der Menschen und ihre tiefsten philosophischen Auseinandersetzungen gerade gut genug. Aber Liebe könnte man auch nicht lernen, wäre sie einem nicht von Anfang an geschenkt.
Paulus schreibt in dem bereits zitierten Korintherbrief, daß unechtes Verhalten (»dröhnendes Erz, lärmende Pauke«) wertlos ist, und er weist darauf hin, daß selbst außergewöhnliche Fähigkeiten und Leistungen ohne die grundlegende Haltung der Liebe nichts wert sind: »Prophetisches Reden hat ein Ende. Erkenntnis vergeht. Denn Stückwerk ist unser prophetisches Reden, Stückwerk unser Erkennen. Die Liebe aber hört niemals auf« (1 Kor 13, 8f).
Eine personzentrierte, die Bedeutung der personalen Begegnung ernst nehmende Seelsorge, wird gerade diese Erfahrung und Erkenntnis in aller Bescheidenheit achten.

Anmerkungen

1. Von Person zu Person (S. 15–22)

[1] Einen guten Überblick über die humanistische Psychologie insgesamt gibt Quitmann 1985; vgl. auch Bugental 1967, Bühler/Allen 1974, Völker 1983.

2. Das helfende Gespräch (S. 23–74)

2.1. Was heißt helfen?

[1] Eine Umfrage des Instituts für Demoskopie Allensbach für die BRD vom Frühjahr 1988 führt auf die Frage, vor wem die Deutschen die meiste Achtung hätten, mit 76% die Ärzte an der Spitze, gefolgt von Pfarrern (47%) und Universitätsprofessoren (38%). Eine damit vergleichbare IMAS-Umfrage für Österreich vom Jänner 1989 ergibt: 1. Arzt (72%), 2. Flugkapitän (46% – dieser Beruf wurde in der BRD nicht erhoben), 3. Rechtsanwalt (33%), 4. Apotheker (29%), 5. Pfarrer (28%). (IMAS-Umfrage 6670, IMAS-report 7 (1989) 2a). Expertentum scheint hier eine beachtliche Rolle zu spielen. Auffällig ist auch, daß die Spitzenpositionen an Heilungs- und Heilkundige vergeben werden. Zum Vergleich: Volksschullehrer (Ö: 24%, 6. Platz; D: 17%, 12. Platz), Psychologe (Ö: 16%, 16. Platz; D: 20%, 9. Platz), Mittelschulprofessor/Studienrat (Ö: 15%, 17. Platz; D: 20%, 9. Platz).

[2] Zur Frage der Expertengläubigkeit und der (religiösen und psychischen) Abhängigkeit vgl. Schmid 1987b.

[3] Vgl. Schmid 1982.

[4] Eine neuere Zusammenfassung der Untersuchungen über Kriterien für hilfreiche Personen findet sich bei Combs 1986a.

[5] Vgl. Petschnig, Stowasser, Gemoll/Vretska, Preuschen, Großer Brockhaus, Etymologie-Duden.

[6] Rogers 1951a, 24, Anm. 2.

[7] Rogers 1970a, 50.

2.2. Die Gesprächsdynamik

[8] Ausführlich zu *Schweigen und nonverbaler Kommunikation* vgl. Wild-Missong/Teuwsen 1977, 82–114.

[9] Rogers 1951a, 108.

[10] Es gibt zahlreiche Literatur, die sich mit *Gespräch und Gesprächsführung im allgemeinen* befaßt. Hingewiesen sei auf Brandl 1975, Schmölders 1979.

2.3. Problemzentriert oder personzentriert

[11] Von dem amerikanischen Wort »person-centered«. Zu den Bezeichnungen vgl. S. 90 ff; zum Begriff der Person siehe S. 112ff.

[12] Rogers 1942a, 36.

[13] Vgl. Bommert 1977, 62.

[14] Rogers 1973b, 15.

[15] Zur Gegenüberstellung direktiv – nichtdirektiv vgl. Rogers 1942a, 108–120.

[16] Rogers/Buber 1960, 63.

2.4. Direktive Verhaltensweisen

[17] Carl Rogers schreibt dazu (1961a, 69): »Beurteilungen sind ein Teil unseres Lebens von der frühen Kindheit bis ins hohe Alter hinein. Sie scheinen mir einen gewissen sozialen Nutzen für Institutionen und Organisationen wie Schule und Beruf zu besitzen. Ich sehe selbst, daß ich wie jeder andere allzu oft solche Wertungen vornehme. Aber nach meiner Erfahrung führen sie nicht zur persönlichen Entfaltung, und deswegen glaube ich nicht, daß sie Teil einer hilfreichen Beziehung sein können. Eine positive Bewertung ist auf die Dauer merkwürdigerweise genauso bedrohlich wie eine negative: sagt man jemandem, daß er gut ist, dann hat man wohl auch das Recht, ihm zu sagen, daß er schlecht ist. Je mehr ich also ein Verhältnis frei von Beurteilung und Bewertung halten kann, desto mehr erlaubt es dem anderen, zu dem Punkt zu gelangen, wo er erkennt, daß die Bewertungsinstanz, das Zentrum der Verantwortung, in ihm selbst liegt. « Je weniger Wertsetzung von außen erfolgt, um so stärker wird auch die Kreativität gefördert (ebd. 347).

[18] Zu Diagnostizieren und Interpretieren vgl. Rogers 1942a, 34f. 110. 186, ders. 1951a, 41.

[19] Zu Fragen in Beratung und Therapie vgl. Weisbach 1989.

[20] Rogers 1961a, 76.

[21] Zum Eingehen auf den Inhalt versus Eingehen auf die Gefühle vgl. Rogers 1942a, 124–132. 158.

[22] Man könnte sagen: Moralisieren, dogmatisieren, generalisieren und identifizieren laufen dem Akzeptieren zuwider, während interpretieren, diagnostizieren, dramatisieren, bemitleiden, Partei ergreifen und hinwegtrösten vor allem mangelnde Einfühlung erkennen lassen. Ratschläge geben, drängen, nachforschen, bloß inhaltlich eingehen und suggerieren sind besonders deutlich direktive Verhaltensweisen.

[23] Zu den direktiven Vorgangsweisen ausführlich siehe Schmid 1973, 34–75.

[24] Weitere Literatur *zu den direktiven Verhaltensweisen:* Rogers 1961a, 250f, Faber/van der Schoot 1968, 31–58, Stollberg 1970a, 17, Clinebell 1971, 58ff, Godin 1972, 61–75, Mucchielli o. J. , 31–35, Ruthe 1973, 48ff. 67–73, Weber 1974, 32, Gordon 1977, 48ff. 309ff, Vossen 1975, 50–72, Weinberger 1988, 66–76, Eisele/Lindner 1975, 9-22. In

nicht wenigen Fällen (z. B. Mucchielli, Eisele/Lindner) wird gerade aus der Aufzählung möglicher direktiver Vorgangsweisen eine lehr- und lernbare Technik gemacht, die dem Grundverständnis des personzentrierten Ansatzes völlig zuwiderläuft.

3. Der personzentrierte Ansatz von Carl Rogers

3.1. Carl R. Rogers – Zur Entwicklung von Person und Ansatz (S. 75–99)

Carl Ransom Rogers

[1] Vgl. Kroeger 1976, 87. 224, Schmid 1976a.

[2] Zur *Biographie* von Carl Rogers vgl. u. a. Rogers 1959a, 11, ders. 1961a, 19–31, ders. 1967a, ders. 1972a, 25ff, ders. 1973b, 185–198, ders. 1976a, ders. 1980e, ders. 1987a, Helen Rogers 1965, Burton 1972, Minsel 1974, 15–17, Bommert 1977, 13–15, Kirschenbaum 1979, Ostertag 1979, Heine 1983, Quitmann 1985, 124–126, Barrett-Lennard 1987b, Cain 1987d, Stipsits 1987b, Gendlin 1988.

[3] Rogers 1961a, 21.

[4] Rogers 1973b, 14.

[5] Rogers 1969a, 214.

[6] Burton 1972, 21, eigene Übersetzung.

[7] Kirschenbaum 1979, 33.

[8] Ebd. 51.

[9] Rogers 1961a, 24. 100. Zur Auseinandersetzung mit dem Protestantismus vgl. auch Rogers 1959a, 11.

[10] Kirschenbaum 1979, 44.

[11] Zum Einfluß von *Rank* und seiner Schule vgl. u. a. Rogers 1951a, 206, ders. 1962c, 173, ders. 1973b, 192, ders. 1977b, 17, Wyss 1972, 271, Kirschenbaum 1979, 90–95 u. ö., Quitmann 1985, 141–148, Cain 1987b, 482f. Vgl. dazu Rogers 1973b, 192 über sein Buch 1939a.

[12] Zur Auseinandersetzung mit Freud siehe S. 110f, mit der Verhaltenstherapie S. 111.

[13] Rogers 1961a, 25f; vgl. ders. 1973b, 191f.

[14] Kirschenbaum 1979, 113. Rückblickend läßt sich generell feststellen, wie verblüffend viel von seinen späteren Überzeugungen Rogers bereits früh formuliert hat, dessen Bedeutung auch von ihm selbst zum Teil erst später voll erkannt wurde. So lassen sich die frühen Schriften mit dem Wissen um die späteren Akzentsetzungen mit großem Gewinn lesen.

[15] Vgl. Rogers 1944a.

[16] Rogers 1976b, 27. Zur Auseinandersetzung mit der traditionellen *Psychiatrie* vgl. ders. 1974c, 40f, ders. 1977a, 36–41.

[17] Siehe dazu S. 93ff, zu den Bezeichnungen vgl. S. 90ff.

[18] Carl Rogers beim Gespräch mit Theologen in Wien 1981, Videoband (Rogers V-1981b, eigene Übersetzung, vgl. auch Rogers 1983j, 26f).

[19] Rogers 1961a, 120. 119f.

[20] Kirschenbaum 1979, 495.
[21] Rogers 1973b, 194f.
[22] Rogers 1972a, 26. 31. 32.
[23] Kirschenbaum 1979, 417.
[24] Rogers 1980e, 56f.
[25] Rogers 1977a, 280. 323.
[26] Der Vortrag ist publiziert Rogers 1979a. Vgl. S. 282, Anm. 32.
[27] Textausschnitte aus einem Videoband (V-1981b), übersetzt: Rogers 1983j, 24f. Zu *Rogers und Religion* siehe u. a. auch Fuller 1982, Oriberg 1982, Brent/Chrismar 1984, Roberts 1985, sowie die pastorale Literatur S. 281f.
[28] Rogers 1973b, 21.

Eine stille Revolution?
[29] Vgl. Rogers 1942a.
[30] Die Bedeutung von »nicht-direktiv« wurde S. 40 ausführlich erläutert.
[31] Als Titel einer Veröffentlichung erstmals 1946a. Zur Wahl des Wortes »client« siehe S. 31.
[32] Zur Einführung des Begriffes vgl. Kirschenbaum 1979, 424. Vgl. Rogers 1983j, 25.
[33] Z. B. Rogers 1961a.
[34] Siehe S. 93, 157 und 265, Anm. 21; vgl. vor allem Brodley 1988.
[35] Zur gegenwärtigen Diskussion vgl. Rogers 1986h, ders. 1987c, Levant/Shlien 1984, Brodley u. a. 1988, Coulson 1988, Tscheulin 1988, Wijngarden 1989, Behr/Petermann u. a. 1989.
[36] Rogers, zitiert in Kirschenbaum 1979, 424.
[37] Vgl. z. B. Rogers 1975a. So auch bei seinen Aufenthalten in Österreich in zahlreichen Veranstaltungen und Seminaren (Rogers V-1981e, ders. V-1984a). Siehe auch S. 120.
[38] Rogers 1942a, ders. 1951a, ders. 1961a.
[39] Hart/Tomlinson 1970, 1–12, Vossen 1975, 23–26, Pavel 1975a, 27–38, vgl. ders. 1978, 15–24, Bommert 1977, 13–18, Hutterer 1982, 89–92, Quitmann 1985, 133–135, Buys 1988 u. a.
[40] Vgl. S. 81ff. Rogers selbst zur *Entwicklung des Ansatzes* u. a. Rogers 1961a, 19–43, ders. 1977a, 13–41, Rogers/Meador 1973, 122–125, Rogers/Sanford 1984; vgl. auch Pfeiffer (Vorwort) in Rogers 1977b, 9–11.
[41] Rogers 1961a, 50.
[42] Ein Überblick über *Forschungsergebnisse* findet sich u. a. in: Rogers 1959a, 66–68, ders. 1976a, 29–31, Rogers/Dymond 1954, 413–436, Rogers/Sanford 1984, Bommert 1977, 128–158, Helm 1978, 21–30, Biermann-Ratjen u. a. 1979, 38–60, Tausch 1976a, ders. 1976b, Tausch/Tausch 1979, Bozarth 1983.
[43] Vgl. insbesondere Rogers 1977a (und da vor allem die Thesen S. 317–323).
[44] Über die personzentrierte *Psychotherapie* vgl. u. a. Rogers 1942a, ders. 1951a, 25–215, ders. 1958b, ders. 1959a, 40–47, ders. 1961b, ders.

1962a, ders. 1974d, ders. 1986h, Rogers/Dymond 1954, Rogers/Truax 1967, Rogers/Meador 1973, Rogers/Wood 1974. Leider sind jene Veröffentlichungen, die Rogers als seine wichtigsten bezeichnet (persönl. Mitteilung, vgl. Rogers 1981f), nicht alle ins Deutsche übersetzt bzw. schwer zugänglich. Es sind dies: The necessary and sufficient conditions of therapeutic personality change (1957a), A theory of therapy, personality and interpersonal relationships, as developed in the client-centered framework, in: S. Koch (Hg.), Psychology: a study of a science (1959a), sowie Client-centered psychotherapy, in: Kaplan/Sadock/Freedman (Hg.), Comprehensive textbook of psychiatry, III (1980b), letzte Fassung (IV) von Rogers/Sanford (1984).
Zusammenfassende Darstellungen: Bommert 1977, Helm 1978, 31–53, Dörner/Plog 1978, 391–394, Pavel 1978, Barton 1979, 164–196, Tausch/Tausch 1979, Schwab 1980, 57–82, Hutterer 1982, 84–97, Kroeger 1983, Quitmann 1985, 124–174. Weitere Schriften zur Psychotherapie u. a. Truax/Carkhuff 1967, Carkhuff 1969/I + II, Wexler/Rice 1974, Jankowski 1976, Evans 1975, 21–34, Rosenberg 1980a, de Ryck 1982, Levant/Shlien 1984, Combs 1989.
Zu *Kurzzeittherapien* Rogers/Lewis/Shlien 1959b, zu *Langzeittherapien* Henderson 1984, für *schwere psychische Störungen* Binder/Binder 1981 und die Arbeit mit Schizophrenen von Rogers und seinen Mitarbeitern ders. 1962c, ders. 1973c, Rogers/Gendlin/Kiesler/Truax 1967, Hart/Tomlinson 1970, 280–291.
Einige Hinweise zu »klassischen« psychotherapeutischen Themen im personzentrierten Verständnis: Zum *Krankheitsbegriff und zur Psychosomatik* Rogers 1951, 211f, Dioszeghy 1979, Jacobs 1982, Mayr 1982, Barnard 1984, Keil 1988, Reisch 1988, Speierer 1988, Schmid 1989b, zur *Indikation* Eckert u. a. 1979, Zielke 1979, Biermann u. a. 1979, Jandl-Jager 1980, Minsel/Scheller 1981, Schulz 1981, Baumann 1981, Wiederkehr-Benz 1982, Topf 1984, zur *Diagnose* Rogers 1951a, 206–212, Keil 1979, Bommert 1980, Zielke 1982, Speierer 1982, Rauschfleisch 1985, Henning 1985, zur *Neurosenlehre* Pavel 1975a, 35, Barton 1979, 164–169, Schulz 1981, Swildens 1989, zur *Deutung* Stipsits/Pawlowsky 1988, zu *Übertragung und Widerstand* siehe S. 267, Anm. 30 (zur Auseinandersetzung mit der Psychoanalyse), zur *Arbeit mit Träumen* Gerl 1981, Jennings 1986, van Balen u. a. 1986, Gendlin 1987, Vossen 1988, Pfeiffer 1989b, van Werde/Gendlin 1989, Graessner 1989.

[45] Zur *Arbeit in und mit Gruppen* siehe S. 166ff. Dort auch Literatur.

[46] Literatur spezifisch zu personzentrierter *Beratung* über die andernorts (Therapie, Anwendungen) genannte hinaus u. a.: Boy/Pine 1982, Fleischer 1982, Heerkens/Timp 1984, Patterson 1986, Mearns/Thorne 1988.

[47] Zu Pädagogik, Schule, Lehren und Lernen siehe S. 172ff. Dort auch Literatur.

[48] Über *Ehe, Partnerschaft, Familie* vgl. u. a. Rogers 1959a, 66, ders. 1961a, 307–320, ders. 1972a, ders. 1977a, 42–85, Gordon 1970, ders.

1978, Hart/Tomlinson 1970, 387–406. 407–426, Pavel 1978, 123–150, Barrett-Lennard 1984, ZPP 2/87, Person-Centered Review 1/1988, über *Paartherapie:* Plog 1975, Auckenthaler 1980, dies. 1983a, dies. 1983b, Henning 1981, Schall 1981, Esser/Schneider 1989, über *Familientherapie:* Pavel 1975c, Schmidtchen 1983, ZPP 3/84, ZPP 1/85.

[49] Zu Erziehung siehe S. 172ff. Dort auch Literatur zu Kinder- und Spieltherapie.

[50] Vgl. Rogers 1959a, 67f.

[51] Über *die politischen Dimensionen* siehe u. a. Rogers 1972b, ders. 1975b, ders. 1977a, bes. 133–160, ders. 1978e, ders. 1979a, ders. 1982a, ders. 1986b, ders. 1986c, ders. 1986d, Rogers/Ryback 1984, Rogers/Sanford 1984, Rogers/Robinson 1985, 100f, Devonshire 1976, Devonshire/Kremer 1980, Sanford 1984, Stipsits 1987a. Zur Auseinandersetzung mit dem Ansatz *in sozialistischen Gesellschaftsordnungen* vgl. Helm/Thom 1976, Helm 1978, Czabala/Leder 1983.

[52] Zum personzentrierten Ansatz *in Betrieben und Organisationen, sowie im Umgang mit Mitarbeitern* vgl. Rogers 1980a, Gordon in Rogers 1951a, ders. 1979, Neuberger 1973, Vossen 1975, 241–233, Benz 1981, Seewald 1985, Asanger 1987, Weigand-Sievers 1987, Frenzel 1988a, Gesellschaft für wissenschaftliche Gesprächspsychotherapie 1988, Bd. 2, Fietkau/Seewald 1988.

[53] Über personzentrierte *Medizin* vgl. u. a. Rogers/Gendlin/Kiesler/Truax 1967, Falbesaner 1978, Speierer 1979, ders. 1985a, Jacobs 1980, Braaten 1983, Janisch 1984, ZPP 3/1983, ZPP 4/1986, Eckert/Biermann-Ratjen 1985, Henning 1985, Ripke 1987, Howe/Pfeiffer 1988. Zur Auseinandersetzung mit der *Psychiatrie* siehe u. a. Rogers 1974c, 40f, Mann 1976, Pfeiffer 1986, Gesellschaft für wissenschaftliche Gesprächspsychotherapie 1988, Bd. 1, Steves 1988.

[54] Zum personzentrierten Ansatz in der *Sozialarbeit* siehe u. a. Gerbis 1977, Biermann-Ratjen u. a 1979, 141–160, Goertz 1979, Melzer 1979, Alterhoff 1983, ZPP 2/1984, ZPP 4/1987, Bremen 1986, Haflinger 1986, Gesellschaft für wissenschaftliche Gesprächspsychotherapie 1988, Bd. 2, Weinberger 1988, Schweers 1988. Zur *Sozialtherapie* vgl. Feuchter 1977.

[55] Zum personzentrierten Ansatz in der *Seelsorge* siehe S. 231ff. Bislang ebenfalls noch wenig erforscht sind die Schlußfolgerungen für die über die pastoralen Themen hinausreichende Theologie (wie bei allen psychotherapeutischen Ansätzen ist die Rezeption kaum über die Pastoraltheologen und einige Exegeten hinausgekommen). Zur *Ethik* vgl. Stich 1977.

[56] Zu Ansätzen einer personzentrierten *Forschung und Wissenschaftstheorie* vgl. u. a. Rogers 1958b, ders. 1959a, 69–76, ders. 1961a, 197–267, ders. 1964b, ders. 1973a, ders. 1980b, 2163–2165, ders. 1985a, ders. 1986a, Rogers/Dymond 1954, Minsel 1974, Pavel 1975b, Wild 1975, Fietkau 1976, Frischenschlager 1982, Lasogga 1984, Tausch/Tausch 1979, 312–318, Kwiatkowski 1980, Hutterer 1984, ders. 1988a, ders.

1988b, ZPP 3/85, Quitmann 1985, 166–170, Howard 1987, Linster 1988, Frenzel 1988b.

[57] Vgl. Rogers 1970a, 50: »die Kunst der zwischenmenschlichen Beziehung«. Zur *Kunst* u. a. Carkhuff/Berenson 1967, Coulson 1983, Land 1984, Robbins 1987, Breitschaft 1988, Schmid 1988, ders. 1989a.

[58] Zu den *Forschungsaufgaben* vgl. insbesondere Rogers 1981a, ders. 1987d, Bozarth 1986, Barrett-Lennard 1987a, Combs 1988b.

[59] Einen Überblick über den gegenwärtigen Stand gibt Cain 1987a.

[60] Vgl. z. B. Hoffmann/Gerbis 1981, 47.

[61] Rogers 1977a.

[62] Vgl. z. B. Stumm 1988, Jandl-Jager/Stumm 1988, Wittchen/Fichter 1980.

[63] Generell zum *Methodenvergleich* bzw. zur *Integration verschiedener therapeutischer Ansätze* siehe u. a. Rogers 1985b, Nye 1975, 115–241, Barton 1979, Wild-Missong/Teuwsen 1977, Biermann-Ratjen u. a. 1979, 61–82, Fiedler 1980, Petzold 1980, Biermann-Ratjen/Eckert 1980, Auckenthaler 1981, Howe 1982a, ders. 1982b, Gunnison 1985, Wild-Missong 1988, Pavel 1989, Tausch 1989.

3.2. Zum Menschenbild des personzentrierten Ansatzes (S. 100–111)

[1] Buber 1974, 76. 18.

[2] *Zum philosophischen Hintergrund der humanistischen Psychologie* siehe Quitmann 1985, 40–70, über Rogers 160–170, Schmid 1989c, 70–264.

[3] In 19 Thesen legt Rogers eine phänomenologische »Theorie der Persönlichkeit und des Verhaltens« vor (Rogers 1951a, 417ff), in der er zu systematisieren versucht, was sich an Voraussetzungen und Folgerungen aus seiner klinischen Erfahrung ergibt. Eine weiterentwickelte Darlegung seiner *Persönlichkeitstheorie* findet sich in 1959a, 48–60, sowie in Rogers/Wood 1974, 113–118. Eine maßgebliche spätere anthropologische Schrift von Rogers, auf die hier hauptsächlich Bezug genommen wird, ist »Die Grundlagen des personenzentrierten Ansatzes« (1979a).

[4] Rogers 1979a, 10.

[5] Zum Begriff »funktionieren« vgl. S. 276, Anm. 1.

[6] Rogers 1979a, 13. 16f; vgl. ders. 1980b, 2160f, ders. 1980d, 182–186, ders. 1983a; zur *Selbstverwirklichungstendenz* und ihren politischen Implikationen: Rogers 1963a, ders. 1977a, 265–282, ders. 1981f, 4f, Liebert/Spiegler 1979, Seeman 1988, zum *Menschenbild* insgesamt vgl. u. a. Rogers 1965b, ders. 1969e, ders. 1973b, ders. 1983a, ders. 1984b, Rogers/Meador 1973, 129- 137, Rogers/Sanford 1984, Polanyi 1958, ders. 1985, Hall/Lindzey 1967, Pervin 1975, 220–244. 257f, Ostertag 1979, Zottl 1980, Garnitschnigg 1984, Mearns/Thorne 1988, 5-28, Combs 1989, Schmid 1989c, 191–216. 244–264; Kropf 1976, 53–71 bietet eine kritische Auseinandersetzung; andere *Persönlichkeitstheorien* im personzentrierten Kontext: E. Weber 1987 (Entwurf einer systemtheoretischen, integrativen Persönlichkeitstheorie) und Binder/

Binder 1979 (alternatives Persönlichkeitsmodell der veränderungsorientierten Person im Gegensatz zur »klassischen Persönlichkeit«) sowie Gendlins Persönlichkeitstheorie (1978).

[7] Vgl. dazu Rogers 1978b, ders. 1979a, Ansbacher 1978.

[8] Vgl. Rogers 1961a, 193ff, ders. 1969, 280f, ders. 1973b, 193.

[9] Rogers 1961a, 49.

[10] Rogers 1961a, 340, vgl. 111.

[11] Rogers 1961a, 101, vgl. ebd. 163–183.

[12] Vgl. Schmid 1982, 57.

[13] Rogers 1951a, 16; ders. 1961a, 20.

[14] Buber 1974, 18. Zum Einfluß Bubers vgl. Quitmann 1985, 321–343, Franzen 1986 sowie Friedman 1986.

[15] Mit der Betonung der Beziehung steht Rogers in einer psychotherapeutischen Tradition, die auch innerhalb der psychoanalytischen Theorie sowie der Verhaltenstherapie die Bedeutung der Beziehung am therapeutischen Geschehen immer höher einschätzte, ja es teilweise geradezu als »Heilung aus der Begegnung« sah (vgl. den gleichnamigen Titel von Trüb 1971). Rogers faßt die Bedeutung der aktuellen therapeutischen Beziehung aber viel radikaler als andere Ansätze (vgl. dazu Schmid 1984). Eine ausführliche *Theorie der zwischenmenschlichen Beziehung* in Rogers 1959a, 61–65; zur Beziehung vgl. auch ders. 1942a, 83- 107, ders. 1961a, 45–83. 329–336, ders. 1962a, ders. 1962c, 170–174 (»therapy as relationship encounter«), ders. 1973b. Bei Binder/Binder 1979, 183–274 und Groß-Hardt 1983, 116–127 wird besonders der »commitment«-Begriff (wörtlich »Verpflichtung«) für das Beziehungskonzept betont, der das Engagement des Therapeuten für die Person des Klienten, die Bindung des Therapeuten an das Ziel, für den Klienten konstruktive Bedingungen herzustellen, und die Verpflichtung, eigendynamische Möglichkeiten zu akzeptieren und zu fördern, sowie die »Zuständigkeit bzw. Nicht-Gleichgültigkeit« gegenüber dieser Aufgabe umfaßt. Zu commitment Rogers 1964a.

[16] Buber 1961, 164–168.

[17] Vgl. Rogers 1951a, 34ff. Zum ganzen Abschnitt vgl. Rogers 1951a, 47. 88f.

[18] Rogers 1942a, 107 (ausführlich: 83–107).

[19] Rosenberg 1980a, 71.

[20] Rogers 1961a, 38f.

[21] Rogers 1961a, 153. Rogers verweist in diesem Zusammenhang auf *Eugene T. Gendlin,* der ausgehend von Rogerianischen Gedanken, ein eigenes Konzept (experiencing) und eine eigene Technik (focusing) – allerdings in teilweiser Vereinseitigung des Rogers-Ansatzes – als besondere Konzentration auf das Erleben im Hier-und-Jetzt, entwickelt hat. In der Folge wurden erlebnisaktivierende Methoden vielfach so in den Vordergrund gerückt, daß daraus eine eigene Technik zu werden begann, zu deren Praxis sich Rogers mehrfach kritisch äußerte. Brodley (1988) hat detailliert nachgewiesen, daß es sich bei Gendlin eigent-

lich um keinen nicht-direktiven, klientenzentrierten Ansatz mehr handelt. Auch Gendlins Vorstellung, die von ihm entwickelte Erlebenstherapie sei »die Methode der Methoden« in dem Sinne, daß sie Techniken verschiedener Therapierichtungen integrieren und umfassen könne (Gendlin in Wexler/Rice 1974) widerspricht dem personzentrierten Konzept, das Rogers eher als eine »Methode der Nicht-Methoden«, d. h. eben als *person*-zentriert und nicht *methoden*-zentriert versteht.

Zu *Gendlins Konzept* vgl. u. a. Gendlin 1961, ders. 1962, ders. 1970a, ders. 1970b, ders. 1973, ders. 1974a, ders. 1974b, ders. 1978, ders. 1980, ders. 1981, ders. 1984, Gendlin/Lietaer 1983, Hart/Tomlinson 1970, 129–173, Bense 1977, Bommert 1977, 162 (Literatur), Wild-Missong/Teuwsen 1977, 115–137, Bommert/Dahlhoff 1978, Pavel 1978, 75–112, Wiltschko 1979, ders. 1980a, ders. 1988, Schwab 1980, 78–80, N. Friedman 1982, Mahrer 1983, ders. 1986, Groß-Hardt 1983, Siems 1986, Sachse/Atrops 1989.

[22] Rogers spricht in diesem Zusammenhang von der Identität mit der eigenen Erfahrung (1961a, 110).

[23] Rogers 1961, 150. 155. 157. 160.

[24] Vgl. Pavel 1975a, 34–38, Pfeiffer 1975a, 75f, ders. 1975b, 160f.

[25] Die feindliche Einstellung mancher Wissenschaften gegenüber der Erfahrung bzw. ihre wenig erfahrungsnahen Methoden, Ziele und Formulierungen haben vielfach in letzter Zeit einen großen Wandel erlebt. Im Bereich der Psychologie (und vieler anderer Wissenschaften, insbesondere auch der Theologie, und hier wiederum vor allem der Praktischen Theologie) ist dies unter anderem eine Folge des erfahrungsnahen personzentrierten Ansatzes und ähnlicher Ansätze in der humanistischen Psychologie. Der Boom an Selbsterfahrungsgruppen und ähnlichen Einrichtungen in den letzten beiden Jahrzehnten ist ebenfalls eine Konsequenz einer erfahrungsfernen, entfremdenden Geisteshaltung und Anthropologie – hier zum Teil allerdings mit einem antirationalen und intellektfeindlichen Gegenausschlag.

[26] Dazu eine ausführliche Untersuchung der philosophischen und theologischen Begriffe »Person« und »Begegnung« im Hinblick auf ihre Bedeutung für den personzentrierten Ansatz: Schmid 1989c.

[27] Vgl. nur etwa zum Wachstumsgedanken »Über das Wesen der menschlichen Freiheit« von Schelling (1975); siehe dazu Stipsits 1988, 17). *Zu den philosophischen Bezügen der Anthropologie* Rogers siehe u. a. Wyss 1972, Ostertag 1979, Garnitschnigg 1984, Stipsits 1988, Schmid 1989c.

Zum *Problem des Bösen* vgl. die höchst interessante öffentliche Diskussion mit Paul Tillich (Rogers/Tillich 1966), übrigens Tillichs letztes Auftreten in der Öffentlichkeit, bei der das Problem zwischen den beiden ausführlich und kontrovers erörtert wurde (S. 3-11). Dazu außerdem u. a.: Rogers 1981d, 1982f, Friedman 1982a, ders. 1982b, May 1982.

[28] Vgl. Rogers 1983a, 230f.

[29] Rogers 1961a, 100; vgl. zur protestantischen Tradition S. 79, zur Psychiatrie S. 82f.

[30] Ebd.; zur *Auseinandersetzung mit Freud und der Psychoanalyse* vgl. u. a. Rogers 1951a, 187–205, ders. 1974c, 37, ders. 1977a, 274, ders. 1986e, ders. 1987b, Rogers/Gendlin/Kiesler/Truax 1967a, 15. 98. 512. 520, Strupp 1955, ders. 1957, ders. 1958, ders. 1987, Bense 1977, 69–87, Becker/Jager 1978, Kirschenbaum 1979, 245–261, Schwab 1980, 68–70, Graf 1982, Neidenbach 1982, Pawlowsky 1984, Schmid 1984, Kahn 1985, Pfeiffer 1987a, ders. 1987b, Shlien 1987a, ders. 1987b, Stipsits/Pawlowsky 1988. Zu *Adler* vgl. Rogers 1961a, 64, ders. 1979a (Einleitung in ders. 1980a, 65), Fiedler 1950, ders. 1951, Shlien u. a. 1962, Ansbacher 1978, Esser 1988.

[31] Rogers 1974c, 43; zur Ablehnung des *lerntheoretischen Ansatzes und der Verhaltenstherapie* siehe u. a. Rogers 1961a, 371–389, ders. 1973a, 158, ders. 1974c, 41–44, Rogers/Skinner 1956, Nye 1975, 126–128, Kirschenbaum 1979, 261–274, Auckenthaler 1981, Braun 1983, Quitmann 1985, 166f. 170. Trotz der klaren diesbezüglichen Haltung von Rogers fehlte es aber nicht an lern-(verhaltens-)therapeutischen Interpretationen des personzentrierten Ansatzes. Solche finden sich beispielsweise in Bastine 1973, ders. 1976, Minsel 1974, Martin 1975, Ardelt/Stix 1976, 27–30, Bommert 1977. Zur Diskussion Bense 1977, 72–74, Schwab 1980, 77f.

[32] Rogers 1961a, 389.

[33] Solche *kritische Auseinandersetzung* findet sich u. a. bei Kropf 1976 aus erkenntnistheoretischer Sicht und anhand von Begriffskritik. Zur Kritik an Rogers und seinem Ansatz insgesamt vgl. neben anderen bereits bei den einzelnen Stellen erwähnten Autoren auch Scharfenberg 1972, 115–117, Kroeger 1973, 82–84 u. ö., Goetze-Jaede 1974, 62–64, North 1975, Vossen 1975, 17–172, van Kessel 1976, Kiernan 1976, Bach/Molter 1976, Grunwald 1979, Gilles 1980, dies. 1987, Geller 1982, Winiarski 1985, Becker/Hemminger 1985, Frenzel 1988b.

3.3. Exkurs: »Souveränität und Engagement« – Zum Verständnis von Person (S. 112–118)

[1] Guggenberger 1963, 299.

[2] Der folgende Überblick ist eine kurze Zusammenfassung aus Schmid 1989c, 70–216 (dort auch Belege und Literatur, sowie die Entwicklung eines Personbegriffs aus der Anthropologie des Schauspielers; vgl. Plessner 1948). Vgl. *zum Personbegriff* außerdem: Guardini 1939, Theunissen 1966, Wucherer-Huldenfeld 1978, Rombold 1984, Coreth 1986.

[3] Vgl. Fuhrmann 1979.

[4] Wucherer-Huldenfeld 1978, 65. »Die Maske bannt das individuelle Sein und schafft ihm dafür ewiges Anlitz« (Arnold 1962, 35).

[5] Kaum aber war solcherart das Verhältnis der »göttlichen Personen« in ihrer Beziehung zueinander begrifflich gefaßt (Konzilien von Chalke-

don und Konstantinopel II), traten neue Schwierigkeiten auf: Je mehr mit Person auch Individualität mitgedacht wurde, um so mehr war dadurch die Gefahr eines Drei-Götter-Glaubens gegeben. Erst recht kann heute auf Grund der modernen Begriffsbestimmungen die Rede von Gott als Person (bzw. drei Personen), wenn überhaupt, dann nur analog, in übertragenem Sinn, richtig sein. So ist auch das Kapitel vom Glauben an einen »personalen Gott« (S. 227) zu verstehen.

[6] »Persona est rationalis naturae individua substantia« (Contra Eutychen et Nestorium = De duabus Naturis 3. PL 63, 1343 C). Mit »substare« (»von unten her zu stehen kommen«) ist die »Selb-Ständigkeit« angesprochen. Thomas ersetzt es durch »sub-sistere« (transitiv: »stellen«, also »sich von unten herauf stellen, sich auf-stellen; solcherart aufgestellt sein und in-sich-stehen«): »Ratio substantiae est, quod per se subsistet« (In III. Sent. 6, 1 a. 1 c).

[7] Kant, Grundlegung zur Metaphysik der Sitten, A 66 B 65.

[8] Rombold, der an Plessner (1928, ders. 1979, ders. 1979) anschließt, definiert Person als »ein Sinnenwesen, das um sich weiß und sich selbst frei am anderen verwirklicht« (Rombold 1984, 91–94a).

[9] »Persona est naturae intellectualis existentia incommunicabilis« (vgl. De Trinitate IV, 6-24). »Ek-sistere« bedeutet »von einem anderen her zu-stande-kommen«. Person ist so einer, der gerade durch andere er selbst ist.

[10] Fichte, Grundlage des Naturrechts, Werke Bd. III, 39.

[11] Buber 1961, 114. Vielfach wird fälschlich die »Ich-Du-Beziehung« Bubers mit Rogers' personzentrierter Beziehung einfach gleichgesetzt. Rogers meint, daß eine therapeutische Beziehung in ihren besten und tiefsten Momenten dem manchmal nahekomme, was Buber mit »Ich-Du-Beziehung« meint (Rogers 1981e; vgl. ders. 1955a, 200, Rogers/Buber 1960, 56–64). Zum Unterschied zwischen wechselseitiger und therapeutischer oder erzieherischer Beziehung siehe Buber 1974, 155f.

[12] Jung 1928, 63f; vgl. dazu Jacobi 1971.

[13] Personalisation ist bei Caruso ein dynamischer Begriff: Im Gegensatz zur Individuation, bei der »ein Eigensein sich absondert aus dem umgebenden Feld (...) sprechen wir deshalb von Personalisation, weil in diesem Terminus das Stiften neuer Bezüge mitinbegriffen ist. Der Weg vom Individuum zur Person ist ein anhaltender Prozeß (. . .) einer progressiven Eröffnung des Subjekts für neue Relationen« (Caruso 1957, 75). »Die Personalisation geht über Selbstentfremdung, Verdinglichung, über Wiederholungszwang und Unterdrückung, löst Angst und Leiden aus, kann aber alle diese Schwerigkeiten und Hindernisse transzendieren, solange sie sich nicht festfährt« (Wegeler 1985a, 69f). Vgl. Caruso 1953/54, ders. 1968, Edelweiß u. a. 1964, Wegeler 1985b, Stöger 1987.

[14] »Die Aufsätze gehören, meine ich, zu einer Richtung, die sich auf Psychologie, Psychiatrie, Philosophie und andere Gebiete auswirkt und auswirken wird. Ich zögere, eine solche Richtung zu etikettieren, doch ich assoziiere damit Adjektive wie phänomenologisch, existentiell und personzentriert« (Rogers 1961a, 15).

[15] Auf meine diesbezügliche Frage meinte er bei einem Theoriegespräch: »I use the term ›organism‹ for the biological entity. The actualizing tendency exists in the biological human organism. I use the term ›self‹, when I am referring to the concept a person has of himself, the way, he views himself, his perception of his qualities, and so on. I use the term ›person‹ in a more general sense to indicate each individual.« (Rogers V-1981e).
Relevant sind in diesem Zusammenhang die Begriffe Person, Persönlichkeit, Organismus, Individuum, Ich (»I«, »Me«), Selbst – die Rogers jedoch nicht immer einheitlich verwendet. Zur Diskussion um den Selbst-Begriff bei Rogers vgl. u. a. Kropf 1976, 57–71, ZP 1 (1983) (Schwerpunktheft), Garnitschnigg 1984, 87–92, Zurhorst 1989. Zum Konzept der »voll entwickelten Persönlichkeit« siehe S. 161 ff.
Seine wichtigsten *grundlagentheoretischen Arbeiten zur Person* sind: Rogers 1947c, ders. 1951a, 417–458, ders. 1957a, ders. 1959a, ders. 1961a, 83–162. 163–195, ders. 1962b, ders. 1963c (verändert auch in: ders. 1969a; vgl. dazu ders. 1953d, ders. 1957d, ders. 1961l), ders. 1964a, ders. 1964c, ders. 1969a, 209–286, ders 1977a. ders. 1979a.

[16] Etymologisch steckt im deutschen »Begegnung« ebenso wie im englischen »encounter« das Wort »gegen«, lateinisch »contra« (vgl. Etymologie-Duden). Bedeutungsverwandte Wortbildungen sind beispielsweise »Gegenwart« (Anwesenheit) oder »sich vergegenwärtigen« (vorstellen) u. ä. Guardini beschreibt Gegenwart als Betroffenwerden vom Wesen des Gegenüberstehenden (Guardini 1955, 227).

[17] Welte 1966, 19f. Zur *Begegnung* außerdem: Guardini 1955, Christian 1958, Wiplinger 1970, Buber 1974.

[18] Vgl. Thomas 1970: »Encounter – the game of no game«.

[19] Vgl. Mt 16, 25: »Jeder, der sein Leben retten will, wird es verlieren, wer aber sein Leben verliert um meinetwillen, der wird es finden. « Dazu Guardini 1955, 232.

[20] Buber 1974, 18f.

[21] Theologisch ist das die Situation des Menschen gegenüber dem sich als Jahwe offenbarenden Gott-mit-uns (Immanuel). Mit seinem Namen Jahwe (»Ich bin, der ich für euch da bin«) gibt er sich als einer zu verstehen, der von seinem Wesen her ein Gott der Beziehung ist. Der von einem solchen Du angesprochene, zum Du gewordene und ins Dasein gerufene Mensch ist erst dadurch er selber: ich bin, weil Du bist. Und er ist dies im Verhältnis zu anderen, besser: mit anderen. Das Personsein des Menschen ist so verstanden als freie, aus seiner Existenz kommende Antwort auf das Wort des sein Dasein, ja Mit-Sein zusagenden Jahwe zu verstehen, der mit ihm im Dialog steht – ein Dialog, aus dem heraus der Menschen den anderen als Mit-Menschen begegnet.

[22] Rogers 1961a, 129.

3.4. Die personzentrierten Grundhaltungen (S. 119–151)

[1] Vgl. Rogers 1951a, 39. Zur *Diskussion um Beziehung, Methode und Technik* vgl. u. a. Tscheulin 1983, Biermann-Ratjen 1979, 9–13. Zum ganzen Abschnitt Rogers 1951a, 34–72. Zum Begriff der Einstellung und zur Einstellung des Psychotherapeuten in der personzentrierten Therapie siehe Fietkau 1977.

[2] Rogers 1986h, eigene Übersetzung.

[3] Rogers 1951a, 43.

[4] Darüber hinaus wurde – insbesondere im Anschluß an die früheren Arbeiten von Wissenschaftern wie Tausch, Minsel u. a. – eine mit trainierbaren Verhaltenstechniken assoziierte Erforschung des Ansatzes anhand von Einstellungs- und Verhaltensskalen zu diesen Grundhaltungen publiziert, die das Bewußtsein von einem rasch zu erlernenden »Handwerk«, für das Studenten in kurzer Zeit auf Seminaren das nötige Wissen und die erforderlichen Fähigkeiten erwerben können, gefördert haben. Wie bei allen großen Bewegungen und Geisteshaltungen muß man auch hier zwischen den »Schülern« und den ursprünglichen Gedanken, zwischen »Gesprächstherapeuten«, »Rogerianern«, »GTlern« etc. und Rogers auseinanderhalten. Rogers hat es übrigens, im Gegensatz zu vielen anderen, auch zeitgenössischen Therapeuten, Zeit seines Lebens strikt abgelehnt, eine »Schule« im Sinne einer Organisation zu gründen, weil er die Rigidität von »Schülern« und Institutionen kannte und ablehnte. Zu seinen diesbezüglichen Vorbehalten vgl. Meador 1988, 372.

[5] Rogers 1979a, zitiert nach ZPP 1 (1982) 75.

[6] Die von ihm formulierten (in Zusammenhang mit einschlägigen Tests *»Basisvariablen«* genannten Grundbedingungen) wurden in den Folgejahren vielfach überprüft und empirisch untersucht. Damit wurden erstmals in der Psychotherapie empirische Methoden in großem Stil angewandt, was viel zu ihrer allgemeinen Anerkennung beitrug. Zur Diskussion darüber, ob sie *hinreichend* sind, vgl. Rogers/Truax 1967, Rogers 1978a, Minsel u. a. 1973, Bense 1977, 50ff, Tausch 1978, Tausch/Tausch 1979, 98–116, Patterson 1984, Watson 1984, Braaten 1986, Cain 1988.
Es wurde auch öfter, auch von Rogers selbst, darauf hingewiesen, daß diesen Grundbedingungen (»conditions«) hilfreichen Verhaltens Vorbedingungen (»preconditions«) vorausgehen müssen, damit es überhaupt zu einer hilfreichen Beziehung kommt. Dazu zählen u. a. der psychologische Kontakt zwischen beiden, ein Interesse an der Person, das Gefühl, herausgefordert zu sein und ein gewisses richtig verstandenes Verantwortungsbewußtsein auf seiten des Helfers sowie etwa Leidensdruck und ein Minimum an Kontakt- und Kommunikationsfähigkeit auf seiten des Hilfesuchenden. Dazu beschrieb Rogers bereits in seinem Grundsatzartikel »The necessary and sufficient conditions of therapeutic personality change« (1957a), der alle diese Untersuchungen und Diskussionen auslöste, eigentlich sechs Grundbedingungen: Daß die beiden Personen in einem psychologischen Kontakt sein

müssen; daß der Klient in einem Zustand der Inkongruenz und daher verletzlich oder ängstlich sei; daß der Therapeut die im folgenden besprochenen drei Einstellungen verwirkliche (Kongruenz, Wertschätzung, Empathie); schließlich daß die Kommunikation von Empathie und Wertschätzung den Klienten wenigstens in einem minimalen Ausmaß erreiche (ebd. 96).

[7] Eine ausgezeichnete Beschreibung findet sich Rogers 1980b, 2155–2158 sowie Mearns/Thorne 1988, 22–95.

Echtheit

[8] Rogers 1979a, 10. Die Ausdrücke im Amerikanischen dafür lauten u. a. »genuineness«, »congruence« oder »transparent realness« . Es werden auch die Begriffe »genuine, integrated person« bzw. »real person« gebraucht (vgl. Rogers 1957a, 97, ders. 1961a, 281, ders. 1969a, 107ff, ders. 1970b, 202, Truax 1962b). Im Deutschen finden sich darüberhinaus u. a. die Begriffe »Selbstkongruenz«, »authentisches Verhalten«, auch »(Selbst-)Aufrichtigkeit«, »Einheitlichkeit«, »Ursprünglichkeit«, »Ohne-Fassade-Sein«, »reales Zugegensein« (vgl. Tausch 1970, 126, Tausch/Tausch 1979, 84–86, Minsel 1974, 24, die Übersetzungen von Rogers 1969a, 107, Rogers/Wood 1974). – Zur Beschreibung der *Echtheit* vgl. u. a. Rogers 1962a, 181–184, Rogers/Sanford 1984, Stich 1977, 149–162, Biermann-Ratjen 1979, 28–36, Tausch/Tausch 1979, 84–97, Mearns/Thorne 1988, 75–92 und die zitierten Stellen Rogers 1957a, ders. 1961a, ders. 1980b.

[9] Rogers 1961a, 276. 48. 64f; vgl. ders. 1969a, 114. 220ff

[10] Die Erfindung einer eigenen Grundhaltung »Integrität/Kontinuität/Treue« erübrigt sich, wenn man Kongruenz nicht als isoliertes augenblickliches Verhalten versteht, sondern sie mit den anderen Grundhaltungen zusammensieht. Unberechenbarkeit, Launenhaftigkeit und Verantwortungslosigkeit sind mit verständnisvoller, sorgender Wärme nicht vereinbar.

[11] Rogers 1961, 64. 74. 330. 276.

[12] Gendlin/Beebe 1968, 200.

[13] Cohn 1971, 269f.

[14] Rogers 1942a, 68; ders. 1961a, 74.

[15] Rogers 1970a, 59.

[16] Truax 1962b, 2.

[17] Rogers 1961a, 80.

[18] Pfeiffer 1975a, 76.

[19] Rogers 1961a, 65.

[20] Vgl. Rogers 1979a, 11.

[21] Rogers 1961a, 330.

Wertschätzende Anteilnahme

[22] Rogers 1979a, 11. Die im Amerikanischen gebräuchlichen Termini sind u. a. »unconditional positive regard«, »acceptance«, »nonpossessive warmth«, »emotional warmth«, »liking«, »prizing«, »to love, to

like, to regard, to respect« u. ä. (Rogers 1961a, 75. 277, ders. 1969a, 110, ders. 1970b, 202, Truax 1962a, Barrett-Lennard 1962, Truax/Carkhuff 1967). Im Deutschen findet man »positive Wertschätzung und emotionale Wärme«, »Akzeptieren«, »bedingungslos positive Zuwendung«, »bedingungslose emotionale Zuwendung«, »Wertschätzung und Vertrauen«, »uneingeschränkte Akzeptanz«, »Anerkennung, Achtung, Anteilnahme«, »Achten-Wärme-Sorgen« u. a. (Tausch 1970, 112–114, Tausch/Tausch 1979, 66, Minsel 1974, 23, Schwartz 1975). – Zur Beschreibung der *wertschätzenden Anteilnahme* vgl. u. a. Rogers 1962a, 186–188, Rogers/Buber 1960, 68–71, Rogers/Wood 1974, 132–135, Rogers/Sanford 1984, Stich 1977, 121–148, Biermann-Ratjen 1979, 20–28, Tausch/Tausch 1979, 66–83, Lietaer 1984, Mearns/Thorne 1988, 59–74 und die zitierten Stellen Rogers 1957a, ders. 1961a, ders. 1980b.

[23] Diese Haltung des Akzeptierens ist eine Einstellung, die vielen Therapieformen zugrundeliegt und meist als Grundvoraussetzung für die Herstellung der therapeutischen Situation gesehen wird, als Vorspiel zum eigentlichen Intervenieren, obwohl hier gelegentlich das Kriterium der Bedingungslosigkeit fehlt. Tatsächlich stellt sie wohl in gewisser Weise eine unabdingbare Voraussetzung für die Herstellung eines positiven Kontakts dar. 1964 wurde eine diesbezügliche Studie bei Psychoanalyse-Patienten gemacht und dabei die Akzeptanz als Voraussagekriterium für psychotherapeutischen Erfolg ausgewiesen (Strupp/Wallach/Wogan 1964). Die personzentrierte Psychotherapie geht davon aus, daß diese wie die anderen genannten Grundvoraussetzungen keine Ouverture zur hilfreichen Beziehung darstellen, sondern diese Beziehung selbst (mit ihren Möglichkeiten zu korrektiven Erfahrungen) ausmachen.

[24] Rogers 1959a, 34f.

[25] Rogers 1961a, 36f.

[26] Rogers 1942a, 45.

[27] Rogers 1969a, 228. 110. 75. 111.

[28] Rogers (1961a, 44, amerikanisches Original) beschreibt sie als »a warm interest without any emotional over-involvement«.

[29] Martin 1975, 120.

[30] Rogers 1961a, 47. »Liebe« ist ein für viele verschiedene emotionale Erscheinungs- und Beziehungsformen gebrauchtes Wort, das leicht mißverständlich sein kann und dann sentimental, idealisierend oder sexuell interpretiert werden kann. Die Agape des Neuen Testaments meint eine Beziehungsform, wie sie oben geschildert wird. Vgl. dazu S. 242 sowie Rogers/Tillich 1965, 21f, Schmid 1984.

[31] Vgl. Tausch 1970, 293, Schild 1975, 134f.

[32] Rogers 1961a, 92.

[33] Truax 1962a.

[34] Vgl. Rogers 1961a, 347.

[35] Rogers 1961a, 83.

[36] Rogers 1951a, 113.

[37] Rogers 1961a, 48; vgl. auch ders. 1979a, 11.

Einfühlendes Verstehen und dessen Verbalisierung

[38] Rogers 1979a, 11. Amerikanisch: »accurate empathic understanding«, »empathy«, »accurate empathy«, »understandig responses« u. a. , früher nur »reflection of feelings« (Rogers 1942a, ders. 1951a, ders. 1962g, ders. 1969a, 113, Truax 1961a). Deutsch: »einfühlendes Verständnis«, »empathisches Verstehen (des internalen Bezugspunktes)«, »Empathie«, »tiefgreifendes nichtwertendes Verstehen der inneren Welt« u. ä. , früher »Verbalisierung emotionaler Erlebnisinhalte des Klienten durch den Psychotherapeuten« – »präzises einfühlendes Verstehen« (Übersetzung v. Rogers 1961a, 74f, Tausch 1970, 79f, Tausch/Tausch 1973, dies. 1979, 31f, Schild 1975).– Zur Beschreibung der *Empathie und ihrer Verbalisierung* vgl. u. a. Rogers 1962a, 184f, Rogers/Wood 1974, 136–139, Rogers/Sanford 1974, Stich 1977, 27–70, Biermann-Ratjen 1979, 13–20. 83–114, Tausch/Tausch 1979, 31–65, Jackson 1986, Mearns/Thorne 1986, dies. 1988, 39–58, Stipsits/Pawlowsky 1988 und die zitierten Stellen Rogers 1957a, ders. 1961a, ders. 1980b.

[39] Rogers 1951a, 42.

[40] Zum Begriff *»aktives Zuhören«* ausführlich Rogers/Farson 1957, auch Rogers 1975a, 33. Es wird auch »unbedingtes (oder absolutes bzw. intensives) Zuhören« (»absolute listening«) – vgl. Gendlin/Hendricks o. J., dazu Rogers 1975a, 38 – oder »sensitive listening« – vgl. Barrett-Lennard 1988 – genannt.

[41] Godin 1972, 184.

[42] Rogers 1979a, 11.

[43] Vgl. Rogers 1970a, 57, Lattke 1969, 161ff.

[44] Mucchielli o. J. , 15.

[45] Reik 1976, bes. 165–180.

[46] Rogers 1961a, 323.

[47] Vgl. in diesem Zusammenhang zur »Ablenkung« Stipsits 1984.

[48] Zur *Empathie* besonders Rogers 1975a, siehe auch ders. 1959a, 37, Katz 1963, Hart/Tomlinson 1970, 223–236, Truax 1972, Bozarth 1984, Pawlowsky 1984, Gladstein 1986.

[49] Tausch 1970, 81.

[50] Rogers 1951a, 42.

[51] Rogers 1962g, 99.

[52] Quinn 1950, zitiert bei Rogers 1961a, 57.

[53] Amerikanisch »internal frame of reference« (Rogers 1951a, siehe auch 1959a, 37).

[54] Rogers 1951a, 47.

[55] Rogers 1961a, 48.

[56] Pfeiffer 1975a, 76.

[57] Rogers 1961a, 67.

[58] Rogers 1962a, 184; amerikanisches Original 419 (zum Teil zitiert nach Martin 1975, 101, der dieses Vorgehen allerdings – reichlich zweideutig – »explorierende Einfühlung« [ebd. 113] nennt).

[59] Rogers 1979a, 11.

[60] Rogers gebraucht die Ausdrücke »indicate, communicate, share, convey« (vgl. 1951a, 42. 47, ders. 1961a, 62. 185, Rogers/Gendlin/Kiesler/Truax 1967a, 73. 101: zitiert nach Originalausgaben); im deutschen Sprachgebrauch finden sich »reflektieren, spiegeln« und die Abkürzung »VEE« (Tausch 1970 und viele).

[61] Rogers 1975e, 33, ders. 1962a, 185; vgl. auch ders. 1986g. Eine solche »Technik« ist wohl letztlich bloß Ausdruck von Hilflosigkeit oder Ignoranz. Wäre die Aufgabe des Beraters bloß darauf beschränkt, zu wiederholen, was der Hilfesuchende geäußert hat, so wäre dieser mit einem Computer (einschlägige Programme gibt es tatsächlich) besser, weil fehlerfreier, bedient.

[62] Johnson 1969, 12.

[63] Vgl. zum ganzen Abschnitt: Schmid 1973, 77–107

[64] Siehe den Abschnitt über den personzentrierten Prozeß, S. 152.

[65] Rogers 1951a, 114.

[66] Rogers 1969a, 189.

[67] Rogers 1967a, 100, vgl. dazu Rogers 1969a, 114f sowie Mearns/Thorne 1988, 92–94.

[68] Es fehlt nicht an Versuchen, weitere Grundbedingungen hilfreichen Verhaltens, die die beschriebenen erweitern oder präzisieren sollen, aufzustellen. Meist sind dies nichts anderes als Versuche, Einzelaspekte der bereits von Carl Rogers aufgestellten Einstellungen mehr oder weniger einseitig zu präzisieren oder von einzelnen Personen für ihre persönlichen Gesprächsbeziehungen als hilfreich erlebte Verhaltensweisen zu verallgemeinern. Dazu zählen unter anderem »unmittelbares Eingehen auf die Beziehung«, »sich selbst Einbringen«, »Konfrontieren des Hilfesuchenden mit Widersprüchen in seinem Verhalten«, »Hilfe zu Konkretheit und Spezifität im Ausdruck des Gesprächspartners« (Carkhuff 1969, Schild 1975, 136, Stich 1977, 163ff u. a.).
Tausch beschreibt und untersucht auch ausführlich eine Fehlhaltung mit der Bezeichnung »Dirigierung/Lenkung« (z. B. Tausch/Tausch 1977, dies. 1979, 110–112).

3.5. Der personzentrierte Prozeß (S. 152–160).

[1] Vgl. zum ganzen Abschnitt *über den personzentrierten Prozeß* Rogers 1942a, 123–214, ders. 1951a, 73–130, ders. 1961a, 84–163, ders. 1980b, 2157–2160. 2161f, Rogers/Wood 1974, 119–128, Rogers/Sanford 1984, Hart/Tomlinson 1970, 179–189. 206–213, Pervin 1975, 244–252, Tausch/Tausch 1979, 207–298.

[2] Rogers 1951a, 24, Anm. 2.

[3] Vgl. die Vorbedingungen (preconditions) S. 270, Anm. 6.

[4] In einer »Prozeßskala« hat Carl Rogers die Entwicklung verschiedener psychischer Bereiche des Klienten dargestellt. Sie umfaßt: *Gefühle und persönliche gefühlsmäßige Meinungen* (die Entwicklung reicht von »nicht ausgedrückt, nicht als solche erkannt« bis »Gefühle frei lebend

und voll erfahrend«), *unmittelbar gegenwärtiges Erleben und Erfahren* (»Entferntheit und minimale Bewußtheit« bis »im Prozeß lebend, wesentliche Bezugnahme auf das unmittelbar gegenwärtige Erleben«), *In-/Kongruenz* (»Inkongruenz nicht bemerkt« bis »nur gelegentliche Inkongruenz«), *Kommunikation über das Selbst* (»fehlend« bis »reiches Bewußtsein über das selbst und Kommunikation darüber, wenn gewünscht«), *Erfahrungskonstrukte* (»rigid, Konstrukte werden als Fakten gesehen« bis »vorsichtige, vorläufige Konstrukte, Bedeutungen werden als variabel gesehen, Einsicht der Notwendigkeit der Prüfung an weiteren Erfahrungen«), *Beziehung zu Problemen* (»nicht erkannt, kein Änderungswunsch« bis »Verantwortlichkeit für die Probleme, sie werden nicht als externale Objekte gesehen«), *Beziehung zu Personen* (»enge Beziehungsverhältnisse werden als gefährlich vermieden« bis »offene und freie Beziehung auf der Basis unmittelbaren Erlebens«) (Rogers 1958b, vgl. Tomlinson/Hart 1962. Dazu auch Rogers 1959a, 43–46, ders. 1961a, 130–162, ders. 1970a, 127–130 [der Prozeß in Gruppen], Tausch 1970, 253–260, Eckert 1975, 149–151, Pfeiffer 1975b.)

5 An dieser Stelle sei nochmals angemerkt, daß diese Einstellungen von ihrer Natur her auch Einstellungen des Helfers zu sich selbst sind (Offenheit, Empathie und Wertschätzung sich selbst gegenüber) und damit ein dynamischer Prozeß gegenseitiger Förderung an Anteilnahme, Verständnis und Wahrhaftigkeit ausgelöst wird.

6 Rogers 1979a, 11f.

7 Mit der Beschreibung der entsprechenden – in Anlehnung an die Therapeutenvariablen so genannten – »Prozeßvariablen« oder »Klientenprozeßvariablen« (vgl. z. B. Tausch 1970, 235, Graessner/Heinerth 1975) wurde der Versuch unternommen, die notwendigen Bedingungen dieses Geschehens zu isolieren und näher zu untersuchen: Welche unabdingbaren Faktoren müssen im Klienten »passieren«, damit eine Beziehung hilfreich im personzentrierten Sinn ist? Über die beiden im folgenden ausführlicher dargestellten Aspekte hinaus wurden u. a. das Ausmaß an Selbsterfahrung (Kiesler u. a. 1964, zitiert nach Minsel 1974, 85), die Intensität der gefühlsmäßigen Beschäftigung mit wichtigen Bezugspersonen (Mitchell und Mitchell 1968 nach Minsel 1974, 85), die Ausgewogenheit von Selbstreferenzen und Äußerungen über sich selbst und konkrete einzelne Bezugspersonen (Graessner/Heinerth 1975, 165), sowie internale versus externale Gesprächsinhalte (Tausch 1970, 267f) beschrieben.

8 »Selbstauseinandersetzung« (Tausch/Tausch 1979, 138–197). Zur nötigen »Selbstöffnung« (amerikanisch »self disclosure«) siehe Carkhuff 1969/II, 321ff, Tausch/Tausch 1979, 119–137.

9 Vgl. Tausch 1970, 243 nach Truax 1961b.

10 Schwermer 1974, 77.

11 Zum ganzen vgl. Rogers 1961a, 130–162, Tausch 1970, 261–271.

12 Rogers 1961a, 149.

13 Rogers 1961a, 133f. Rogers zu »experiencing« 1980b, 2161, zu »experiencing« und Gendlins Ansatz siehe auch S. 265, Anm. 21.

[14] Graessner/Heinerth 1975; Tausch 1970, 261.
[15] Vgl. Pfeiffer 1975a, 75f. Zur eigens dazu von Gendlin entwickelten Methode des »focusing« siehe ebenfalls S. 265, Anm. 21.
[16] Pfeiffer 1975b, 168f; Minsel 1974, 32.
[17] Rogers 1951a, 166.
[18] Vgl. Rogers 1961a, 133, ders. 1969a, 239.
[19] Rogers 1961a, 150f, Hervorhebung von mir.
[20] Rogers 1969a, 239f.
[21] Rogers bereits 1951a, 137f.
[22] Vgl. dazu Tausch 1970, 264. 294ff.
[23] Rogers 1942a, 38–50, vgl. ebd. 123–214; vgl. dazu Pompey 1974, 12f und Riess 1973, 200.
[24] Eine gute Darstellung der Probleme, Schritte und Durchbrüche im Lauf einer Beratung gibt Mearns/Thorne 1988, 96–148. Andere – zum Teil recht problematische, weil starre – Beschreibungen von *Phasen in der Beratung bzw. Prozeßbeschreibungen* finden sich u. a.: Faber/van der Schoot 1968, 233–237, Johnson 1969, 77–85. 107–137, Musaph 1969, 102–107, Stollberg 1970a, 67f. 302, Piper 1971, 233ff, Thilo 1971, 71ff, Schwermer 1974, 109f, Wetzel 1972, 107ff, Lattke 1969, 20–22, Godin 1972, 56ff. 75ff, Pompey 1974, 12f, Riess 1973, 200.

3.6. Das Ziel: Die reife Persönlichkeit (S. 161–165)

[1] Zur *»fully functioning person«* Rogers 1953d, 1959a, 59f, 1961a, 124–128. 164–196. 268–286, ders. 1962b, ders. 1963c, ders. 1969a, 268–286, ders. 1969e, ders. 1975c, ders. 1977a, 283–314 (politische Implikationen), ders. 1980h, Seeman 1984; vgl. auch Quitmann 1985, 156–160, Binder/Binder 1981 (weitere Entwicklungen zum Therapieziel), Groß-Hardt 1983, 109–116. Um Mißverständnisse beim Klang des Wortes »funktionieren« zu vermeiden, ist »function« am besten mit »Wirksamkeit« zu übersetzen.
[2] Lao-tse (Rogers 1961a, 164, ders. 1973b), Kierkegaard (Rogers 1961a, 167), Shakespeare (»To thine own self be true«) (Rogers 1961a, 171, vgl. ders. 1961a, 188). Er beruft sich dabei auch auf sie.
[3] Solche und ähnliche Zusammenhänge zwischen seinem Menschenbild und philosophischen Traditionen (insbesondere ostasiatischen Weisheitslehren, dem Existentialismus und dem Dialogismus) wurden ihm aber zumeist erst im nachhinein deutlich.
[4] Rogers 1961a, 168–176.
[5] Rogers 1969a, 243–249 (4 Thesen zum Wertungsprozeß), zu *Werten und Wertung* siehe auch Rogers 1964c, ders. 1968b, Hart/Tomlinson 1970, 453–467. Zur personzentrierten Werterziehung vgl. Fartacek/Teml 1984.
[6] Rogers 1961a, 124.
[7] Rogers zu Freiheit und Kreativität vgl. u. a. 1961a, 337–350, ders. 1983a, bes. 97f.

[8] Rogers 1961a, 49.
[9] Rogers 1969a, 245.
[10] Rogers 1951a, 129.

3.7. Die personzentrierte Gruppe (S. 166–171)

[1] Der personzentrierte Ansatz für die *Gruppe und größere Gemeinschaften inkl. der Gruppenpsychotherapie* wurde ebenso ausführlich beschrieben, untersucht und erforscht. Literatur dazu u. a.: Rogers 1959a, 66f, ders. 1969a, 60–99, ders. 1970a, ders. 1980b, 2165f, ders. 1978f, ders. 1983a, 112–114. 174, Rogers/Wood 1978, Rogers/Sanford 1984, Hobbs 1951 in Rogers 1951a, Gordon 1951 in Rogers 1951a, Gendlin/Beebe 1968, Hart/Tomlinson 1970, 314–347, Thomas 1970, Beck 1974, Bebout 1974, Gruppendynamik (Themenheft) 1975, Mente-Spittler 1980 (2 Bände), Pavel 1978, 151–168, Gazda 1981, Wood 1982, Boy 1985, ZPP 1/1986, Raskin 1986a, ders. 1986b, Frohburg u. a. 1986, Esser/Sander 1988a, dies. 1988b; *empirische Untersuchungen* finden sich in Rogers 1970a, Tausch/Tausch 1979, Franke 1978, Speierer 1976. Über *Großgruppen* vgl. Rogers 1970a, 147–154, ders. 1977a, 163–210, ders. 1981a, Rogers/Bowen/Miller/Wood 1979, Rosenberg 1980b, Bozarth 1981, Keil 1981, Lukan 1981, Wood 1988. *Beispiele und Gruppenprotokolle* finden sich u. a. in Rogers 1970a, Tausch/Tausch 1979, 319–372. Außerdem existieren Filme und Videobänder von Gruppen mit Carl Rogers (siehe dazu das Literaturverzeichnis).

[2] Die charakteristische personzentrierte Arbeit in Selbsterfahrungsgruppen, wie sie sich unter anderem durch das sogenannte »La Jolla Program«, Encounter-Gruppen-Veranstaltungen, die zuerst in La Jolla in Kalifornien veranstaltet wurden, herausgebildet hat, ist durch einen Wechsel von Klein- und Großgruppenerfahrung gekennzeichnet, wobei in den sogenannten »community meetings«, den Treffen aller Teilnehmer, ein eigenständiger Prozeß in Gang kommt. (Dabei wird das Klischee, Nähe und Vertrautheit könnten nur in kleinen Gemeinschaften entstehen, gründlich als Vorurteil entlarvt.) Solche Workshops unter dem Titel »La Jolla Program(m)« finden jährlich u. a. in La Jolla, Kalifornien und in Großrußbach, Österreich statt (vgl. Rogers 1970a, 147–155, Rogers/Meador 1973, 157f, Coulson/Land/Meador 1977, Kirschenbaum 1979, 350).

[3] Amerikanisch »experiential community«, vgl. Wexler/Rice 1974, 375.

[4] Rogers 1970a, 14f.

[5] Zu den hilfreichen Grundbedingungen für das Verhalten und die Einstellung des Gruppen-»Leiters«, die im Prinzip die gleichen sind, wie sie für den Berater im Einzelgespräch gelten, vgl. Rogers 1970a, 50–64.

[6] Doug Land (in Winizki 1976, 4), eigene Übersetzung.

[7] Devonshire 1976, 79.

[8] Vgl. Rogers 1976b, 27.

[9] Die Dimensionen des Erlebens in der Gruppe, die Prozesse, die eine Gruppenentwicklung kennzeichnen, die Veränderungen, die in einer Gruppe für die Gruppe als ganze und auch für die einzelnen Gruppenmitglieder möglich und für personzentrierte Gruppen charakteristisch sind sowie die Bedingungen, die dafür erforderlich sind, die Aufgaben und Einstellungen des Gruppen-»Leiters« und viele andere damit zusammenhängende Fragen wurden im Detail ausführlich untersucht. Es konnte gezeigt werden, daß die Theorie, die der Encounter-Gruppe zugrundeliegt, ein Teil des personzentrierten Konzepts im allgemeinen ist (z. B. Wexler/Rice 1974, 367–420).

[10] Auch für Organisationen wurde der personzentrierte Gruppenansatz weiterentwickelt, vgl. u. a. Rogers 1970a, 79. 88–91, weitere Literatur S. 263, Anm. 52. Weitere Anwendungsbereiche des Gruppenansatzes in Rogers 1970a, 139–146.

3.8. Personzentriertes Lernen (S. 172–186)

[1] Rogers 1969a, 127.

[2] Zu den Bereichen *Erziehung, Lernen, Schule, Lehrerbildung, Bildungspolitik* vgl. Rogers 1951a, 335–373, ders. 1959a, 66, ders. 1961a, 268–306, ders. 1969a, ders. 1971b, ders. 1971c, ders. 1974a, 138–155, ders. 1974b, ders. 1977c, 137–152, ders. 1977e, ders. 1983a, Rogers/Rosenberg 1980, 129–137, Rogers/Sanford 1984, Rogers/Robinson 1985, education (Themenheft) 1979, Tausch/Tausch 1973, dies. 1976, dies. 1977, Aspy 1972, ders. 1976, Vossen 1975, 173–240, Einsiedler/Härle 1976, Gordon 1970, ders. 1974, ders. 1978, Hinte 1980, Schmid 1980, Combs 1982, ders. 1986b, ders. 1988a, Kroeger 1983, 272–274, Stipsits 1983, Altrichter 1984, ZPP 1/84, Behr 1985, ders. 1989, Gesellschaft für wissenschaftliche Gesprächspsychotherapie 1987, dies. 1988, Bd. 2, Hansen 1988, Hutterer 1988a, H. Thomas 1988, Aspy u. a. 1987, Aspy/Roebuck 1988, Groddeck 1988, Steuri 1988.
Über den personzentrierten Ansatz im *Umgang mit Kindern (Erziehung, Kinder- und Spieltherapie)* vgl. Dorfman in Rogers 1951a, Aspy 1972, Goetze/Jaede 1974, Axline 1976, Pavel 1978, Schmidtchen 1978, ders. 1980, ders. 1984, ders. 1989, Goetze 1981, Kemper 1985, Behr/Walterscheid-Kramer 1986, Aspy/Roebuck 1988.
Für Lehrer, zu deren es Aufgabe es auch gehört, Inhalte zu vermitteln – für die meisten also – ist auch eine Auseinandersetzung mit TZI, der themenzentrierten Interaktion von Ruth Cohn (bes. 1979, auch dies. 1971, dies. 1975), zu empfehlen, die in ihrem Ansatz besonders um die Balance zwischen thematischer, inhaltlicher Vermittlung und Beziehung zwischen den beteiligten Personen bemüht ist. Zur Verbindung von personzentriertem Ansatz und TZI vgl. Kroeger 1983. Die Parallele zur »Pädagogik der Unterdrückten« Paulo Freires (Freire 1974a, vgl. ders. 1974b, ders. 1974c, ders. 1980, ders. 1981) zeigt Rogers 1977a, 123–128 auf (vgl. auch Stöger 1987, 105–130. 213–217).

[3] Kirschenbaum 1979, 367; eigene Übersetzung.

[4] Zum Begriff Rogers 1969a, 12.
[5] Rogers 1983a, 23, ders. 1974a, 138–149.
[6] Rogers 1969a, 128.
[7] Rogers 1969a, 163–166, ders. 1983a, 142f; vgl. ders. 1969a, 131–147, ders. 1983a, 102–115.
[8] Vgl. die von Rogers gebrachten Beispiele: 1969a, 18–99.
[9] Rogers 1969a (deutsch: Lernen in Freiheit) und ders. 1983a (Freedom to learn for the 80's; deutsch: Freiheit und Engagement). Zum Freiheitsbegriff: Rogers 1964a, wiederabgedruckt in 1969a, 250–267 und in der deutschen Ausgabe von 1983a, 211–233.
[10] Rogers 1969a, 264, ders. 1983a, 227.
[11] Rogers 1969a, 13, ders. 1983a, 22f.
[12] Rogers 1969a, 156–166; vgl. Altrichter 1984, 188f.
[13] Rogers 1983a, 245.
[14] Vgl. zur *Ausbildung im personzentrierten Ansatz* u. a.: Rogers 1951a, 374–413, Faber 1965, Truax/Carkhuff 1967, Carkhuff 1969, Bd. I und II, Clinebell 1971, 257–271, Korsten u. a. 1974, Helm 1978, Hiedl 1978, 190–209, Wiltschko 1980b, Hallidie u. a. 1984, Heinerth 1985a, Petrossian 1987, Thayer 1987
[15] Vgl. Zerfaß 1988b, 1120.
[16] Die im folgenden beschriebenen Prinzipien und Ausbildungsteile sind die der Ausbildungsordnung »Grundlagen und Praxis personenzentrierter Arbeit (Ausbildung für personenzentrierte Gesprächsführung)« 1989 der »Arbeitsgemeinschaft Personenzentrierte Gesprächsführung – Vereinigung für Beratung, Therapie und Gruppenarbeit (apg)« in Wien.
[17] Siehe beim Abschnitt über die personzentrierte Gruppe, S. 166.
[18] Vgl. zur *Supervision* u.a.: Zijlstra 1971, 147–170, Haarsma 1974, Schmid 1977, 190–192, Graessner 1981, Patterson 1983, Goodyear/Watkins 1983, Goodyear 1984, Hackney/Goodyear 1984, Themenheft ZPP 3 (1986), Bowen 1986, Straumann 1988, Auckenthaler 1988.

4. Ein Gesprächsbeispiel (S. 187–208)

[1] Es sei auch noch darauf hingewiesen, daß das Wort, an dem das Gesprächs »hängt«, hier in einer verschobenen Bedeutung und mit umgekehrten Vorzeichen wieder ins Spiel gebracht wird: Der Mann könne nichts von ihr *haben* – sie aber will ihn *haben.* Solche Anspielungen, Ähnlichkeiten etc. darf man nicht als zufällig abtun. Irgendwie versucht die Anruferin, einerseits sich verständlich zu machen und »anzukommen«, andererseits wird sie immer wieder auf ihr Anliegen zurückverwiesen – so können solche »verbalen Kompromisse« entstehen.
[2] Einige *Gesprächsprotokolle und Fallbesprechungen* aus der personzentrierten Literatur: Herbert Bryan in Rogers 1942a, 229–352, Mary Jane Tilden in Rogers 1947a, Mrs. Oak in Rogers 1951d und Rogers/Dymond 1954, 259–348, Mr. Bebb in dies. 349–412, »silent young

man« in Rogers 1954b, Ellen West in Rogers 1961c, Rogers 1967i, Gloria in Rogers 1974g, (dazu Rogers 1984c), Jan in Rogers 1986h, Mrs. Ett in N. Rogers 1977, Lena März in Wiltschko 1980a, Sally in Thorne 1987, Joan in Mearns/Thorne 1988, 112–141; darüber hinaus vgl. die Filme und Videobänder (siehe Literaturverzeichnis).

5. Personzentrierte Seelsorge (S. 209–257)

5.1. »Seel-Sorge« und »Psycho-Therapie«

[1] Deutsche Gesellschaft für Pastoralpsychologie 1978, 3.

[2] Zum Verhältnis von Humanwissenschaften und Theologie vgl. Greinacher 1989, zu Seelsorge und Psychotherapie Thurneysen 1950, Beeli 1969, Scharfenberg 1974.

[3] Die wichtigsten Vertreter der *Pastoral-Counseling-Bewegung* sind Anton T. Boisen, Carroll A. Wise, Seward Hiltner (der mit Rogers persönlich bekannt war), Wayne Oates, William E. Hulme, Thomas C. Oden, Howard J. Clinebell und Paul E. Johnson (siehe Literaturverzeichnis). Eine ausführliche Darstellung über die »Pastoral Counseling«-Bewegung findet sich in Stollberg 1970a; vgl. dazu auch Berger/Andriessen 1968, 575–580.

[4] Faber/van der Schoot 1968, Original 1962.

[5] Hostie 1965, Original 1963.

[6] Johnson 1969, Clinebell 1971, Knowles 1971 u. a.

[7] Das dieser pastoralpsychologischen Bewegung entstammende Seelsorgeverständnis einer »klientenzentrierten Seelsorge« (vgl. Schiller 1975, 956) birgt Chancen und Gefahren in sich: Einerseits stellt die Wichtigkeit der Betonung der offenen und einfühlenden Grundhaltung dem Partner gegenüber (der nicht als Objekt autoritärer Führung, Weisung und Belehrung, sondern als gleichberechtigter Partner im Bemühen um Findung der Wahrheit und des rechten Tuns gesehen wird) den bleibenden Verdienst dieser Theologen dar. Wenn andererseits der Seelsorger manchmal zu einseitig nur als eine Art Reagierender, als Instrument zur Selbsterkenntnis und Selbstfindung des Seelsorgepartners gesehen wird – wie dies in einer Art Pendelausschlag zum Teil geschehen ist –, wird der wichtige Aspekt der Authentizität und damit des persönlichen Zeugnisses übersehen: Seelsorge ist umfassender als Einfühlung, Dialog ist mehr als Beratung. So ist auch das Wort von der »Seelsorge als Psychotherapie im kirchlichen Kontext« (Stollberg 1970a, »Therapeutische Seelsorge«) höchst mißverständlich.

5.2. Seelsorge – Diakonia im Geist Jesu

[8] Pastoralkonstitution über die Kirche in der Welt von heute: Gaudium et spes 1; vgl. Dogmatische Konstitution über die Kirche: Lumen gentium 2; Holtz 1961, Filthaut 1968, Schurr 1964, ders. 1969, Schoo-

nenberg 1969, Geller 1972, Schiller 1975, Zauner 1977, ders. 1988, Baumgartner 1988, Zerfaß 1988a, ders. 1988b, Mette 1989.

[9] Zerfaß 1988a, 90.

[10] Diakonia 1 (1989) 2.

[11] Klostermann 1974b, 641. – Die Herausgeber der Klostermann-Festschrift (Erharter u. a. 1977) gaben darum dem Buch mit den »Modellen für eine zukunftsweisende Pastoral« den Titel »Prophetische Diakonie«, weil sie damit Klostermanns Anliegen am besten zu treffen meinten (S. 7).

[12] Diakonia 1 (1966) 2, zitiert nach Diakonia 1 (1989) 1 – Vgl. dazu im einzelnen das bereits genannte Themenheft Diakonia 1 (1989).

[13] Vgl. z. B. Klostermann 1965, 40–58, Zauner 1977, 147.

[14] Zerfaß 1988a, 90.

[15] Zauner 1977, 155. 157.

[16] Vgl. ebd. 110.

[17] Zerfaß 1988b, 1119f.

[18] Geleitwort für »Der Seelsorger« 1 (1965), zitiert nach Diakonia 1 (1989) 6. Vgl. zum ganzen Hollweg 1974.

5.3. Der Glaube an einen personalen Gott

[19] Zum Personbegriff und der Problematik bei der Rede von Gott und Menschen als Person siehe S. 112ff. Vgl. Stenger 1976, 74.

[20] Zauner 1981, 9; vgl. auch: Biser 1973, Schillebeeckx 1975, Baumgartner 1982, 40ff, Zerfaß 1988a, 79–84, Jaschke 1988b.

[21] Zauner, a. a. O.

[22] Vgl. etwa Wolff 1978.

[23] Vgl. dazu Rogers beim Theologengespräch in Wien 1981 (Rogers V-1981b, ders. 1983j, 23–25) sowie ders. 1962a, 186.

[24] Zauner 1981, 9f; vgl. dazu Scharfenberg 1972, 63.

5.4. Thesen zu einer personzentrierten Seelsorge

[25] Die amerikanischen Theologen der Pastoral-Counseling-Bewegung sprachen von »therapy through relationship« zur Wiederherstellung des »basic trust« (Urvertrauens), von »stimulation of the person-to-person-experience to God«, von »a listening approach leading to catharsis, clearing the way for insight, stimulating the process of growth« (vgl. Hulme 1956, 93).

[26] Stollberg 1970a, 71 Anm. 42. Zum ganzen vgl. auch Klostermann 1974a, Bd. 1, 203–208, ders. 1974b, 647–650, ders. 1976, 81–114. 139–149, ders. 1979a, 475–491.

[27] Einige deutschsprachige *Titel zu einer Pastoral aus personzentrierter Sicht und zu pastoraler Gesprächsführung*: Faber 1965, Faber/van der Schoot 1968, Berger/Andriessen 1968, Johnson 1969, Stollberg 1970a, ders. 1970b, ders. 1971, Clinebell 1971, ders. 1982, Godin 1972, Harsch 1973, Riess 1973, ders. 1974b, Ruthe 1973, Piper 1973,

ders. 1974, Friemel 1974, Diakonia 1 (1974), Pompey 1974, ders. 1975a, ders. 1975b, ders. 1976a, ders. 1976b, ders. 1986, ders. 1987, Schwermer 1974, ders. 1983, ders. 1988, Frielingsdorf/Stöcklin 1976, Reuß 1976, Stich 1977, Hammers 1979, Oates 1980, Baumgartner 1982, Schmid 1982, ders. 1983, Kroeger 1983, Kormannhaus 1984, Jaschke 1988b, Lindeman 1988, J. Müller 1988, Johannwerner 1988, Themenheft Lebendige Seelsorge 1983 und 1988. Zur amerikanischen Seelsorgebewegung siehe S. 214.

[28] Eine Anmerkung zu den Bibelzitaten in diesem Buch: Sie werden natürlich nicht im Sinn einer Beweisführung oder Argumentation für die Bekräftigung der Richtigkeit der Rogersschen Gedanken gebraucht. Rogers lesend kann man sich jedoch, in einer christlichen Tradition aufgewachsen, den vielfachen Parallelen nicht entziehen. Dem Hinweis darauf sollen die Zitate dienen.

[29] Eine entsprechende Ethik wäre zu entwerfen. (Zu Ethik und personzentriertem Ansatz siehe Stich 1977.)

[30] Clinebell 1971, 11.

[31] Pompey 1975a.

[32] Carl Rogers sagt einmal, daß er in einer tiefen Begegnung mit einem anderen Menschen an die von ihm bislang unterschätzten Dimensionen »des Transzendenten, des Unbeschreiblichen, des Unerwarteten« stößt (Rogers 1979a, zitiert nach ZPP 1 (1982) 77). Ich will das keineswegs vorschnell theologisch deuten, aber als Hinweis darauf sehen, daß gerade echte menschliche Begegnungen für weiterreichende Erfahrungen offen sind (vgl. S. 89).

[33] Siehe dazu die talmudische Messiaslegende vom verwundeten Arzt (vgl. Zerfaß 1988a, 99–101, ders. 1983).

[34] Rogers 1956e, 14, siehe auch S. 272, Anm. 30 und S. 255 ff.

[35] Paul VI. in der Enzyklika »Redemptor Hominis«.

[36] Zerfaß 1988a, 10.

[37] Dekret über das Laienapostolat: Apostolicam actuositatem 8.

[38] Diese, wie mehrfach ausgeführt, höchst aktive Tätigkeit kann nur durch ein krasses Mißverständnis so beschrieben werden, als wäre es Aufgabe der Seelsorger nach »dieser aus der Psychotherapie von Carl Rogers stammenden Auffassung« »nur reaktives Werkzeug zur Selbsterkenntnis und -findung des Pastoranden« zu sein (Schiller 1975).

[39] Hier ist auch eine große Chance für *Religionsunterricht*, Gruppenarbeit und Erwachsenenbildung gegeben. Vgl. dazu über die bereits bei Gruppenarbeit und personzentriertem Lernen angegebene Literatur hinaus u. a. Schmid 1974, Kriegstein 1977.

[40] Stollberg 1978, 39

[41] Rogers 1975c, 206; vgl. ders. 1977a, 296–299.

[42] Vgl. Zauner 1981, 9.

[43] Einige – unvollständige – Kriterien seien genannt: Wenn man selbst Furcht empfindet, vor dem Menschen oder seinem Problem; bei schweren Krisen, die nicht mit einem entsprechenden Anlaß in Zusammenhang zu stehen scheinen, etwa tiefen Depressionen oder gewalti-

gen manischen Aktivitäten; bei Menschen mit geringer Selbstkontrolle oder bei solchen, die oft den Bezug zur Realität verlieren; bei Menschen, die sich verfolgt fühlen und wo man selbst zum Teil dieses »Verfolgungs-Systems« gemacht wird; ganz allgemein, wenn man das Gefühl hat, der Angelegenheit nicht gewachsen zu sein – in solchen Fällen empfiehlt es sich, ernsthaft gleich eine Weitervermittlung an einen Psychotherapeuten in Erwägung zu ziehen.

[44] Zum ganzen vgl. Beeli 1969.

[45] Pfister 1905.

[46] Synonym »Lernen an der Erfahrung«, »Lernen im Vollzug«, »living learning«, »learning by doing«; zum personzentrierten Lernen siehe S. 172 ff.

[47] Zum *klinisch-pastoralen Ausbildung (CPT)* vgl. u. a. Faber 1965, Spiegel 1967, Berger/Andriessen 1968, Piper 1968, ders. 1972a, Zijlstra 1971, Clinebell 1971, Roessler 1972, Korsten u. a. 1974, Gruppendynamik (Themenheft) 1974, Wege zum Menschen (Themenheft) 1975, Trierer theologische Zeitschrift (Themenheft) 1975, Hammers/Becher 1975, Becher/Hiltner/Stollberg 1975, Becher 1969, ders. 1972, ders. 1974, ders. 1976, Piper 1972b, Schmid 1976b, ders. 1977.

[48] Für die Weiterbildung bereits berufstätiger Seelsorger wurde von Berger und Andriessen in Holland in Weiterführung des amerikanischen Modells ein sogenanntes »Feldtraining« entwickelt, bei dem die Seelsorger in ihrem jeweiligen Arbeitsbereich, z. B. in ihrer Pfarrei bleiben. In regelmäßigen Gruppensitzungen werden dann verschiedenste pastorale Situationen in der Art von Balint-Gruppen (das sind Supervisionsgruppen von Angehörigen aus der gleichen Berufsgruppe) behandelt, beispielsweise Predigten, Beichtgespräche, Taufgespräche, Brautgespräche, Religionsstunden, Gruppenabende, Situationen aus einer Familienrunde, Liturgiebesprechungen und -gestaltungen u. ä. Das spezifische Element an diesem Konzept ist, daß die pastoralen Situationen auf dem Hintergrund von aus der Bibel, möglichst den Gleichnissen Jesu, entnommenen und somit den im Glauben beheimateten Theologen vertrauten Bildern aufgearbeitet werden. Durch den Bezug zu bekannten Gleichnissen und Texten und zur christlichen Bilder- und Symbolwelt kann so auch die Kluft und der Widerstand zu einer als zu psychologisch erlebten Sprache und ihrem Verstehenshorizont wenigstens zum Teil überbrückt werden. Viele Seelsorger können sich mit diesem Modell, das auch ihrer spirituellen Erziehung näher liegt, leichter anfreunden. Hier wird also auch die Exegese in die pastoralpsychologische Aufarbeitung einbezogen (siehe Schmid 1976b; vgl. auch Haarsma 1974 und die bereits bei der personzentrierten Supervision genannte Literatur).

[49] Informationen für die Bundesrepublik über pastorale Ausbildungsgänge bei der »Deutschen Gesellschaft für Pastoralpsychologie (DGfP)«, D-6000 Frankfurt/Main 71, Im Mainfeld 8. *Ausbildungen im personzentrierten Ansatz* (außerhalb von Universitäten) veranstalten in der Bundesrepublik Deutschland die »Gesellschaft für wissenschaft-

liche Gesprächspsychotherapie (GwG)«, D-5000 Köln 1, Richard-Wagnerstr. 12, in der Schweiz die »Schweizerische Gesellschaft für Gesprächspsychotherapie und personzentrierte Beratung (SGGT/SPCP)«, CH-8400 Winterthur, Brühlbergstr. 56, in Österreich die »Österreichische Gesellschaft für wissenschaftliche klientenzentrierte Psychotherapie und personorientierte Gesprächsführung (ÖGwG)«, A-4020 Linz, Marienstr. 4, sowie die »Arbeitsgemeinschaft Personenzentrierte Gesprächsführung – Vereinigung für Beratung, Therapie und Gruppenarbeit (apg)«, A-1050 Wien, Castellig. 5.

5.5. Liebe: »Eine Art der Zuneigung, die Kraft hat«

[50] Rogers 1951, 154f.
[51] Rogers 1962a, 186.
[52] Rogers/Buber 1960, 69f.

Bibliographie

Carl R. Rogers

Die Bibliographie enthält alle gedruckten Originaltitel (amerikanisch, aber auch in anderen Sprachen) von Rogers, sowie alle publizierten deutschen Übersetzungen; darüber hinaus die meisten seiner veröffentlichten, jedoch nicht gedruckten Manuskripte (wie Vortragsunterlagen, Rundbriefe usw.) und zahlreiche Interviews. Im Anschluß sind seine Filme und – in Auswahl – Videobänder, Tonbänder und Audiokassetten angeführt.

Deutsche Übersetzungen bzw. Originalbeiträge sind im Fettdruck hervorgehoben. Eine chronologische Übersicht über die deutschsprachigen Bücher findet sich im Anschluß.

Kursiv gedruckte Titel werden zur Einführung oder grundlegenden Auseinandersetzung empfohlen.

Hinweis: Aus Orientierungsgründen sind die Titel im Text jeweils mit dem Jahr ihrer Erstveröffentlichung (zumeist amerikanisch) angegeben, soweit es nicht ausdrücklich anders vermerkt ist. Die Seitenzahlen beziehen sich jedoch auf die angeführte deutsche Übersetzung, wenn es eine gibt! Gibt es mehrere Übersetzungen, ist im Literaturverzeichnis darauf hingewiesen, nach welcher zitiert wurde.

Obwohl diese erste Publikation einer Zusammenstellung aller Veröffentlichungen von Rogers sowie aller deutschen Übersetzungen mit großer Sorgfalt durchgeführt wurde, ist der Autor für Hinweise auf Fehler oder allenfalls weitere Titel oder deutsche Übersetzungen dankbar.

Literaturverzeichnisse, Quellen:

Evans 1975, 179–190

Carl Rogers' Papers, in: The Quarterly Journal of the Library of Congress, Oct.,35 (1978) 258f

Rogers 1961a, 390–400

Rogers 1972a, 241f

Rogers 1980a, orig.: 357–375; dt.: 187–209

Person-Centered Review 1,1 (1986) 83–99

Lietaer, Germain, Theorie en praktijk van client-centered therapie 1950–1975. Een bibliografisch overzicht, in: Tijdschrift voor Psychotherapie 2 (1976) 278–286

Lietaer, Germain, De client-centered benadering in de zeventiger jaren therapie 1950–1975. Een bibliografisch overzicht, in: Tijdschrift voor Psychotherapie 7 (1981) 81–102

Archiv Peter F. Schmid

Center for Studies of the Person, La Jolla, Kalifornien

The Carl Rogers Memorial Library, La Jolla, Kalifornien

UCSD (University of California at San Diego), Library

1930

(1930) mit CARSON, C.W., Intelligence as a factor in camping activities, in: Camping Magazine 3,3 (1930) 8–11

1931

(1931a) Measuring personality adjustement in children nine to thirteen years of age, New York (Teachers College, Columbia University) 1931

(1931b) A test of personality adjustement, New York (Association Press) 1931; siehe 1961i

(1931) mit RAPPAPORT, M.E., We pay for the Smiths, in: Survey Graphic 19 (1931) 50ff

1933

(1933) A good foster home. Its achievements and limitations, in: Mental Hygiene 17 (1933) 21–40; auch in: Lowry, F. (Hg.), Readings in social case work, New York (Columbia University Press) 1933, 417–436

1936

(1936) Social workers and legislation, in: Quarterly Bulletin New York State Conference on Social Work 7,3 (1936) 3–9

1937

(1937a) The clinical psychologist's approach in personality problems, in: The Family 18 (1937) 233–243

(1937b) Three surveys of treatment measures used with children, in: American Journal of Orthopsychiatry 7 (1937) 48–57

1938

(1938) A diagnostic study of Rochester youth, in: New York State Conference on Social Work, Syracuse 1938, 48–54

1939

(1939a) The clinical treatment of the problem child, Boston (Houghton Mifflin) 1939

(1939b) Authority and case work – Are they compatible?, in: Quarterly Bulletin, New York State Conference of Social Work, Albany 1939, 16–24

(1939c) Needed emphasis in the training of clinical psychologists, in: Journal of Consulting Psychology 3 (1939) 141–143

1940

(1940) The processes of therapy, in: Journal of Consulting Psychology 4 (1940) 161–164

1941

(1941) Psychology in clinical practice, in: Gray, J.S. (Hg.), Psychology in use, N.Y. (American Book Company) 1941, 114–167

(1941a) mit BENNETT, C.C., Predicting the outcomes of treatment, in: American Journal of Orthopsychiatry 11 (1941) 210–221

(1941b) mit BENNETT, C.C., The clinical significance of problem syndromes, in: American Journal of Orthopsychiatry 11 (1941) 222–229

1942
(1942a) Counseling and psychotherapy. New concepts in practice, Boston (Houghton Mifflin) 1942;
dt.: Die nicht-direktive Beratung, München (Kindler) 1972
(1942b) Mental health problems in three elementary schools, in: Educational Research Bulletin 21 (1942) 69–79
(1942c) The psychologist's contributions to parent, child and community problems, in: Journal of Consulting Psychology 6 (1942) 8–18
(1942d) A study of the mental health problems in three representatives elementary schools, in: Holy, T.C. u.a., A study of health and physical education in Columbus Public Schools, Ohio State University Bureau of Education Research Monograph 25 (1942) 130–161
(1942e) The use of electrically recorded interviews in improving psychotherapeutic techniques, in: American Journal of Orthopsychiatry 12 (1942) 429–434
1943
(1943) Therapy in guidance clinics, in: Journal of Abnormal Social Psychology 38 (1943) 284–289; auch in: Watson, R. (Hg.), Readings in clinical psychology, New York (Harper & Bros.) 1949, 519–527
1944
(1944a) Adjustment after combat, Fort Myers (Army Air Forces Flexible Gunnery School) 1944 (eingeschränkt veröffentlicht)
(1944b) The development of insight in a counseling relationship, in: Journal of Consulting Psychology 8 (1944) 331–341; auch in: Brayfield, A.H. (Hg.), Readings on modern methods of counseling, New York (Appleton-Century-Crofts) 1950, 119–132
(1944c) The psychological adjustements of discharged service personnel, in: Psychological Bulletin 41 (1944) 689–696
1945
(1945a) A counseling viewpoint for the USO worker, in: USO Program Services Bulletin, 1945
(1945b) Dealing with individuals in USO, in: USO Program Services Bulletin, 1945
(1945c) Counseling, in: Review of Educational Research 15 (1945) 155–163
(1945d) The nondirective method as a technique for social research, in: American Journal of Sociology 50 (1945) 279–283
(1945) mit AXLINE, VIRGINIA M., A teacher-therapist deals with a handicapped child, in: Journal of Abnormal Social Psychology 40 (1945) 119–142
(1945) mit DICKS, R. / WORTIS, S.B., Current trends in counseling, a symposium, in: Marriage and Family Living 7,4 (1945)
1946
(1946a) Psychometric tests and client-centered counseling, in: Educational Psychological Measurement 6 (1946) 139–144

(1946b) Recent research in nondirective therapy and its implications, in: American Journal of Orthopsychiatry 16 (1946) 581–588

(1946c) Significant aspects of client-centered therapy, in: American Psychologist 1 (1946) 415–422

(1946) mit MUENCH, A.G., Counseling of emotional blocking in an aviator, in: Journal of Abnormal Social Psychology 41 (1946) 207–216

(1946) mit WALLEN, J.L., Counseling with returned servicemen, New York (McGraw-Hill) 1946

1947

(1947a) The case of Mary Jane Tilden, in: Synder, W.U. (Hg.), Casebook of non-directive counseling, Boston, Houghton Mifflin) 1947

(1947b) Current trends in psychotherapy, in: Dennis, W. (Hg.) Current trends in psychology, Pittsburgh (University of Pittsburgh Press) 1947

(1947c) Some observations on the organisation of personality, in: American Psychologist 2 (1947) 358–368; auch in: Kuenzli, A. (Hg.) The phenomenological problem, New York (Harper and Bros.) 1959, 49–75

1948

(1948a) Dealing with social tensions. A presentation of client-centered counseling as a means of handling interpersonal conflicts, New York (Hinds, Hayden and Eldredge) 1948; auch in: Pastoral Psychology 3,28 (1952) 14–20. 3,29 (1952) 37–44

(1948b) Divergent trends in methods of improving adjustement, in: Harvard Educational Review 18 (1948) 209–219; auch in: Pastoral Psychology 1,8 (1950) 11–18

(1948c) Research in psychotherapy. Round Table, in: American Journal of Orthopsychiatry 18 (1948) 96–100

(1948d) Some implications of client-centered counseling for college personnel work, in: Educational Psychological Measurement 8 (1948) 540–549; auch in: College and University 1948; in: Registrar's Journal 1948

(1948) mit KELL, B.L. / McNEIL, H., The role of self-understanding in the prediction of behavior, in: Journal of Consulting Psychology 12 (1948) 174–186

1949

(1949a) The attitude and orientation of the counselor in client-centered therapy, in: Journal of Consulting Psychology 13 (1949) 82–94

(1949b) A coordinated research in psychotherapy. A non-objective introduction, in: Journal of Consulting Psychology 13 (1949) 149–153

1950

(1950a) A current formulation of client-centered therapy, in: Social Service Review 24 (1950) 442–450

(1950b) Significance of the self-regarding attitudes and perceptions, in:

Reymert, M.L. (Hg.), Feelings and emotions, New York (McGraw-Hill) 1950, 374–382; auch in: Gorlow, L. / Katkovsky, W. (Hg.), Readings in the psychology of adjustement, New York (McGraw-Hill) 1959, 500–522

(1950c) What is to be our basic professional relationship?, in: Annals of Allergy 8 (1950) 234–239; auch in: Krout, M.H. (Hg.), Psychology, psychiatry, and the public interest, University of Minnesota Press, 1956, 135–145

(1950) mit BECKER, R., A basic orientation for counseling, in: Pastoral Psychology 1,1 (1950) 26–34

(1950) mit MARQUIS, D.G. / HILGARD, E.R., ABEPP policies and procedures, in: American Psychologist 5 (1950) 407f

1951

(1951a) *Client-centered therapy. Its current practices, implications, and theory, New York (Houghton Mifflin) 1951;*
dt.: Die klient-bezogene Gesprächstherapie, München (Kindler) 1973

(1951b) Client-centered therapy. A helping process, in: The University of Chicago Round Table 698 (1951) 12–21

(1951c) Perceptual reorganisation in client-centred therapy, in: Blake, R.R. / Ramsey, G.V. (Hg.), Perception. An approach to personality, New York (Ronald) 1951, 307–327

(1951d) Studies in client-centered psychotherapy III: The case of Mrs. Oak. A research analysis, in: Psychological Service Center Journal 3 (1951) 47–165; auch in: Rogers/Dymond 1954, 259–348

(1951e) Through the eyes of a client, in: Pastoral Psychology 2,16 (1951) 32–40. 17 (1951) 45–50. 18 (1951) 26–32

(1951f) Where are we going in clinical psychology, in: Journal of Consulting Psychology 15 (1951) 171–177

(1951) mit GORDON, T. / GRUMMON, D.L. / SEEMAN, J., Studies in client-centered psychotherapy I. Developing a program of research in psychotherapy, in: Psychological Service Center Journal 3 (1951) 3–28; auch in: Rogers/Dymond 1954, 12–34

1952

(1952a) Client-centered psychotherapy, in: Scientific American 187 (1952) 66–74

(1952b) Communication: its blocking and its facilitation, in: Northwestern University Information 20 (1952) 9–15; auch in: ETC, 9 (1952) 83–88; in: Harvard Business Review 30 (1952) 46–50; in: Bursk, E.C. (Hg.), Human relations for management, New York (Harper and Bros.) 1956, 150–158; = Dealing with breakdowns in communication – interpersonal and intergroup, Kapitel 17 in Rogers 1961a;
dt.: Behandlung von Kommunikationsstörungen zwischen Einzelnen und Gruppen, in: Rogers 1961a, dt. 1973, 321–328

(1952c) A personal formulation of client-centered therapy, in: Marriage and Family Living 14 (1952) 341–361; auch in: Vincent, C.E. (Hg.), Readings in marriage counseling, New York (Crowell) 1957, 392–432

1953

(1953a) The interest in the practice of psychotherapy, in: American Psychologist 8 (1953) 48–50

(1953b) A research program in client-centered therapy, in: Psychiatric Treatment, Proceedings of the Association for Research in Nervous and Mental Disease, Baltimore (Williams and Wilkins), 31 (1953) 106–113; siehe 1972g

(1953c) Some directions and end points in therapy, in: Mowrer, O.H. (Hg.), Psychotherapy. Theory and research, New York (Ronald) 1953, 44–68; = Some of the directions evident in therapy, Kapitel 5 in Rogers 1961a;
dt.: Der Prozeß der Persönlichkeitsentwicklung, in: Rogers 1961a, dt. 1973, 84–113

(1953d) A concept of the fully functioning person, University of Chicago Counseling Center, Manuskript 1953

(1953e) Letter to William H. Schenk (about Catholicism and client-centered therapy), 1953, veröffentlicht in: Staes, Paul E., Positive self-regarding attitudes and authentic selfhood, Makati, Rizal, Philippinen, 1971, 192–194

(1953f) The implications of client-centered therapy for family life, Chicago (Manuskript) 1953.

(1953) mit BROOKS, G.W. / DRIVER, R.S. / MERRIHUE, W.V. / PIGORS, P. / RINELLA, A.J., Removing the obstacles to good employee communications, in: Management Record 15,1 (1953) 9–11. 32–40

1954

(1954a) Becoming a person, Oberlin (Oberlin Printing Co.) 1954; auch in: Hogg Foundation for Mental Hygiene, University of Texas 1966; in: Pastoral Psychology 7,61 (1956) 9–13. 7,63 (1956) 16–26; in: Doniger, S. (Hg.), Healing, human and divine, New York (Association Press) 1957, 57–67; = Some hypotheses regarding the facilitation of personal growth, Kapitel 2 in: Rogers 1961a;
dt.: Förderung der Persönlichkeitsentfaltung – einige Hypothesen, in: Rogers 1961a, dt. 1973, 45–52

(1954b) The case of Mr. Bebb. The analysis of a failure case, in: Rogers/Dymond 1954, 349–409; auch in: Morgans, R.E. (Hg.), The iatrogenics handbook, Toronto (IPI) 1983, 153–191

(1954c) Changes in the maturity of behavior as related to therapy, in: Rogers/Dymond 1954, 215–237

(1954d) An overview of the research and some questions for the future, in: Rogers/Dymond 1954, 413–434

(1954e) *Towards a theory of creativity, in: ETC. A Review of General Semantics 11 (1954) 249–260; auch in: Anderson, H. (Hg.),*

Creativity and its cultivation, New York (Harper and Bros.) 1959, 69–82; = Kapitel 19 in: Rogers 1961a;
dt.: Zu einer Theorie der Kreativität, in: Rogers 1961a, dt. 1973, 337–349
(1954) mit DYMOND, ROSALIND F. (Hg.), Psychotherapy and personality change, Chicago (The University of Chicago Press) 1954
1955
(1955a) Persons or science? A philosophical question, in: American Psychologist 10 (1955) 267–278; auch in: Pastoral Psychology 10,92 (1959). 10,93 (1959); = Kapitel 10 in: Rogers 1961a;
dt.: Menschen oder die Wissenschaft? Eine philosophische Frage, in: Rogers 1961a, dt. 1973, 197–222
(1955b) This is me. The development of my professional thinking and my personal philosophy, Manuskript 1955; = Kapitel 1 in: Rogers 1961a;
dt.: »Das bin ich«. Entwicklung meiner fachlichen Ansichten und meiner persönlichen Philosophie, in: Rogers 1961a, dt. 1973, 19–43
(1955c) A personal view of some issues facing psychologists, in: American Psychologist, 10 (1955) 247–249
(1955d) Personality change in psychotherapy, in: The International Journal of Social Psychiatry 1 (1955) 31–41; = Kapitel 11 in: Rogers 1961a;
dt.: Persönlichkeitsveränderung in der Psychotherapie, in: Rogers 1961a, dt. 1973, 223–239
(1955e) Comment, in: Journal of Counseling Psychology ² (1955) 196
1956
(1956a) Client-centered therapy. A current view, in: Fromm-Reichmann, F./Moreno, J.L. (Hg.) Progress in psychotherapy, New York (Grune & Stratton) 1956, 199–209
(1956b) A counseling approach to human problems, in: American Journal of Nursing 56 (1956) 994–997
(1956c) Implications of recent advances in the prediction and control of behavior; in: Teachers College Record 57 (1956) 316–322; auch in: Hartley, E.L./Hartley, R.E. (Hg.), Outside readings in psychology, New York (T.Y.Crowell) 1957, 3–10; in: Daniel, R.S. (Hg.), Contemporary readings in general psychology, Boston (Houghton Mifflin) 1960
(1956d) Intellectualized psychotherapy. Review of George Kelly's »The psychology of personal constructs«, in: Contemporary Psychology 1 (1956) 357f
(1956e) Review of Reinhold Niebuhr's »The Self and the drama of history«, in: Chicago Theological Seminary Register 46 (1956) 13–14; auch in: Pastoral Psychology 9,85 (1958) 15–17
(1956f) What it means to become a person, in: Moustakas, C.E. (Hg.), The Self, New York (Harper & Bros.) 1956, 195–211; = Kapitel 6 in: Rogers 1961a;

dt.: Was es heißt, sich selbst zu finden, in: Rogers 1961a, dt. 1973, 114–129

(1956) mit SHOBEN, E.J. / MOWRER, O.H. / KIMBLE, G.A. / MILLER, J.G., Behavior theories and a counseling case, in: Journal of Counseling Psychology 3 (1956) 107–124

(1956) *(Symposium mit SKINNER, B.F.) Some issues concerning the control of human behavior. Symposion with B.F. Skinner, in: Science 124,30 (1956) 1057–1066; auch in: Gorlow, L./Katkovsky, W. (Hg.), Readings in the psychology of adjustment, New York (McGraw-Hill) 1959, 500–522; auch in: Evans, Richard I., Carl Rogers – the man and his ideas, New York (Dutton) 1975, 44–88;*

dt.: Strittige Fragen zur Kontrolle menschlichen Verhaltens, in: Rost/Grunow/Oechsle, Pädagogische Verhaltensmodifikation, Weinheim (Beltz) 1977, 23–52

1957

(1957a) *The necessary and sufficient conditions of therapeutic personality change, in: Journal of Consulting Psychology 21,2 (1957) 95–103*

(1957b) A note on the nature of man, in: Journal of Counseling Psychology 4 (1957) 199–203; auch in: Pastoral Psychology 11 (1960) 23–26

(1957c) Personal thoughts on teaching and learning, in: Merrill-Palmer Quarterly 3 (1957) 241–243; auch in: Improving College and University Teaching 6 (1958) 4–5; = Kapitel 13 in: Rogers 1961a; auch = Kapitel 6 in: Rogers 1969a;

dt.: Persönliche Gedanken über Lehren und Lernen, in: Rogers 1961a, dt. 1973, 268–272; auch = Kapitel 6 in: Rogers 1969a, dt. 1974, 152–155

(1957d) *A therapist's view of the good life, in: The Humanist 17 (1957) 291–300; = A therapist's view of the good life: The fully functioning person, Kapitel 9 in: Rogers 1961a;*

dt.: Ansichten eines Therapeuten vom guten Leben. Der sich voll entfaltende Mensch, in: Rogers 1961a, dt. 1973, 183–195

(1957e) Training individuals to engage in the therapeutic process, in: Strother, C.E. (Hg.), Psychology and mental health, American Psychological Association (Washington, D.C.) 1957, 76–92

(1957) mit FARSON, RICHARD E., Active Listening, Chicago (University of Chicago, Industrial Relations Center) 1957

1958

(1958a) Characteristics of a helping relationship, in: Personnel and Guidance Journal 37 (1958) 6–16; = Kapitel 3 in: Rogers 1961a;

dt.: Die Eigenschaften einer hilfreichen Beziehung, in: Rogers 1961a, dt. 1973, 53–72

(1958b) A process conception of psychotherapy, in: American Psychologist 13 (1958) 142–149; = Kapitel 7 in: Rogers 1961a;

dt.: Psychotherapie als Prozeß, in: Rogers 1961a, dt. 1973, 130–162

(1958c) Listening and understanding, in: The Friend 116,40 (1958) 1248–1251

1959

(1959a) *A theory of therapy, personality, and interpersonal relationships, as developed in the client-centered framework, in: Koch, Sigmund (Hg.), Psychology: a study of a science. Vol. III: Formulations of the person and the social contexts, New York (Mc Graw Hill) 1959, 158–256;*
dt.: Eine Theorie der Psychotherapie, der Persönlichkeit und der zwischenmenschlichen Beziehungen, entwickelt im Rahmen des klientenzentrierten Ansatzes, Köln (GwG) 1987

(1959b) A tentative scale for the measurement of process in psychotherapy, in: Rubinstein, E./Parloff, M.B. (Hg.), Research in psychotherapy, Washington D.C. (American Psychological Association) 1959, 96–107

(1959c) Client-centered therapy, in: Arieti, S. (Hg.) American Handbook of Psychiatry, Bd.3, New York (Basic Books) 1959, 183–200; siehe 1966a

(1959d) Comments on cases, in: Standal S./Corsini, R. (Hg.), Critical incidents in psychotherapy, New York (Prentice Hall) 1959

(1959e) The essence of psychotherapy. A client-centered view, in: Annals of psychotherapy 1 (1959) 51–57

(1959f) Lessons I have learned in counseling with individuals, in: Dugan, W.E. (Hg.) Modern school practices, Series 3, Counseling points of view. University of Minnesota Press 1959, 14–26

(1959g) Significant learning. In therapy and in education, in: Educational Leadership 16 (1959) 232–242; = Kapitel 14 in: Rogers 1961a;
dt.: Signifikantes Lernen: In Therapie und Erziehung, in: Rogers 1961a, dt. 1973, 273–289

(1959h) The way to do is to be. Review of Rollo May, »Existence: A new dimension in psychiatry and psychology«, in: Contemporary Psychology 4 (1959) 196–198

(1959i) Kapitel in: Greenwald, H. (Hg.), Great cases in psychoanalysis, New York (Ballantine) 1959

(1959) mit KINGET, MARIAN G., Psychotherapie en menselijke verhoudingen, Utrecht (Het Spectrum) 1959 (Kapitel 10 = Client-centered therapy in its context of research, Kapitel 12 von Rogers 1961a);
dt.: Klientenzentrierte Therapie im Kontext der Forschung, in: Rogers 1961a, dt. 1973, 240–266

(1959) mit LEWIS, MADGE K. / SHLIEN, JOHN M. Time-limited, client-centered psychotherapy. Two cases, in: Burton, A: (Hg.), Case studies in counseling and psychotherapy, New York (Prentice Hall) 1959, 309–352;
dt.: Klientenzentrierte Kurztherapie: Zwei Fallberichte, in: Rogers 1977b, 53–112

1960

(1960a) Significant trends in the client-centered orientation, in: Brower, D./Abt, L.E. (Hg.), Progress in clinical psychology, Bd. IV, New Yotk (Grune & Stratton) 1960, 85–99

(1960b) A therapist's view of personal goals, in: Pendle Hill Pamphlet 108, Wallingford, Pennsylvania 1960; = To be that self which one truly is, Kapitel 8 in: Rogers 1961a;
dt.: »Das Selbst zu sein, das man in Wahrheit ist«. Ansichten eines Therapeuten über persönliche Ziele, in: Rogers 1961a, dt. 1973, 164–182

(1960) *mit BUBER, MARTIN, Martin Buber and Carl Rogers, in: Psychologia 3,4 (1960) 208–221;*
dt.: Carl Rogers im Gespräch mit Martin Buber, in: Arbeitsgemeinschaft Personenzentrierte Gesprächsführung, Persönlichkeitsentwicklung durch Begegnung. Das personenzentrierte Konzept in Psychotherapie, Erziehung und Wissenschaft, Wien (Deuticke) 1984, 52–72

(1960) mit WALKER, A. / RABLEN, R., Development of a scale to measure process changes in psychotherapy, in: Journal of Clinical Psychology 16,1 (1960) 79–85

1961

(1961a) *On becoming a person, Boston (Houghton Mifflin) 1961; = Rogers 1955b, 1954a, 1958a, 1961h, 1953c, 1956f, 1958b, 1960b, 1957d, 1955a, 1955d, Kapitel 10 aus Rogers/Kinget 1959, Rogers 1957c, 1959g, 1952b, 1954e; (neu sind die Kapitel 16,18,20,21);*
dt.: Entwicklung der Persönlichkeit. Psychotherapie aus der Sicht eines Therapeuten, Stuttgart (Klett) 1973

(1961b) The process equation of psychotherapy, in: American Journal of Psychotherapy 15,1 (1961) 27–45; auch in: Hart, J.T./Tomlinson, T.M., New directions in client-centered therapy, Boston (Houghton Mifflin) 1970, 190–205

(1961c) The loneliness of contemporary man, as seen in »The case of Ellen West«, in: Review of Existential Psychology and Psychiatry 1,2 (1961) 94–101; erweiterte Fassung: »Ellen West – and loneliness« in: Rogers 1980a, 164–180;
dt.: Ellen West – und Einsamkeit, in: Rogers/Rosenberg 1977, dt. 1980, 94–103

(1961d) Panel presentation: The client-centered approach to certain questions regarding psychotherapy, in: Annals of Psychotherapy 2 (1961) 51–53

(1961e) The place of the person in the new world of behavioral changes, in: Personnel and Guidance Journal 39,6 (1961) 442–451

(1961f) A theory of psychotherapy with schizophrenics and a proposal for its empirical investigation, in: Dawson, J.G. u.a (Hg.), Psychotherapy with schizophrenics, Baton Rouge (Louisiana State University Press) 1961, 3–19

(1961g) Two divergent trends, in: May, Rollo (Hg.), Existential psychology, Random House (New York) 1961, 85–93

(1961h) What we know about psychotherapy, in: Pastoral Psychology 12 (1961) 31–38; = Kapitel 4 in: Rogers 1961a;
dt.: Was wir über Psychotherapie wissen, objektiv und subjektiv, in: Rogers 1961a, dt. 1973, 73–82
(1961i) Personality adjustement inventory, New York (Association Press) 1951; = leicht überarbeitete Fassung von 1931
(1961j) The developing values of the growing person, in: The Psychiatric Institute Bulletin, University of Wisconsin 1,13 (1961)
(1961k) Introduction to the symposium (APA 9/61), in: The Psychiatric Institute Bulletin, University of Wisconsin 1,10(a) (1961)
(1961l) The potential of the human individual. The capacity for becoming fully functioning, in: Burton, A. (Hg.), The conception of man, 1961; auch in: Journal of Education 22 (1965) 1–14
(1961m) The meaning of the good life, Kapitel in: Kuenzli, A.E. (Hg.), Reconstruction in religion. A symposium, Boston (Beacon) 1961
(1961n) Barriers and gateways to communication, in: Fleishman, E. A. (Hg.), Studies in personal and industrial psychology, Homewood 1961, 408–413
1962
(1962a) *The interpersonal relationship. The core of guidance, in: Harward Educational Review 4,32 (1962) 416–429; auch in: Mosher, R.L. u.a. (Hg.), Guidance. An examination, New York (Harcourt, Brace & World) 1965; in: Rogers/Stevens 1967,89–104;*
dt.: Die zwischenmenschliche Beziehung: das tragende Element in der Therapie, in: Rogers 1977b, 180–196; auch: Die zwischenmenschliche Beziehung als Zentrum von Beratung und Therapie, in: Rogers/Stevens 1967, dt. 1984, 103–119; zitiert nach Rogers 1977b
(1962b) Toward becoming a fully functioning person, in: Combs, A.W.: (Hg.), Perceiving, behaving, becoming, Washington D. C. (Association for Supervision and Curriculum Development) 1962 Yearbook, 21–33
(1962c) Some learnings from a study of psychotherapy with schizophrenics, in: Pennsylvania Psychiatric Quarterly, Summer (1962) 3–15; auch in: Rogers/Stevens 1967, 181–192;
dt. (gekürzt): Ein Bericht über Psychotherapie mit Schizophrenen, in: Rogers 1977b, 161–180; auch: Einige Untersuchungsergebnisse aus der Psychotherapie mit Schizophrenen, in: Rogers/Stevens 1967, dt. 1984, 209–222
(1962d) Comment (on article by F.L.Vance), in: Journal of Counseling Psychology 9 (1962) 16f
(1962e) Niebuhr on the nature of man, in: Doniger, S. (Hg.), The nature of man, New York (Harper and Bros.) 1962, 55–71
(1962f) A study of psychotherapeutic change in schizophrenics and normals. Design and instrumentation, in: Psychiatric Research Reports, American Psychiatric Association 15 (1962) 51–60

(1962g) The therapeutic relationship. Recent theory and research. Lecture given under sponsorship of the Los Angeles Society of Clinical Psychologists in Beverly Hills, 19.1.1962, Privatdruck; auch in: Australian Journal of Psychology 17 (1965) 95–108

(1962h) Facilitation of freedom through learning, Kirkpatrick paper, San Francisco (University of California School of Medicine) 1962

(1962i) Enseigner et apprendre, in: Education Nationale 22 (1962) 12–14

(1962) mit KINGET, MARIAN G., Psychothérapie et relations humaines. Théorie et pratique de la thérapie non-directive, Löwen (Publications Universitaires) 1962; zweite überarbeitete Auflage 1965

<u>1963</u>

(1963a) The actualizing tendency in relation to »motives« and to consciousness, in: Jones, M. (Hg.), Nebraska Symposion on Motivation, (University of Nebraska Press) 1963, 1–14; siehe Kapitel 11 in: Rogers 1977a

(1963b) Learning to be free, in: Farber, S.M./Wilson, R.H. (Hg.), Conflict and creativity. Control of the mind, New York (McGraw Hill) 1963, 268–288; auch in: Rogers/Stevens 1967, 47–66; siehe 1963d;
dt.: Lernen, frei zu sein, in: Rogers/Stevens 1967, dt. 1984, 81–102

(1963c) *The concept of the fully functioning person, in: Psychotherapy: Theory, Research, and Practice 1,1 (1963) 17–26; überarbeitete Fassung: The goal: The fully functioning person, Kapitel 14 in: Rogers 1969a; auch in: Rogers 1983a, 283–296*
dt.: Das Ziel: die sich verwirklichende und voll handlungsfähige Persönlichkeit, in: Rogers 1969a, dt. 1974, 268–286

(1963d) Learning to be free, in: National Education Association Journal, March 1963; = Kurzfassung von Rogers 1963b

(1963e) Psychotherapy today. Or, where do we go from here?, in: American Journal of Psychotherapy 17,1 (1963) 5–16; auch in: Nunokawa, W.D. (Hg.), Readings in abnormal psychology. Human values and abnormal behavior, Chicago (Scott Foresman) 1965, 84–92

(1963f) Graduate education. A passionate statement; veröffentlicht als: Current assumptions in graduate education. A passionate statement, Kapitel 8 in: Rogers 1969a; auch in: Hart, J.T./Tomlinson, T.M., New directions in client-centered therapy, Boston (Houghton Mifflin) 1970, 484–498;
dt.: Darstellung und Kritik gegenwärtiger Voraussetzungen in der Universitätsausbildung, Kapitel 8 in: Rogers 1969a, dt. 1974, 167–185

<u>1964</u>

(1964a) *Freedom and commitment, in: The Humanist 24,2 (1964) 37–40;*

auch in: ETC: A Review of General Semantics XXII,2,6 (1965); = Kapitel 13 in: Rogers 1969a; auch in: Rogers 1983a, 269–282;
dt.: Freiheit und Engagement, in: Rogers 1969a, dt. 1974, 250–267; auch in: Rogers 1983a, dt. 1984, 211–232

(1964b) Toward a science of the person, in: Wann, T.W. (Hg.), Behaviorism and phenomenology. Contrasting bases for modern psychology, Chicago (University of Chicago Press) 1964, 109–140

(1964c) Toward a modern approach to values. The valuing process in the mature person, in: Journal of Abnormal Social Psychology 68,2 (1964) 160–167; auch in: Human Synergistics 1977; in: Hart, J.T./Tomlinson, T.M., New directions in client-centered therapy, Boston (Houghton Mifflin) 1970, 430–441; in: Rogers/Stevens 1967, 13–28; erweitert: A modern approach to the valuing process, Kapitel 12 in: Rogers 1969a; auch in: Rogers 1983a, 255–268 (nur im Original);
dt.: Der Prozeß des Wertens beim reifen Menschen, in: Rogers/Stevens 1967, dt. 1984, 37–55; auch: Ein zeitgemäßer Ansatz für den Prozeß des Wertens, in: Rogers 1969a, dt. 1974, 230–249;

(1964d) Some elements of effective interpersonal communication, Manuskript 1964

1965

(1965a) Some thoughts regarding the current philosophy of the behavioral sciences, in: Journal of Humanistic Psychology 2,V (1965) 182–194

(1965b) A humanistic conception of man, in: Richard Farson (Hg.), Science and human affairs, Palo Alto (Science and Behavior Books) 1965, 18–31; auch in: Carr, G.B. (Hg.), Marriage and family in a decade of change, Reading (Addison-Wesley) 1972

(1965c) Can we meet the need for counseling? A suggested plan, in: Marriage and Family (Queensland, Australien) 2,5 (1965) 4–6

(1965d) Dealing with psychological tensions, in: Journal of Applied Behavioral Science 1 (1965) 6–24

(1965e) Foreword, in: Anderson, H., Creativity in childhood and adolescence, Palo Alto (Science and Behavior Books) 1965, V–VII

(1965f) Psychology and teacher training. In: Gowan, D.B./Richardson, C. (Hg.), Five fields and teacher education, Ithaca, NY (Project One Publications, Cornell University) 1965, 56–91

(1965g) Some questions and challenges facing a humanistic psychology, in: Journal of Humanistic Psychology 5 (1965) 105

(1965h) An afternoon with Carl Rogers, in: Explorations 3 (1965) 104

1966

(1966a) Client-centered therapy, in: Arieti, S. (Hg.), Supplement to American handbook of psychiatry, Bd.3, New York (Basic Books) 1966, 183–200; siehe 1959c

(1966b) To facilitate learning, in: Provus, M. (Hg.), Innovations for time to teach, Washington, D.C. (National Education Association) 1966, 4–19

(1966) mit POLANYI, MICHAEL, Dialogue between Michael Polanyi and Carl Rogers, San Diego (San Diego State College and Western Behavioral Sciences Institute) 1966; auch in: ETC, A Review of General Semantics XXV,1,3 (1968); auch in: Rogers/Coulson 1968, 193–201

(1966) mit TILLICH, PAUL, Dialogue between Paul Tillich and Carl Rogers, Teil I und II, San Diego (San Diego State College) 1966

1967

(1967a) Autobiography, in: Boring, E.G./Lindzey, G. (Hg.), A history of psychology in autobiography, Vol.5, New York (Appleton-Century-Crofts) 1967, 341–384

(1967b) Foreword, in: Rogers/Stevens 1967, 1–2;
dt.: Vorwort in: Rogers/Stevens 1967, dt. 1984, 7–9

(1967c) The process of the basic encounter group, in: Bugental, James F., Challenges of humanistic psychology, New York (McGraw Hill) 1967, 261–278; auch in: Psychology Today 3,7 (1969); in: Hart, J.T./Tomlinson, T.M., New directions in client-centered therapy, Boston (Houghton Mifflin) 1970, 292–313; erweitert: Kapitel 2 in: Rogers 1970a;
dt.: Der Prozeß der Encounter-Gruppe, in: Rogers 1970a, dt. 1974, 22–49

(1967d) Client-centered psychotherapy, in: Kaplan, H.I./Freedman, A.M. (Hg.), Comprehensive textbook of psychiatry II, Baltimore, MD (Williams & Wilkins) 1975, 1225–1228; siehe 1975e, 1980b, Rogers/Sanford 1984

(1967e) The facilitation of significant learning, in: Siegel, L. (Hg.) Contemporary theories of instruction, San Francisco (Chandler) 1967, 37–54

(1967f) The interpersonal relationship in the facilitation of learning, in: Leeper, T. (Hg.) Humanizing education, National Education Association, Association for Supervision and Curriculum Departement 1967, 1–18; auch in: The Virgil E. Herrick Memorial Lecture Series, Columbus, Ohio (Charles E. Merrill) 1968; in: Hart, J.T./Tomlinson, T.M., New directions in client-centered therapy, Boston (Houghton Mifflin) 1970, 468–483; überarbeitete Fassung: Kapitel 4 in: Rogers 1969a; auch in: Rogers 1983a, 119–134 (nur im Original);
dt.: Zwischenmenschliche Beziehung und Förderung des Lernens, in: Rogers 1969a, dt. 1974, 104–130

(1967g) A plan for self-directed change in an educational system, in: Educational Leadership 24 (1967) 717–731; überarbeitete Fassung: Kapitel 15 in: Rogers 1969a;
dt.: Ein Plan für selbstgesteuerten Wandel in einem Bildungssystem, in: Rogers 1969a, dt. 1974, 290–312

(1967h) What psychology has to offer to teacher education, Teacher education and mental health – association for student teaching,

1967 yearbook, Cedar Falls (State College of Iowa) 1967, 37–57
(1967i) A silent young man, in: Rogers/Gendlin/Kiesler/Truax 1967, 401–416
(1967j) A dialogue between therapists, in: Rogers/Gendlin/Kiesler/Truax 1967, 507–520
(1967k) [A conversation with the father of Rogerian therapy. Carl Rogers speaks out on groups and the lack of a human science. Interview by HALL, MARY HARRINGTON, in: Psychology Today, Dec. (1967) 19–21.62–66]
(1967) mit GENDLIN, EUGENE T. / KIESLER, D.J. / TRUAX, CHARLES B., The therapeutic relationship and its impact. A study of psychotherapy with schizophrenics, Madison/Milwaukee (University of Wisconsin Press) 1967; siehe 1967i, 1967j, Rogers/Truax 1967
(1967) mit STEVENS, BARRY, Person to person: The problem of being human, Moab (Real People Press) 1967 (Beiträge von Rogers: 1962a, 1962c, 1963b, 1964c, 1967b);
dt.: Von Mensch zu Mensch, Paderborn (Junfermann) 1984
(1967) mit TRUAX, CHARLES B., The therapeutic conditions antecedent to change. A theoretical view, in: Rogers/Gendlin/Kiesler/Truax 1967, 97–108

1968

(1968a) Introduction, in: Rogers/Coulson 1968, 3–8
(1968b) Commentary. zu: Values, theories, and sources of truth (discussion), in: Rogers/Coulson 1968, 189–191
(1968c) Some thoughts regarding the current presuppositions of the behavioral sciences, in: Rogers/Coulson 1968, 55–72
(1968d) Interpersonal relationships. U.S.A. 2000, in: Journal of Applied Behavioral Sciences 3,4 (1968) 265–280
(1968e) A practical plan for educational revolution, in: Goulet, R.R. (Hg.), Educational change. The reality and the promise, New York (Citation Press) 1968, 120–155
(1968f) Review of J. Kavanaugh's book, A modern priest looks at his outdated church, in: Psychology Today 1968, 13
(1968g) To the Japanese Reader (Einleitung zu einer 18bändigen japanischen Ausgabe), Tokio (Iwasaki Shoten) 1968
(1968) mit COULSON, WILLIAM R. (Hg.), Man and the science of man, Columbus, Ohio (Charles E. Merrill) 1968

1969

(1969a) *Freedom to learn. A view of what education might become, Columbus (Charles Merrill) 1969; = Rogers 1957c, 1963c, 1964c, 1963f, 1964a, 1967f, 1967g, 1978h; (die Kapitel 1,2,3,5,7,9,10 und das Nachwort sind neu); siehe 1978h, 1980g, insbesondere 1983a;*
dt.: Lernen in Freiheit. Zur Bildungsreform in Schule und Universität, München (Kösel) 1974

(1969b) Community. The group, in: Psychology Today 3 (1969)
(1969c) The increasing involvement of the psychologist in social problems. Some comments, positive and negative, in: Journal of Applied Behavioral Sciences 5 (1969) 3-7
(1969d) The intensive group experience, in: Psychology Today. An introduction, Del Mar, CA (CRM Books) 1969, 539–555
(1969e) The person of tomorrow, Sonoma State College Pamphlet (Commencement address, June 1969); auch in: USIU Doctoral Society Journal 3,1 (1970), 11–16; in: Carr, G.B. (Hg.), Marriage and family in a decade of change, Reading (Addison-Wesley) 1972, 3-8; auch in: Colorado Journal of Educational Research 12,1 (1972)
(1969f) Self-directed change for educators. Experiments and implications, in: Morphet, E./Jesser, D.E. (Hg.), Preparing educators to meet emerging needs, New York (Citation Press) 1969
(1969g) Some personal learnings about interpersonal relationships, in: Word 7,2 (1969)

1970

(1970a) *On encounter groups, New York (Harper & Row) 1970; siehe 1967c, 1980f;*
dt.: Encounter-Gruppen. Das Erlebnis menschlicher Begegnung, München (Kindler) 1974
(1970b) The interpersonal relationship in the facilitation of learning, in: Hart, J.T./Tomlinson, T.M., New directions in client-centered therapy, Boston (Houghton Mifflin) 1970, 190–205; auch in: NAMTA Quarterly 8,4 (1983) 1-9
(1970c) Foreword, in: Hart, J.T./Tomlinson, T.M., New directions in client-centered therapy, Boston (Houghton Mifflin) 1970, VII–X
(1970d) Rogers on change, in: Educate 3,3 (1970)
(1970e) Views of USIU, in: AHP Newsletter 7,1 (1970)
(1970) mit HART, JOSEPH, Looking back and ahead. A conversation with Carl Rogers, in: Hart, J.T./Tomlinson, T.M., New directions in client-centered therapy, Boston (Houghton Mifflin) 1970, 502–534

1971

(1971a) Facilitating encounter groups, in: American Journal of Nursing 71 (1971) 275–279
(1971b) Forget you are a teacher. Carl Rogers tells why, in: Instructor, Aug./Sept. (1971) 65f
(1971c) Can schools grow persons? Editorial, in: Educational Leadership, Dec. (1971)
(1971d) Psychological maladjustements vs. continuing growth, in: Developmental Psychology, Del Mar, CA (CRM Books) 1971
(1971e) Some elements of effective interpersonal communication, in: Washington State Journal of Nursing May/June (1971) 3–11
(1971f) [Interview with Dr. Carl Rogers, in: FRICK, WILLAND B.

(Hg.), Humanistic psychology. Interviews with Maslow, Murphy & Rogers. Columbus (Charles E. Merrill) 1971, 86–115]

1972

(1972a) Becoming partners. Marriage and its alternatives, New York (Delacorte) 1972;
dt.: Partnerschule, München (Kindler) 1975

(1972b) Some social issues which concern me, in: Journal of Humanistic Psychology 12,2 (1972) 45–60

(1972c) My personal growth, in: Burton, A. (Hg.), Twelve therapists, San Francisco (Jossey-Bass) 1972

(1972d) Bringing together ideas and feelings in learning, in: Learning Today 5 (1972) 32–43

(1972e) Comment on Brown and Tedeschi article, in: Journal of Humanistic Psychology 12,1 (1972) 16–21

(1972f) Introduction to: Tsuge, H., My experience in encounter groups, Voices 8,2 (1972), Tokio

(1972g) A research program in client-centered therapy, in: Brown, S.R./Brenner, D.J. (Hg.), Science, psychology and communication. Essays honoring William Stephenson, New York (Teachers College) 1972, 312–324 (neue Einleitung, sonst = 1953b)

(1972h) Foreword, zu: Solomon, L.N./Berzon, B. (Hg.), New perspectives on encounter groups, San Francisco (Jossey-Bass) 1972

1973

(1973a) Some new challenges, in: American Psychologist 28,5 (1973) 379–387; = Some new challenges to the helping professions in: Rogers 1980a, 235–259 (nur im Original);
dt.: Neue Herausforderungen, in: Rogers/Rosenberg 1977, dt. 1980, 156–174

(1973b) *My philosophy of interpersonal relationships and how it grew, in: Journal of Humanistic Psychology 13,2 (1973) 3–15; auch in: Rogers 1980a, 27–45 (nur im Original);*
dt.: Meine Philosophie der interpersonalen Beziehungen und ihre Entstehung, in: Rogers/Rosenberg 1977, dt. 1980, 185–198; auch (leicht gekürzt): Entwicklung und Stand meiner Ansichten über zwischenmenschliche Beziehungen, in: Gesellschaft für wissenschaftliche Gesprächspsychotherapie (Hg.), Die klientenzentrierte Gesprächspsychotherapie, München (Kindler) 1975, 11–24; zitiert nach Rogers/Rosenberg

(1973c) The interpersonal relationship that helps schizophrenics, Manuskript, Montreal 1973

(1973d) Comment on Pitts article, in: Journal of Humanistic Psychology 13 (1973) 83f

(1973e) The good life as an ever-changing process, in: America and the Future of Man, Regents of the University of California, 9th of newspaper series (Copley News Service) 1973

(1973f) To be fully alive, Penney's Forum 3 (1973)
(1973g) Foreword (zur japanischen Übersetzung von Rogers 1970a), Tokio 1973
(1973h) [An encounter with Carl Rogers. Interview by KEMPER, CYNTHIA WARWICK, in: Res Publica 1,1 (1973) 41–51]
(1973) *mit MEADOR, BETTY, Client-centered therapy, in: Corsini, Raymond (Hg.), Current psychotherapies, Itasca, Ill. (F. E. Peacock) 1973, 119–166*

1974

(1974a) Can learning encompass both ideas and feelings?, in: education 95,2 (1974) 103–114; leicht geändert auch in: Rogers 1980a, 263–291 (nur im Original);
dt.: Kann Lernen sowohl Gedanken als auch Gefühle einbeziehen?, in: Rogers/Rosenberg 1977, dt. 1980, 138–155
(1974b) Questions I would ask myself if I were a teacher, in: education 95,2 (1974) 134–139
(1974c) In retrospect: Forty-six years, in: American Psychologist 29,2 (1974) 115–123; auch in: Evans, Richard I., Carl Rogers – the man and his ideas, New York (Dutton) 1975, 115–123; auch in: Rogers 1980a, 46–69 (nur im Original);
dt.: Rückblick: sechsundvierzig Jahre, in: Rogers/Rosenberg 1977, dt. 1980, 35–52
(1974d) Remarks on the future of client-centered therapy, in: Wexler, David A./Rice, Laura North (Hg.), Innovations in client-centered therapy, New York (John Wiley & Sons) 1974, 7–13
(1974e) The project at Immaculate Heart. An experiment in self-directed change, in: education 95,2 (1974) 172–196
(1974f) After three years: My view and that of outside evaluators, in: education 95,2 (1974) 183–189
(1974g) *Interview with Gloria, in: Burton, A. (Hg.), Operational theories of personality, New York (Brunner/Mazel) 1974, 237–254; ursprünglich Film F-1965;*
dt.: Gespräch mit Gloria (mit Kommentar), in: Rogers 1977b, 142–161; siehe Video V-o.J.a
(1974h) The cavern, Manuskript 1974
(1974i) Foreword (zur japanischen Übersetzung von Rogers/Stevens 1967), Tokio 1974
(1974j) Foreword, zu: Lyon, H., It's me and I'm here, New York (Delacorte) 1974, XI–XIII
(1974k) Preface, zu: Peretti, A. de, Pensée et verité de Carl Rogers, Toulouse (privat) 1974, 20–27
(1974l) [Interview on »growth«, in: OLTMANS, W. (Hg.), On Growth. The crisis of exploring population and resource depletion, New York (G. P. Putnam's Sons) 1974, 197–205]
(1974) *mit WOOD, JOHN K., The changing theory of client-centered therapy, in: Burton, Arthur (Hg.), Operational theories of personality, New York (Brunner/Mazel) 1974, 211–258;*

dt.: Klientenzentrierte Theorie, in: Rogers 1977b, 113–141

1975

(1975a) Empathic – an unappreciated way of being, in: The Counseling Psychologist 5,2 (1975) 2–10; auch in: Rogers 1980a, 137–163 (nur Original);
dt.: Eine neue Definition von Einfühlung, in: Jankowski, Peter u.a. (Hg.), Klientenzentrierte Psychotherapie heute, Göttingen (Hogrefe) 1976, 33–51; auch: Empathie – eine unterschätzte Seinsweise, in: Rogers/Rosenberg 1977, dt. 1980, 75–93; zitiert nach Jankowski

(1975b) A person-centered approach to intergroup tensions, Manuskript, Cuernavaca, Mexiko 1975

(1975c) The emerging person: A new revolution, in: Evans R.I. (Hg.), Carl Rogers. The man and his ideas, New York (E.P. Dutton) 1975, 147–175;
dt.: Die Entstehung des neuen Menschen – eine neue Revolution, in: Rogers/Rosenberg 1977, dt. 1980, 200–216

(1975d) **Psychologie als subversive Wissenschaft, in: Psychologie heute 6 (1975) 49–51**

(1975e) Client-centered psychotherapy, in: Kaplan, H.I./Sadock,B.J./Freedman, A.M. (Hg.), Comprehensive textbook of psychiatry II, Baltimore, MD (Williams & Wilkins) 1975, 1831–1843; siehe 1967d, 1980b, Rogers/Sanford 1984; siehe auch 1980f;
dt. (gekürzt): Klientenzentrierte Psychotherapie, in: Rogers 1977b, 15–52

(1975f) Foreword, in: To Thi Anh, Eastern and Western cultural values, Manila (East Asian Pastoral Institute) 1975

(1975g) [A dialogue with Carl Rogers in: EVANS, R.I. (Hg.), Carl Rogers. The man and his ideas, New York (E.P. Dutton) 1975, 1–118]

(1975h) [An interview with Dr. Carl Rogers, in: Practical Psychology for Physicians 2,8 (1975) 16–24]

(1975) mit WOOD, J.K. / NELSON, A. / FUCHS, N.R. / MEADOR, B., An experiment in self-determined fees, Manuskript 1975

1976

(1976a) **Rückblick auf die Entwicklung meines therapeutischen und philosophischen Denkens, in: Jankowski, Peter u.a. (Hg.), Klientenzentrierte Psychotherapie heute, Göttingen (Hogrefe) 1976, 26–32**

(1976b) **Gemeinsam alles verstehen, in: Psychologie heute 3 (1976) 23–27**

(1976c) Beyond the watershed in education, in: Teaching-Learning Journal Winter/Spring (1976) 43–49; auch: Beyond the watershed: And where now?, in: Rogers 1980a, 292–315; siehe 1977c;
dt.: Jenseits der Wasserscheide: Und wohin jetzt?, in: Rogers 1980a, dt. 1981, 137–152

(1976) mit SKINNER, B.F., A dialogue on education and the control of human behavior. 6 Kassetten von einem Dialog aus dem Jahr 1962 in Duluth, hg. von G. Gladstein, mit einer Broschüre, New York (Jeffrey Norton) 1976

1977

(1977a) On personal power. Inner strength and its revolutionary impact, New York (Delacorte) 1977; siehe 1963a, 1977h;
dt.: Die Kraft des Guten. Ein Appell zur Selbstverwirklichung, München (Kindler) 1978

(1977b) ***Therapeut und Klient. Grundlagen der Gesprächspsychotherapie, München (Kindler) 1977; = Sammlung von Rogers 1975e (gekürzt), Rogers/Lewis/Shlien 1959, Rogers/Wood 1974, Rogers 1974g, Rogers 1962c (gekürzt), Rogers 1962a***

(1977c) Beyond the watershed and where now?, in: Educational Leadership 34,8 (1977) 623–631; auch in: The Educational Digest, Oct. 1977; = Kurzfassung von 1976c

(1977d) Introduction, zu: Tsuge, Haruko, My learning experience in encounter groups, in: Coulson, Bill u.a. (Hg.), The La Jolla experiment: Eight personal views, La Jolla (The La Jolla Program) 1977, 25–27

(1977e) The politics of education, in: Journal of Humanistic Education 1,1 (1977) 6–22; auch in: Rogers 1983a, 185–194; siehe 1982g; siehe auch 1977a, Kapitel 8;
dt.: Bildungspolitik, in: Rogers/Rosenberg 1977, dt. 1980, 129–137; auch: Erziehungspolitik in: Rogers 1983a, dt. 1984, 138–150

(1977f) Freedom to be. A person-centered approach. Studies of the Person, Tokio 3 (1977) 5–18 (japanisch)

(1977g) Nancy mourns, in: Nevill, D. (Hg.) Humanistic psychology. New frontiers, New York (Gardner) 1977, 111–116; siehe 1980f

(1977h) Personal power at work, in: Psychology Today 10,11 (1977) 60ff; = gekürzte Fassung von Kapitel 8 aus Rogers 1977a

(1977i) Tribute to Professor Haruko Tsuge, Studies of the Person, Tokio 3 (1977) 35–38 (japanisch)

(1977j) Preface, zu: Fairfield, R., Person-centered graduate education, Elmhurst, Jll. (Hagle & Co) 1977

(1977) mit HOLDSTOCK, T.L., Person-centered personality theory, in: Corsini, R. (Hg.), Current personality theories, Itasca, Ill. (Peacock) 1977, 125–151

(1977) *mit ROSENBERG, RACHEL L., A pessoa como centro, Sao Paolo (Editoria Pedagogica e Universitaria) 1977 (Beiträge von Rogers: 1961c, 1973a, 1973b, 1974a, 1974c, 1975a, 1975c, 1977e, 1978d);*
dt.: Die Person als Mittelpunkt der Wirklichkeit, Stuttgart (Klett) 1980

1978
(1978a) The necessary and sufficient conditions of therapeutic personality change(1957). Abstract and commentary, in: Current contents 18,27 (1978) 14; auch in: Elmcrest Classic of the month 3,11 (1978)
(1978b) The formative tendency, in: Journal of Humanistic Psychology 18,1 (1978) 23–26; siehe 1979a
(1978c) **Der gute Mensch von La Jolla, in: Psychologie heute 5 (1978) 37–42**
(1978d) Do we need »a« reality?, in: Dawnpoint 1,2 (1978) 6-9; auch in: Rogers 1980a, 96–108 (nur im Original);
dt.: Brauchen wir »eine« Wirklichkeit?, in: Rogers/Rosenberg 1977, dt. 1980, 175–184
(1978e) My political stance, Manuskript 1978
(1978f) Meeting my needs as a facilitator, Manuskript 1978
(1978g) Education – a personal activity, Manuskript 1978; siehe 1978h
(1978h) From heart to heart. Some elements of effective interpersonal communication, in: Marriage encounter 7,2 (1978) 8–15; = Rogers 1980g; überarbeitete Fassung: Being in relationship, Kapitel 11 in: Rogers 1969a;
dt.: In-Beziehung-Sein, in: Rogers 1969a, dt. 1974, 213–229
(1978i) Some directions in AHP, Manuskript 1978
(1978j) [Interview, in: San Diego Union, 9.7.1978]
(1978) mit BOWEN, MARIA V. / JUSTYN, J. / KASS, J. / MILLER, M. / ROGERS, NATALIE / WOOD, JOHN K., Evolving aspects of person-centered workshops, in: Self and Society, London, 6,2 (1978) 43–49; auch in: AHP Newsletter Jan. (1979) 11–14
1979
(1979a) *The foundations of the person-centered approach, in: education 100,2, 1979, 98–107; auch in: Dialectics and Humanism, 1 (1981) 5–16; zusammen mit 1978b auch in: Rogers 1980a, 113–136; siehe Video V-1981c*
dt.: Die Grundlagen des personenzentrierten Ansatzes, in: Arbeitsgemeinschaft Personenzentrierte Gesprächsführung, Persönlichkeitsentwicklung durch Begegnung. Das personenzentrierte Konzept in Psychotherapie, Erziehung und Wissenschaft, Wien (Deuticke) 1984, 10–26; auch: Die Grundlagen eines personenzentrierten Ansatzes, in: Rogers 1980a, dt. 1981, 65–84; siehe Rogers 1982l; zitiert nach Arbeitsgemeinschaft Personenzentrierte Gesprächsführung
(1979b) Groups in two cultures, in: The Personal and Guidance Journal 38,1 (1979) 11–15
(1979c) Some new directions. A personal view, in: Hanna, T. (Hg.), Explorers of humankind, San Francisco (Harper & Row) 1979
(1979d) Introduction, zur Neuauflage von Rogers 1969a
(1979e) Living the process of dying, Manuskript 1979
(1979f) A »kids workshop«, Manuskript 1979

(1979g) [My hopes for the workshop in Rome. Interview with ALBERTO ZUCCONI, in: Pulsazione]

(1979h) [Interview with Carl Rogers, Le Monde, 23.9.1979]

(1979) mit BOWEN, MARIA V. / MILLER, MAUREEN / WOOD, JOHN K., Learnings in large groups. Their implications for the future, in: education 100,2 (1979) 108–116; auch in: Rogers 1980a, 316–335;
dt.: Lernerfahrungen in Großgruppen. Ihre Implikationen für die Zukunft, in: Rogers 1980a, dt. 1981, 153–172

1980

(1980a) *A way of being, Boston (Houghton Mifflin) 1980; = Rogers 1961c, 1973a, 1973b, 1974a, 1974c, 1975a, 1976c, 1978d, 1979a, 1980c, 1980d, 1980e, 1980f, 1980g, Rogers/Bowen/Miller/Wood 1979;*
dt.: (teilweise:) Rogers, Der neue Mensch, Stuttgart (Klett) 1981 (viele andere Beiträge aus dem Original sind in: Rogers/ Rosenberg 1977, dt. 1980)

(1980b) *Client-centered psychotherapy, in: Kaplan, H.I./Sadock, B.J./Freedman, A.M. (Hg.), Comprehensive textbook of psychiatry III, Baltimore, MD (Williams & Wilkins) 1980, 2153–2168; siehe 1967d, 1975e, Rogers/Sanford 1984*

(1980c) Building person-centered communities. The implications for the future, in: Rogers 1980a, 181–206; auch in: Villoldo, Alberto/Dytchwald, Ken (Hg.), Revisioning human potential: glimpses into the 21st century, Los Angeles (Tarcher) 1981;
dt.: Der Aufbau personenzentrierter Gemeinwesen. Implikationen für die Zukunft, in: Rogers 1980a, dt. 1981, 85–107

(1980d) The world of tomorrow, and the person of tomorrow, in: Rogers 1980a, 339–356;
dt.: Blick in die Zukunft, in: Rogers 1980a, dt. 1981, 173–186

(1980e) Growing old – or older and growing, in: Journal of Humanistic Psychology 20,4 (1980) 5–16; auch in: Rogers 1980a, 70–95;
dt.: Alt werden oder: älter werden und wachsen, in: Rogers 1980a, dt. 1981, 37–64

(1980f) Six vignettes, in: Rogers 1980a, 207–234 (darin enthalten: Rogers 1970a, 111–113, Teil aus Rogers 1975e, Rogers 1977g);
dt.: Sechs Vignetten, in: Rogers 1980a, dt. 1981, 85–107

(1980g) Experiences in communication, in: Rogers 1980a, 5–26; = Rogers 1978h; siehe auch 1969a, 1978h;
dt.: Erfahrungen in Kommunikation, in: Rogers 1980a, dt. 1981, 17–36

(1980h) Conceptions of a new world and a new person, Manuskript 1980; siehe 1982k, 1983c;
dt.: Neue Welt – neue Menschen, in: GwG-info 44 (1981) 41–50

(1980i) Introduction (zur japanischen Übersetzung von Rogers 1977a)

(1980j) The power within, Manuskript 1980

(1980k) Some personal observations on psychotherapy research, Manuskript 1980
(1980l) [Interview, in: The Relator 23,1 (1980) (APGA Newsletter)]
(1980m) [Interview, in: Los Angeles Times, 31.7.1980]

1981

(1981a) Some unanswered questions, in: Journey 1,1 (1981) 1.4
(1981b) Introduction (zur japanischen Ausgabe von Rogers 1972a), Tokio 1981
(1981c) Education – a personal activity, in: Educational change and development 3,3 (1981) 1–12 (Sheffield, England)
(1981d) Notes on Rollo May, in: Perspectives 2,1 (1981) (Humanistic Psychology Institute)
(1981e) **Vorwort zur deutschen Ausgabe (von Rogers 1980a; dt. 1981)**
(1981f) **[Personenzentrierte Gesprächsführung. Ein Gespräch mit C.R. Rogers beim La Jolla Programm in Österreich, veranstaltet von der Arbeitsgemeinschaft Personenzentrierte Gesprächsführung, Manuskript (Tonbandabschrift), Wien 1981]**; siehe Video V-1981e

1982

(1982a) A Psychologist looks at nuclear war. Its threat, its possible prevention, in: Journal of Humanistic Psychology 22,4 (1982) 9–20; auch in: APA Monitor 13,8, 9–21; in: Self & Society 10,5 213–223 in: GwG info 47 (1982) 6–15;
dt.: Ansichten eines Psychologen über den Atomkrieg. Seine Gefahren, seine mögliche Verhinderung, in: GwG info 47 (1982) 16–27; auch in: GwG-info 48 (1982) 36–51 (mit Diskussion); auch: Köln (GwG) 1987; siehe Video V-1982a
(1982b) **[Gespräch Carl Rogers mit dem Vorstand der GwG, in: GwG-info 48 (1982) 18–35]**
(1982c) **[Diskussion mit Ausbildern der GwG, in: GwG-info 48 (1982) 51–52]**; siehe Video V-1982b
(1982d) **[Interview mit einer Klientin, in: GwG-info 48 (1982) 52–61]**; siehe Video V-1982b
(1982e) *My politics, in: Journey 1,6 (1982) 8*
(1982f) Reply to Rollo May's letter to Carl Rogers, in: Journal of Humanistic Psychology 22,4 (1982) 85–89
(1982g) Freedom to learn for the 80s, AHP Newsletter Oct. (1982) 20f; Exzerpt aus Rogers 1983a, Introduction
(1982h) Entrevista con Carl Rogers, Anuario de psicologia 27,2 (1982) 111–115 (Barcelona)
(1982i) My secret life with plants, Manuskript 1982
(1982j) The expanding process of the person-centered approach, Manuskript 1982
(1982k) New world – new person. Our relationship to that person, Manuskript 1982; siehe 1980h, 1983c
(1982l) **Meine Beschreibung einer personzentrierten Haltung, in: ZPP 1 (1982) 75–77; = Rogers 1979a (stark gekürzt)**

(1982) mit SANFORD, RUTH, A journey to the heart of South Africa, unveröffentlichter Bericht 1982

(1982) mit ELLIOTT-KEMP, J. The effective teacher. A person-centered development guide, Sheffield, England (PAVIC) 1982

1983

(1983a) *Freedom to learn for the 80's, Columbus (Charles E. Merrill) 1983; = völlige Neubearbeitung von Rogers 1969, enthält auch Rogers 1977e; siehe Rogers 1982g;*
dt. (enthält nur die neuen Kapitel sowie Rogers 1964a): Freiheit und Engagement. Personenzentriertes Lehren und Lernen, München (Kösel) 1984

(1983b) A visit to Credo Mutwa, in: Journey 2,4 (1983) 4f

(1983c) Un novo mondo – un nova pessoa, in: Fonseca, A. (Hg.), En Busca de Vida, Sao Paulo (Summus Editorial); siehe 1980h, 1982k

(1983d) Carl Rogers speaks to Montessorians, The NAMTA Quarterly 8,4 (1983) 11–15

(1983e) I can't read, in: Visualtek News, Summer (1983)

(1983f) One woman's fear of nuclear war. Demonstration interview, Manuskript 1983

(1983g) Letter regarding European trip, Manuskript 1983

(1983h) [Dialogos con Carl Rogers, in: Revista de Psichiatry y Psicologia Humanista, Mayo (1982)]

(1983i) [I walk softly through life. Interview with G. HAIGH, in: Voices 18,4 (1983) 6–14]

(1983j) **[Ein Abend mit Carl Rogers an der Evang.-Theolog. Fakultät in Wien. April 1981, Transkript: PAWLOWSKY GERHARD / STIPSITS REINHOLD, in: AG der evang. Religionslehrer an AHS in Österreich, Personenzentriertes Arbeiten im Religionsunterricht – Schulfach Religion 1/2, 1983, 23–31]**; siehe Video V-1981b

1984

(1984a) Letter (to the Carl Rogers Institute Of Training, Psychotherapy and Supervision), in: The Carl Rogers Institute Of Psychotherapy, Training and Supervision, La Jolla (1984)

(1984b) What it means to become a person, in: Annual editions: Personal growth and behavior, Guilford, CT (Dushkin) (1984)

(1984c) Gloria – a historical note, in: Levant, R./Shlien, J. (Hg.), Client-centered therapy and the person-centered approach. New directions in theory, research and practice, New York (Praeger) 1984, 423–425

(1984d) Person-centered approach foundations, in: Corsini, R. (Hg.), Encyclopedia of psychology, New York (John Wiley)

(1984e) The new world person, in: Odyssey (Südafrika) 8,2 (1984) 16–19

(1984f) [A way of meeting life. An interview with Carl Rogers, in: The Laughing Man 5,2 (1984) 22–23]

(1984g) [Interview, in: Holistic Living News 7 (1984/1985)]

(1984h) [Sweetness of the struggle. Reframing »our« stories. An interview with Carl Rogers by R. CAMIEL, Manuskript 1984]

(1984) mit HEPPNER, PAUL / ROGERS, MARK E. / LEE, LUCIENNE A., Carl Rogers: Reflections on his life, in: Journal of Counseling and Development 63 (1984) 14–20;
dt. (gekürzt): Carl Rogers: Betrachtungen über sein Leben, in: ZPP 2 (1985) 207–213

(1984) mit RYBACK, DAVID, One alternative to nuclear planetary suicide, in: The Counseling Psychologist 12,2 (1984) 3–12; auch in: Levant, R./Shlien, J. (Hg.), Client-centered therapy and the person-centered approach. New directions in theory, research and practice, New York (Praeger) 1984, 400–422; auch in: Peabody Journal of Education 61,3 (1984) 91–110

(1984) *mit SANFORD, RUTH, Client-centered psychotherapy, in: Kaplan, H.I./Sadock, B.J. (Hg.), Comprehensive textbook of psychiatry IV, Baltimore (Williams & Wilkins) 1984, 1374–1388; siehe 1967d, 1975e, 1980b*

1985

(1985a) Toward a more human science of the person, in: Journal of Humanistic Psychology 25,4 (1985) 7–24;
dt.: Zu einer menschlicheren Wissenschaft des Menschen, in: ZPP 1 (1986) 69–77

(1985b) Reaction to Gunnison's article on the similiarities between Erickson and Rogers, in: Journal of Counseling and Development 64,9 (1985) 565f

(1985c) La développement de la personne, in: Le Journal de Psychologues, Jan. (1985) 10–12

(1985d) Comments in response to S. Slack, »Reflections on a workshop with Carl Rogers«, in: Journal of Humanistic Psychology 25,2 (1985) 43f

(1985e) Brief notes on Burstow, »Humanistic psychotherapy and the issue of equality« and D. Brink »The issue of equality in the client-centered or person-centered approach«, Journal of Humanistic Psychology 1985

(1985f) [Education for the 1980s and beyond. An interview with Carl Rogers by EDWARD H. ROBINSON, in: Humanistic Education and Development 23,3 (1985) 98–110]

1986

(1986a) On the development of the person-centered approach. What is essential ...?, in: Person-Centered Review 1,3 (1986) 257–259;
dt.: Was ist das Wesentliche? Über die Entwicklung des personenzentrierten Ansatzes, in: GwG-Zeitschrift 67 (1987) 47–48

(1986b) Inside the world of the Soviet professional, Manuskript 1986

(1986c) The dilemmas of a South-African white, in: Person-Centered Review 1,1 (1986) 15–35

(1986d) The Rust Workshop: A personal overview, in: Journal of Humanistic Psychology 26,3 (1986) 23–45

(1986e) Rogers, Kohut and Erickson. A personal perspective on some similiarities and differences, in: Person-Centered Review 1,2 (1986) 125–140; auch in: Zeig, J. (Hg.), Evolution of psychotherapy, New York (Brunner/Mazel) 1986
(1986f) A comment from Carl Rogers, in: Person-Centered Review 1,1 (1986) 3–5
(1986g) Reflections of feelings, in: Person-Centered Review 1,4 (1986) 375–377
(1986h) *A client-centered / person-centered approach to therapy, in: Kutash, I.L./Wolf, A. (Hg.), Psychotherapist's casebook. Theory and technique in practice, San Francisco (Jossey Bass) 1986*
(1986i) A comment from Carl Rogers (zur neuen Zeitschrift Person-Centered Review), in: Person-Centered Review 1,1 (1986) 3–5
(1986j) Journal of South-Africa trip. January 14 – March 1, 1986. A personal communication to family and friends, Manuskript 1986
(1986k) [The Rogers interview by TONY HOBBS (Transkript von einem Workshop in Dublin 1965) 1986, teilweise veröffentlicht in: Changes April (1986)]
(1986) mit SANFORD, RUTH, Reflections on our South African Experience, Manuskript 1986

1987

(1987a) On reaching 85, in: Person-Centered Review 2,2 (1987) 150–152
(1987b) Comment on Shlien's article »A countertheory of transference«, in: Person-Centered Review 2,2 (1987) 182–188
(1987c) Client-centered? Person-centered?, in: Person-Centered Review 1,2 (1987) 11–13
(1987d) What areas of person-centered theory or practice require further research? (Beitrag Round Table Discussion), in: Person-Centered Review 2,2 (1987) 252
(1987e) [Writing person to person. Letters from Carl, zusammengestellt von BARRETT-LENNARD, GOFFREY T., in: The Ceshur Connection. Carl Rogers Memorial Issue, 2,1–2 (1987)]
(1987) [On student-centered teaching. Interview of Carl Rogers by ANGELIKA C. WAGNER on June 1, 1984 in La Jolla, California, in: Gesellschaft für wissenschaftliche Gesprächspsychotherapie (Hg.), Rogers und die Pädagogik. Theorieanspruch und Anwendungsmöglichkeiten des personenzentrierten Ansatzes in der Pädagogik, Weinheim (Juventa) 1987,169–198]

1988

(1988) [Conversations with Carl Rogers. In-Depth Training Program, Port Jefferson, NY, September 1981, in: Rennaissance 5,3–4 (1988) 7]

Übersicht über die deutschsprachigen Bücher:

Die nicht-direktive Beratung	1972 (orig. 1942a)
Die klient-bezogene Gesprächstherapie	1973 (orig. 1951a)
Entwicklung der Persönlichkeit	1973 (orig. 1961a)
Lernen in Freiheit	1974 (orig. 1969a)
Encounter Gruppen	1974 (orig. 1970a)
Partnerschule	1975 (orig. 1972a)
Therapeut und Klient	1977 (= 1977b; orig. Artikel 1975e, mit Lewis/Shlien 1959, mit Wood 1974, 1974g, 1962c, 1962a)
Die Kraft des Guten	1978 (orig. 1977a)
Die Person als Mittelpunkt der Wirklichkeit (mit Rosenberg, L. R.)	1980 (orig. 1977, portugiesisch)
Der neue Mensch	1981 (orig. 1980a; die bereits in Rogers/Rosenberg enthaltenen Beiträge fehlen in der deutschen Übersetzung)
Freiheit und Engagement	1983 (orig. 1983a)
Von Mensch zu Mensch (mit Stevens, B.)	1984 (orig. 1967)
Eine Theorie der Psychotherapie, der Persönlichkeit und der zwischenmenschlichen Beziehungen	1987 (orig. 1959a)

Filme

Die Angaben beziehen sich jeweils auf den Verleih.

(F-o.J.a) mit ROSE, ANTHONY, Because that's my way, Farbfilm, Lincoln, Nebraska (Great Plains Instructional Television Library, University of Nebraska) o.J.

(F-o.J.b) Carl Rogers conducts an encounter group, 70min. 16mm-Farbfilm, Washington (American Personnel and Guidance Association) o.J.

(F-o.J.c)* Carl Rogers on facilitating a group, 30min 16mm-Farbfilm, Washington (American Personnel and Guidance Association) o.J.

(F-o.J.d) The inner world of counseling. Session 1, 2 40min. 16mm-Farbfilm, Washington (American Personnel and Guidance Association) o.J.

(F-o.J.e) The struggle for self-acceptance. Session 2, 2 40min. 16mm-Farbfilm, Washington (American Personnel and Guidance Association) o.J.
(F-1952) mit SEGEL, R.H., Client-centered therapy. Parts I and II. 16-mm-Tonfilm, State College, Pa. (Psychological Cinema Register) 1952
(F-1955a) mit SEGEL, R.H., Psychotherapy begins. The case of Mr.Lin, 16mm-Tonfilm, State College, Pa. (Psychological Cinema Register) 1955
(F-1955b) mit SEGEL, R.H., Psychotherapy in process. The case of Miss Mun, 16mm-Tonfilm, State College, Pa. (Psychological Cinema Register) 1955
(F-1960a) Psychotherapy. The counselor, 16mm-Tonfilm, University of Wisconsin (Bureau of Audio-Visual-Aids) 1960
(F-1960b) Psychotherapy. The client, 16mm-Tonfilm, University of Wisconsin (Bureau of Audio-Visual-Aids) 1960
(F-1965)* Three approaches to psychotherapy. A therapeutic interview with Gloria with explanatory comments, 16-mm-Tonfilme (Farbe oder s/w) (E. Shostrom, Hg.), No.1 Client-centered therapy, Orange, CA (Psychological Films) 1965; siehe Rogers 1974g, Rogers V-o.J.a
(F-1966) Some personal learnings about interpersonal relationships, 33min. 16mm-Tonfilm (s/w), Berkeley (UCLA Extension Media Center) 1966
(F-1968) mit McGAW, W.H. / FARSON, R.E., Journey into Self, 47min. 16-mm-Tonfilm, Berkeley (University of California) 1968, erhältlich beim Western Behavioral Science Institute, La Jolla
(F-1969) A conversation with Carl Rogers (Interview von Keith Berwick), 2 30min. 16mm-Tonfilme (s/w), Orange, CA (Psychological Films) 1969, erhältlich auch über CSP, La Jolla
(F-1970) Discussion with Dr. Carl Rogers, 2 16mm-Farbfilme aus der Serie: Notable contributors to psychology of personality, Ridgefield NJ (CCM Films) 1970
(F-1971) Because that's my way. An encounter group of drug users, non-users, and a narcotics agent, 60min. Farbfilm, Lincoln (Great Plains Instructional Television Library, University of Nebraska) 1971
(F-1973a) Carl Rogers on education, 2 30min. 16mm-Farbfilme, Washington (American Personnel and Guidance Association) 1973
(F-1973b) Carl Rogers on marriage. Persons as partners, 28min. 16mm-Farbfilm, Washington (American Personnel and Guidance Association) 1973
(F-1973c) Carl Rogers on marriage. An interview with Nancy and John, Farbfilm, ebd., 1973
(F-1973d) Carl Rogers on marriage. An interview with Hal and Jane, Farbfilm, ebd., 1973

(F-1973e) Carl Rogers on marriage. An interview with Bob and Carol, Farbfilm, ebd., 1973
(F-1973f) Carl Rogers on marriage. An interview with Jane and Jerry, Farbfilm, ebd., 1973
(F-1973g) The steel shutter, 85min. 16mm-Film, La Jolla (Center for Studies of the Person) 1973
(F-1974a) Carl Rogers: Humanistic innvovation in education, Washington D.C. (American Personnel and Guidance Association) 1974
(F-1974b) Carl Rogers on empathy, I+II, 2 25min. Tonfilme, Washington D.C. (American Personnel and Guidance Association) 1974
(F-1976) Reflections: With Carl Rogers and Warren Bennis, 59min. 16mm-Farbfilm oder Videokassette, Washington D.C. (American Personnel and Guidance Association), Orange, CA (Psychological Films) 1976
(F-1977a)* Carl Rogers counsels an individual, I: The right to be desperate, 2 30min. Filme, Washington D.C. (American Personnel and Guidance Association) 1977
(F-1977b)* Carl Rogers counsels an individual, II: On anger and hurt, 2 30min. Filme, ebd. 1977

Anmerkung: Die mit * bezeichneten Filme sind als Videokassetten (VHS) bei der GwG erhältlich.

Videokassetten (Auswahl)

(V-o.J.a) **Interview mit Gloria, deutsche Übersetzung, VHS, Köln (GwG) o.J.**; siehe Rogers 1974g; Rogers F-1965
(V-o.J.b) The struggle for self-acceptance. Gespräch mit Sylvia, VHS, Köln (GwG) o.J.
(V-o.J.c) Therapie und Politik. Können wir mit den Problemen des Nuklear-Zeitalters umgehen?, VHS, Köln (GwG) o.J.
(V-o.J.d) Interview with Carl Rogers, VHS, Köln (GwG) o.J.
(V-o.J.e) Humanistische Psychologie in der Behandlung psychischer Probleme, VHS, Köln (GwG) o.J.
(V-1981a) Carl Rogers in Österreich 1981, Demonstration Interview (Beratungsgespräch) und Diskussion mit Psychotherapeuten, VHS, Wien (Arbeitsgemeinschaft Personenzentrierte Gesprächsführung) 1981
(V-1981b) Carl Rogers in Österreich 1981, Gespräch mit evangelischen und katholischen Theologen, VHS, Wien (Arbeitsgemeinschaft Personenzentrierte Gesprächsführung) 1981; sh. 1983
(V-1981c) Carl Rogers in Österreich 1981, Vortrag und Diskussion an der Universität Wien, VHS, Wien (Arbeitsgemeinschaft Personenzentrierte Gesprächsführung) 1981; sh. Rogers 1979a
(V-1981d) Demonstration Interview (Beratungsgespräch) beim La Jolla Programm in Salzburg 1981, VHS, Wien (Arbeitsgemeinschaft Personenzentrierte Gesprächsführung) 1981

(V-1981e) **Diskussion über personzentrierte Theorie mit Carl Rogers beim La Jolla Programm in Salzburg 1981, mit deutscher Übersetzung, VHS, Wien (Arbeitsgemeinschaft Personenzentrierte Gesprächsführung) 1981**; siehe 1981f

(V-1982a) Ansichten eines Psychologen zum Atomkrieg. Rede von Carl Rogers im Kongreßzentrum Hamburg, VHS, Köln (GwG) 1982; siehe Rogers 1982a

(V-1982b) Diskussion von Carl Rogers mit GwG-Ausbildern anläßlich eines Besuchs in Hamburg. Interview mit einer Klientin, VHS, Köln (GwG) 1982b; siehe Rogers 1982c, Rogers 1982d

(V-1984a) Carl Rogers in Österreich 1984. Podiumsdiskussion, VHS, Wien (Arbeitsgemeinschaft Personenzentrierte Gesprächsführung) 1984

(V-1984b) Carl Rogers in Österreich 1984. Workshop und Encountergruppe in Drosendorf, VHS, Wien (Arbeitsgemeinschaft Personenzentrierte Gesprächsführung) 1984

Tonbänder / Audio-Kassetten (Auswahl)

Diverse Therapiesitzungen, u.a. Mr. Vac (Tape No.3), Miss Mun (Tape Nr.5), Mike (Tape Nr.7), Academy of Psychotherapists (AAP), Tape Library, 6420 City Line Avenue, Philadelphia, Pennsylvania 19151 (Verzeichnis)

Audio- und Videobänder von Therapie- und Gruppensitzungen. Carl Rogers Memorial Library, 1125 Torrey Pines Road, La Jolla, California 92037

Carl Rogers on tape. 5 Vorträge inkl. Transskripte, Instructional Dynamics Inc., 166 East Superior Street, Chicago, Illinois 60611

Carl Rogers at the La Jolla Program. Mehrere Bänder, La Jolla (Center for Studies of the Person)

Dialog Rogers–Skinner. Education and the control of human behavior, ebd., 1962; siehe Rogers/Skinner 1976

How to use encounter group concepts, 26 30min. Kassetten, ebd.

Personal adjustment, 10 30minütige Kassetten, ebd.

Carl Rogers on tape. Counseling as I see it, (Bell & Howell) 1970

The emerging person, a new revolution. Talk at AHP conference, Saratoga, CA (Cognetics) 1974

Do we need »a« reality? Talk at AHP conference, ebd. 1974

Carl Rogers and Gregory Bateson: Dialogue, Sausalito, CA (Big Sur Recordings) 1975

Carl Rogers at seventy. Interviewed by Ernst Kramer, AAP Tape Library

Weitere Bänder bei der AAP Tape Library (American Academy of Psychotherapists), Orlando, Florida.

Weitere Informationen beim Center for Studies of the Person, 1125 Torrey Pines Road, La Jolla, California 92037.

Andere Autoren

Dieses Verzeichnis umfaßt die zitierte Literatur und darüber hinaus grundlegende Titel zum personzentrierten Ansatz und seinen Anwendungen.
Kursiv gedruckte Titel werden zur Einführung empfohlen.
Wenn nicht eigens vermerkt, beziehen sich alle Angaben auf die jeweils erste Auflage des betreffenden Werkes.

Zeitschriften (und Abkürzungen):

apg-Kontakte	Linz (Arbeitsgemeinschaft Personenzentrierte Gesprächsführung – apg) 1984ff
Brennpunkt	Winterthur (SGGT) 1979ff
GwG-Zeitschrift	Köln (GwG) 1987ff, vormals GwG-info (1970ff)
Journey	An international notebook, La Jolla, Kalifornien 1981ff
Pastoral Psychology	New York (Meredith) 1950ff
Personzentriert	Linz (ÖGwG) 1984ff, vormals Psychotherapie und Beratung 1979ff
Person-Centered Review (PCR)	La Jolla, Kalifornien 1986ff
Renaissance	Port Jefferson, NY (Association for the Developement of the Person-Centered Approach – ADPCA) 1984ff
The Journal of Pastoral Care	Kurztown, PA (Council for Clinical Training) 1946ff
Wege zum Menschen (WzM)	Göttingen (Vandenhoeck & Ruprecht) 1948ff
Zeitschrift für Personenzentrierte Psychologie und Psychotherapie (ZPP)	Weinheim/Basel (Beltz) 1982–1987

Titel

–, Aggression, (Schwerpunktheft), in: ZPP 2 (1983)
–, Carl Rogers – leader in education, (Themenheft), in: education 100,2 (1979)
–, *Carl Ransom Rogers – in memory, in appreciation, in celebration, (Gedenknummer), in: PCR 2,3 (1987)*
–, *Das seelsorgliche Gespräch, (Schwerpunktheft), Diakonia 1 (1974)*

–, Einzelseelsorge (Themenheft), in: Lebendige Seelsorge 1 (1988)
–, Eltern-Kind-Interaktion (Schwerpunktheft), in: ZPP 1 (1984)
–, Familientherapie (Schwerpunktheft), in: ZPP 3 (1984)
–, Familientherapie (Schwerpunktheft), in: ZPP 1 (1985)
–, Gesprächspsychotherapie in der Psychiatrie (Schwerpunktheft), in: ZPP 4 (1986)
–, Klientenzentrierte Gruppenmethoden (Themenheft), in: Gruppendynamik 4 (1975)
–, Konzepte in Sozialarbeit und Sozialpädagogik (Schwerpunktheft), in: ZPP 2 (1984)
–, Patientenzentrierte Medizin (Schwerpunktheft), in: ZPP 3 (1983)
–, Personenzentrierte Arbeit in Gruppen (Schwerpunktheft), in: ZPP 1 (1986)
–, Personenzentrierte Erziehungsberatung und Randgruppen (Schwerpunktheft), in: ZPP 4 (1987)
–, Präventive Familienarbeit (Schwerpunktheft), in: ZPP 2 (1987)
–, Praxis der Kirche – Situation und Vision (Themenheft), in: Diakonia 1 (1989)
–, Seelsorge als Begegnung (Themenheft), in: Lebendige Seelsorge 2/3 (1983)
–, Selbstkonzept (Schwerpunktheft), in: ZPP 1 (1983)
–, Supervision (Schwerpunktheft), in: ZPP 3 (1986)
–, (Themenheft) in: Gruppendynamik 5 (1974)
–, (Themenheft) in: Trierer Theologische Zeitschrift 2 (1975)
–, (Themenheft) in: WzM 6 (1975)
–, *The person-centered approach in education, (special issue/Themenheft), in: PCR 3,1 (1988)*
–, Wissenschaft für die Praxis, (Schwerpunktheft), in: ZPP 3 (1985) 223–236
ALDRICH, C.KNIGHT / NIGHSWONGER, CARL A., Pastoralpsychiatrie in der Praxis, Gütersloh (Gerd Mohn) 1973, orig.: A pastoral counseling casebook, Philadelphia (Westminster Press) 1973
ALPERT, DAVID U.V.A., Why do you think there are so few person-centered practitioners or scholars considering that literally thousands of persons throughout the world attest to the enormous impact Carl Rogers has had on their personal and professional lives (Roundtable discussion), in: PCR 3,3 (1988) 353–390
ALTERHOFF, G., Klienten-Zentrierte Gesprächsführung in der sozialen Einzelhilfe in: GwG info 35 (1979) 18–39
ALTERHOFF, G., Grundlagen klientenzentrierter Beratung, Stuttgart Stuttgart (Kohlhammer) 1983
ALTRICHTER, HERBERT, Die Kunst, zu lehren – und damit aufzuhören. Zur Förderung bedeutungsvollen Lernens an der Hochschule, in: Arbeitsgemeinschaft Personenzentrierte Gesprächsführung, Persönlichkeitsentwicklung durch Begegnung, Wien (Deuticke) 1984, 198–225

ANSBACHER, HEINZ L., Rogers' »formative tendency«, Smuts and Adler. A humanistic consensus, in: Journal of Humanistic Psychology 18,3 (1978) 87–86
ARBEITSGEMEINSCHAFT PERSONENZENTRIERTE GESPRÄCHSFÜHRUNG, Persönlichkeitsentwicklung durch Begegnung. Das personenzentrierte Konzept in Psychotherapie, Erziehung und Wissenschaft, Wien (Deuticke) 1984
ARDELT, ELISABETH / STIX, EVA MARIA, Partnerschaftliches Verhalten. Training zur Verbesserung von Partnerbeziehungen, Salzburg (Otto Müller) 1976
ARNOLD, FRANZ XAVER / KLOSTERMANN, FERDINAND / RAHNER, KARL / SCHURR, VIKTOR / WEBER, LEONHARD M., Handbuch der Pastoraltheologie, Bd. I–IV, Freiburg (Herder) 1964–1969
ARNOLD, WILHELM, Person, Charakter, Persönlichkeit, Göttingen (Hogrefe) ^{2}1962
ASANGER, ROLAND, Das personenzentrierte Konzept in Organisationen. Ein Gespräch mit Cornelia Seewald, in: GwG-Zeitschrift 67, 1987, 6–8
ASPY, DAVID N., Toward a technology for humanizing education, Self and Society, Feb. Champaign, Ill. (Research Press) 1972
ASPY, DAVID N., Der klientenzentrierte Ansatz in der Lehrerausbildung, in: Jankowski, Peter u.a. (Hg.), Klientenzentrierte Psychotherapie heute, Göttingen (Hogrefe) 1976, 370–374
ASPY, DAVID N. / ROEBUCK, FLORA N., Carl Rogers's contribution to education, in: PCR 3,1 (1988) 10–18
ASPY, DAVID N. / ROEBUCK, FLORA N. / BENOIT, DON, Person-centered education in the information age, in: PCR 2,1 (1987) 87–98
AUCKENTHALER, ANNA, Klientenzentrierte Partnertherapie. Überlegungen zur Gültigkeit des klientenzentrierten Konzepts für die Psychotherapie mit Paaren, in: Hautzinger, M. / Schulz, W., Klinische Psychologie und Psychotherapie, Bd.4, Tübingen/Köln 1980
AUCKENTHALER, ANNA, »Integrations«-Verweigerung. Gegen den Einsatz von klientenzentrierter Psychotherapie als Hilfsmethode der Verhaltenstherapie, in: GwG info 42 (1981) 12–26
AUCKENTHALER, ANNA, Klientenzentrierte Psychotherapie mit Paaren, Stuttgart (Kohlhammer) 1983a
AUCKENTHALER, ANNA, Gemeinsam sind wir stark? Cotherapie als Antwort auf die Bedrohlichkeit der partnertherapeutischen Situation, in: ZPP 4 (1983b) 449–458
AUCKENTHALER, ANNA, Statt zu deuten: Psychotherapie auf der Basis von Verstehenshypothesen. Dargestellt anhand der Supervision einer klientenzentrierten Paartherapie, in: Reinelt, T. / Datler, W. (Hg.), Beziehung und Deutung im psychotherapeutischen Prozeß, Berlin (Springer) 1988, 192–212
AXLINE, VIRGINIA M., Kinderspieltherapie im nicht-direktiven Ver-

fahren. Für eine sozialwissenschaftliche Konzeption der Gesprächspsychotherapieforschung, München/Basel (Reinhardt) 1976, orig.: Play therapy. The inner dynamics of childhood, Boston (Houghton Mifflin) 1947

BACH, G.R. / MOLTER, H., Psychoboom, Düsseldorf/Köln 1976

VAN BALEN, R. / LEIJSSEN, M. / LIETAER, G. (Hg.), Droom en werkelijkheid in client-centered Psychotherapie, Löwen (Acco) 1986

BARNARD, D., The personal meaning of illness. Client-centered dimensions of medicin and health care, in: Levant, R.F. / Shlien, J.M. (Hg.), Client-centered psychotherapy and the person-centered approach, New York (Praeger) 1984, 337–351

BARRETT-LENNARD, GOFFREY T., Dimensions of therapist response as casual factors in therapeutic change, in: Psychol. Monogr. 76 (1962)

BARRET-LENNARD, GOFFREY T., Inkubation und Geburt der klientenzentrierten Psychotherapie. »Die Roosevelt-Rogers-Verbindung«, in: GwG info 51 (1983) 16–35

BARRETT-LENNARD, GOFFREY T., The world of family relationships. A person-centered systems view, in: Levant, R.F. / Shlien, J. M. (Hg.), Client-centered therapy and the person-centered approach, New York (Praeger) 1984, 222–242

BARRETT-LENNARD, GOFFREY T., The relationship inventory now. Issues and advances in theory, method, and use, in: Greenberg, L. / Pinsof, W. (Hg.), The psychotherapeutic process: A research handbook, New York (Guilford Press) 1986

BARRETT-LENNARD, GOFFREY T. u.a., What areas of person-centered theory or practice require further research (Roundtable discussion), in: PCR 2,2 (1987a) 230–259

BARRETT-LENNARD, GOFFREY T., Personal communication. Third international forum on the person-centered approach, La Jolla, CA, 1987b

BARRETT-LENNARD, GOFFREY, Listening, in: PCR 3,4 (1988) 410–425

BARTON, ANTHONY, Freud, Jung und Rogers. Drei Systeme der Psychotherapie, Stuttgart (Klett-Cotta) 1979, orig.: Three worlds of therapy. Freud, Jung and Rogers, Palo Alto (Mayfield) 1974

BASTINE, REINER, Klientenzentrierte Gesprächspsychotherapie, in: Bergold, S. (Hg.), Psychotherapie, Wien (Urban & Schwarzenberg) 1973

BASTINE, REINER, Ansätze zur Formulierung von Interventionsstrategien in der Psychotherapie, in: Jankowski, Peter u.a. (Hg.), Klientenzentrierte Psychotherapie heute, Göttingen (Hogrefe) 1976, 193–207

BAUMANN, URS (Hg.), Indikationen zur Psychotherapie, München-Wien (Urban & Schwarzenberg) 1981

BAUMGARTNER, KONRAD (Hg.), Das Seelsorgegespräch in der Gemeinde, Würzburg (Echter) 1982

BAUMGARTNER, KONRAD, Die Bedeutung der Einzelseelsorge, in: Lebendige Seelsorge 1 (1988) 1–4
BEBOUT, JIM, It takes one to know one. Existential-Rogerian concepts in encounter groups, in: Wexler, David A. / Rice, Laura North (Hg.), Innovations in client-centered therapy, New York (Wiley) 1974, 367–420
BECHER, WERNER, Das amerikanische Clinical Pastoral Training als Beitrag zur Aus- und Fortbildung europäischer Theologen, in: Deutsches Pfarrerblatt (1969) 730f
BECHER, WERNER, Klinische Methoden der Seelsorgeausbildung – CPE, Frankfurt 1972
BECHER, WERNER, Klinische Seelsorgeausbildung in der Bundesrepublik Deutschland, in: Gruppendynamik 5 (1974) 320–326
BECHER, WERNER (Hg.), Seelsorgeausbildung. Theorien, Methoden, Modelle, Göttingen (Vandenhoeck & Ruprecht) 1976
BECHER WERNER / HILTNER, SEWARD / STOLLBERG, DIETRICH, 50 Jahre klinische Seelsorgeausbildung, Göttingen (Vandenhoeck & Ruprecht) 1975
BECK, ARIADNE PLUMIS, Phases in the development of structure in therapy and encounter groups, in: Wexler, David A. / Rice, Laura North (Hg.), Innovations in client-centered therapy, New York (Wiley) 1974, 421–463
BECKER, ALOIS M. / JAGER, ELISABETH, Die klientzentrierte Gesprächspsychotherapie, in: Strotzka, Hans (Hg.), Psychotherapie: Grundlagen, Verfahren, Indikationen, Wien (Springer) 1982 (über »Gesprächstherapie« S.68–71)
BECKER, V. / HEMMINGER H.J., Wenn Therapien schaden, Reinbek (Rowohlt) 1985
BEELI, ARMIN, Seelsorge und Psychotherapie, in: Arnold, F.X. / Klostermann, F. / Rahner, K. / Schurr, V. / Weber, L.M. (Hg.), Handbuch der Pastoraltheologie, Bd.IV, Freiburg (Herder) 1969, 193–202
BEHR, MICHAEL, Pädagogenausbildung und Personenzentrierter Ansatz. Plädoyer für ein Ausbildungsangebot, in: GwG info 60 (1985) 71–78
BEHR, MICHAEL, Carl R. Rogers und die Pädagogik. Theorieanspruch und Anwendungsprobleme des personenzentrierten Ansatzes in der Erziehung, in: Gesellschaft für wissenschaftliche Gesprächspsychotherapie (Hg.), Rogers und die Pädagogik. Theorieanspruch und Anwendungsmöglichkeiten des personenzentrierten Ansatzes in der Pädagogik, Weinheim (Juventa) 1987, 141–167
BEHR, MICHAEL, Wesensgrundlagen einer an der Person des Kindes und der Person des Pädagogen orientierten Erziehung, in: Behr, Michael / Petermann, Franz u.a. (Hg.), Jahrbuch für personenzentrierte Psychologie und Psychotherapie 1 (1989) 152–181
BEHR, MICHAEL / PETERMANN, FRANZ U.A. (Hg.), Jahrbuch für personenzentrierte Psychologie und Psychotherapie. Bd.1, Salzburg (Otto Müller) 1989

BEHR, MICHAEL / WALTERSCHEID-KRAMER, JUDITH, Einfühlendes Erzieherverhalten, Weinheim (Beltz) 1986
BENSE, ALFONS, Erleben in der Gesprächspsychotherapie. Die Experiencing-Theorie Gendlins in der klientenzentrierten Psychotherapie, Weinheim (Beltz) 1977
BENZ, ERNST, Personenorientierte Institutionenberatung, in: GwG info 44 (1981) 23–40
BERGER, W. / ANDRIESSEN, H., Das amerikanische Phänomen »Pastoral Counseling« und seine Bedeutung für die Pastoraltheologie, in: Arnold, F.X. / Klostermann, F. / Rahner, K. / Schurr, V. / Weber, L.M. (Hg.), Handbuch der Pastoraltheologie, Bd.IV, Freiburg (Herder) 1968, 570–585
BIERMANN-RATJEN, EVA-MARIA / ECKERT, JOCHEN, Wider die Methodenintegration in der Psychotherapie, in: Schulz, W. / Hautzinger, M. (Hg.), Klinische Psychologie und Psychotherapie, Bd.1, Tübingen/Köln 1980, 37–42
BIERMANN-RATJEN, EVA-MARIA U.A., Gesprächspsychotherapie. Verändern durch Verstehen, Stuttgart (Kohlhammer) 1979
BINDER, UTE / BINDER, HANS-JÖRG, Die klientenzentrierte Psychotherapie bei schweren psychischen Störungen, Frankfurt (Fachbuchhandlung für Psychologie) [2]1981
BISER, EUGEN, Der Helfer. Eine Vergegenwärtigung Jesu, München 1973
BOISEN, ANTON T., The exploration of the inner world, Chicago (Willet-Clark) 1936
BOISEN, ANTON T., Out of the depths, New York (Harper & Brothers) 1960
BOMMERT, HANKO, Grundlagen der Gesprächspsychotherapie, Stuttgart (Kohlhammer) 1977, [4]1987
BOMMERT, HANKO, Therapieorientierte Diagnostik in der Gesprächspsychotherapie, in: Schultz, W. / Hautzinger, M. (Hg.), Klinische Psychologie und Psychotherapie. Bd.2: Indikation, Diagnostik, Psychotherapieforschung, Tübingen (Steinbauer und Rau) 1980, 177–185
BOMMERT, HANKO / DAHLHOFF, HANS-DIETER (Hg.), Das Selbsterleben (Experiencing) in der Psychotherapie, München-Wien (Urban & Schwarzenberg) 1978
BOWEN, MARIA C. VILLAS-BOAS, Personality differences and person-centered supervision, in: PCR 1,3 (1986) 291–309
BOY, A. V., Mainstreaming the basic encounter group, in: Journal for Specialists in Group Work 10,4 (1985) 205–210
BOY, A.V. / PINE, G.J., Client-centered counseling. A renewal, Boston (Allyn & Bacon) 1982
BOZARTH, JEROLD D., The person-centered approach in the large community group, in: Gazda, G.M. (Hg.), Innovations to group psychotherapy, Springfield, Ill. (Charles C.Thomas) 1981, 35–42
BOZARTH, JEROLD D., Gegenwärtige Forschung zur klientenzentrierten Psychotherapie in den USA, in: GwG info 51 (1983) 38–51

BOZARTH, JEROLD D., Beyond reflection. Emergent modes of empathy, in: Levant, R.F. / Shlien, J.M. (Hg.), Client-centered therapy and the person-centered approach, New York (Praeger) 1984, 59–75
BOZARTH, JEROLD J. u.a., What is most essential to the continued development of the theory and application of the person-centered approach? (Roundtable discussion), in: PCR 1,3 (1986) 334–352
BRAATEN, LEIF J., Gruppenpsychotherapie – für Professionelle des Gesundheitssystems. Eine methodologische Pilotstudie, in: GwG info 51 (1983) 151–174
BRAATEN, LEIF J., Thirty years with Rogers' necessary and sufficient conditions of therapeutic personality change, in: PCR 1,1 (1986) 37–49
BRAMMER, LAWRENCE M., The helping relationship: Process and skills, Englewood Cliffs (Prentice Hall) [3]1985
BRANDL, GERHARD, Miteinander sprechen lernen. Anthropologische Grundlagen der Gesprächspsychotherapie, München (Ehrenwirth) 1975
BRAUN, URSULA, Selbstaktualisierung versus Verhaltenskontrolle. Aufarbeitung der Kontroverse Rogers-Skinner, Frankfurt (Peter Lang) 1983
BREMEN, KLAUS U.A., Können Sozialarbeiter Selbsthilfe fördern?, in: GwG info 62 (1986) 139–144
BREITSCHAFT, BÄRBL (Koordination), Erlebniszentrierte Angebote (diverse Beiträge), in: GwG, Orientierung an der Person. Bd. II: Jenseits von Psychotherapie, Köln (GwG) 1988, 273–292
BRENT, J. S. / CHRISMAR, D. E., Person-centered apologetics. An empathic approach, in: Journal of Psychology & Christianity 3,1 (1984) 18–26
BRODLEY, BARBARA TEMANER, Client-centered and experiential – two different therapies, Manuskript 1988
BRODLEY, BARBARA TEMANER U.A., Responses to person-centered vs client-centered?, in: Renaissance 5,3–4 (1988) 1–4
BUBER, MARTIN, Dialogisches Leben. Gesammelte philosophische und pädagogische Schriften, Zürich 1947
BUBER, MARTIN, Das Problem des Menschen, Heidelberg (Lambert Schneider) 1961
BUBER, MARTIN, Gesammelte Werke. 1. Bd. Schriften zur Philosophie, München 1962
BUBER, MARTIN, Ich und Du, Heidelberg (Lambert Schneider), zitiert nach [8]1974 (Orig. 1923 in: Dialogisches Leben, Zürich, 1947)
BUBER MARTIN, Das dialogische Prinzip, Heidelberg (Lambert Schneider) [5]1984
BUGENTAL, J.F.T., Challenges of humanistic psychology, New York (McGraw-Hill) 1967
BÜHLER, CHARLOTTE / ALLEN, MELANIE, Einführung in die humanistische Psychologie, Stuttgart (Klett) 1974
BURTON, A. (Hg.), Encounter. The theory and practice of encounter groups, San Francisco (Jossey-Bass) 1970

BURTON, A. (Hg.), Twelve therapists, San Francisco (Jossey-Bass) 1972
BUYS, ROGERIO CHRISTIANO, Considerations in the history of the client-centered therapy, Manuskript 1988
CAIN, DAVID J., A call for the »write stuff«, in: PCR 1,2 (1986a) 117–124
CAIN, DAVID J., What does it mean to be »person-centered«, in: PCR 1,3 (1986b) 251–256
CAIN, DAVID J., Our international family, in: PCR 2,2 (1987a) 139–149
CAIN, DAVID J., Carl R. Rogers: The man, his vision, his impact, in: PCR 2,3 (1987b) 283–288
CAIN, DAVID J, Carl Rogers the scientist, in: PCR 2,4 (1987c) 451–454
CAIN, DAVID J., Carl Rogers's life in review, in: PCR 2,4 (1987d) 476–506
CAIN, DAVID J., A reformulation of Rogers' necessary and sufficient conditions of therapeutic change, Manuskript 1988
CARKHUFF, ROBERT R., Helping and human relations. Vol.I. Selection and training + Vol. II. Practice and research, New York (Holt, Rinehart and Winston) 1969
CARKHUFF, R., Art of helping, Amherst (Human Resource Development) 1986
CARKHUFF, ROBERT R. / BERENSON, B. G., Beyond counseling and therapy, New York (Holt, Rinehart & Winston) 1967
CARUSO, IGOR A., Die Wiener Personalistische Tiefenpsychologie als symbolische Teilerkenntnis der menschlichen Person, in: Beiheft I der Sitzungsberichte des Wiener Arbeitskreises für Tiefenpsychologie Wien 1953/54
CARUSO, IGOR ALEXANDER (in Zusammenarbeit mit Frühmann, Edmund / Schindler, Sepp / Wegeler, Adalbert / Wucherer-Huldenfeld, Augustinus), Bios-Psyche-Person. Eine Einführung in die allgemeine Tiefenpsychologie, Freiburg/München 1957
CARUSO, IGOR ALEXANDER, Die Trennung der Liebenden. Eine Phänomenologie des Todes, München (Kindler) 1974; Erstveröffentlichung: Bern (Hans Huber) 1968
CHRISTIAN, PAUL, Begegnen und Antreffen, in: Jahrbuch für Psychologie und Psychotherapie 4 (1958) 93–102
CLINEBELL, HOWARD J., Modelle beratender Seelsorge, München/ Mainz (Kaiser/Grünewald) 1971, orig.: Basic types of pastoral counseling, New York/Nashville (Abingdon) 1966
CLINEBELL, H.J., Wachsen und Hoffen. Theorie und Praxis der wachstumsorientierten Beratung in Erziehung, Seelsorge und psychischer Lebenshilfe, 2 Bde., München 1982
COHN, RUTH, Living-learning encounters. The theme-centered interactional method, in: Blank, L. / Gottsegen, G.B., Confrontations, New York (McMillan Comp.) 1971, 245–271

COHN, RUTH, Von der Psychoanalyse zur themenzentrierten Interaktion, Stuttgart (Klett) 1975
COHN, RUTH, Themenzentrierte Interaktion. Ein Ansatz zum Sich-Selbst- und Gruppenleiten, in: Die Psychologie des XX. Jahrhunderts, Bd.VIII (1979) 873–883
COMBS, ARTHUR W., A personal approach to teaching. Beliefs that make a difference, Boston (Allyn & Bacon) 1982
COMBS, ARTHUR W., What makes a good helper? A person-centered approach, in: PCR 1,1 (1986a) 51–61
COMBS, ARTHUR W., Person-centered assumptions for counselor education, in: PCR 1,1 (1986b) 72–82
COMBS, ARTHUR W., Is there a future for humanistic or person-centered education?, in: PCR 3,1 (1988a) 96–103
COMBS, ARTHUR W., Some current issues for person-centered therapy, in: PCR 3,3 (1988b) 263–276
COMBS, ARTHUR W., A theory of therapy. Guidelines for counseling practice, London (Sage) 1989
COMBS, ARTHUR W. / AVILA, D.L., Perspectives on helping relationships and the helping profession. Basic concepts for the helping professions, Boston (Allyn & Bacon) 1985
CORETH, EMERICH, Was ist der Mensch? Grundzüge einer philosophischen Anthropologie, Innsbruck (Tyrolia) [4]1986
COULSON, WILLIAM R., Recovering conviction, in: Polanyi Study Group, Study Papers 2, Comptche, CA 1981
COULSON, WILLIAM R., Über therapeutische Disziplin in der klientzentrierten Therapie. Was lehren uns kritische Ereignisse in Einzel- und Gruppentherapie?, in: Tscheulin, Dieter (Hg.), Beziehung und Technik in der klientenzentrierten Therapie, Weinheim (Beltz) 1983, 15–29
COULSON, WILLIAM R., The form of relationship in client-centered therapy, in: Rennaissance 1,2 (1984) 1–2
COULSON, WILLIAM, Klientenzentrierte Therapie und Seelsorge, in: Lebendige Seelsorge 1 (1988) 11–17; auch in: GwG-Zeitschrift 74 (1989) 56–60
COULSON, WILLIAM R. / LAND, DOUG / MEADOR, BRUCE, The La Jolla experiment. Eight personal views, La Jolla 1977
CZABALA, CZESLAW / LEDER, STEFAN, Klientenzentrierte Psychotherapie in einigen osteuropäischen Ländern, in: GwG info 51 (1983) 51–56
DEUTSCHE GESELLSCHAFT FÜR PASTORALPSYCHOLOGIE, Zur Situation der Pastoralpsychologie in der Bundesrepublik Deutschland, Tübingen 1978
DEVONSHIRE, CHARLES M., Anwendung der personzentrierten Philosophie auf die interkulturelle Kommunikation, in: Jankowski, Peter u.a. (Hg.), Klientenzentrierte Psychotherapie heute, Göttingen (Hogrefe) 1976, 74–80
DEVONSHIRE, CHUCK M. / KREMER, J.W., Toward a person-

centered resolution of intercultural conflicts, Dortmund (Pädagogische Arbeitsstelle) 1980
DIOSZEGHY, VIOLA, Zum Krankheitsbegriff in der Psychotherapie, in: GwG info 35 (1979) 1–7
DORFMAN, ELAINE, Spieltherapie, in: Rogers, Carl R. 1951a, dt. 1973, 219–254; orig.: Play therapy, 235–277
DÖRNER, KLAUS / FINZEN / HÄFNER U.A. (Hg.), Zum Menschenbild in Begegnung und Partnerschaft, Stuttgart (Enke) 1988
DÖRNER, KLAUS / PLOG, URSULA, Irren ist menschlich oder Lehrbuch der Psychiatrie/Psychotherapie, Wunstorf (Psychiatrie-Verlag) 1978
DUDEN, KONRAD, Etymologie. Herkunftswörterbuch der deutschen Sprache, Mannheim (Bibliographisches Institut) 1963
ECKERT, JOCHEN, Empirische Befunde zum Verlauf des gesprächspsychotherapeutischen Geschehens, in: Gesellschaft für wissenschaftliche Gesprächspsychotherapie (Hg.), Die klientenzentrierte Gesprächspsychotherapie, München (Kindler) 1975, 147–154
ECKERT, JOCHEN / BIERMANN-RATJEN, EVA-MARIA, Stationäre Gruppenpsychotherapie. Prozesse, Effekte, Vergleiche, Berlin (Springer) 1985
ECKERT, J. / BIERMANN-RATJEN, E.M. / BLONSKI, D. / PETERS, W., Zur Prädiktion der Effekte der Gesprächpsychotherapie anhand eines Indikations-Interviews, in: Zeitschrift für Klinische Psychologie und Psychotherapie 27 (1979) 22–29
EDELWEISS, MALOMAR LUND / TANCO DUQUE, ROSA / SCHINDLER, SEPP (Hg.), Personalisation. Studien zur Tiefenpsychologie und Psychotherapie. Igor Caruso von seinen Schülern und Mitarbeitern dargeboten, Wien (Herder) 1964
EINSIEDLER, WOLFGANG / HÄRLE, HELMUT, Schüler-orientierter Unterricht, Donauwörth (Auer) 1976
EISELE, GÜNTHER / LINDNER, REINHOLD, »Ich brauche Hilfe!«. Umgang mit Menschen in seelischer Not, München/Gladbeck (Claudius/Kösel/Schriftenmissions-Verlag) 1975
ERHARTER, HELMUT U.A. (Hg.), Prophetische Diakonie. Impulse und Modelle für eine zukunftsweisende Pastoral, Wien (Herder) 1977
ESSER, ULRICH, Erlebnisorientierte Psychotherapie, Stuttgart (Kohlhammer) 1983
ESSER, ULRICH, Rogers und Adler. Überlegungen zur Abgrenzung und zur Integration, Heidelberg (Asanger) 1988
ESSER, ULRICH / SANDER, KLAUS, Personenzentrierte Gruppentherapie. Therapeutischer Umgang mit der Person und der Gruppe, Heidelberg (Asanger) 1988a
ESSER, ULRICH / SANDER, KLAUS, Personenzentrierte Gruppentherapie. Förderung und Entwicklung der Person und der Gruppe in Ausbildung und Beratung, Heidelberg (Asanger) 1988b
ESSER, ULRICH / SCHNEIDER, INGRID, Klientenzentrierte Partnerschaftstherapie als Beziehungstherapie – eine Positionsbestim-

mung, in: Behr, Michael / Petermann, Franz u.a. (Hg.), Jahrbuch für personenzentrierte Psychologie und Psychotherapie 1 (1989) 206–228
EVANS, RICHARD I., Carl Rogers – the man and his ideas, New York (Dutton) 1975
FABER, HEIJE, Klinische Semester für Theologen, Bern/Stuttgart 1965
FABER, HEIJE / VAN DER SCHOOT, EBEL, Praktikum des seelsorgerlichen Gesprächs, Göttingen (Vandenhoeck & Ruprecht) 1968, orig.: Het pastorale gesprek, Utrecht (Erven J.Bijleveld) 1962
FALBESANER, THOMAS, Zur Psychotherapie mit Schizophrenen, in: GwG info 32 (1978) 35–41
FARSON, RICHARD E. (Hg.), Science and human affairs, Palo Alto (Science and Behavior Books) 1965
FARSON, RICHARD, Carl Rogers, quiet revolutionary, in: education 95,2 (1974) 197–204
FARTACEK, WALTER / TEML, HUBERT, Personenzentrierte Werterziehung in der Schule, in: Arbeitsgemeinschaft Personenzentrierte Gesprächsführung, Persönlichkeitsentwicklung durch Begegnung, Wien (Deuticke) 1984, 226–255
FEUCHTER, EVA, Sozialtherapeutische Erweiterung des klientenzentrierten Ansatzes, in: Wild-Missong, Agnes / Teuwsen, Eugen (Hg.), Psychotherapeutische Schulen im Gespräch miteinander, Salzburg (Otto Müller) 1977, 168–178
FIEDLER, F.E., A comparison of therapeutic relationships in psychoanalytic, non-directive and Adlerian therapeutic relationships, in: Journal of Consulting Psychology 14 (1950) 436–445
FIEDLER, F.E., Factor analysis of psychoanalytic, non-directive and Adlerian therapeutic relationships, in: Journal of Consulting Psychology (1951)
FIETKAU, HANS-JOACHIM, Phänomenologisch oder naturwissenschaftlich orientierte Gesprächspsychotherapie – ein Gegensatz?, in: GwG info 27 (1976) 39–47
FIETKAU, HANS-JOACHIM, Die Einstellung in der Psychotherapie. Forschung – Praxis – Ausbildung, Salzburg (Otto Müller) 1977
FIETKAU, HANS-JOACHIM / SEEWALD, CORNELIA (Koordination), Personenzentrierte Konzepte und Organisationsentwicklung. (diverse Beiträge), in: GwG, Orientierung an der Person. Bd. II: Jenseits von Psychotherapie, Köln (GwG) 1988, 205–272
FILTHAUT, THEODOR, Das seelsorgliche Gespräch, in: Arnold, F.X. / Klostermann, F. / Rahner, K. / Schurr, V. / Weber, L.M. (Hg.), Handbuch der Pastoraltheologie, Bd. III, Freiburg (Herder) 1968, 559–570
FINKE, JOBST, Das Problem der therapeutischen Beziehung in der klientenzentrierten Gesprächspsychotherapie, in: Praxis der Psychotherapie 23 (1978) 279–285
FINKE, JOBST, Vom Klienten zur Person. Die Wende in der GPT, in: GwG info 58 (1985) 3–11

FLEISCHER, THOMAS, »Psychologische Beratung« versus »Psychotherapie«. Definitions- und Abgrenzungsversuche, in: GwG info 49 (1982) 13–43

FRANKE, ALEXA, Klientenzentrierte Gruppenpsychotherapie, Stuttgart (Kohlhammer) 1978

FRANKE, ALEXA, Klientenzentrierte Psychotherapie – Verändern durch Beziehung?, in: Zimmer, D. (Hg.), Die therapeutische Beziehung, Weinheim (Edition Psychologie) 1983, 63–82

FRANZEN, GEORG SALAH, Der personenbezogene Ansatz Carl R. Rogers im Dialog zur Philosophie M. Bubers, in: GwG info 62 (1986) 145–148

FREIRE, PAULO, Pädagogik der Unterdrückten. Bildung als Praxis der Freiheit, Reinbek (Rowohlt) 1974a

FREIRE, PAULO, Pädagogik der Solidarität – für eine Entwicklungshilfe im Dialog, Wuppertal 1974b

FREIRE, PAULO, Erziehung als Praxis der Freiheit, Stuttgart/Berlin 1974c

FREIRE, PAULO, Dialog als Prinzip. Erwachsenenalphabetisierung in Guinea Bissau, Wuppertal 1980

FREIRE, PAULO, Der Lehrer ist Politiker und Künstler. Neue Texte zu befreiender Bildungsarbeit, Reinbek (Rowohlt) 1981

FRENZEL, PETER, Die Anwendbarkeit des personenzentrierten Ansatzes nach Carl Rogers im Führungskräftetraining – gezeigt am Führungsansatz von Vroom und Yetton, Diplomarbeit, Linz (Manuskript) 1988a

FRENZEL, PETER, Zum »subjektiven Faktor« bei Carl Rogers. Der personenzentrierte Ansatz – ein Beitrag zur »Wendezeit« oder zur »Wendepolitik«? Eine Ermunterung zu gesellschaftspolitischen Fragestellungen durch personenzentrierte Berater/innen, in: Stipsits, Reinhold / Hutterer, Robert (Hg.), Person werden. Theoretische und gesellschaftliche Aspekte des personenzentrierten Ansatzes, Frankfurt/Main (Haag + Herchen) 1988b, 63–86

FRIEDMAN, MAURICE, Comment on the Rogers-May discussion of evil, in: Journal of Humanistic Psychology 22,40 (1982a) 93–96

FRIEDMAN, MAURICE D., Martin Buber's life and work: The early years 1878–1923, New York (Dutton) 1982b

FRIEDMAN, MAURICE D., Martin Buber's life and work: The later years 1845–1965, New York (Dutton) 1984

FRIEDMAN, MAURICE D., The healing dialogue in psychotherapy, New York (Jason Aronson) 1985

FRIEDMAN, MAURICE D., Carl Rogers and Martin Buber, in: PCR 1,4 (1986) 409–435

FRIEDMAN, NEIL, Experiental therapy and focusing, New York (Half Court Press) 1982

FRIEDMAN, NEIL, The healing dialogue in psychotherapy, New York (Aronson) 1985

FRIELINGSDORF, KARL / STÖCKLIN, GÜNTHER, Seelsorge als

Sorge um den Menschen. Pastoralpsychologische Modelle, Mainz (*Grünewald*) *1976*
FRIEMEL, FRANZ GEORG, Geistliches Gespräch als Heilsgeschehen, in: Diakonia 1 (1974) 16–20
FRISCHENSCHLAGER, OSKAR, Wissenschaftstheoretische Probleme in der klientenzentrierten Psychotherapie, in: Psychotherapie und Beratung 1 (1982) 44–64
FROHBURG, I., Forschung und Praxis in der Gesprächspsychotherapie, Berlin (Gesellschaft für Psychologie) 1983
FROHBURG, I. / DI POL, G. / THOMAS, B. / WEISE K. (Hg.), Forschung und Praxis in der Gruppengesprächspsychotherapie, Berlin (Gesellschaft für Psychologie) 1986
FUHRMANN, MANFRED, Persona, ein römischer Rollenbegriff, in: Marquard, Odo / Stierl, Karl-Heinz (Hg.), Identität (Poetik und Hermeneutik, Bd.VIII), München (Wilhelm Fink) 1979, 83–106
FULLER, ROBERT C., Carl Rogers, religion and the role of psychology in American culture, in: Journal of Humanistic Psychology 22,2 (1982) 21–32
FULLER, ROBERT C., Carl Rogers's impact on pastoral counseling and contemporary religious reflection, in: Levant, R. F./Shlien, J. M. (Hg.), Client-centered therapy and the person-centered approach. New directions in theory, research and practice, New York (Praeger) 1984, 203–221
GARNITSCHNIG, KARL, Das Selbst sein, das man in Wahrheit ist. Aspekte einer Theorie der Selbstverwirklichung, in: Arbeitsgemeinschaft Personenzentrierte Gesprächsführung, Persönlichkeitsentwicklung durch Begegnung, Wien (Deuticke) 1984, 73–94
GAZDA, G.M. (Hg.), Innovations to group psychotherapy, Springfield, Ill. (Charles C.Thomas) 1981, 35–42
GELLER, H., Seelsorger, in: Arnold, F.X. / Klostermann, F. / Rahner, K. / Schurr, V. / Weber, L.M. (Hg.), Handbuch der Pastoraltheologie, Bd. V, Freiburg (Herder) 1972, 500–504
GELLER, LEONARD, The failure of self-actualization theory. A critique of Carl Rogers and Abraham Maslow, in: Journal of Humanistic Psychology 22,2 (1982) 56–73
GEMOLL, WILHELM / VRETSKA, KARL, Griechisch-deutsches Schul- und Handwörterbuch, München/Wien (Freytag/Hölder-Pichler-Tempsky) [9]1965
GENDLIN, EUGENE T., Experiencing. A variable in the process of therapeutic change, in: American Journal of Psychotherapy 15 (1961) 233–245
GENDLIN, EUGENE T., Experiencing and the creation of meaning. A philosophical and psychological approach to the subjective, New York (The Free Press of Glencoe) 1962
GENDLIN, EUGENE T., Existentialism and experiential psychology, in: Hart, J.T. / Tomlinson, T.M. (Hg.), New directions in client-centered psychotherapy, Boston (Houghton Mifflin) 1970a, 70–94

GENDLIN, EUGENE T., A short summary and some long predictions, in: Hart, J.T. / Tomlinson, T.M. (Hg.), New directions in client-centered psychotherapy, Boston (Houghton Mifflin) 1970b, 544–562
GENDLIN, EUGENE T., Experiential phenomenology, in: Natanson, M. (Hg.), Phenomenology and the social sciences, Evanston 1973
GENDLIN, EUGENE T., Experiential psychotherapy, in: Corsini, Raymond (Hg.), Current psychotherapies, Itasca, Ill. (Peacock) [2]1974a, 317–352
GENDLIN, EUGENE T., Client-centered and experiential psychotherapy, in: Wexler, David A. / Rice, Laura North (Hg.), Innovations in client-centered therapy, New York (Wiley) 1974b, 211–246
GENDLIN, EUGENE T., Eine Theorie der Persönlichkeitsveränderung, in: Bommert, Hanko / Dahlhoff, Hans-Dieter (Hg.), Das Selbsterleben (Experiencing) in der Psychotherapie, München-Wien (Urban & Schwarzenberg) 1978, 1–62, orig.: Kap. 4 aus Worchel/ Byrne (Hg.), Persönlichkeitsveränderung, New York 1964; auch in: Hart, J.T. / Tomlinson, T.M. (Hg.), New directions in client-centered therapy, Boston (Houghton Mifflin) 1970, 129–173
GENDLIN, EUGENE T., Client-centered therapy as a frame of reference for training. The use of focusing during therapy, in: De Moor, R. / Wijngaarden, H.R. (Hg.), Psychotherapy, research and training, Elsevier (North Holland Biomedical Pr.) 1980
GENDLIN, EUGENE T., Focusing. Technik der Selbsthilfe bei der Lösung persönlicher Probleme, Salzburg (Otto Müller) 1981, orig.: Focusing, New York (Everest House) 1978
GENDLIN, EUGENE T., The client's client. The edge of awareness, in: Levant, R.F. / Shlien, J.M. (Hg.), Client-centered therapy and the person-centered approach, New York (Praeger) 1984, 76–107
GENDLIN, EUGENE T., Dein Körper – dein Traumdeuter, Salzburg (Otto Müller) 1987, orig.: Let your body interpret your dreams, Wilmette, Ill. (Chiron) 1986
GENDLIN, EUGENE T., Carl Rogers (1902–1987), in: American Psychologist 43,2 (1988) 127–128
GENDLIN, EUGENE T. / BEEBE, JOHN, Experiental groups. Instructions for groups, in: Gazda, George M. (Hg.), Innovations to group psychotherapy, Springfield, Ill. (Charles C. Thomas) 1968, 190–206
GENDLIN, EUGENE T. / GRINDER, D., / McGUIRE, M., Imagery, body, and space in focusing, in: Sheikh, A.A. (Hg.), Imagination and healing, New York (Baywood) 1984
GENDLIN, EUGENE T. / HENDRICKS, MARY, Gespräche führen und zuhören. Kurze Handanweisung, (Manuskript), o.J.; orig.: Rap manual, Chicago (Manuskript) o.J.
GENDLIN, EUGENE T. / LIETAER, GERMAIN, Klientenzentrierte und Experentiale Psychotherapie. Ein Interview mit Eugene Gendlin, in: GwG info 51 (1983) 57–83
GERBIS, E., Das klientenzentrierte Konzept und seine Integration in

die soziale Einzelhilfe, in: Hoffmann, N. (Hg.), Therapeutische Methoden in der Sozialarbeit, Salzburg (Otto Müller) 1977, 15–73
GERL, WILHELM, Mit Träumen arbeiten – dort wo der Klient ist, in: GwG info 45 (1981) 35–38
GESELLSCHAFT FÜR WISSENSCHAFTLICHE GESPRÄCHSPSYCHOTHERAPIE (GwG) (Hg.), Die klientenzentrierte Gesprächspsychotherapie, München (Kindler) 1975
GESELLSCHAFT FÜR WISSENSCHAFTLICHE GESPRÄCHSPSYCHOTHERAPIE (Hg.), Rogers und die Pädagogik. Theorieanspruch und Anwendungsmöglichkeiten des personenzentrierten Ansatzes in der Pädagogik, Weinheim (Juventa) 1987
GESELLSCHAFT FÜR WISSENSCHAFTLICHE GESPRÄCHSPSYCHOTHERAPIE (Hg.), Orientierung an der Person, Bd. I+II. Diesseits und jenseits von Psychotherapie, Köln (GwG) 1988
GILLES, ASTRID, Carl R. Rogers auf dem pädagogischen Prüfstand. Kritische Bemerkungen zur Theorie und Praxis der Gesprächsspychotherapie, in: Neue Praxis 1 (1980) 66–80
GILLES, ASTRID, Gesprächspsychotherapie, in: Zygowski, Hans (Hg.), Psychotherapie und Gesellschaft. Therapeutische Schulen in der Kritik, Reinbek (Rowohlt) 1987, 98–126
GLADSTEIN, G.A. U.A., Empathy and counseling. Explorations in theory and research, Berlin/New York (Springer) 1986
GODIN, ANDRE, Das Menschliche im seelsorglichen Gespräch. Anregungen der Pastoralpsychologie, München (Pfeiffer) 1972, orig.: La relation humaine dans le dialogue pastoral, Brüssel (Desclée de Brouwer) 1963
GOERTZ, JOHANNES, Gesprächspsychotherapie und Soziale Einzelhilfe, in: GwG info 37 (1979) 1–8
GOETZE, HERBERT (Hg.), Personenzentrierte Spieltherapie. Grundlagen, Erfahrungen und Perspektiven einer Kindertherapie nach Carl Rogers, Göttingen (Hogrefe) 1981
GOETZE, HERBERT / JAEDE, WOLFGANG, Die nicht-direktive Spieltherapie. Eine wirksame Methode zur Behandlung kindlicher Verhaltensstörungen, München (Kindler) 1974
GOODYEAR, R.K. U.A., Supervisory theory into practice. Differential perception of supervision by Ekstein, Ellis, Polster, and Rogers, in: Journal of Counseling Psychology 31,2 (1984) 228–237
GOODYEAR, R.K. / WATKINS, C.E. Jr., C.H. Patterson. The counselor's counselor, in: Personnel and Guidance Journal 61,10 (1983) 592–597
GÖPPNER, H.J., Hilfe durch Kommunikation in Erziehung, Therapie und Beratung. Ziele und Handlungskriterien, Bad Heilbrunn (Julius Klinkhardt) 1984
GORDON, THOMAS, Gruppen-bezogene Führung und Verwaltung, in: Rogers, Carl R. 1951a, dt. 1973, 287–334; orig.: Group-centered leadership and administration, 320–383
GORDON, THOMAS, Familienkonferenz. Die Lösung von Konflik-

ten mit Eltern und Kind, Hamburg (Hoffmann und Campe) 1970, orig.: Parent effectiveness training, New York (Wyden) 1970
GORDON, THOMAS, Gruppen-bezogene Führung und Verwaltung, in: Rogers, Carl R. 1951a, dt. 1973, 287–334, orig.: Group-centered leadership and administration, 320–383
GORDON, THOMAS, Lehrer-Schüler-Konferenz. Wie man Konflikte in der Schule löst, Hamburg (Hoffmann und Campe) 1977, orig.: Teacher effectiveness training, New York (Wyden) 1974
GORDON, THOMAS, Familienkonferenz in der Praxis. Wie Konflikte mit Kindern gelöst werden, Hamburg (Hoffmann und Campe) 1978, orig.: P.E.T in action, Wyden (New York) 1976
GORDON, THOMAS, Managerkonferenz. Effektives Führungstraining, Hamburg (Hoffmann und Campe) 1979, orig.: Leader effectiveness training, New York (Wyden) 1977
GRAESSNER, DIETRICH, Focusing und Supervision, in: GwG info 45 (1981) 39–41
GRAESSNER, HEINRICH, Traumbearbeitung und Focusing, in: GwG-Zeitschrift 74 (1989) 43–48
GRAESSNER, DIETRICH / HEINERTH, KLAUS, Empirische Befunde der Ergebnisforschung in der Gesprächspsychotherapie, in: Gesellschaft für wissenschaftliche Gesprächspsychotherapie (Hg.), Die klientenzentrierte Gesprächspsychotherapie, München (Kindler) 1975, 162–171
GRAF, CURTIS, Humanistic psychoanalytic theory. Facilitating critical consciousness, in: Journey 1,6 (1982) 1f
GREINACHER, NORBERT, Christliche Theologie als Vermittlung von menschlicher Erfahrung und der Sache Jesu, in: Diakonia 1 (1989) 42–45
GRODDECK, NORBERT (Koordination), Klientenzentrierte Konzepte in Schule und Erziehung (diverse Beiträge), in: GwG, Orientierung an der Person. Bd. II: Jenseits von Psychotherapie, Köln (GwG) 1988, 29–134
GROSS-HARDT, MECHTHILD, Erlebnisaktivierung in der Gesprächspsychotherapie. Eine kritische Bestandsaufnahme, Frankfurt/M. (Fachbuchhandlung für Psychologie) 1983
GRUNWALD, WOLFGANG, Psychotherapie und experimentelle Konfliktforschung. Entwurf einer konflikttheoretischen Fundierung der Gesprächspsychotherapie, München (Reinhardt) 1976
GRUNWALD, WOLFGANG (Hg.), Kritische Stichwörter zur Gesprächspsychotherapie, München (Fink) 1979
GUARDINI, ROMANO, Welt und Person, Würzburg 1939; zitiert nach [4]1955
GUARDINI, ROMANO, Die Begegnung. Ein Beitrag zur Struktur des Daseins, Hochland 47,3 (1955) 224–234
GUGGENBERGER, A., Person, in: Fries, Heinrich (Hg.), Handbuch theologischer Grundbegriffe, Bd. 4, München (Kösel) 1963, 295–306
GUNNISON, H., The uniqueness of similiarities. Parallels of Milton J.

Erikson and Carl Rogers, in: Journal of Counseling and Development 63,3 (1985) 561–564
GUTBERLET, MICHAEL, Braucht die klientenzentrierte Psychotherapie die Integration anderer Therapiemethoden und ein erweitertes Krankheitsmodell?, in: GwG info 57 (1984) 5–13
GUTBERLET, MICHAEL, Power des personzentrierten Zugangs zum Menschen, in: Blickpunkt, April (1986) 2–20; auch in: GwG info 63 (1986) 9–19
GUTBERLET, MICHAEL, Von der personenzentrierten zur lebenszentrierten Haltung, in: GwG Zeitschrift 72 (1988) 26–29; auch in: apg-Kontakte 1 (1989) 9–13
HAARSMA, FRANS, Supervision: ein Modell von Reflexion kirchlicher Praxis, in: Klostermann, Ferdinand / Zerfaß, Rolf (Hg.), Praktische Theologie heute, München/Mainz (Kaiser/Grünewald) 1974, 609–623
HAAS, OLAF DE, Strukturierte Gesprächstherapie bei Borderline Klienten, in: GwG Zeitschrift 71 (1988) 64–69
HACKNEY, HAROLD / GOODYEAR, RONALD K., Carl Rogers's client-centered approach to supervision, in: Levant, R.F. / Shlien, J.M. (Hg.), Client-centered therapy and the person-centered approach, New York (Praeger) 1984, 278–296
HAFLINGER, T. Die grundlegenden Bedingungen erfolgreicher Einzelbeziehungen des Sozialpädagogen nach C.R. Rogers, Bad Heilbrunn (Klinkhardt) 1986
HALL, CALVIN S. / LINDZEY, GARDENER, Theories of personality, New York (John Wiley) 1957, zit. nach [18]1967 (Kap. 12: Rogers' self theory, 467–502)
HALLIDIE SMITH, W. / LAMBERS, E. / MEARNS, D. / THORNE, B., A training course in person-centred counselling and psychotherapy. Course booklet, 1984
HAMMERS, A.J., Gesprächspsychotherapeutisch orientierte Seelsorge, in: Scharfenberg, J. (Hg.), Freiheit und Methode, Freiburg (Herder) 1979
HAMMERS, ALWIN J. / BECHER, WERNER, Klinische Seelsorgeausbildung in katholischen Priesterseminaren. Konzept und Aufbau der Kurse, in: Trierer Theologische Zeitschrift 84 (1975) 28–43
HANSEN, BOBBI C., Cooperative learning. A person-centered approach to instruction, in: PCR 3,1 (1988) 86–95
HARSCH, HELMUT, Theorie und Praxis des beratenden Gesprächs, München (Kaiser) 1973
HART, JOSEPH T. / TOMLINSON, T.M., New directions in client-centered therapy, Boston (Houghton Mifflin) 1970
HEERKENS, HANS-PETER / TIMP, DETLEF, Klientenzentrierte Berater in der Praxis. Ergebnisse einer Umfrage, in: GwG info 56 (1984) 92–102
HEINE, SUSANNE, Carl R. Rogers – Biographische Skizze, in: AG der evang. Religionslehrer an AHS in Österreich, Personenzentriertes

Arbeiten im Religionsunterricht – Schulfach Religion 1/2, 1983, 16–22
HEINERTH, KLAUS, Über ein Konzept zur Ausbildung von Psychotherapeuten in klientenzentrierter Gruppenpsychotherapie, in: GwG info 58 (1985a) 25–31
HEINERTH, KLAUS, Merkmale Klientenzentrierter Psychotherapie, in: GwG info 61 (1985b) 77–80
HELLER, AGNES, Theorie der Gefühle, Hamburg (VSA) 1980
HELM, JOHANNES, Gesprächspsychotherapie. Forschung – Praxis – Ausbildung, Berlin (Ost) (Deutscher Verlag der Wissenschaften) 1978; auch: Darmstadt (Stierhaupt) 1980
HELM, JOHANNES / THOM, A., Zur gesellschaftlichen Relevanz persönlichkeitsbezogener Zielstellungen in der Psychotherapie, in: Helm, J. u.a. (Hg.), Neurosenpsychologie, Berlin (Ost) 1976
HENDERSON, VALERIE M., Choreographie in langfristigen Beziehungen, in: Arbeitsgemeinschaft Personenzentrierte Gesprächsführung, Persönlichkeitsentwicklung durch Begegnung, Wien (Deuticke) 1984, 195–197, orig.: Choreography in long-term relationships, in: Journey 1,3 (1982)
HENNING, HANS, Diagnose und Therapie, in: GwG info 61 (1985) 200
HEPPNER, P. / ROGERS, M.E. / LEE, L.A., Carl Rogers. Reflections on his life, in: Journal of Counseling and Development, 63, Sept. (1984) 15–20
HIEDL, CAROLA U.A., Therapeutenausbildung versus Therapieausbildung, in: GwG info 31 (1978) 40–49
HILTNER, SEWARD, Religion and Health, New York (Macmillan) 1943
HILTNER, SEWARD, Pastoral counseling, New York/Nashville (Abingdon) 1949
HILTNER, SEWARD, Preface to pastoral theology, New York/ Nashville (Abingdon) 1958
HILTNER, SEWARD, The Christian shepherd. Some aspects of pastoral care, New York/Nashville (Abingdon) 1959a
HILTNER, SEWARD, The counselor in counseling, New York/ Nashville (Abingdon) 1959b
HILTNER, SEWARD, 50 Jahre Clinical Pastoral Education, in: WzM 27 (1975) 258–268
HILTNER, SEWARD / COLSTON, LOWELL G., The context of pastoral counseling, New York/Nashville (Abingdon) 1961
HINTE, W., Nondirektive Pädagogik, Opladen (Westdeutscher Verlag) 1980
HOBBS, NICHOLAS, Gruppen-bezogene Psychotherapie, in: Rogers, Carl R. 1951a, dt. 1973, 255–286; orig.: Group-centered psychotherapy, 278–319
HOFFMANN, NICOLAS / GERBIS, KLAUS E., Gesprächsführung in psychologischer Therapie und Beratung, Salzburg (Otto Müller) 1981

HOLLWEG, ARNOLD, Diakonie und Caritas, in: Klostermann, Ferdinand / Zerfaß, Rolf, Praktische Theologie heute, München/Mainz (Kaiser-Grünewald) 1974, 500–511
HOLTZ, G., Seelsorge, in: Mohr, J.C.B. / Siebeck, Paul, Religion in Geschichte und Gegenwart, Tübingen, [3]1961, 1640–1647
HOSTIE, RAYMOND, Das Gespräch in der Seelsorge, Salzburg (Otto Müller) 1965, orig.: L'entretien pastoral, Brüssel 1963
HOWARD, GEORGE S., The person in research, in: PCR 2,1 (1987) 50–63
HOWE, JÜRGEN, Therapieformen im Dialog. Anwendung und Integration von Gesprächspsychotherapie, Psychoanalyse und Verhaltenstherapie, München (Kösel) 1982a
HOWE, JÜRGEN, Integratives Handeln in der Gesprächstherapie, Weinheim (Beltz) 1982b
HOWE, JÜRGEN / PFEIFFER, WOLFGANG M. (Koordination), Psychische Behandlung und Begleitung in körperlicher Arbeit (diverse Beiträge zu patientenzentrierter Medizin), in: GwG, Orientierung an der Person. Bd. I: Diesseits von Psychotherapie, Köln (GwG) 1988, 83–140
HULME, WILLIAM E., Counseling and therapy, Philadelphia (Muhlenberg) 1956
HUTTERER, ROBERT, Personenzentrierte Gesprächstherapie, in: Stumm, Gerhard / Wirth, Beatrix (Hg.), Tür zum Ich – Psychotherapie in Österreich, Teil I, Wien (Edition ÖH) 1982, 84–97
HUTTERER ROBERT, Authentische Wissenschaft. Auf der Suche nach einem personenzentrierten, humanistischen Verständnis von Wissenschaft und Forschung, in: Arbeitsgemeinschaft Personenzentrierte Gesprächsführung, Persönlichkeitsentwicklung durch Begegnung, Wien (Deuticke) 1984, 27–51
HUTTERER, ROBERT, Humanistic psychology and the human sciences, Carrollton, Georgia, Manuskript 1988a
HUTTERER, ROBERT, Carl Rogers' reflections on science. A personcentered philosophy of science and research, Carrollton, Georgia, Manuskript 1988b
HUTTERER, ROBERT, Das personenzentrierte Konzept und das kulturelle Setting, in: Stipsits, Reinhold / Hutterer, Robert, Person werden. Theoretische und gesellschaftliche Aspekte des personenzentrierten Ansatzes von Carl R. Rogers, Frankfurt/M. (Haag + Herchen) 1988c, 3–6
INTERNATIONAL CONFERENCE ON CLIENT-CENTERED AND EXPERIENTAL PSYCHOTHERAPY, Book of abstracts, Löwen (Acco) 1988
JACKSON, EUGENE, Internal empathy, cognitive labeling, and demonstrated empathy, in: Journal of Humanistic Education and Development 24 (1986) 104–115
JACOBI, JOLAN, Die Seelenmaske, Zürich 1971
JACOBS, STEFAN, Klientenzentrierte Psychotherapie mit Psychosomatikern, in: GwG info 38 (1980) 1–11

JANDL-JAGER, ELISABETH, Indikation zur Gesprächspsychotherapie, in: Psychotherapie und Beratung 1 (1980) 3./1–9
JANDL-JAGER, ELISABETH / STUMM GERHARD, Psychotherapie in Österreich. Eine empirische Analyse der Anwendung von Psychotherapie, Wien 1988
JANISCH, WINFRIED, Der klientenzentrierte Ansatz in der Drogentherapie. Theorie kontra Praxis, in: Personzentriert 2 (1984) 19–28
JANKOWSKI, PETER U.A., Klientenzentrierte Psychotherapie heute. Bericht über den I. Europäischen Kongreß in Würzburg, Göttingen (Hogrefe) 1976
JASCHKE, HELMUT, Verstehen und Annehmen. Christlicher Glaube und Beratung, in: Lebendige Seelsorge 1 (1988a) 18–24
JASCHKE, HELMUT, Psychotherapie aus dem Neuen Testament. Heilende Begegnungen mit Jesus, Freiburg (Herder) ²1988b
JENNINGS, JERRY L., The dream is the dream is the dream. A person-centered approach to dream analysis, in: PCR 1,3 (1986) 310–333
JOHANNWERNER, JUTTA, Die geistlichen Übungen des heiligen Ignatius von Loyola im Spannungsfeld von gelebter Erfahrung und gelehriger Anweisung, in: Lebendige Seelsorge 1 (1988) 56–64
JOHNSON, PAUL E., Psychology of religion, New York/Nashville (Abingdon) 1945
JOHNSON, PAUL E., Psychology of pastoral care, New York/Nashville (Abingdon) 1953
JOHNSON, PAUL E., Psychologie der pastoralen Beratung. Grundkurs nicht-direktiver Gesprächsführung in Schule und Gemeinde, Wien (Herder) 1969, orig.: Person and counselor, Nashille (Abingdon Press) 1967
JUNG, CARL GUSTAV, Die Beziehungen zwischen dem Ich und dem Unbewußten, Darmstadt 1928
KAHN, EDWIN, On the therapeutic value of both the »real« and the »transference« relationship. A Reply to John Shlien, in: PCR 2,4 (1987) 471–475
KATZ, R.L., Empathy: Its nature and uses. Modern techniques and emotional conflicts, London 1963
KEIL, WOLFGANG WALTER, Diagnose und Gesprächstherapie, in: Psychotherapie und Beratung 1 (1979) 17–20
KEIL, Wolfgang Walter, Therapie in Großgruppen aus klientenzentrierter Sicht, in: Psychotherapie und Beratung 1/2 (1981) 4–10
KEIL, WOLFGANG WALTER, Zum Verständnis von Gesundheit und Krankheit bei Carl Rogers, in: Personzentriert 2 (1988) 15–20
KEMPER, FRANZ, Klientenzentrierte Kinderpsychotherapie heute. Ein früher Therapiesprößling bringt sich in Erinnerung, in: GwG info 59 (1985) 132–151
VAN KESSEL, W.J.N., Der psychotherapeutische Prozeß: Abriß einer Beschreibung in Interaktionsbegriffen, in: Jankowski, Peter u.a. (Hg.), Klientenzentrierte Psychotherapie heute, Göttingen (Hogrefe) 1976, 142–151

KIERKEGAARD, SÖREN, Die Krankheit zum Tode, Jena [2]1924
KIERKEGAARD, SÖREN, Abschließende unwissenschaftliche Nachschrift zu den Philosophischen Brocken. 1. Teil, Düsseldorf/Köln 1957
KIERNAN, THOMAS, Psychotherapie. Kritischer Führer durch Theorien und Praktiken, Frankfurt/M. (Fischer) 1976; orig.: A consumer's guide to psychotherapies, New York (Dial) 1974
KIESLER, D.J., Interpersonal theory for personality and psychotherapy, in: Anchin, J.C. / Kiesler, D.J. (Hg.), Handbook of interpersonal psychotherapy, New York (Pergamon) 1982
KIRSCHENBAUM, HOWARD, On becoming Carl Rogers, New York (Delacorte) 1979 (mit vielen Zitaten aus Rogers' Publikationen!)
KLOSTERMANN, FERDINAND, Prinzip Gemeinde. Gemeinde als Prinzip des kirchlichen Lebens und der Pastoraltheologie als Theologie dieses Lebens, Wien (Herder) 1965
KLOSTERMANN, FERDINAND, Gemeinde – Kirche der Zukunft, Bd. 1 + 2, Freiburg (Herder) 1974a
KLOSTERMANN, FERDINAND, Veränderung in der Kirche als theologisches und praktisches Problem, in: ders. / Zerfaß, Rolf, Praktische Theologie heute, München/Mainz (Kaiser/Grünewald) 1974b, 638–650
KLOSTERMANN, FERDINAND, Kirche – Ereignis und Institution, Wien (Herder) 1976
KLOSTERMANN, FERDINAND, Theologie der Gemeinde, in: Ordensnachrichten 121/122 (1979a) 451–493
KLOSTERMANN, FERDINAND, Wie wird unsere Pfarrei eine Gemeinde? Für alle Mitarbeiter in der Pfarrgemeinde, Wien (Herder) 1979b
KLOSTERMANN, FERDINAND, Die pastoralen Dienste heute, Linz (Veritas) 1980
KLOSTERMANN, FERDINAND / ZERFASS ROLF (Hg.), Praktische Theologie heute, München/Mainz (Kaiser/Grünewald) 1974
KNOWLES, JOSEPH W., Gruppenberatung als Seelsorge und Lebenshilfe, München/Mainz (Kaiser/Grünewald) 1971, orig.: Group counseling, Englewood Cliffs (Prentice Hall) 1964
KOPP, SHELDON B., An end to innocence. Facing life without illusions, New York (Macmillan) 1978
KOPP, SHELDON B., Kopfunterhängend sehe ich alles anders. Psychotherapie und die Kräfte des Dunkels, Düsseldorf (Diederichs) 1982; orig: The hanged man, Palo Alto (Science and Behavior Books) 1974
KOPP, SHELDON B., Triffst du Buddha unterwegs, Düsseldorf (Diederichs) 1976; orig.: »If you meet Buddha on the road, kill him!«, Palo Alto (Science and Behavior Books) 1972
KORMANNSHAUS, OLAF, Personenzentrierte Haltungen in kirchlichen Predigten, in: ZPP 4 (1984) 475–488
KORSTEN, H. / MEERTENS, H. / REIJNEN, A., Klientenzentrierte

Aus- und Fortbildung, in: Klostermann, Ferdinand / Zerfaß, Rolf, Praktische Theologie heute, München/Mainz (Kaiser/Grünewald) 1974, 586–599

KRIEGSTEIN, MATTHIAS V., Gesprächspsychotherapie in der Seelsorge. Grundkurs nicht-direktiver Gesprächsführung in Schule und Gemeinde, Stuttgart (Kohlhammer) 1977

KROEGER, MATTHIAS, Themenzentrierte Seelsorge. Über die Kombination Klientenzentrierter und Themenzentrierter Arbeit, Stuttgart (Kohlhammer) 1973, [2]1976, [3]1983 (erweiterte Auflage); zitiert jeweils nach der Auflage der angegebenen Jahreszahl

KROPF, DETLEV, Grundprobleme der Gesprächspsychotherapie, Göttingen (Hogrefe) 1976

KWIATKOWSKI, ERIKA, Psychotherapie als subjektiver Prozeß. Für eine sozialwissenschaftliche Konzeption der Gesprächspsychotherapieforschung, Weinheim (Beltz) 1980

LAO-TSE, Tao te king. Das Buch des Alten vom Sinn und Leben, Diederichs (Köln) 1972

LAND, DOUGLAS A., Psychotherapie als Kunstform, in: Arbeitsgemeinschaft Personenzentrierte Gesprächsführung, Persönlichkeitsentwicklung durch Begegnung, Wien (Deuticke) 1984, 176–183, orig.: The textures, shadows, colors of meetings with yourself, in: Journey 2/2 (1983)

LASOGGA, FRANK U.A., Ein neuerer Ansatz in der Gesprächsspychotherapieforschung. Zur Interaktion von Klient und Therapeut, in: GwG info 55 (1984) 49–58

LATTKE, HERBERT, Das helfende Gespräch, Freiburg (Lambertus) 1969

LEVANT, RONALD F. / SHLIEN, JOHN M. (Hg.), Client-centered therapy and the person-centered approach. New directions in theory, research and practice, New York (Praeger) 1984

LIEBERT, ROBERT M. / SPIEGLER, MICHAEL D., Personality. An introduction to theory and research, Homewood, Ill. (Dorsey) 1979 (Kap.9: Motivational theories: Self-actualization, 243–273)

LIETAER, GERMAIN, Forschung über klientenzentrierte Psychotherapie in Europa. Einige Eindrücke, in: GwG info 51 (1983a) 36–37

LIETAER, GERMAIN, Methodologische und klinische Überlegungen zur mangelnden Übereinstimmung in der Wahrnehmung der therapeutischen Bedingungen durch Klient und Therapeut, in: GwG info 51 (1983b) 84–95

LIETAER, GERMAIN, Unconditional positive regard. A controversial basic attitude in client-centered therapy, in: Levant, R.F./Shlien, J.M. (Hg.), Client-centered therapy and the person-centered approach, New York (Praeger) 1984, 41–58

LINDEMAN, HEINZ, Verkündigen durch Hören. Psychologisch-theologische Erwägungen zur Praxis der Evangelisierung, in: Lebendige Seelsorge 1 (1988) 24–31

LINSTER, HANS WOLFGANG (Koordination), Zukunftsperspekti-

ven des klientenzentrierte Ansatzes in der akademischen Psychologie (diverse Beiträge), in: GwG, Orientierung an der Person. Bd. II: Jenseits von Psychotherapie, Köln (GwG) 1988, 135–186
LUKAN, ULF, Therapie in Großgruppen aus klientenzentrierter Sicht, in: Psychotherapie und Beratung 1/2 (1981) 11–15
MAHRER, A.R., Experiential psychotherapy. Basic practices. New York (Brunner/Mazel) 1983
MAHRER, A.R., Therapeutic experiencing. The process of change, New York (Norton) 1986
MANN, FRIDO, Die Anwendung klientenzentrierter Konzepte und Methoden in der heutigen Psychiatrie, in: Jankowski, Peter u.a. (Hg.), Klientenzentrierte Psychotherapie heute, Göttingen (Hogrefe) 1976, 253–259
MARTIN, DAVID G., Gesprächs-Psychotherapie als Lernprozeß, Salzburg (Otto Müller) 1975, orig.: Learning-based client-centered therapy, Belmont (Brooks/Cole)
MATUSSEK, PAUL, Seelsorge heute: Aus der Sicht eines Psychotherapeuten, in: Reuß, Josef Maria, Seelsorge ohne Priester?, Düsseldorf (Patmos) 1976, 91–107
MAY, ROLLO, The problem of evil. An open letter to Carl Rogers, in: Journal of Humanistic Psychology 22,3 (1982) 10–21
MAYR, HANS, Humanistische Psychologie und psychosomatische Medizin, in: Psychotherapie und Beratung 1 (1982) 19–28
MEADOR, BRUCE, An analysis of process movements in a basic encounter group, (Diss., United States International University, unveröffentl.) 1969
MEADOR, BRUCE, Beitrag zur Roundtable discussion, in: PCR 3,3 (1988) 370–373
MEARNS, DAVE / THORNE, BRIAN, Person-centred counselling in action, London (Sage) 1988
MELZER, GERHARD, Familientherapie und klientenzentrierte Gesprächsführung in der Sozialarbeit, München (Kösel) 1979
MENTE, ARNOLD, Improving Rogers' theory. Toward a more completely client-centered psychotherapy, Manuskript 1988
MENTE, ARNOLD / SPITTLER, HORST-DIETMAR, Erlebnisorientierte Gruppenpsychotherapie (Band I + II). Eine wirksame Methode der klienten-zentrierten Behandlung von Verhaltensstörungen, Paderborn (Junfermann) 1980
METTE, NORBERT, Sehen – Urteilen – Handeln. Zur Methodik pastoraler Praxis, in: Diakonia 1 (1989) 23–29
MINSEL, WOLF-RÜDIGER, Praxis der Gesprächspsychotherapie, Graz (Hermann Böhlau) 1974
MINSEL, WOLF-RÜDIGER / SCHELLER, R. (Hg.), Brennpunkte der Klinischen Psychologie, Bd. I Psychotherapie, München (Kösel) 1981
MINSEL, WOLF-RÜDIGER U.A. (Hg.), Bedeutsame weitere Variablen des Psychotherapeutenverhaltens, in: Zeitschrift für klinische Psychologie 2 (1973) 197–210

MUCCHIELLI, ROGER, Das nicht-direktive Beratungsgespräch, Salzburg (Otto Müller) o.J., orig.: L'entretien de face a face dans la relations d'aide, Paris (ESF)

MÜLLER, JOSEF, Kränkende oder heilende Seelsorge, in: Lebendige Seelsorge 1 (1988) 4–11

MUSAPH, HERMANN, Technik der psychologischen Gesprächsführung, Salzburg (Otto Müller) 1969, orig.: Het Gesprek, psychologische fundering, Haarlem (De Erven F. Bohn) 1969

NEIDENBACH, NORBERT, Eine vergleichende Betrachtung von Gesprächspsychotherapie und Psychoanalyse, in: Howe, Jürgen (Hg.), Integratives Handeln in der Gesprächstherapie. Ein Kompendium zur Kombination therapeutischer Verfahren, Weinheim (Beltz) 1982, 55–89

NEUBERGER, OSWALD, Das Mitarbeitergespräch, München (Goldmann) 1973

NORTH, M., Mythos und Wirklichkeit der Psychotherapie, München (Urban & Schwarzenberg) 1975

NYE, ROBERT D., Three views of man. Perspectives from Sigmund Freud, B.F. Skinner and Carl Rogers, Monterey CA (Brooks/Cole) 1975

OATES, WAYNE E., The Christian pastor, Philadelphia (Westminster) 1951

OATES, WAYNE E., The religious dimension of personality, New York (Association) 1957

OATES, WAYNE E. (Hg.), An introduction to pastoral counseling, Nashville 1958

OATES, WAYNE E., Protestant pastoral counseling, Philadelphia (Westminster) 1962

OATES, WAYNE E., Seelsorge und Psychiatrie. Neue Wege der Zusammenarbeit, Graz (Styria) 1980, orig.: The religious care of the psychiatric patient, Philadelphia (Westminster) 1978

ODEN, THOMAS C., A theologian's view of the process of psychotherapy, in: Journal of Individual Psychology 1 (1964) 69–78

ODEN, THOMAS C., Kerygma and counseling, Philadelphia (Westminster) 1966

ODEN, THOMAS C., Contemporary theology and psychotherapy, Philadelphia (Westminster) 1967

ORIBERG, J.C., Accepting our acceptance. Some limitations of a Rogerian approach to the nature of grace, in: Journal of Psychology & Christianity 1,1 (1982) 45–50

OSTERTAG, ERNST, Die Persönlichkeit als Prozeß. Menschenbild und philosophische Perspektiven zu Carl R. Rogers' Psychotherapie, Wien (Octopus) 1979

PATTERSON, C.H., Supervision in counseling: II., in: Counseling Psychologist 11,1 (1983) 21–25

PATTERSON, C.H., Empathy, warmth and genuineness in psychotherapy. A review of reviews, in: Psychotherapy 21 (1984) 431–438

PATTERSON, C.H., Theories of counseling and psychotherapy, in: New York (Harper & Row) [4]1986

PAVEL, FALK-GISELHER, Die Entwicklung der klientenzentrierten Psychotherapie in den USA von 1942–1973, in: GwG, Die klientenzentrierte Gesprächspsychotherapie, München (Kindler) 1975a, 25–41

PAVEL, FALK-GISELHER, Existentialistische Erlebenstherapie contra naturwissenschaftlich orientierte Gesprächspsychotherapie – eine gut gemeinte Polemik, in: GwG info 20 (1975b)

PAVEL, FALK-GISELHER, Der familientherapeutische Ansatz in der klientenzentrierten Psychotherapie nach Carl R. Rogers, in: Spiel, Walter (Hg.), Konsequenzen für die Pädagogik (I), Die Psychologie des 20.Jahrhunderts, Bd.11, Zürich (Kindler) 1975c

PAVEL, FALK-GISELHER, Die klientenzentrierte Psychotherapie. Entwicklung – gegenwärtiger Stand – Fallbeispiele, München (Pfeiffer) 1978

PAVEL, FALK-GISELHER, Integrierte klientenzentrierte Therapie von Systemen, in: Behr, Michael / Petermann, Franz u.a. (Hg.), Jahrbuch für personenzentrierte Psychologie und Psychotherapie 1 (1989) 229–256

PAWLOWSKY GERHARD, Meine Begegnung mit Carl R. Rogers, in: AG der evang. Religionslehrer an AHS in Österreich, Personenzentriertes Arbeiten im Religionsunterricht – Schulfach Religion 1/2, 1983, 65–75

PAWLOWSKY, GERHARD, Empathie in der Psychotherapie. Überlegungen aus personenzentrierter und psychoanalytischer Sicht, in: Arbeitsgemeinschaft Personenzentrierte Gesprächsführung, Persönlichkeitsentwicklung durch Begegnung, Wien (Deuticke) 1984, 128–139

PAWLOWSKY, GERHARD, Das Strukturmodell Carl Rogers'. Die Haltungen und das Modell oder: Wohin führt Echtheit, Akzeptieren und Einfühlung, in: Stipsits, Reinhold / Hutterer, Robert, Person werden. Theoretische und gesellschaftliche Aspekte des personenzentrierten Ansatzes von Carl R. Rogers, Frankfurt/M. (Haag + Herchen) 1988, 37–50

PERVIN, LAWRENCE A., Personality. Theory, assessment, and research, New York (Wiley) 21975 (Kap.5: A phenomenological theory: The client-centered framework, S.209–266)

PETROSSIAN, HAIK-HENRIK, Gedanken zur Ausbildung in personenzentrierter Psychotherapie, in: GwG-Zeitschrift 67 (1987) 35–37

PETSCHNIG, MICHAEL, Der kleine Stowasser. Lateinisch-deutsches Schulwörterbuch, Wien (Hölder-Pichler-Tempsky) 1952

PETZOLD, HILARION (Hg.), Die Rolle des Therapeuten und die therapeutische Beziehung, Paderborn (Junfermann) 1980

PFEIFFER, WOLFGANG M., Erklärungsmodelle zum Verlauf des psychotherapeutischen Prozesses, in: GwG, Die klientenzentrierte Gesprächspsychotherapie, München (Kindler) 1975a, 62–78

PFEIFFER, WOLFGANG M., Zur Erfassung des therapeutischen Pro-

zesses mit Hilfe komplexer Skalen, in: GwG, Die klientenzentrierte Gesprächspsychotherapie, München (Kindler) 1975b, 155–161
PFEIFFER, WOLFGANG M., Ist das Rogers'sche Persönlichkeits- und Therapiekonzept in Hinblick auf psychiatrische Erkrankungen angemessen?, in: ZPP 4 (1986) 366–377
PFEIFFER, WOLFGANG M., Der Widerstand in der Sicht der klientenzentrierten Psychotherapie, in: GwG Zeitschrift 66 (1987a) 55–62
PFEIFFER, WOLFGANG M., Übertragung und Realbeziehung in der Sicht klientenzentrierter Psychotherapie, in: ZPP 3 (1987b) 347–352
PFEIFFER, WOLFGANG M., Klientenzentrierte Therapie im kulturellen Zusammenhang, in: Behr, Michael / Petermann, Franz u.a. (Hg.), Jahrbuch für personenzentrierte Psychologie und Psychotherapie 1 (1989a) 60–79
PFEIFFER, WOLFGANG M., Arbeit mit Träumen – ein zentrales Thema des Kongresses in Leuven 1988, in: GwG-Zeitschrift 74 (1989b) 68–70
PFISTER, OTTO, Das Elend unserer wissenschaftlichen Glaubenslehre, in: Schweizerische theologische Zeitschrift 22 (1905)
PIPER, HANS-CHRISTOPH, Pastoral-Klinikum. Bericht aus dem ersten europäischen Zentrum für Klinische Seelsorgeausbildung in den Niederlanden, in: WzM (1968) 492f
PIPER, HANS-CHRISTOPH, Die Phasen des seelsorgerlichen Gesprächs, in: Faber, H. / van der Schoot, E., Praktikum des seelsorgerlichen Gesprächs, Göttingen (Vandenhoeck & Ruprecht) [3]1971, 233–237
PIPER, HANS-CHRISTOPH, Theologische Perspektiven und Erfahrungen im Clinical Pastoral Training, in: WzM 24 (1972a) 91–99
PIPER, HANS-CHRISTOPH, Klinische Seelsorge-Ausbildung. Clinical Pastoral Training, Berlin (Hefte für evangelische Krankenseelsorge) 1972b
PIPER, HANS-CHRISTOPH, Gesprächsanalysen, Göttingen (Vandenhoeck & Ruprecht) 1973
PIPER, HANS-CHRISTOPH, Von der Kunst des Zuhörens. Neue Wege der Krankenhausseelsorge, in: Evangelische Kommentare 9 (1974) 563–564
PLESSNER, HELMUTH, Die Stufen des Organischen und der Mensch. Einleitung in die philosophische Anthropologie, Berlin/Leipzig 1928, Neuauflage Frankfurt 1981
PLESSNER, HELMUTH, Philosophische Anthropologie, Frankfurt/Main (Fischer) 1970
PLESSNER, HELMUTH, Zwischen Philosophie und Gesellschaft. Ausgewählte Abhandlungen und Vorträge, Frankfurt (Suhrkamp) 1979
PLESSNER, HELMUTH, Zur Anthropologie des Schauspielers. (1948), in: Plessner, Helmuth, Zwischen Philosophie und Gesellschaft, Frankfurt (Suhrkamp) 1979, 205–219
PLOG, USCHI, Partner-Therapie, in: GwG, Die klientenzentrierte Gesprächspsychotherapie, München (Kindler) 1975, 204–211

POLANYI, MICHAEL, Personal knowledge. Towards a post-critical philosophy, Chicago (The University of Chicago Press) 1958

POLANYI, MICHAEL, Implizites Wissen, Frankfurt (Suhrkamp) 1985; orig.: The tacit dimension, Garden City, NY (Doubleday & Company) 1956

POMPEY, HEINRICH, Das seelsorgliche Gespräch und die Methode des Pastoral Counseling, in: Diakonia 1 (1974) 5–16

POMPEY, HEINRICH, Pastoral Counseling, in: Gastager u.a. (Hg.), Praktisches Wörterbuch der Pastoral-Anthropologie, Wien (Herder) 1975a, 809–811

POMPEY, HEINRICH, Seelsorge zwischen Gesprächstherapie und Verkündigung, in: Lebendige Seelsorge 26 (1975b) 162–173

POMPEY, HEINRICH, Seelsorge in den Krisen des Lebens, in: Reuß, Josef Maria, Seelsorge ohne Priester?, Düsseldorf (Patmos) 1976a, 29–72

POMPEY, HEINRICH, Pastoralpsychologie im Rahmen der Gesprächspsychotherapie, in: Jankowski, Peter u.a. (Hg.), Klientenzentrierte Psychotherapie heute, Göttingen (Hogrefe) 1976b, 436–437

POMPEY, HEINRICH, Theologisch-psychologische Grundbedingungen der seelsorglichen Beratung, in: Lade, E. (Hg.), Christliches ABC – heute und morgen. Handbuch für Lebensfragen und kirchliche Erwachsenenbildung, Bad Homburg 1986, 179–209

POMPEY, HEINRICH, Handlungsperspektiven kirchlicher Beratung, in: Sekretariat der Deutschen Bischofskonferenz (Hg.), Kirchliche Beratungsdienste. Studientag 1986 der Deutschen Bischofskonferenz, Bonn 1987, 44–68

PREUSCHEN, ERWIN, Griechisch-deutsches Wörterbuch zum Neuen Testament, Berlin (Töpelmann) [5]1963

PRIGOGINE, I., From being to becoming, San Francisco (Freeman) 1981

PURKNEY, WILLIAM W. / SCHMIDT, JOHN J., The inviting relationship. An expanded perspective for professional counseling, Englewood Cliffs (Prentice Hall) 1987

QUINN, R.D., Psychotherapists's expressions as an index to the quality of early psychotherapeutic relationships established by representatives of the non-directive, Adlerian, and psychoanalytic schools, Chicago (unveröff. Diss.) 1950

QUITMANN, HELMUT, Humanistische Psychologie. Zentrale Konzepte und philosophischer Hintergrund, Göttingen (Hogrefe) 1985

RANK, OTTO, Technik der Psychoanalyse, Bd.2. Die analytische Reaktion in ihren konstruktiven Elementen, Leipzig/Wien 1929

RANK, OTTO, Will therapy and truth and reality, New York [6]1945, orig.: Die analytische Reaktion in ihren konstruktiven Elementen

RASKIN, NATHANIEL J., Client-centered group psychotherapy. Part I. Development of client-centered groups, in: PCR 1,3 (1986a) 272–290

RASKIN, NATHANIEL J., Client-centered group psychotherapy. Part II. Research on client-centered groups, in: PCR 1,4 (1986b) 389–408

RAUCHFLEISCH, UDO, Klinisch-psychologische Diagnostik: Zum Nutzen oder Schaden des Klienten?, in: ZPP 4 (1985) 437–446
REIK, THEODOR, Hören mit dem dritten Ohr. Die innere Erfahrung eines Psychoanalytikers, Hamburg (Hoffmann und Campe) 1976, orig.: Listening with the third ear, New York (Farrar Straus) 1948
REISCH, ELISABETH, Ein klientenzentriertes Konzept zur Psychosomatik, in: GwG-Zeitschrift 72 (1988) 54–61
REUSS, JOSEF-MARIA, Seelsorge ohne Priester. Zur Problematik von Beratung und Psychotherapie, Düsseldorf (Patmos) 1976
RICE, LAURA NORTH, Client tasks in client-centered therapy, in: Levant, R.F. / Shlien, J.M. (Hg.), Client-centered therapy and the person-centered approach, New York (Praeger) 1984, 182–202
RICE, LAURA NORTH / GREENBERG, L., Patterns of change. Intensive analysis of psychotherapy process, in: Greenberg, L. / Pinsof, W. (Hg.), The psychotherapeutic process: A research handbook, New York (Guilford) 1986
RIESS, RICHARD, Seelsorge. Orientierung, Analysen, Alternativen, Göttingen (Vandenhoeck & Ruprecht) 1973
RIESS, RICHARD, Perspektiven der Pastoralpsychologie, Göttingen (Vandenhoeck und Ruprecht) 1974a
RIESS, RICHARD, Seelsorgerliche Beratung, in: Klostermann, Ferdinand / Zerfaß, Rolf, Praktische Theologie heute, München/Mainz (Kaiser/Grünewald) 1974b, 464–474
RIPKE, THOMAS, Patientenorientierte körperliche Untersuchung, in: ZPP 2 (1987) 185–192
ROBBINS, ARTHUR, The artist as therapist, New York (Human Sciences) 1987
ROBERTS, R.C., Carl Rogers and the Christian virtues, in: Journal of Psychology & Theology 13,4 (1985) 263–273
ROESSLER, ROMAN, Seminar für therapeutische Seelsorge. Ein Zentrum für Clinical Pastoral Training / Clinical Pastoral Education, in: WzM 2 (1972) 104–108
ROGERS, HELEN E., A wife's eye view of Carl Rogers, in: Voices 1,1 (1965) 93–98
ROGERS, NATALIE, Changes in self-concept in the case of Mrs. Ett, in: Personal Counselor 2 (1977) 278–291
ROGERS, NATALIE, Ich hab ein Recht auf mich, München (Knaur) 1983, orig.: Emerging woman, 1980
ROMBOLD, GÜNTER, Anthropologie I+II. Vorlesungen an der Kath.-Theol. Hochschule Linz, Skriptum (Hörermitschrift) Linz 1984
ROSENBERG, RACHEL L., Eine Therapie für heute, in: Rogers, Carl R. / Rosenberg Rachel L., Die Person als Mittelpunkt der Wirklichkeit, Stuttgart (Klett) 1980a, 54–74
ROSENBERG, RACHEL, Eine person-zentrierte Gemeinschaft, in: Rogers, Carl R. / Rosenberg, Rachel L., Die Person als Mittelpunkt der Wirklichkeit, Stuttgart (Klett-Cotta) 1980b, 104–128
RUTHE, REINHOLD, Seelsorge – wie macht man das? Gesprächshilfen für die beratende Seelsorge, Wuppertal (Brockhaus) 1973

DE RYCK, PHILIP, Observations on Rogers as therapist, in: Journey 1,4 (1982) 1.6f
SACHSE, RAINER / ATROPS, HELMUT, Focusing. Ein Beziehungs- oder Bearbeitungsangebot, in: Behr, Michael / Petermann, Franz u.a. (Hg.), Jahrbuch für personenzentrierte Psychologie und Psychotherapie 1 (1989) 107–119
SACHSE, RAINER / HOWE, JÜRGEN (Hg.), Zukunftsperspektiven Klientenzentrierter Psychotherapie, Heidelberg (Asanger) 1989
SANFORD, RUTH, The beginning of a dialogue in South-Africa, (Manuskript) 1984
SCHALL, TRAUGOTT ULRICH, Ehe- und Partnerberatung in der klientenzentrierten Gesprächspsychotherapie, in: GwG info 42 (1981) 1–11
SCHARFENBERG, JOACHIM, Seelsorge als Gespräch. Zur Theorie und Praxis der seelsorgerlichen Gesprächsführung, Göttingen (Vandenhoeck & Ruprecht) 1972
SCHARFENBERG, JOACHIM, Psychologie und Psychotherapie, in: Klostermann, Ferdinand / Zerfaß, Rolf (Hg.), Praktische Theologie heute, München/Mainz (Kaiser/Grünewald) 1974, 339–346
SCHILD, HANSJÖRG, Empirische Befunde zum Einfluß von Psychotherapeutenmerkmalen auf den gesprächspsychotherapeutischen Prozeß, in: GwG, Die klientenzentrierte Gesprächspsychotherapie, München (Kindler) 1975, 124–137
SCHILLEBEECKX, E., Jesus. Die Geschichte von einem Lebenden, Freiburg (Herder) 1975
SCHILLER, KARL E., Seelsorge, in: Gastager, H. u.a. (Hg.), Praktisches Wörterbuch der Pastoralanthropologie, Wien/Göttingen (Herder/Vandenhoeck & Ruprecht) 1975, 954–957
SCHMID, PETER F., Das beratende Gespräch. Methode und Praxis der Gesprächsführung, Wien (Herder) 1973
SCHMID, PETER F., Verstehen lernen, in: Treffpunkte 5.2 (1976a) 7f
SCHMID, PETER F., Pastorales Training in Wien. Erfahrungsbericht, Modell, Vorschläge, Wien (Manuskript) 1976b
SCHMID, PETER F., Pastorale Gesprächsführung, in: Erharter H. u.a. (Hg.), Prophetische Diakonie. Impulse und Modelle für eine zukunftsweisende Pastoral, Wien (Herder) 1977, 186–200
SCHMID, PETER F., Partnerzentrierte Gesprächsführung in der Schule, in: Christlich-pädagogische Blätter 1 (1980) 25–32
SCHMID, PETER F., Das pastorale Gespräch, in: Theologisch-Praktische Quartalschrift 129 (1981) 348–360
SCHMID, PETER F., Beraten als Lernprozeß. Erfahrungsbericht über meine persönliche Entwicklung als Berater in helfenden Gesprächen, in: Diakonia 1 (1982) 55–60
SCHMID, PETER F., Seelsorge als Begegnung. Grundlagen für eine annehmende Pastoral, in: Lebendige Seelsorge 213 (1983) 94–103
SCHMID, PETER F., Erkennen und Erleben. Gedanken zum Gespräch zwischen Psychoanalyse und personenzentrierter Therapie am Bei-

spiel der Übertragung. Und ein Stück darüber hinaus, in: Arbeitsgemeinschaft Personenzentrierte Gesprächsführung, Persönlichkeitsentwicklung durch Begegnung, Wien (Deuticke) 1984, 110–127
SCHMID, PETER F., Der Seelsorger als Lebens-Künstler, in: Diakonia 2 (1987a) 73–78
SCHMID, PETER F., Die Rennaissance der »Gurus«. Pastoralpsychologische Überlegungen zu religiöser Abhängigkeit, in: Diakonia 4 (1987b) 242–249
SCHMID, PETER F., Die Kunst der Menschwerdung oder: Ist Ästhetik eine therapeutische Kategorie?, in: Stipsits, Reinhold / Hutterer, Robert (Hg.), Person werden. Theoretische und gesellschaftliche Aspekte des personenzentrierten Ansatzes, Frankfurt/Main (Haag + Herchen) 1988, 23–36
SCHMID, PETER F., »Kunst – ein Lebensmittel«. Von der Kunst (in) der Seelsorge, in: Diakonia 1 (1989a) 49–55
SCHMID, PETER F., Die inkongruente Person. Eine personzentrierte Alternative zum medizinisch vorbelasteten Krankheitsbegriff, in: Sonneck, Gernot (Hg.), Der Krankheitsbegriff in der Psychotherapie, Wien (Facultas) 1989b, 51–54; auch in: apg-Kontakte 1 (1989) 5-8
SCHMID, PETER F., Seelsorge als personale Begegnung. Grundlagen personzentrierter Pastoral, Linz (im Druck) 1989c
SCHMIDTCHEN, STEFAN, Handeln in der Kinderpsychotherapie, Stuttgart (Kohlhammer) 1978
SCHMIDTCHEN, STEFAN, Klientenzentrierte Spieltherapie. Beschreibung und Kontrolle ihrer Wirkweise, Weinheim (Beltz) [2]1980
SCHMIDTCHEN, STEFAN, Klientenzentrierte Familientherapie, in: Schneider, K. (Hg.), Familientherapie in der Sicht psychotherapeutischer Schulen, Paderborn (Junfermann) 1983, 134–158
SCHMIDTCHEN, STEFAN, Kindzentrierte Spieltherapie, in: ZPP 1 (1984) 73–84
SCHMIDTCHEN, STEFAN, Personzentrierte Kinderpsychotherapie, in: Behr, Michael / Petermann, Franz u.a. (Hg.), Jahrbuch für personenzentrierte Psychologie und Psychotherapie 1 (1989) 182–205
SCHMÖLDERS, CLAUDIA (Hg.), Die Kunst des Gesprächs. Texte zur Geschichte der europäischen Konversationstheorie, München (dtv) 1979
SCHOONENBERG, PIET, Ein Gott der Menschen, Einsiedeln (Benziger) 1969
SCHULZ, WOLFGANG, Klassifikation und Indikation in der Gesprächspsychotherapie, in: Minsel, W.-R. / Scheller, R. (Hg.), Brennpunkte der Klinischen Psychologie, Bd. I Psychotherapie, München (Kösel) 1981, 184–207
SCHURR, VIKTOR, Katholische Seelsorge, in: Höfer J./Rahner K. (Hg.), Lexikon für Theologie und Kirche, Bd. 9, Freiburg, [2]1964, 579–583
SCHURR, VIKTOR, Seelsorge, in: Sacramentum Mundi. Theologisches Lexikon für die Praxis, Bd. 4, Freiburg (Herder) 1969, 481–510

SCHWAB, REINHOLD, Die Rolle des Therapeuten und die therapeutische Beziehung in der Gesprächspsychotherapie, in: Petzold, Hilarion (Hg.), Die Rolle des Therapeuten und die therapeutische Beziehung, Paderborn (Junfermann) 1980, 57–82

SCHWARTZ, HANS JOACHIM, Empirisch überprüfte Prozeßmerkmale in der Gesprächspsychotherapie, in: GwG, Die klientenzentrierte Gesprächspsychotherapie, München (Kindler) 1975, 114–123

SCHWEERS, GERD (Koordination), Stadtteil und Institution – Orte personenzentrierten Handelns in der Sozialarbeit / Sozialpädagogik (diverse Beiträge), in: GwG, Orientierung an der Person. Bd. II: Jenseits von Psychotherapie, Köln (GwG) 1988, 1–28

SCHWERMER, JOSEF, Psychologische Hilfen für das Seelsorgegespräch. Grundkurs nicht-direktiver Gesprächsführung in Schule und Gemeinde, München (Don Bosco) 1974

SCHWERMER, JOSEF, Das helfende Gespräch in der Seelsorge, Paderborn (Bonifatius) ²1983

SCHWERMER, JOSEF, Gespräche, die weiterhelfen. Übungsprogramm für seelsorgliche Berufe, Paderborn (Bonifatius) 1988

SEGRERA, A.S. (Hg.), Proceedings of the First International Forum on the Person-Centered Approach (Oaxtepec 1982), Mexico (Universidad Iberoamericana) 1984

SEEMAN, JULIUS, The fully functioning person. Theory and research, in: Levant, R.F. / Shlien, J.M. (Hg.), Client-centered therapy and the person-centered approach, New York (Praeger) 1984, 131–152

SEEMAN, JULIUS, Self-actualization. A reformulation, in: PCR 3 (1988) 304–315

SEEWALD, CORNELIA, Personenzentrierter Ansatz und Organisationsentwicklung, in: GwG info 60 (1985) 151–160

SHLIEN, JOHN M., Phenomenology and personality, in: Wepman, Joseph M. / Heine, Ralp, W. (Hg.), Concepts of personality, Chicago (Aldine) 1963; auch in: Hart, J.T. / Tomlinson, T.M., New directions in client-centered therapy, Boston (Houghton-Mifflin) 1970, 95–128

SHLIEN, JOHN M., A countertheory of transference, in: PCR 2,1 (1987a) 15–49

SHLIEN, JOHN M., Further thoughts on transference. Responses, in: PCR 2,4 (1987b) 455–470

SHLIEN, JOHN M., Does client-centered therapy lead to happiness? (Vortrag GwG-Kongreß 1989), Manuskript 1989

SHLIEN, JOHN M. U.A., Effect of time limits. A comparison of two psychotherapies, in: Journal of Counseling Psychology (1962) 31–34

SIEMS, MARTIN, Dein Körper weiß die Antwort. Focusing als Methode der Selbsterfahrung, Reinbek (Rowohlt) 1986

SPEIERER, GERT-WALTER, Dimensionen des Erlebens in Selbsterfahrungsgruppen, Göttingen (Verlag f. Mediz. Psychologie) 1976

SPEIERER, GERT-WALTER, Ergebnisse der ambulanten Gesprächspsychotherapie, in: Fortschritte der Medizin 35 (1979) 1527–1533

SPEIERER, GERT-WALTER, Diagnostik in der klientenzentrierten Gruppenpsychotherapie, in: Zielke, M. (Hg.), Diagnostik in der Psychotherapie, Stuttgart (Kohlhammer) 1982, 78–105
SPEIERER, GERT-WALTER, Das patientenorientierte Gespräch. Baustein einer personenzentrierten Medizin, München (Causa) 1985a
SPEIERER, GERT-WALTER, Ökologische Philosophie als Metapsychologie der Klientenzentrierten Psychotherapie, in: ZPP 2 (1985b) 215–222
SPEIERER, GERT-WALTER, Inkongruenz im Zentrum einer Krankheitslehre der Gesprächspsychotherapie, in: GwG-Zeitschrift 72 (1988) 52–54
STENGER, HERMANN, Beziehung als Verkündigung, in: Reuß, Josef Maria, Seelsorge ohne Priester?, Düsseldorf (Patmos) 1976, 73–90
SPIEGEL, YORICK, Clinical Pastoral Education in den USA, in: PTh (1967) 228ff
STEURI, HILDEGARD (Koordination), Das personenzentrierte Konzept im Unterricht mit Erwachsenen (Krankenschwestern und -pflegern) (zwei Beiträge), in: GwG, Orientierung an der Person. Bd. II: Jenseits von Psychotherapie, Köln (GwG) 1988, 187–204
STEVES, DIETER (Koordination), Klientenzentrierte Psychotherapie in der Psychiatrie. (diverse Beiträge), in: GwG, Orientierung an der Person. Bd.I: Diesseits von Psychotherapie, Köln (GwG) 1988, 23–82
STICH, HELMUT, Kernstrukturen menschlicher Begegnung. Ethische Implikationen der Kommunikationspsychologie, München (Johannes Berchmans) 1977
STIPSITS, REINHOLD, »I believe in music, I believe in love«. Für ein personenzentriertes Konzept in der Lehrerausbildung, in: AG der evang. Religionslehrer an AHS in Österreich, Personenzentriertes Arbeiten im Religionsunterricht – Schulfach Religion 1/2, 1983, 71–75
STIPSITS, REINHOLD, Ablenkung und Klischee. Über den »Schatten« im personenzentrierten Konzept, in: Arbeitsgemeinschaft Personenzentrierte Gesprächsführung, Persönlichkeitsentwicklung durch Begegnung, Wien (Deuticke) 1984, 184–194
STIPSITS, REINHOLD, Friedenserziehung durch Beispiel, in: Breinbauer, Ines M. / Langer, Michael (Hg.), Gefährdung der Bildung – Gefährdung des Menschen, Graz (Hermann Böhlau), 1987a, 209–215
STIPSITS, REINHOLD, Carl R. Rogers 1902–1987, in: Heilpädagogik 2 (1987b)
STIPSITS, REINHOLD, Person werden – ein Auftrag, in: Stipsits, Reinhold / Hutterer, Robert, Person werden. Theoretische und gesellschaftliche Aspekte des personenzentrierten Ansatzes von Carl R. Rogers, Frankfurt/M. (Haag + Herchen) 1988, 7–22
STIPSITS, REINHOLD / HUTTERER, ROBERT (Hg.), Person werden. Theoretische und gesellschaftliche Aspekte des personenzentrierten Ansatzes, Frankfurt/Main (Haag + Herchen) 1988
STIPSITS, REINHOLD / PAWLOWSKY, GERHARD, Deutung aus Empathie: Ein Beitrag zum personenzentrierten und analytischen

Verständnis der Deutung aus der Beziehung, in: Reinelt, T. / Datler, W. (Hg.), Beziehung und Deutung im psychotherapeutischen Prozeß. Aus der Sicht verschiedener psychotherapeutischer Schulen, Berlin (Springer) 1988, 213–220

STÖGER, PETER, Personalisation bei Igor Caruso. Die Psychoanalyse als Instrument der Befreiung, Wien (Herder) 1987

STOLLBERG, DIETRICH, Therapeutische Seelsorge, München (Kaiser) 1970a

STOLLBERG, DIETRICH, Seelsorge praktisch, Göttingen (Vandenhoeck & Ruprecht) 1970b

STOLLBERG, DIETRICH, Seelsorge durch die Gruppe, Göttingen (Vandenhoeck & Ruprecht) 1971

STOLLBERG, DIETRICH, Pastoral Counseling, in: Klostermann, F. / Rahner, K. / Schild, H., Handbuch der Praktischen Theologie, Bd. V, Freiburg (Herder) 1972, 78–381

STOLLBERG, DIETRICH, Wenn Gott menschlich wäre. Auf dem Weg zu einer seelsorgerlichen Theologie, Stuttgart 1978

STRAUMANN, URSULA, Psychosoziale Beratung und Krisenintervention sowie tätigkeitsfeldbezogene Supervision, in: GwG-Zeitschrift 71 (1988) 45–47

STRUPP, HANS H., An objective comparison of Rogerian and psychoanalytic techniques, in: Journal of Consulting Psychology 19,1 (1955) 1–7

STRUPP, HANS H., A multidimensional comparison of therapist activity in analytic and client-centered therapy, in: Journal of consulting Psychology 21 (1957) 301–308

STRUPP, HANS H., The performance of psychoanalytic and client-centered-therapists in an initial interview, in: Journal of consulting Psychology 22 (1958) 265–274

STRUPP, HANS H., Response to »A countertheory of transference« by John M. Shlien, in: PCR 2,2 (1987) 196–202

STRUPP, HANS H. / WALLACH, M.S. / WOGAN, M., Psychotherapy experience in retrospect. Questionnaire survey of former patients and their therapists, in: Psychol. Monographs 78,11 (1964)

STUMM, GERHARD, Zur Lage der Psychotherapie in Österreich, in: Gesellschaft Österreichischer Psychotherapeuten (GÖP) (Hg.), Schriftenreihe zur Psychotherapie 1, Innsbruck 1988, 9–14

SWILDENS, HANS, Über Psychopathologie und ihre Bedeutung für die klientenzentrierte Psychotherapie, in: Behr, Michael / Petermann, Franz u.a. (Hg.), Jahrbuch für personenzentrierte Psychologie und Psychotherapie 1 (1989) 80–106

TAUSCH, REINHARD, Gesprächspsychotherapie, Göttingen (Hogrefe) 1960, zit. nach [4]1970, vgl. Tausch/Tausch 1979

TAUSCH, REINHARD, Klientenzentrierte Gesprächspsychotherapie und personenzentrierte Encounter-Gruppen, in: Jankowski, Peter u.a. (Hg.), Klientenzentrierte Psychotherapie heute, Göttingen (Hogrefe) 1976a, 52–59

TAUSCH, REINHARD, Ergebnisse und Prozesse der Klientenzentrierten Gesprächspsychotherapie bei 550 Klienten und 115 Psychotherapeuten. Eine Zusammenfassung des Hamburger Forschungsprojekts, in: Jankowski, Peter u.a. (Hg.), Klientenzentrierte Psychotherapie heute, Göttingen (Hogrefe) 1976b, 60–73

TAUSCH, REINHARD, Facilitative dimensions in interpersonal relations. Verifying the theoretical assumptions of Carl Rogers in school, family education, client-centered therapy, and encounter groups, in: College Student Journal 12,1 (1978) 2–11

TAUSCH, REINHARD, Die Ergänzung der klientenzentrierten Gesprächspsychotherapie durch andere psychotherapeutische Methoden: eine klientenzentrierte Notwendigkeit, in: Behr, Michael / Petermann, Franz u.a. (Hg.), Jahrbuch für personenzentrierte Psychologie und Psychotherapie 1 (1989) 257–269

TAUSCH, REINHARD / TAUSCH, ANNE-MARIE, Erziehungspsychologie. Begegnung von Person zu Person, Göttingen (Hogrefe) 1963, zitiert nach 71973 oder 81977 (gänzlich neugestaltete Aufl.)

TAUSCH, REINHARD / TAUSCH, ANNE-MARIE, Lehrer und Erzieher als Förderer der seelischen Hygiene von Kindern und Jugendlichen, in: Bayerische Schule 3 (1976) 11–14

TAUSCH, REINHARD / TAUSCH, ANNE-MARIE, Gesprächspsychotherapie. Einfühlsame, hilfreiche Gruppen- und Einzelgespräche in Psychotherapie und alltäglichem Leben, Göttingen (Hogrefe) 81981, zitiert nach 71979, vgl. Tausch 1970

TAUSCH, REINHARD / TAUSCH, ANNE-MARIE, Wege zu uns, Reinbek 1983

TEML, HUBERT, Unterricht gestalten – Lernen fördern. Materialien zum schülerzentrierten Unterricht, Linz (Veritas) 1983

THAYER, LOUIS, An experiential, person-oriented learning process in counselor education, in: PCR 2,1 (1987) 64–86

THEUNISSEN, MICHAEL, Skeptische Betrachtungen zum anthropologischen Personbegriff, in: Rombach, Heinrich (Hg.), Die Frage nach dem Menschen. Aufriß einer philosophischen Anthropologie, Freiburg (Herder) 1966, 480–490

THILO, HANS-JOACHIM, Beratende Seelsorge. Tiefenpsychologische Methodik dargestellt am Kasualgespräch, Göttingen (Vandenhoeck & Ruprecht) 1971

THOMAS, HOBART F., Encounter. The game of no game, in: Burton, A. (Hg.), Encounter. The theory and practice of encounter groups, San Francisco (Jossey-Bass) 1970

THOMAS, HOBART F., Keeping person-centered education alive in academic settings, in: PCR 3,3 (1988) 337–352

THORNE, B., The quality of tenderness, Norwich (Norwich Centre Publications) 1985

THORNE, B., Beyond the core conditions, in: Dryden, W. (Hg.), Key cases in psychotherapy, London (Croom Helm) 1987

THURNEYSEN, E., Seelsorge und Psychotherapie, 1950

TOMLINSON, T.M. / HART J.T., A validitation study of the process scale, in: Journal of Consulting Psychology 262 (1962) 74–78
TOPF, REINHARD J., Gedanken und Überlegungen zur Indikationsdiskussion in der personenzentrierten Gesprächspsychotherapie. Ausbildungsarbeit, Wien (Manuskript) 1984
TRIMMEL, JOSEF, Der Widerstand im personenzentrierten Konzept und seine mögliche Überwindung. Das Beispiel drogenabhängiger und dissozialer Jugendlicher, in: Stipsits, Reinhold / Hutterer, Robert, Person werden. Theoretische und gesellschaftliche Aspekte des personenzentrierten Ansatzes von Carl R. Rogers, Frankfurt/M. (Haag + Herchen) 1988, 51–62
TRUAX, CHARLES B., A scale for the measurement of accurate empathy, in: Psychiatric Institute Bulletin I,12 (University of Wisconsin) (1961a)
TRUAX, CHARLES B., Relationships between hypothesized therapeutic conditions and intrapersonal exploration, in: Psychol. Monogr. 75,7 (1961b)
TRUAX, CHARLES B., A tentative scale for the measurement of unconditional positive regard, in: Psychiatric Institute Bulletin I,10 (University of Wisconsin) (1962a)
TRUAX, CHARLES B., A tentative scale for the measurement of therapist genuineness or self-congruence, (University of Wisconsin, Mimeo Manuscr. Psychiatric Institute) 1962b
TRUAX, CHARLES B., The meaning and reliability of accurate empathy. A rejoinder, in: Psychological Bulletin 77 (1972) 387–399
TRUAX, CHARLES B. / CARKHUFF, ROBERT R., Toward effective counseling and psychotherapy. Training and practice, Chicago (Aldine) 1967
TRÜB, HANS, Heilung aus der Begegnung, Stuttgart (Klett) [3]1971
TSCHEULIN, DIETER (Hg.), Beziehung und Technik in der klientenzentrierten Therapie. Zur Diskussion um eine Differentielle Gesprächspsychotherapie, Weinheim (Beltz) 1983
TSCHEULIN, DIETER (Koordination), Differentielle Psychotherapie und Personenzentrierter Ansatz (diverse Beiträge), in: GwG, Orientierung an der Person. Bd. I: Diesseits von Psychotherapie, Köln (GwG) 1988, 189–263
VOSSEN, ANTOINE J.M., Selbstwerden in menschlichen Beziehungen. Die Bedeutung der personalen Beziehung in Psychotherapie, Unterricht, Betriebsführung. Eine entwicklungspsychologische Studie, Gelnhausen/Freiburg/Nürnberg (Burckhardthaus/Christophorus/Laetare) 1975, orig.: Zichzelf worden in menselijke relatie. Een ontwikkelings-psychologische studie van de Rogeriaanse grondhouding en haar verwerkelijking in psychotherapie, onderwijs en bedrijfsleiding, Haarlem (De Toorts) 1976
VOSSEN, TOINE, Traumtherapie – personzentriert, in: GwG-Zeitschrift 72 (1988) 38–44
VÖLKER, ULRICH (Hg.), Humanistische Psychologie, Weinheim (Beltz) 1983

WATSON, N., The empirical status of Rogers's hypotheses of the necessary and sufficient conditions for effective psychotherapy, in: Levant, R.F. / Shlien, J.M. (Hg.), Client-centered therapy and the person-centered approach, New York (Praeger) 1984, 17–40

WEBER, ERNESTO J., Der integrierte Mensch. Eine systemtheoretische Darstellung der Persönlichkeitsentwicklung, Stuttgart (Quell) 1987

WEBER, WILFRIED, Wege zum helfenden Gespräch. Gesprächspsychotherapie in der Praxis, München/Basel (Reinhardt) 1974

WEGELER, ADALBERT, Schriften zur Psychoanalyse, Wien (Wr. Arbeitskreis für Tiefenpsychologie) 1985a

WEGELER, ADALBERT, Die Personalisation, in: ders., Schriften zur Psychoanalyse, Wien (Wr. Arbeitskreis für Tiefenpsychologie) 1985b, 51–74; ursprüngl. in: Jahrbuch für Psychologie, Psychotherapie und medizinische Anthropologie (1959) 217ff

WEIGAND, WOLFGANG / SIEVERS, BURKHARD, Rolle und Beratung in Organisationen, in: GwG-Zeitschrift 66 (1987) 9–16

WEINBERGER, SABINE, Klientenzentrierte Gesprächsführung. Ein Trainings- und Lernprogramm, Weinheim (Beltz) 1980, Neuausgabe ³1988.

WEISBACH, CHRISTIAN-RAINER, Bedrängen und beschämen. Aspekte des Fragens in Gespräch und Therapie, in: GwG-Zeitschrift 74 (1989) 49–55

WEISBACH, CHRISTIAN U.A., Zuhören und Verstehen, Reinbek (Rowohlt) 1979

VON WEIZSÄCKER, VIKTOR / WYSS, D., Zwischen Medizin und Philosophie, Göttingen 1957

WELTE, BERNHARD, Zum Begriff der Person, in: Rombach, Heinrich (Hg.), Die Frage nach dem Menschen. Aufriß einer philosophischen Anthropologie, Freiburg/München (Karl Alber) 1966, 11–22

VAN WERDE, DION / GENDLIN, EUGENE T., Dein Körper – dein Traumdeuter. Ein Beispiel, Kommentar und Bedenkungen, in: GwG-Zeitschrift 74 (1989) 71–76

WETZEL, NORBERT, Das Gespräch als Lebenshilfe. Grundkurs nicht-direktiver Gesprächsführung in Schule und Gemeinde, Innsbruck (Tyrolia) 1972

WEXLER, DAVID A. / RICE, LAURA NORTH (Hg.), Innovations in client-centered therapy, New York (Wiley) 1974

WIEDERKEHR-BENZ, KATRIN, Indikation und Gesprächspsychotherapie, in: GwG info 47 (1982) 30–37

WIJNGARDEN, HENK, Klientenzentrierte Therapie: Eine eigene Identität?, in: Behr, Michael / Petermann, Franz u.a. (Hg.), Jahrbuch für personenzentrierte Psychologie und Psychotherapie 1 (1989) 9–20

WILD, AGNES, Die Persönlichkeitstheorie von Rogers und die Ziele des psychotherapeutischen Handelns, in: GwG, Die klientenzentrierte Gesprächspsychotherapie, München (Kindler) 1975, 61–71

WILD-MISSONG, AGNES, Neuer Weg zum Unbewußten. Focusing als Methode klientenzentrierter Psychoanalyse, Salzburg (Otto Müller) 1983

WILD-MISSONG, AGNES (Koordination), Klientenzentrierte Konzepte im Kontakt mit anderen psychotherapeutischen Richtungen, in: GwG, Orientierung an der Person. Bd. I: Diesseits von Psychotherapie, Köln (GwG) 1988, 157–188

WILD-MISSONG, AGNES / TEUWSEN, EUGEN (Hg.), Psychotherapeutische Schulen im Gespräch miteinander, Salzburg (Otto Müller) 1977

WILTSCHKO, JOHANNES, Zur Praxis des Focusing. Persönliche Erfahrungen mit Gene Gendlin, in: GwG info 37 (1979) 13–29

WILTSCHKO, JOHANNES, Die Phantasien der Lena März. Protokoll einer Gesprächspsychotherapie, München (Kindler) 1980a

WILTSCHKO, JOHANNES, Einige grundsätzliche Gedanken zur Ausbildung in klientenzentrierter Psychotherapie, in: GwG info 40 (1980b) 1–13

WILTSCHKO, JOHANNES, Focusing: Das Überschreiten der Beschränkungen in der Gesprächspsychotherapie, in: GwG-Zeitschrift 71 (1988) 56–63

WINDISCH, HUBERT, Sprechen heißt lieben. Eine praktisch-theologische Theologie des seelsorgerlichen Gesprächs, Würzburg (Echter) 1989

WINIARSKI, R., Die Kraft des Guten. Kurzer Lehrgang über Humanistische Therapie, Berlin (Rotbuch) 1985

WINIZKI, EVA, Bericht über das La Jolla Programm in Berlin 1976. Interviews mit Brude Meador, Douglas Land und Günter Büchner, (Manuskript) 1976

WIPLINGER, FRIDOLIN, Der personal verstandene Tod. Todeserfahrung als Selbsterfahrung, München 1970

WISE, CAROLL A., Religion in illness and health, New York (Harper) 1942

WISE, CAROLL A., Pastoral counseling, New York (Harper) 1951

WISE, CAROLL A., The meaning of pastoral care, New York (Harper & Row) 1966

WISE, CAROLL A., Pastoral psychotherapy. Theory and practice, New York (Aronson) 1980

WITTCHEN, HANS U. / FICHTER, MANFRED M., Psychotherapie in der BRD. Materialien und Analysen zur psychosozialen und psychotherapeutischen Versorgung, Weinheim (Beltz) 1980

WOLFF, HANNA, Jesus als Psychotherapeut. Jesu Menschenbehandlung als Modell moderner Psychotherapie, (Stuttgart) 1978

WOOD, JOHN K., »Isn't a group supposed to make you feel good?«, in: Journey 1,2 (1982) 1.6f

WOOD, JOHN K., Menschliches Dasein als Miteinandersein. Gruppenarbeit nach personenzentrierten Ansätzen, Köln (Edition Humanistische Psychologie) 1988

WOOD, JOHN T., How do you feel? A guide to your emotions, Englewood Cliffs (Prentice Hall) 1974

WUCHERER-HULDENFELD, AUGUSTINUS KARL, Philosophische Anthropologie II. Autorisiertes Vorlesungsskriptum, Wien 1978

WYSS, D., Die tiefenpsychologischen Schulen von den Anfängen bis zur Gegenwart, Göttingen (Vandenhoeck und Ruprecht) [4]1972

YALOM, I.D., Gruppenpsychotherapie. Grundlagen und Methoden. Ein Handbuch, München (Kindler) 1974

YALOM, I.D. / LIEBERMANN, M.A., Eine Studie über negative Auswirkungen bei Encountergruppen, in: Sager, C.J. / Kaplan, H.S., Handbuch der Ehe-, Familien- und Gruppentherapie, München (Kindler) 1973, 273–308

ZAUNER, WILHELM, Diakonie als pastorale Tätigkeit, in: Erharter, Helmut u.a. (Hg.), Prophetische Diakonie. Impulse und Modelle für eine zukunftsweisende Pastoral, Wien (Herder) 1977, 147–159

ZAUNER, WILHELM, Prälat Dr. Karl Strobl zu seinem Goldenen Priesterjubiläum. Predigt, in: Wiener Blätter, Sondernummer A (1981) 9–10; auch in: Schnuderl, Heinrich u.a. (Hg.), Von Person zu Person, St. Pölten (NÖ Pressehaus) 173–177

ZAUNER, WILHELM, Welche Sprache sollen wir sprechen?, in: Diakonia 5 (1985) 289–293

ZAUNER, WILHELM, Hat die Kirche noch eine pastorale Chance?, in: Klette, Nikolaus u.a.(Hg.), Biotope der Hoffnung. Zu Christentum und Kirche heute, Olten (Walter) 1988, 99–112

ZERFASS, ROLF, Der Seelsorger – ein verwundeter Arzt, in: Lebendige Seelsorge 2/3 (1983) 77–82

ZERFASS ROLF, Menschliche Seelsorge. Für eine Spiritualität von Priestern und Laien im Gemeindedienst, Freiburg (Herder) [4]1988a

ZERFASS, ROLF, Seelsorge/Seelenführung, in: Schütz, Christian (Hg.), Praktisches Lexikon der Spiritualität, Freiburg (Herder) 1988b, 1117–1120

ZIELKE, MANFRED, Indikation zur Gesprächspsychotherapie, Stuttgart (Kohlhammer) 1979

ZIELKE, MANFRED (Hg.), Diagnostik in der Psychotherapie, Stuttgart (Kohlhammer) 1982

ZIJLSTRA, WYBE, Seelsorge-Training. Clinical Pastoral Training, München/Mainz (Kaiser/Grünewald) 1971; orig.: Klinisch pastorale vorming, Assen (Vam Gorcum) 1969

ZOTTL, A., Erfahrung und Gegenwärtigkeit. Dialogische Folien über die Anthropologie von Carl Rogers, Göttingen 1980

ZURHORST, GÜNTER, Skizze zur phänomenologisch-existentialistischen Grundlegung des personenzentrierten Ansatzes, in: Behr, Michael / Petermann, Franz u.a. (Hg.), Jahrbuch für personenzentrierte Psychologie und Psychotherapie 1 (1989) 21–59

Stichwortverzeichnis

Namensregister (Personen, Institutionen, Orte)

AUF DEM WEG ZU EINEM DIALOGISCHEN MITEINANDER – Weiterentwicklungen des Personzentrierten Ansatzes in den neunziger Jahren

»Face to face« – Psychotherapie und psychosoziale Arbeit

Der Personzentrierte Ansatz – Basisorientierung oder eigenständige Richtung?

Nach dem Tod von Carl Rogers im Jahr 1987 war nicht selten die Meinung zu hören, der Personzentrierte Ansatz würde sich als eigenständige Richtung auflösen und hätte vielleicht seine Aufgabe bereits erfüllt: durch die auf seinen Einfluß zurückzuführende Humanisierung verschiedenster sozialer und psychologischer Orientierungen. Tatsächlich beantworten bei Umfragen in den Vereinigten Staaten nur wenige Psychotherapeuten die Frage nach ihrer Ausrichtung mit »personzentriert« (am häufigsten wird »eklektisch« angegeben); gleichzeitig geben jedoch die meisten Carl Rogers als einen ihrer wichtigsten Lehrer beziehungsweise als Vorbild an. Dies ist sicher auch eine Auswirkung der Tatsache, daß Rogers bewußt keine Organisation gegründet hat, um seinen Ansatz zu tradieren (weil er jede »Orthodoxie« vermeiden wollte – und so blieben dem Ansatz auch die üblichen Schulenstreitigkeiten und Spaltungen bislang weitgehend erspart).
Nicht nur daran, daß man heute gewöhnlich den »Personzentrierten Ansatz« mit großem Anfangsbuchstaben schreibt, kann man erkennen, daß sich diese Einschätzung

dennoch als falsch herausgestellt hat. Der Ansatz hat nicht nur einen großen Einfluß auf die Psychotherapie, die psychosozialen Felder, die Pädagogik und die Pastoral gehabt, er hat auch als eigenständige Richtung den Tod seines Begründers überdauert, ja er hat sich in letzter Zeit zum Teil beachtlich weiterentwickelt und ist darüber hinaus zu einer grundlegenden Theorie und Praxis zwischenmenschlicher Beziehungen und weiter zu einer Kulturphilosophie geworden.[1] Sein Wesen liegt im Vertrauen auf die konstruktiven Fähigkeiten des Menschen, sein Leben zu gestalten, und folgerichtig im bewußten Verzicht auf Expertensteuerung, auf »Behandlungspläne und Interventionstechniken«.[2]

Allerdings hat eine Schwerpunktverlagerung von Amerika nach Europa stattgefunden, wovon nicht zuletzt die drei großen Internationalen Kongresse zur Personzentrierten und Experientiellen Psychotherapie (1988 in Löwen/Belgien, 1991 in Stirling/Schottland und 1994 in Gmunden/Österreich – 1997 wird der Kongreß in Portugal stattfinden) Zeugnis ablegen. Die Standards in Aus- und Weiterbildung sind gestiegen, in einer Reihe europäischer Länder (allen voran Großbritannien, Benelux, Deutschland, Österreich, Schweiz) ist der Ansatz, obwohl er längst nicht mehr zu den Modeströmungen[3] gehört, an führender Stelle vertreten.

Anthropologische Grundlagen: Person und Begegnung

Bedeutende Fortschritte hat vor allem die *anthropologische Grundlagenforschung* und die *Rezeption der Arbeiten des späten Rogers* in jüngster Zeit erfahren.[4] Rogers hat diesen Teil seiner Praxis und seiner Theorie zwar in einer Reihe von Aufsätzen beschrieben, ihn aber nicht mehr so

[1] Vgl. Schmid 1992a, 42.
[2] Bozarth 1992, 143.
[3] Vgl. Schmid 1995c.
[4] Vgl. dazu etwa Pfeiffer (s. Bibliographie), Zurhorst 1989.

systematisch dargestellt und ausgearbeitet wie den früheren, obwohl noch beträchtliche Entwicklungen in der Konzeption der therapeutischen beziehungsweise hilfreichen Beziehung stattgefunden haben. Dabei tritt vor allem das Verständnis der Beziehung als personale Begegnung noch stärker hervor: Wie bereits mit dem Titel des vorliegenden Buches zum Ausdruck gebracht, zielt die personzentrierte Beziehung auf eine Begegnung der Beteiligten, somit eine Beziehung von Person zu Person, was Rogers immer stärker hervorgehoben hat.

In meiner Untersuchung zum personzentrierten Personbegriff »Souveränität und Engagement«[5] im vorliegenden Band und in den beiden grundlegenden Bänden »Solidarität und Autonomie« und »Die Kunst der Begegnung«[6] habe ich selbst den Versuch unternommen, die Beziehungsangewiesenheit des Menschen, von der Rogers so selbstverständlich ausgegangen ist, daß er sie selten eigens betont hat, und das damit verbundene begegnungsorientierte Verständnis des Ansatzes ausführlich darzustellen und zu begründen. Gleichzeitig wird darin die dialektische Spannung zwischen dem Substantiell-Individuellen und dem Relational-Dialogischen in Menschenbild und Praxis des Ansatzes deutlich, die nicht einseitig (individualistisch oder kollektivistisch) aufgelöst werden darf. Der Ansatz erweist sich bei genauerer Betrachtung bereits von seiner Wurzel her auch als ein sozialer. Die Gruppenpsychotherapie ist damit nicht nur eine Anwendung, sondern ein fundamentaler Bestandteil des Ansatzes selbst.

In Rogers Spätwerk verdient vor allem der Aspekt der Gegenwärtigkeit (»presence«) Beachtung: Damit wird die umfassende Haltung des Helfers als eine in unmittelbarer Begegnungserfahrung mit seinem Klienten stehende Per-

[5] Schmid 1991a, 2. ergänzte Auflage 1995. Vgl. dazu S. 112–118 im vorliegenden Band.

[6] Schmid 1994a, ders. 1995a. In diesen beiden Bänden werden neben Begegnung und Gegenwärtigkeit auch die Dimension des Spiels und des Handlungsaspekts, die Bedeutung des Körpers im personalen Geschehen sowie der zentrale Stellenwert der Gruppe als primärer Ort der Therapie bzw. Hilfe ausführlich untersucht.

son bezeichnet; die hilfreiche Beziehung wird als ein Geschehen in der personalen Gegenwart deutlich, die jeweils zur Entscheidung ruft (»personzentrierte Kairologie«). Hinsichtlich Anthropologie (S. 100–118, 264–269 in diesem Buch) und Ethik erweist sich neben Bubers[7] Begegnungsphilosophie vor allem die radikal-dialogische Philosophie von Emmanuel Lévinas, die den Anderen zum Ausgangspunkt des Selbstverständnisses und Tuns hat – Lévinas verwendet dafür die Chiffre »Antlitz« –, als besonders fruchtbar für das Verständnis personzentrierten Handelns.

Gegenwärtige Richtungen in Forschung und Therapietheorie

Es lassen sich heute mehrere Ausrichtungen innerhalb des Personzentrierten Ansatzes feststellen, was nicht zuletzt die Fruchtbarkeit von Rogers' theoretischer und praktischer Arbeit unter Beweis stellt. Sie lassen sich freilich nur bedingt voneinander abgrenzen. Einige wichtige seien genannt.[9]

Die eben dargestellte Position, die an den späteren Rogers und an die Begegnungsphilosophie (Personalismus) anschließt, kann als *personale oder dialogische Richtung* bezeichnet werden. Sie sieht die wechselseitige Begegnung als zentral für das Verständnis des Ansatzes und betont den individuellen, autonomen Aspekt des Personseins ebenso wie den relationalen, solidarischen des Personwerdens. Dementsprechend sieht sie in Aktualisierungstendenz *und* Beziehungsangewiesenheit des Menschen die Ausgangspunkte der personzentrierten Anthropologie. Einer der wichtigsten Vertreter dieser Richtung ist Wolf-

[7] *Zu Buber und Rogers:* Vgl. Schmid 1991a, 65–68, 112–114, ders. 1994a, 126–136, 178–180, 183–200 (Literatur), Beck 1991.

[8] *Zu Lévinas* (1961, ders. 1974, ders. 1983, vgl. Krewani 1992, Habbel 1994) *und Rogers:* Vgl. Schmid 1994a, 136–155, ders. 1995a, VI. Abschn., ders. 1995b.

[9] Vgl. dazu u. a. Swildens 1992, Finke 1993, Keil 1994.

gang Pfeiffer.[10] Hierher gehören auch jene Sichtweisen, die die Zweierbeziehung transzendieren – zum einen in Richtung auf »den Dritten«, den anderen Anderen (vgl. Lévinas), und damit den Menschen als Person in der Gruppe beziehungsweise im jeweiligen System und in der Gesellschaft als ganzer in den Blick nehmen (Peter F. Schmid);[11] zum anderen wird die Zweierbeziehung auf das gemeinsame Thema des Dialogs hin überschritten und damit auch auf die (Um-)Welt, in der der Dialog stattfindet, womit die »triadische Struktur« jedes Dialogs deutlich wird (Günter Zurhorst).[12]
Eine andere, stark *klinisch orientierte Richtung (»prozeßorientierte Gesprächspsychotherapie«)* geht, besonders im Anschluß an Rogers' prozeßhaftes Verständnis von Person und Therapie, aber auch an Heidegger und Strasser anknüpfend, von *existenzphilosophischen und phänomenologischen Überlegungen* aus und unterstreicht die Verantwortlichkeit des Menschen, sich seiner Zukunft zu stellen (Hans Swildens).[13] Störungen (»psychische Krankheiten«) treten dort auf, wo diese existentielle Herausforderung verweigert oder inadäquat wahrgenommen wird, besonders hinsichtlich der Freiheit zur Wahl. Aus typischen Mustern des Selbstkonzeptes der betreffenden Personen läßt sich eine psychopathologische Differentialdiagnostik und ein störungsspezifisches Therapiekonzept entwickeln.
Die enorme wissenschaftliche Anstrengung und Forschungsarbeit, die in den letzten Jahren hinsichtlich der Entwicklung einer *»Störungslehre«* (»Krankheitsbegriff«, vgl. S. 262, Anm. 44) entstanden ist, stellt insgesamt eine wichtige Differenzierung des Ansatzes in der Psychotherapie dar.[14] In der bislang von naturwissenschaftlich-empi-

[10] Pfeiffer 1989c, ders. 1991, ders. 1993, ders. 1994, ders. 1995.

[11] Schmid 1994a, ders. 1995a.

[12] *Zu triadischer Struktur, Thema und (Um-)Welt:* Waldenfels 1971, Zurhorst 1989, Pfeiffer 1993, ders. 1994; s. Schmid 1995a, VI. Abschn.

[13] Swildens 1991.

[14] Ein Überblick über die Literatur dazu findet sich in Schmid 1992b sowie ders. 1995a, 5. Kap. Siehe dazu S. 398 in diesem Buch.

rischen Modellen dominierten *Forschung* läßt sich eine immer stärkere Orientierung auf ganzheitliche Ansätze und die Suche nach einem spezifischen und adäquaten Verständnis von Wissenschaft und Forschung feststellen (etwa bei Dieter Tscheulin), wie sie sich schon bei Rogers selbst abgezeichnet hat.[15]

Eine stärker die Hermeneutik einbeziehende Richtung sieht die intrapsychische Kommunikation als Folge der *interaktionellen*: Wie (gestörtes) inneres Erleben aufgrund erlebter zwischenmenschlicher Beziehungen entsteht, so kann es auch durch entsprechende (therapeutische) Beziehungen verändert werden, womit die Aufmerksamkeit des Therapeuten vorwiegend auf die therapeutische Beziehung und nicht auf den Inhalt des Problems gerichtet wird. Dem Klienten soll es dadurch möglich werden, sich seiner eigenen ständig wiederkehrenden Muster an Beziehungsangeboten klar zu werden und Alternativen zu suchen (Wim van Kessel und Peter van der Linden).[16] Hier bleibt allerdings die Frage, ob es nicht eine neue Einseitigkeit darstellt, statt des inneren Dialogs (was die Autoren bei Rogers konstatieren) nunmehr den äußeren als primär anzusehen, anstatt die Bedeutung beider Aspekte, des interaktionellen wie des intrapersonalen, in gleichem Maß anzuerkennen. – Den Stellenwert der *lebensgeschichtlichen Hermeneutik* für die Empathie, das Verstehen von Inkongruenz aus der Entwicklung heraus, betont besonders Wolfgang Keil.[17]

Aktuelle Bedeutung kommt den *Auseinandersetzungen mit postmodernem, konstruktivistischem und systemischem Denken* zu, wie es sich in den in letzter Zeit stark verbreiteten, aus familientherapeutischen Ansätzen hervorgegangenen systemischen Therapien findet. Hieraus kann der Personzentrierte Ansatz vor allem lernen, seine stark amerikanisch-individualistischen Anfänge endgültig zu überwinden, freilich ohne – wie dies in der systemi-

[15] Rogers 1985a, Tscheulin 1994, Schmid 1995a, 16. Kap. (Literatur) und die auf S. 262, Anm. 44. und S. 399 angegebene Literatur.

[16] van Kessel/van der Linden 1993a, dies. 1993b.

[17] Keil 1992.

schen Therapie zumeist geschieht – die Individualität am Personsein zugunsten der Beachtung des Systems zu vernachlässigen. Dies wird unter anderem von einer Reihe österreichischer Autoren, etwa Peter Frenzel und Christian Fehringer vertreten.[18]
Große Verbreitung hat die eigenständige Richtung der *Experientiellen Psychotherapie (Erlebenstherapie)* gefunden, die von Eugene Gendlin begründet wurde (siehe S. 265f). Die mit ihr zusammenhängende Technik des Focusing wurde gleichfalls zu einer eigenen Therapie-Richtung, der Focusing-Therapie, weiterentwickelt.[19]
Einen ganz anderen, *interventionsorientierten* Ansatz, eine über die Beziehung hinausgehende »Handlungskonzeption«, vertritt die *»zielorientierte Gesprächspsychotherapie«* (Rainer Sachse).[20] Hier wird betont, die Beziehung habe die Basis zu sein, auf der zusätzliche Verfahren einsetzen müßten, um therapeutisch erfolgreich zu sein – mit allen Konsequenzen bis hin zu steuernden und lenkenden Verhaltensweisen des Therapeuten. Es komme auf Handlungen statt auf Haltungen an.[21] Dabei stellt sich allerdings die Frage, ob solcherart nicht hinter den von Rogers eingeleiteten Paradigmenwechsel zurück in eine objektivierende und expertenorientierte Sicht von Therapie zurückgefallen wird.
Eine beträchtliche Zahl von Therapeuten vertritt schließlich einen *eklektischen Standpunkt*. Das bedeutet, daß persönlich als hilfreich empfundene oder von Klienten gefragte Methoden und Technik oder auch solche, die gerade in Mode sind, – leider oft unreflektiert – übernommen (»integriert«) werden, wobei nicht selten die Frage nach dem Menschenbild und damit der Vereinbarkeit der verschiedenen Praktiken übergangen wird.

[18] *Zu Systemtheorie, Konstruktivismus und Postmoderne* s. ausführlich Schmid 1995a, 75–110, ders. 1995g und die dort angegebene Literatur; vgl. Frenzel 1991, Land 1992, Fehringer 1994.
[19] Literatur siehe unten, S. 399 f.
[20] Sachse/Maus 1991; Sachse/Atrops v. a. 1992, Sachse/Lietaer/Stiles 1992, Sachse 1992.
[21] Sachse/Maus 1991, 6, 22ff.

Neue theoretische und praktische Schwerpunkte

Vermehrt Beachtung wurde und wird dem *Körper* in Theorie und Praxis der personzentrierten Beziehungsgestaltung geschenkt und damit endgültig von einer einseitig verbal verstandenen »Gesprächspsychotherapie«, wie Tausch den Ansatz im Deutschen nannte, Abschied genommen.[22] Von Rogers selbst nicht weiter ausgearbeitet, gibt es nun Anfänge, das Defizit abzubauen, das es für einen personalen und somit ganzheitlichen Ansatz bedeutet, die leibliche Dimension des Personseins außer acht zu lassen. Dabei gilt es in besonderem Maße, statt von anderen, hier zumeist Reichianischen Ansätzen Methoden eklektisch zu übernehmen, ein genuin personzentriertes theoretisches Verständnis und eine ebensolche Praxis zu entwickeln.[23]

Auch *geschlechtsspezifische Fragen*, Personsein als Mann und Frau,[24] kommen ebenso wie die Sexualität und ihre Bedeutung für die Persönlichkeitsentwicklung[25] vermehrt in den Blick.

Bedeutsam erscheinen auch die Ansätze zu einer personzentrierten *Ethik*, die nicht nur für den therapeutischen Bereich entwickelt wurden.[26] Dazu gehören auch Fragen des verantwortungsvollen Umgangs in Arbeit und Zusammenleben mit Minderheiten sowie mit der *Umwelt und Natur*.[27]

[22] Vgl. Binder/Binder 1981, 119, Alterhoff 1989, 30; s. S. 92 in diesem Buch.

[23] *Zur Arbeit mit dem Körper:* Wascher 1992, Schmid 1994a, ders. 1994b, ders. 1995a, 20. Kap.

[24] *Geschlechtsspezifische Fragen:* Winkler 1990, dies. 1992, Schmid 1992a, ders. 1995a, 23. Kap.

[25] *Zur Sexualität:* Teichmann-Wirth 1992, Schmid 1989e, ders. 1989f, ders. 1995f (Literatur), ders. 1995a, 23. Kap. – Auch Themen wie beispielsweise *Macht* (Rogers 1977a, Bauer 1992, Schmid 1989e, ders. 1989f, ders. 1995a, 38. Kap.) oder *Aggression* (Ehrmann 1992, Schmid 1995a, 39. Kap., ders. 1995h) wurden näher untersucht.

[26] Wittrahm u. a. 1995; Schmid 1995a, VI. Abschn.; vgl. Rotter 1994.

[27] *Zu Minderheiten:* Schmid 1995a, 18. Kap. u. VI. Abschn. (Literatur), Rogers 1977a, Kap. 6, ders. 1984d, Jaede/Portera 1986, dies. 1993. – *Zu Ökologie und Umwelt* aus personzentrierter Sicht u. a.: Schmid 1995a, VI. Abschn. (Literatur), Preuß 1990.

Insgesamt ist bislang jedenfalls festzustellen, daß die Vertreter der »zweiten Generation« der Forderung von Rogers,[28] den Ansatz beständig weiterzuentwickeln und alte Theorien und Hypothesen durch neue, zutreffendere zu ersetzen, im wesentlichen nachgekommen sind. Eine interessante und vielversprechende Entwicklung ist im Gange.

»Von Angesicht zu Angesicht« Pastoraltheologische Aspekte zur Praxis der Seelsorge

Verkündigung durch Begegnung

Auch in der Seelsorge und Pastoraltheologie setzt sich immer mehr ein begegnungsorientiertes Verständnis im Sinne des in diesem Buch beschriebenen Paradigmenwechsels von der betreuenden über die beratende zur begegnenden Seelsorge durch (vgl. S. 231–254). Die Auseinandersetzung der Theologie und Seelsorge mit der Humanistischen Psychologie und Psychotherapie ist nach einer euphorischen Anfangsphase in einen nüchternen und fruchtbaren Dialog getreten.[29]

Die oft gestellte Frage nach dem Verhältnis zwischen dem Inhalt der Verkündigung und der konkreten Praxis der Seelsorge erfährt hier eine besondere Zuspitzung: Inhalt (»Seelsorge durch Verkündigung«) und Form (»Seelsorge durch Beziehung«) dürfen nicht länger gegeneinander ausgespielt werden. Verkündigung ist nicht das bloße Weitergeben von Inhalten oder Forderungen an das Leben der Menschen. Sie ist ihrer Natur nach Zeugnis und Bekenntnis (martyria), Weitergabe dessen, was man selbst erfahren

[28] Rogers 1959a, 16.

[29] Zum Dialog zwischen Humanistischer Psychologie und Seelsorge vgl. Schmid 1994c.

hat. Die Art und Weise dieser Weitergabe ist aber von entscheidender Bedeutung, weil der Inhalt aller christlichen Verkündigung die Verkündigung Jesu selbst ist, seine Botschaft von Gott. Damit ist dieser Inhalt eben keine Lehre im Sinne einer Mitteilung von Sachverhalten, sondern selbst Beziehungserfahrung – am Anfang des Glaubens steht die Erfahrung der Begegnung mit einer konkreten Person: Die Erfahrung mit Jesus. In Jesus waren Beziehung und Botschaft in unübertreffbarer Weise eins. Sein Leben war der Ausweis für seine Botschaft, seine Botschaft der Ausweis für sein Leben.

Inhalt seiner und unserer Verkündigung ist die Beziehung Gottes zu den Menschen. Und deshalb sind Vorgang und Inhalt der Verkündigung eine untrennbare Einheit: Verkündigung ist Vergegenwärtigung des Heiles, das in Beziehung erfahrbar wird. Was wir verkündigen und wie wir verkündigen, Inhalt und Methode, sind nicht zu trennen.

Seelsorge in seiner Nachfolge ist daher Begegnung und Verkündigung. Text und Kommunikation, Wort und Liebe gehören untrennbar zusammen. Mit einem Wort: Begegnung *ist* Verkündigung: Handeln (Diakonie), Feiern (Liturgie) und Bezeugen (Martyrie) sind *ein* Grundvollzug gemeinsamen Christseins, der aus der Entfremdung zu neuer Gemeinschaft (Koinonie) führt. Indem wir einander darin unterstützen, also wechselseitig füreinander Seelsorger sind, bezeugen wir, daß wir einander nicht erst zu Glaubenden und Liebenden zu »machen« brauchen, sondern einander die Freiheit einräumen und den Mut machen können, tatsächlich zu sein, was wir sind: bereits erlöste und befreite Menschen.[30]

Zeugnis durch Wort und Handlung

Dies geschieht im Dialog als einem authentisch bezeugenden und be-geisterten Mitteilen von Erfahrungen und einem offenen, einfühlsamen Hören aufeinander, in einem

[30] Vgl. zum Ganzen ausführlicher Schmid 1994b.

Hören, in dem Gottes Wort selbst vernehmbar, Gegenwart wird: Verkündigung ist Begegnung mit Gottes Wort. Gott ist Subjekt und Inhalt der Verkündigung, die Christinnen und Christen sind ihre Träger.
Dies geschieht im liebenden, diakonischen Handeln aneinander, wie es das Beispiel Jesu zeigt – ein Handeln, in dem Jesus präsent wird (Joh 13, 3–16).
Dies geschieht in der Begegnung als solidarischer Praxis der Gegenwärtigkeit: Einem Menschen zu begegnen, bedeutet, ihm gegenwärtig zu sein, ihm in der Haltung von Wertschätzung und Wahrhaftigkeit Raum und Freiheit zu geben, sich selbst zu entfalten und ganz der zu werden, als der er angelegt und als der er berufen ist. Dies erfordert absichtsloses Handeln und bedeutet gleichzeitig Risiko und Chance – selbst verändert, damit aber auch beschenkt und bereichert zu werden. Begegnung meint damit nicht nur seltene Spitzenerfahrungen oder langdauernde, tiefe Freundschaften, sondern eine Grundhaltung den Menschen als Mit-Menschen gegenüber; sie ist eine Kunst, die gelernt werden kann. Im Kairos, im jeweils gegenwärtigen, herausfordernden Augen-Blick des Mitseins mit dem Anderen, in der Stunde des Heils (2 Kor 6, 2), kann im jeweils unmittelbaren Gegen-über der Be-geg(e)n-ung Gott gegenwärtig werden als »Jahwe«, als der, der für uns da ist (Ex 3), und als »Immanuel«, als der, der mit uns ist (Jes. 7, 14).[31]

Liebe als Miteinandersein

Entscheidend für solche Begegnungen ist die schöpferische Kraft der Liebe, die neue Lebensmöglichkeiten eröffnet. Sie ist die der Begegnung adäquate Kommunikation und führt zur Kommunion, zur Gemeinschaft.
Rogers' Grundhaltungen personzentrierten Handelns und sein begegnungsorientiertes Verständnis von zwischenmenschlicher Hilfe einerseits und die beschriebene Hal-

[31] Vgl. ausführlich zur Bedeutung der Gegenwärtigkeit und zum Verständnis von Begegnung Schmid 1994a, 103–295.

tung in der Seelsorge andererseits konvergieren in einem solchen Verständnis von Liebe.

In der Liebe aber überschreitet die Begegnung das Paar und wird offen für den Dritten. Selbst-Erfahrung wird in der Liebe nicht nur zur Selbst-Überschreitung, sondern auch zur Überschreitung der Zwei-Einheit. Zum Wesen der Liebe wie der Begegnung gehört der Plural: Sie übersteigt den Dual und ist offen für den Dritten (Lévinas), für die Gruppe, die Gemeinschaft, die ihrerseits Raum für Begegnung sind. Das volle Miteinander liegt im Wir, im Miteinandersein, das mehr ist als das Selbstsein des Einen und das Mitsein der Zwei (Binswanger): Liebe als Mit-Liebe (»condilectio«) meint jeden als Person. Niemand ist Mittel, jeder ist Aufbruch, Weg und Ziel.

Ausgehend vom Verständnis des Anderen als Mit-Menschen, vom Begreifen der Liebe in diesem Sinn als Mit-Liebe, kann es nicht heißen: Ich liebe (verstehe, akzeptiere) dich, sondern es muß heißen: wir (ich im Verein mit den anderen) lieben dich. Diese Liebe geht von jenen aus, die, selbst liebend, auf Liebe antworten. Ihr Ort ist in der Gemeinschaft, in der Gemeinde. Hier erst wird Transzendenz wahrhaft möglich: Nicht in der Abgeschlossenheit des Ich-Du-Paares, sondern in der Offenheit der Gemeinschaft. Hier wird das »Dreispiel« (Splett) des Miteinanderseins als Grundelement von Interpersonalität, als Grundelement des Menschseins sichtbar.[32]

(An dieser Stelle ist es nicht möglich, genauer auszuführen, daß ein solches in personaler Anthropologie wurzelndes Verständnis des Personzentrierten Ansatzes als eines Gruppenansatzes daher auch entscheidend zum Verständnis christlicher Gemeinschaft beitragen und darüber hinaus Interpersonalität in diesem – personzentrierten – Sinn auch ein Ansatzpunkt für die theologische Reflexion des trinitarischen Gottesverständnisses sein kann.[33])

[32] Binswanger 1942, Windisch 1989a, 175–177, Splett 1978, 173; vgl. Schmid 1994a, 152–154, 167f, ders. 1995a, VI. Abschn.

[33] Vgl. Schmid (in Vorbereitung). – *Zur Liebe*: S. 255–257 in diesem Buch, Schmid 1994a, 270–278, ders. 1995a, VI. Abschn., Thorne 1991a, ders. 1991b.

Freilich: Der Mensch kann sich der Liebe verschließen. Auch die personzentrierten Haltungen müssen vom Gegenüber angenommen werden, sie bewirken keine Automatik. Jeder kennt diese Grenzen aus eigener Lebenserfahrung. Und gerade Psychotherapeuten und Seelsorger erfahren sie oft schmerzlich.

Wenn Glaubende von der Liebe sprechen, drücken sie jedoch damit die Hoffnung aus, daß die Liebe letztlich stärker sein möge als der Tod, weil sie vom lebendigen Gott ausgeht. Liebe ist, so gesehen, mehr als Wertschätzung, die auch wieder entzogen, die verlorengehen oder (durch Trennung oder Tod etwa) einfach zu Ende sein kann. Liebe ist in dieser Perspektive die endgültige Zusage des Lebens. Dies ist eine Liebe, die Menschen einander nicht zu geben vermögen. Erlösung ist, so gesehen, mehr als Selbst-Erfahrung und Selbst-Findung. Sie kommt für den Glaubenden aus einem absoluten Gegenüber, dem Gegenüber Gottes.

Im liebevollen Umgang miteinander, in personaler Begegnung ist es uns jedoch möglich, einen Vorgeschmack auf diese Liebe zu bekommen und umgekehrt den Glauben an sie zu bezeugen. Personzentrierte Beziehungen können dazu einen wesentlichen Beitrag leisten.

Ergänzungen

Hier werden in Auswahl die ***Literaturangaben*** des Anmerkungsteils (S. 258ff) zu den wichtigsten Themen ergänzt, besonders im Hinblick auf inzwischen erschienene Publikationen. Dies soll die erste Orientierung auf einem bestimmten Teilgebiet mit der aktuellen Literatur ermöglichen; in den angegebenen Publikationen findet man weitere Literaturangaben.

Im einzelnen finden sich ausführlich und systematisch nähere Angaben zur neueren Literatur in Frenzel/Schmid/Winkler 1992 sowie Schmid 1994a und ders. 1995a.

Die Rogers-Bibliographie (S. 285–314) wurde ergänzt und ist mit ausführlichen Registern beim Verfasser erhältlich (Schmid 1995 i). Ebenso ist ein umfangreiches Publikationsverzeichnis zum Personzentrierten Ansatz, gleichfalls mit einem kompletten Register, erschienen (Schmid 1995 j). Hingewiesen sei auch auf die beiden amerikanischen Sammelbände zu Rogers: Kirschenbaum/Land Henderson 1989a und b.

Zur Namensfrage (S. 91f): Schmid 1990c, ders. 1995a, 5. Kap., Stipsits 1991, Pörtner 1994, 15–17.

Zur Biographie von Rogers (S. 260, Anm. 2): Huizinga 1984, Thorne 1992a, Schmid 1994a, 65–80, 90–92.

Zur Rogers und Rank (S. 260, Anm. 11): Pfeiffer 1990, *zu Rogers und Feenczi* Schmid 1992d.

Zu direktiven Verhaltensweisen, besonders in Gruppen (S. 259, Anm. 24): Schmid 1995a, 10. Kap.

Zu Forschungsergebnissen (S. 261, Anm. 42): Thorne 1992a, 75f, 87f, Seidler 1992.

Zur Personzentrierten (Einzel-)Psychotherapie (S. 261, Anm. 44) vgl. das Handbuch Frenzel/Schmid/Winkler 1992, weiters Lietaer u. a. 1990, Thorne 1991a, Brazier 1993, Finke 1994, Pörtner 1994, Hutterer/Pawlowsky/Schmid/Stipsits 1995.

Zur Therapie bei schweren psychischen Störungen (S. 262, Anm. 44): Binder/Binder 1991, Lietaer u. a. 1990, Meyer-Cording/Speierer 1990, Swildens 1991, Finke/Teusch 1991, Hutterer/Pawlowsky/Schmid/Stipsits 1995; s. Schmid 1995a, 18. Kap. (Literatur).

Zum Krankheitsbegriff und zur »Neurosenlehre« (S. 262, Anm. 44): Schmid 1989d, ders. 1992b (Literatur), Lietaer u. a. 1990, Meyer-Cording/Speierer 1990, Teusch/Finke 1993, Eckert u. a. 1993, Speierer 1990, ders. 1994, Behr u. a. 1994, Binder 1994, Schmidtchen u. a. 1995.

Zur Psychosomatik (S. 262, Anm. 44): Bense 1984, Graessner 1988, Fuhrmann 1990, Binder/Binder 1991, Finke/Teusch 1991, Reisch 1991, dies. 1994, Sachse/Rudolph 1992, Teusch/Finke 1993; s. Schmid 1992b, 119 (Literatur), ders. 1994a, 459 (Literatur), ders. 1995a, 18. Kap. (Literatur).

Zur Indikation (S. 262, Anm. 44): Topf 1992 (Literatur); s. Schmid 1995a, 6. Kap. (Literatur).

Zur Diagnose (S. 262, Anm. 44): Reisel 1992 (Literatur), Pörtner 1994, 107–111; s. Schmid 1995a, 6. Kap. (Literatur); s. a. zur Krankheitslehre.

Zu Übertragung und Widerstand (S. 262, Anm. 44): Finke 1989, ders. 1993, ders. 1994.

Zur Arbeit mit Träumen (S. 262, Anm. 44): Schmid 1992c (Literatur), Gendlin 1987, Lietaer u. a. 1990.

Zu Personzentrierter Beratung (S. 262, Anm. 46): Straumann 1992, Pörtner 1994, Weber 1994.

Zu Ehe, Partnerschaft, Familie sowie Paar- und Familientherapie (S. 262f, Anm. 48): Fox 1987, Bozarth/Shanks 1989, Lietaer u. a. 1990, Schmidtchen 1991, Freitag/Nemeskeri 1992, Schmid 1995a, 75–110 (Literatur).

Zu den politischen Dimensionen (S. 263, Anm. 51): Rogers 1987o, ders. 1988a, ders. 1989c, Rogers/Sanford 1986, Vogel 1989, Holdstock 1990, McIlduff/Coghlan 1991, dies. 1993, Wascher/Frenzel 1994, Frenzel/Przyborski 1994; s. Schmid 1995a, 13. u. 18. Kap. (Literatur). *Zum Personzentrierten Ansatz in der Wirtschaft:* s. Schmid 1995a, 15. und 18. Kap. (Literatur).

Zum Personzentrierten Ansatz in Organisationen und im Umgang mit Mitarbeitern (S. 263, Anm. 52): Rogers 1970a, 79ff, 88–91, ders. 1977a, 108–122, ders. 1988c, bes. 244–248, Gordon 1979, Seewald 1987, Straumann 1988, Terjung 1990; s. Schmid 1995a, 13. u. 15. Kap. (Literatur).

Zu personzentrierter Medizin (S. 263, Anm. 53) *und personzentrierter Arbeit im Gesundheitswesen*: Ripke 1994, Finke 1994; s. Schmid 1995a, 18. Kap. (Literatur).

Zu personzentrierter Sozialarbeit (S. 263, Anm. 54) und *psychosozialer Praxis*: Jaede/Portera 1986, dies. 1993, Deter/Straumann 1990, Paulus 1992, Weinberger [5]1992, Straumann 1992, Behr u. a. 1992; s. Schmid 1995a, 18. Kap. (Literatur). *Zur Krisenintervention:* Rosenmayr 1992, Straumann 1992.

Zu personzentrierter Forschung und Wissenschaftstheorie (S. 263, Anm. 56): Barrett-Lennard u. a. 1987, Zurhorst 1988, Barrineau/Bozarth 1989, Lietaer u. a. 1990, Behr u. a. 1990, Themenheft PCR 5,2 (1990), Seidler 1992, Thorne 1992a, 75f, 87f, Eckert 1995, Hutterer/Pawlowsky/Schmid/Stipsits 1995; s. Schmid 1995a, 16. Kap. (Literatur).

Zu Personzentriertem Ansatz und Kunst (S. 264, Anm. 57): Stipsits 1988, N. Rogers/Fuchs o. J., Groddeck 1991, Schmid 1994a, 300 (Kunsttherapie), 307–312 (Literatur), ders. 1994d, ders. 1995a, 18. Kap. (Literatur), Schmid/Wascher 1994.

Zum Menschenbild des Ansatzes und seinen philosophischen Bezügen (S. 264, Anm. 6 u. S. 266, Anm. 27): Schmid 1991a (Literatur), ders. 1994a (Literatur), ders. 1995a, Kap. 11–4, 21 ff (Literatur), ders. 1995b (Literatur), de Peretti 1974, Bender 1980, Kreuter-Szabo 1988, Zurhorst 1989, Pfeiffer 1989a, Wuttig 1990, Behr u. a. 1990, Beck 1991, Behr/Esser 1991, Behr u. a. 1992, Korunka 1992, Keil u. a. 1994.

Zum Problem des Bösen (S. 266, Anm. 27): Rogers 1981a, Thorne 1992a, 71–82.

Zu Gendlins Experiential Therapy und Focusing (S. 266, Anm. 21): Lietaer u. a. 1990, Sachse/Atrops u. a. 1992, Brazier 1993, Gendlin 1993, ders. 1994, Schmid 1994a, 454–458 (Literatur), ders. 1995a, 9. Kap. (Literatur).

Zur Auseinandersetzung mit der Psychoanalyse (S. 267, Anm. 30): Biermann-Ratjen u. a. 1979, 61–74, Lietaer u. a. 1990, Behr u. a. 1990, Köhler-Weisker u. a. 1993, Falldiskussion in Psychotherapie Forum 2 u. 4 (1994), Schmid 1995d.

Zur Auseinandersetzung mit der Verhaltenstherapie (S. 267, Anm. 31): Rogers/Skinner 1989, Biermann-Ratjen u. a. 1979, 75–81, Behr u. a. 1994.

Zu Begegnung (S. 269, Anm 17) s. die ausführlichen Literaturangaben in Schmid 1991a und ders. 1994a.

Zur Diskussion um Beziehung, Methode und Technik (S. 270, Anm. 1): Lietaer u. a. 1990, Frenzel 1992, Schmid 1994a, 494–497, ders. 1995a, 11. Kap. (Literatur).

Zu den Grundhaltungen im allgemeinen (S. 270, Anm. 1): Rogers 1992a, Lietaer u. a. 1990, Fehringer 1992, Brazier 1993, Hutterer/Pawlowsky/Schmid/Stipsits 1995, Schmid 1994a, 228–244, 283–286, 478–483, ders. 1994e, ders. 1995a, 10. Kap. (Literatur).

Zur Echtheit (S. 271, Anm. 8): Rogers 1961a, 64–71, Kollbrunner 1987, 382–388, 461f, Tausch/Tausch 1990, 84–97, Lietaer 1992, Thorne 1992b, Finke 1994, 65–103, Schmid 1993, ders. 1994a, 286, 481–483, ders. 1995a, 10. Kap. (Literatur).

Zur wertschätzenden Anteilnahme (S. 272, Anm. 22): Lietaer 1988, Tausch/Tausch 1990, 66–83, Finke 1994, 32–42, Schmid 1994a,194–197, 286f, 480f, ders. 1995a, 10. Kap. (Literatur).

Zur Empathie (S. 273, Anm. 38, 40, 48): Müller 1991, Binder 1994, Finke 1994, 42–65, Neville 1995, Beech/Brazier 1995, Warner 1995, Schmid 1994a, 197–199, 287f, 478–480, ders. 1995a, 10. Kap. (Literatur).

Zum personzentrierten Prozeß (S. 274, Anm. 1): Lietaer u. a. 1990, Pawlowsky 1992, Stumm 1992, Tscheulin 1992, Schmid 1995a, 9. Kap. (Literatur).

Zu experiencing und Selbstexploration (S. 275, Anm. 8, 11, 13): Gendlin 1962, ders. 1978, Rogers 1975a, Bommert/Dahlhoff 1978, Iberg 1987, Tausch/Tausch 1990, 119–206, Gendlin/Zimring 1994, Bohart 1995, Schmid 1994a, 288, 454–458 (Literatur), ders. 1995a, 9. Kap. (Literatur).

Zum Prozeß des Wertens (S. 276, Anm. 4): Rogers 1951a, 449–451, ders. 1959a, 35–37, 50f, ders. 1961j, ders. 1980c, 98, Wood 1988, 242, Korunka 1992, Schmid 1995a, VI. Abschn. (Literatur).

Zur Personzentrierten Gruppenpsychotherapie und Gruppenarbeit (S. 277, Anm. 1) ausführlich Schmid 1994a (Literatur), ders. 1995a (Literatur), weiters ders. 1990b, ders. 1995e, Pagès 1974, Wood 1988, Müller 1989, Schütz 1989a, Lietaer u. a. 1990, Hutterer/Pawlowsky/Schmid/Stipsits 1995.

Zu Großgruppen (S. 277, Anm. 1): Pagès 1974, McIlduff/Coghlan 1991, dies. 1993, Wascher/Frenzel 1994, Schmid 1994a, ders. 1995a, 13. Kap. (Literatur).

Zu den Bereichen Kinder, Erziehung, Lernen, Schule, Lehrerbildung, Bildungspolitik (S. 278, Anm. 2): Rogers 1939a, ders. 1957c, ders. 1967g, ders. 1977a, 4. Kap., ders. 1980f, 131–133, ders. 1987j, ders. 1988c, ders. 1989d, Wagner 1982, Gesellschaft für wiss. Gesprächspsychotherapie 1988,

Bd. II, 29–134, 187–204, Schmidtchen 1991, Gordon 1993; s. Schmid 1995a, 18. Kap. (Literatur).

Zur Aus-, Fort- und Weiterbildung (S. 279, Anm. 14): Rogers 1982b, ders. 1992a, 36f, Tausch/Tausch 1990, 306–312, Dryden/Thorne 1991, Thorne 1992a, 99–191, Gutberlet 1993, Pörtner 1994, 91–97, Schmid 1995a, 14. Kap. (Literatur).

Zur Supervision und Organisationsberatung (S. 279, Anm. 18): Rice 1980, Auckenthaler 1988b, dies. 1991, Scobel 1991a, ders., 1991b, Sauer 1991, Dryden/Thorne 1991, Schlechtriemen 1993, Schmid 1991b, ders. 1995a, 15. Kap. (Literatur); s. zum Personzentrierten Ansatz in Organisationen.

Zur Theologie und zum Verständnis von Seelsorge aus personzentrierter Sicht (S. 281, Anm. 27): Schmid 1989e, ders. 1990a, ders. 1990b, ders. 1990d, ders. 1991b, ders. 1992e, ders. 1992f, ders. 1994b, ders. 1994c, Lemke 1978, dies. 1981, dies. 1992, Müller 1989, Schütz 1989b, Windisch 1989a, Baumgartner 1990, 427–482, Thorne 1991a, ders. 1991b, Frielingsdorf 1993, Habbel 1994. *Zu Rogers und Spiritualität* s. Schmid 1994a, 239 (Literatur).

Zu pastoraler Gesprächsführung (S. 281, Anm. 27): Schmid 1990a, ders. 1990b, Windisch 1989b, Müller 1990, ders. 1991, Lemke 1992.

Zum Verständnis von Liebe im therapeutischen Kontext: Schmid 1984, ders. 1995a, VI. Abschn. (Literatur).

Aktuelle Adressen (S. 284, Anm. 49):

GwG (Gesellschaft für wissenschaftliche Gesprächspsychotherapie), D-50674 Köln, Richard Wagnerstr. 1; Tel. +49/221/252917, Fax 251276.

SGGT (Schweizerische Gesellschaft für Gesprächspsychotherapie und personzentrierte Beratung), CH-8400 Winterthur, Brühlbergstr. 56; Tel., Fax +41/52/2034045.

ÖGwG (Österreichische Gesellschaft für wissenschaftliche klientenzentrierte Psychotherapie und personorientierte Gesprächsführung), A-4020 Linz, Marienstraße 4; Tel., Fax +43/732/784630.

APG (Arbeitsgemeinschaft Personenzentrierte Psychotherapie und Gesprächsführung), A-1080 Wien, Alserstr. 21/14; Tel., Fax +43/1/4076990.

PCA (Person-Centered Association in Austria), A-1010 Wien, c/o Institut f. Psychologie, Universität Wien, Liebiggasse 5, Tel. +43/1/8174746, Fax 81747464.

– (1990), Human inquiry and the person-centered approach, Schwerpunktheft PCR 5,2 (1990)
AUCKENTHALER, ANNA, Supervision, in: Asanger, Roland / Wenninger, Gerd (Hg.), Handwörterbuch der Psychologie, PVU (München) 1988b, 763–767
AUCKENTHALER, ANNA, Supervision: Der sanfte Umgang mit dem täglichen Scheitern?, in: GwG Zeitschrift 84 (1991) 46–49
BARRINEAU, PHILLIP / BOZARTH, JEROLD, D., A person-centered research model, in: PCR 4,4 (1989) 465–474
BAUER, ROBERT, Wirksam statt mächtig? Zu Struktur und Qualität personzentrierter Einflußnahme, in: Frenzel/Schmid/Winkler 1992, 279–292
BAUMGARTNER, ISIDOR, Pastoralpsychologie. Einführung in die Praxis heilender Seelsorge, Düsseldorf (Patmos) 1990
BECK, HARALD, Buber und Rogers. Das Dialogische und das Gespräch, Heidelberg (Asanger) 1991
BEECH, CAROLINE / BRAZIER, DAVID, Empathy for a real world, in: Hutterer/Pawlowsky/Schmid/Stipsits 1995
BEHR, MICHAEL / ESSER, ULRICH (Hg.), »Macht Therapie glücklich?« Neue Wege des Erlebens in klientenzentrierter Psychotherapie, Köln (GwG) 1991
BEHR, MICHAEL / ESSER, ULRICH / PETERMANN, FRANZ / PFEIFFER, WOLFGANG M. (Hg.), Jahrbuch für personenzentrierte Psychologie und Psychotherapie, Bd. 2, Salzburg (Müller) 1990
BEHR, MICHAEL / ESSER, ULRICH / PETERMANN, FRANZ / PFEIFFER, WOLFGANG M. / TAUSCH, REINHARD (Hg.), Jahrbuch 1992 für personzentrierte Psychologie und Psychotherapie, Bd. III, Köln (GwG) 1992
BEHR, MICHAEL / ESSER, ULRICH / PETERMANN, FRANZ / SACHSE, RAINER / TAUSCH, REINHARD (Hg.), Jahrbuch Personzentrierte Psychologie und Psychotherapie, Köln (GwG) 1994
BENDER, HANS G., Die helfende Beziehung. Ein Beitrag der »Anthropologie der Relationalität« zum Verständnis des Wesens von Beratung unter besonderer Berücksichtigung von Martin Buber und Carl R. Rogers, Bonn (Friedrich Wilhelms Universität) 1980
BENSE, ALFONS, Die Handlung im körperlichen Symptom. Handlungstheoretische Perspektiven einer Theorie der Psychosomatik, in: GwG-info 56 (1984) 58–82
BINDER, UTE, Empathieentwicklung und Pathogenese in der klientenzentrierten Psychotherapie, Eschborn (Klotz) 1994
BINDER, UTE / BINDER JOHANNES, Studien zu einer störungsspezifischen klientenzentrierten Psychotherapie. Schizophrene Ordnung – Psychosomatisches Erleben – Depressives Leiden, Eschborn (Klotz) 1991
BINSWANGER, LUDWIG, Grundformen und Erkenntnis menschlichen Daseins, Heidelberg (Asanger) 1993; orig. 1942
BOHART, ARTHUR C., Experiencing, knowing and change, in: Hutterer/Pawlowsky/Schmid/Stipsits 1995

BOZARTH, JEROLD D., Das Wesen der Klientenzentrierten Therapie, in: Stipsits/Hutterer 1992, 139–145; orig.: The essence of client-centered therapy, in: Lietaer u. a. 1992, 59–64
BOZARTH, JEROLD D. / SHANKS, ANN, Person-centered family therapy with couples, in: PCR 4,3 (1989) 280–294
BRAZIER, DAVID, Beyond Carl Rogers. Towards a psychotherapy for the 21st century, London (Constable) 1993
DETER, DETLEV / STRAUMANN, URSULA (Hg.), Personenzentriert Verstehen, Gesellschaftsbezogen Denken, Verantwortlich Handeln. Theorie, Methodik und Umsetzung in die psychosoziale Praxis, Köln (GwG) 1990
DRYDEN, WINDY / THORNE, BRIAN (Hg.), Training and supervision for counselling in action, London (Sage) 1991
ECKERT, JOCHEN (Hg.), Forschung zur Klientenzentrierten Psychotherapie. Aktuelle Ansätze und Ergebnisse, Köln (GwG) 1995
ECKERT, JOCHEN / HÖGER, DIETHER / LINSTER, HANS (Hg.), Die Entwicklung der Person und ihre Störung, Bd. 1: Entwurf einer ätiologisch orientierten Krankheitslehre im Rahmen des klientenzentrierten Konzepts, Köln (GwG) 1993
EHRMANN, WILFRIED, Aggression: Berühr mich, aber greif mich nicht an. Aggression zwischen Destruktivität und kreativer Selbstbehauptung, in: Frenzel/Schmid/Winkler 1992, 315–326
FEHRINGER, CHRISTIAN, Die Beziehung: Zuerst muß man zu zweit sein. Phänomenologie therapeutischer Einstellungen, in: Frenzel/Schmid/Winkler 1992, 178–192
FEHRINGER CHRISTIAN, Vom wahren Selbst zu den Selbst-Erzählungen, in: apg-kontakte 2 (1994) 22–50
FINKE, JOBST, Das Konzept »Widerstand« und die klientenzentrierte Psychotherapie, in. Sachse/Howe 1989, 54–75
FINKE, JOBST, Therapie-Theorie – Prinzipien und Methoden der Gesprächspsychotherapie, in: Teusch/Finke 1993, 149–170
FINKE, JOBST, Empathie und Interaktion. Methodik und Praxis der Gesprächspsychotherapie, Stuttgart (Thieme) 1994
FINKE, JOBST / TEUSCH, LUDWIG (Hg.), Gesprächspsychotherapie bei Neurosen und psychosomatischen Erkrankungen. Neue Entwicklungen in Theorie und Praxis, Heidelberg (Asanger) 1991
FOX, REINHARD D., Personzentrierte Qualitäten in der Partnerschaft. Eine empirische Untersuchung der Theorie zwischenmenschlicher Beziehung nach Carl Rogers, Frankfurt/M. (Lang) 1987
FREITAG, JUDITH / NEMESKERI, NORA, Partnerschaft: Die Freiheit zu lieben. Die Sehnsucht nach gelungenen Beziehungen als Thema der Psychotherapie, in: Frenzel/Schmid/Winkler 1992, 339–352
FRENZEL, PETER (Hg.), Selbsterfahrung als Selbsterfindung. Personzentrierte Psychotherapie nach Carl R. Rogers im Licht von Konstruktivismus und Postmoderne, Regensburg (Roderer) 1991
FRENZEL, PETER, Die Technik: Das Rad neu erfinden. Leitfäden zur Entwicklung personzentrierter Technik in der Psychotherapie, in: Frenzel/Schmid/Winkler 1992, 207–240

FRENZEL, PETER / SCHMID, PETER F. / WINKLER, MARIETTA (Hg.), Handbuch der Personzentrierten Psychotherapie. Mit einer Einleitung von Carl Rogers, Köln (Edition Humanistische Psychologie) 1992

FRENZEL, PETER / PRZYBORSKI, AGLAJA, Der Prozeß der Politisierung. Eine personzentrierte Sichtweise, in: Wascher/Frenzel 1994, 75–91; engl.: On becoming a political person. A person-centered view in: McIlduff/Coghlan 1993, 114–122

FRIELINGSDORF, KARL, Mein Leben annehmen. Der pastoraltherapeutische Impuls der Schlüsselmethode, Mainz (Grünewald) 1993

FUHRMANN, EBERHARD WOLFGANG, Some aspects of combining focusing with person-centered therapy in working with psychosomatic clients, in: Lietaer u. a. 1990, 733–739

GENDLIN, EUGENE T., Dein Körper – dein Traumdeuter, Salzburg (Müller) 1987; orig.: Let your body interpret your dreams, Wilmette (Chiron) 1986

GENDLIN, EUGENE T., Focusing ist eine kleine Tür ... Gespräche über Focusing, Träume und Psychotherapie, Würzburg (DAF) 1993

GENDLIN, EUGENE T., Körperbezogenes Philosophieren. Gespräche über die Philosophie von Veränderungsprozessen, Würzburg (DAF) 1994

GENDLIN, EUGENE T. / ZIMRING, FRED, The qualities or dimensions of experiencing and their change, in: Person-Centered Journal 1,2 (1994) 55–67

GORDON, THOMAS, Managerkonferenz. Effektives Führungstraining, Hamburg (Hoffmann und Campe) 1979; orig.: Leader effectiveness training, New York (Wyden) 1977

GORDON, THOMAS, Die neue Familienkonferenz. Kinder erziehen ohne zu strafen, Hamburg (Hoffmann und Campe) 1993; orig.: Teaching children self-discipline at home and at school, New York (Times Books) 1989

GRAESSNER, DIETRICH, Klientenzentrierte Therapeuten in Psychosomatischen Kliniken, in: Gesellschaft für wiss. Gesprächspsychotherapie 1988, Bd. I, 53–57

GRODDECK, NORBERT, Klientenzentrierung in der Kunsttherapie, in: Behr/Esser 1991, 168–196

GUTBERLET, MICHAEL, Die integrative Ausbildung in Gruppen im Rahmen der PsychotherapeutInnen-Ausbildung der SGGT, in: Brennpunkt 55 (1993) 3–10

HABBEL, TORSTEN, Der Dritte stört. Emmanuel Levinas – Herausforderung für Politische Theologie und Befreiungsphilosophie, Mainz (Grünewald) 1994

HOLDSTOCK, LEN, Can client-centered therapy transcend its monocultural roots?, in: Lietaer u. a. 1990, 109–121

HUIZINGA, JULIUS E., Developments in life and work of Carl Ransom Rogers, in: Segrera, Alberto S. (Hg.), Proceedings of the First International Forum on the Person-Centered Approach Oaxtepec 1982, Mexico (Universidad Iberoamericana) 1984, 411–434

HUTTERER, ROBERT / PAWLOWSKY, GERHARD / SCHMID, PE-

TER F. / STIPSITS, REINHOLD (Hg.), Client-Centered and Experiential Psychotherapy. A paradigm in motion, Wien (Peter Lang) 1995

IBERG, JAMES R. (1987), Focusing, in: Corsini, Raymond J. (Hg.), Handbuch der Psychotherapie, München (Psychologie Verlags Union) [2]1987, Bd. 1, 231–258

JAEDE, WOLFGANG / PORTERA, AGOSTINO (Hg.), Ausländerberatung. Kulturspezifische Zugänge in Diagnostik und Therapie, Freiburg (Lambertus) 1986

JAEDE, WOLFGANG / PORTERA, AGOSTINO (Hg.), Begegnung mit dem Fremden. Interkulturelle Beratung, Therapie und Pädagogik in der Praxis, Köln (GwG) 1993

KEIL, WOLFGANG W., Hermeneutische Empathie, in: Stipsits/Hutterer 1992, 83–91

KEIL, WOLFGANG W., Verschiedene Richtungen innerhalb der klientenzentrierten Therapietheorie, in: Personzentriert 2 (1994) 7–17

KEIL, WOLFGANG W. / HICK, PAULA / KORBEI, LORE / POCH, VERONIKA (Hg.), Selbst-Verständnis. Beiträge zur Theorie der Klientenzentrierten Pychotherapie, Bergheim (Mackinger) 1994

KIRSCHENBAUM HOWARD / LAND HENDERSON, VALERIE, The Carl Rogers Reader, Boston (Houghton Mifflin) 1989a

KIRSCHENBAUM HOWARD / LAND HENDERSON, VALERIE, Carl Rogers: Dialogues, Boston (Houghton Mifflin) 1989*b*

VAN KESSEL, WIM / VAN DER LINDEN, PETER, Die aktuelle Beziehung in der Klientenzentrierten Psychotherapie; der interaktionelle Aspekt, in: GwG Zeitschrift 90 (1993a) 19–32

VAN KESSEL, WIM / VAN DER LINDEN, PETER, Der interaktionell-orientierte Therapeut bei der Arbeit, in: GwG Zeitschrift 91 (1993b) 18–28

KÖHLER-WEISKER, ANGELA / HORN, KLAUS / SCHÜLEIN, JOHANN AUGUST, »Auf der Suche nach dem wahren Selbst«. Eine Auseinandersetzung mit Carl Rogers, Frankfurt (Suhrkamp) 1993

KOLLBRUNNER, JÜRG, Das Buch der Humanistischen Psychologie. Eine ausführliche einführende Darstellung und Kritik des Fühlens, Denkens und Handelns in der Humanistischen Psychologie, Eschborn (Fachbuchhandlung für Psychologie) 1987

KORUNKA, CHRISTIAN, Das Menschenbild: »Der Mensch ist gut, er hat nur viel zu schaffen«. Werte und Menschenbild in der Personzentrierten Psychotherapie, in: Frenzel/Schmid/Winkler 1992, 146–171

KREUTER-SZABO, SUSAN, Der Selbstbegriff in der Humanistischen Psychologie bei A. Maslow und C. Rogers, Frankfurt/M. (Lang) 1988

KREWANI, WOLFGANG N., Emmanuel Lévinas. Denker des Anderen, Freiburg (Alber) 1992

LAND, DOUGLAS A. (1992), Der Erfolg: »Manchmal spiele ich Weisen, die ich noch nie zuvor gehört habe«. Wirksamkeit von Psychotherapie als Dekonstruktion. Eine notwendige und hinreichende Freiheit von Bedingungen, in: Frenzel/Schmid/Winkler 1992, 263–276

LEMKE, HELGA, Theologie und Praxis annehmender Seelsorge, Stuttgart (Kohlhammer) 1978

LEMKE, HELGA, Verkündigung in der annehmenden Seelsorge, Stuttgart (Kohlhammer) 1981
LEMKE, HELGA, Seelsorgerliche Gesprächsführung. Gespräche über Glauben, Schuld und Leiden, Stuttgart (Kolhammer) 1992
LÉVINAS, EMMANUEL, Totalité et infini. Essai sur l'extériorité, Den Haag (Nijhoff) 1961, [7]1980; dt.: Totalität und Unendlichkeit. Versuch über die Exteriorität, Freiburg (Alber) 1987
LÉVINAS, EMMANUEL, Autrement qu'être ou au delà de l'essence, Den Haag (Nijhoff) 1974, [2]1978; dt.: Jenseits des Seins oder anders als Sein geschieht, Freiburg (Alber) 1992
LÉVINAS, EMMANUEL, Die Spur des Anderen. Untersuchungen zur Phänomenologie und Sozialphilosophie, Freiburg (Alber) 1983, [3]1992
LIETAER, GERMAIN, Bedingungsloses Akzeptieren. Eine umstrittene Grundhaltung in der klientenzentrierten Psychotherapie, in: GwG Zeitschrift 73 (1988) 53–60; engl. = Lietaer 1984
LIETAER, GERMAIN, Die Authentizität des Therapeuten, in: Stipsits/Hutterer 1992, 92–116
LIETAER, GERMAIN / ROMBAUTS, JAN / VAN BALEN, RICHARD (Hg.), Client-centered and experiential psychotherapy in the ninties, Löwen (Leuven University Press) 1990
MCILDUFF, EDWARD / COGHLAN, EDWARD (Hg.), The personcentered approach and cross-cultural communication. An international review, I / II, Linz (edition sandkorn) 1991 / 1993
MERRY, TONY, A guide to the person-centred approach, London (Association for Humanistic Psychology in Britain) 1988
MEYER-CORDING, GISELA / SPEIERER, GERT-WALTER (Hg.), Gesundheit und Krankheit. Theorie und Praxis der klientenzentrierten Gesprächspsychotherapie heute, Köln (GwG) 1990
MÜLLER, WUNIBALD, Gemeinsam wachsen in Gruppen, Mainz (Grünewald) 1989
MÜLLER, WUNIBALD, Erkennen – Unterscheiden – Begegnen. Das seelsorgliche Gespräch, Mainz (Grünewald) 1990
MÜLLER, WUNIBALD, Empathie. Der Seele eine Stimme geben, Mainz (Grünewald) 1991
NEVILLE, BERNIE, Five kinds of empathy, in: Hutterer/Pawlowsky/Schmid/Stipsits 1995
PAGÈS, MAX, Das affektive Leben der Gruppen. Eine Theorie der menschlichen Beziehung, Stuttgart (Klett) 1974; orig.: La vie affective des groupes, Paris (Dunod) 1968
PAULUS, PETER (Hg.), Prävention und Gesundheitsförderung. Perspektiven für die psychosoziale Praxis, Köln (GwG) 1992
PAWLOWSKY, GERHARD, Das Setting: Bitte, nehmen Sie Platz... Anfänge, Vereinbarungen, Entwicklungen, Abschlüsse – Der Rahmen Personzentrierter Psychotherapie, in: Frenzel/Schmid/Winkler 1992, 164–176
DE PERETTI, ANDRÉ, Pensée et vérité de Carl Rogers, Toulouse 1974
PFEIFFER, WOLFGANG M., Psychotherapie als dialogischer Prozeß, in: Brennpunkt 41 (1989c) 18–25; auch in: Behr/Esser 1991, 126–140

PFEIFFER, WOLFGANG M. (1990), Otto Rank und die klientenzentrierte Psychotherapie, in: Behr u. a. 1990, 8–2
PFEIFFER, WOLFGANG M., Krankheit und zwischenmenschliche Beziehung, in: Finke/Teusch 1991, 25–43
PFEIFFER, WOLFGANG M., Die Bedeutung der Beziehung bei der Entstehung und der Therapie psychischer Störungen, in: Teusch/Finke 1993, 19–39
PFEIFFER, WOLFGANG M., Die Beziehung von Person zu Person in Dyade und Gruppe – der Kern der Psychotherapie, in: apg-kontakte 3 (1994) 7–22
PFEIFFER, WOLFGANG M., Die Beziehung: Der zentrale Wirkfaktor in der Gesprächspsychotherapie, in: GwG Zeitschrift 97 (1995) 27–33
PÖRTNER, MARLIES, Praxis der Gesprächspsychotherapie. Interviews mit Therapeuten, Stuttgart (Klett) 1994
PREUSS, SIGRUN, Umweltkrise und personenzentrierter Ansatz, in: Deter/Straumann 1990, 85–104
REISCH, ELISABETH, Klientenzentrierte Gesprächspsychotherapie in der Psychosomatik, in: GwG Zeitschrift 82 (1991) 21–24
REISCH, ELISABETH, Verletzbare Nähe. Ein klientenzentrierter Weg zum psychosomatischen Patienten, München (Pfeiffer) 1994
REISEL, BARBARA, Die Diagnose: Was fehlt mir? Der Klient als Diagnostiker, in: Frenzel/Schmid/Winkler 1992, 153–162
RICE, LAURA N., A client-centered approach to the supervision of psychotherapy, in: Hess, A. K. (Hg.), Psychotherapy supervision. Theory, research and practice, New York (Wiley) 1980
RIPKE, THOMAS, Patient und Arzt im Dialog. Praxis der ärztlichen Gesprächsführung, Stuttgart (Thieme) 1994
ROGERS, CARL R. (1987j), On student-centered teaching. Interview of Carl Rogers by Angelika C. Wagner on June 1, 1984 in La Jolla, California, in: Gesellschaft für wiss. Gesprächspsychotherapie 1987, 169–198
ROGERS, CARL R. (1988c), Über nicht-direktive und humanistische Ansätze in Therapie, Pädagogik und Organisationen. Interview mit Carl Rogers, in: Fatzer, G., Ganzheitliches Lernen. Humanistische Pädagogik u. Organisationsentwicklung, Paderborn (Junfermann) [2]1988, 237–249
ROGERS, CARL R. (1989d), An interview with Carl Rogers, by David Ryback, in: PCR 4,1 (1989) 99–112
ROGERS, CARL R. (1992a), Die beste Therapieschule ist die selbst entwickelte. Wodurch unterscheidet sich die personzentrierte Psychotherapie von anderen Ansätzen?, in: Frenzel/Schmid/Winkler 1992, 21–38
ROGERS, CARL R. (1988a), Resolving intercultural tensions. A beginning, Manuskript 1988
ROGERS, CARL R. (1987o/1989c), An interview with Carl R. Rogers. Toward peaceful solutions to human conflict. Part I/II, by Lou Thayer, in: Michigan Journal of Counseling and Development 18,1 (1987) 58–63 / 20 (1989) 2–7
ROGERS, CARL R. / SCHMID, PETER F. (1991), Personzentriert. Grundlagen von Theorie und Praxis, Mainz (Grünewald) 1991; 2. erw. Aufl. 1995

ROGERS, CARL R. / SKINNER, BURRHUS F. (1989), A dialogue on education and the control of human behavior, in: Kirschenbaum/Land Henderson 1989b, 79–152

ROGERS, NATALIE / FUCHS, FRANCES, The creative connection. A person-centered approach to expressive therapy, Broschüre, Santa Rosa (The Person Centered Expressive Therapy Institute) o.J. [1991]

ROSENMAYR, INGE, Krise: So will ich nicht mehr leben. Extreme Inkongruenzen als Katastrophe und Chance, in: Frenzel/Schmid/Winkler 1992, 381–389

ROTTER, HANS, Person und Ethik. Zur Grundlegung der Moraltheologie, Innsbruck (Tyrolia) 1994

SACHSE, RAINER, Zielorientierte Gesprächspsychotherapie. Eine grundlegende Neukonzeption, Göttingen (Hogrefe) 1992

SACHSE, RAINER / ATROPS, ALMUT / WILKE, FRANK / MAUS, CLAUDIA, Focusing. Ein emotionszentriertes Psychotherapie-Verfahren, Bern (Huber) 1992

SACHSE, RAINER / LIETAER, GERMAIN / STILES, WILLIAM B. (Hg.), Neue Handlungskonzepte der Klientenzentrierten Psychotherapie. Eine grundlegende Neuorientierung, Heidelberg (Asanger) 1992

SACHSE, RAINER / MAUS, CLAUDIA, Zielorientiertes Handeln in der Gesprächspsychotherapie, Stuttgart (Kohlhammer) 1991

SACHSE, RAINER / RUDOLPH, RUTH, Gesprächstherapie mit psychosomatischen Klienten?, Behr u. a. 1992, 66–84

SAUER, JOACHIM, Supervision und Beratung – Versuch einer Abgrenzung, in: Personzentriert 1 (1991) 80–94

SCHLECHTRIEMEN, MICHAEL, Supervision – Plädoyer für eine eigenständige Profession, in: GwG Zeitschrift 92 (1993) 23–25

SCHMID, PETER F., Die inkongruente Person. Eine personzentrierte Alternative zum medizinisch vorbelasteten Krankheitsbegriff, in: Dachverband Österreichischer Psychotherapeutischer Vereinigungen (Sonneck, Gernot [Hg.]), Der Krankheitsbegriff in der Psychotherapie, Wien (Facultas) 1989(d), 51–54

SCHMID, PETER F., Doppelmoral. Umgang mit Macht und Sexualität in der Kirche, in: Diakonia 2 (1989e) 73–77

SCHMID, PETER F., Macht über die Sexualität? Psychologische Anmerkungen zur Emanzipation, in: Diakonia 2 (1989f) 106–109

SCHMID, PETER F., Personzentrierte seelsorgliche Beratung und Begleitung im Einzelgespräch, in: Baumgartner, Konrad / Müller, Wunibald (Hg.), Handbuch der seelsorglichen Beratung, Freiburg (Herder) 1990(a), 74–82

SCHMID, PETER F., Personzentrierte seelsorgliche Beratung und Begleitung in der Gruppe, in: ebd. 83–91 (1990b)

SCHMID, PETER F., »Personenzentriert« oder »Personzentriert«? Eine wichtige Nebensache, in: apg-kontakte 3 (1990c) 16–18; auch in: Brennpunkt 54 (1993) 30–33

SCHMID, PETER F., Sicherheit haben oder glauben. Entwicklungspsychologische Aspekte zu Risikobereitschaft und Vertrauen, in: Diakonia 2 (1990d) 78–87

SCHMID, PETER F., Souveränität und Engagement. Zu einem personzen-

trierten Verständnis von »Person«, in: Rogers/Schmid 1991(a), 15–164; ²1995
SCHMID, PETER F., Pastorale Beratung, Psychotherapie und Supervision – Hilfe zur Selbsthilfe in der Seelsorge, in: Pastorale Praxis 12 (1991b) 45–47
SCHMID, PETER F., Der Therapeut: Bescheidenheit ist eine Zier, doch weiter ... Zum Selbstverständnis des Personzentrierten Psychotherapeuten, in: Frenzel/Schmid/Winkler 1992(a), 39–69
SCHMID, PETER F., Das Leiden: »Herr Doktor, bin ich verrückt?« Eine Theorie der leidenden Person statt einer Krankheitslehre, in: Frenzel/Schmid/Winkler 1992(b), 83–125
SCHMID, PETER F., Traum: »Die Traumkunst träumt, und alle Zeichen trügen«. Der Traum als Encounter und Kunstwerk, in: Frenzel/Schmid/Winkler 1992(c), 391–409
SCHMID, PETER F., Die Therapie als Gegenmilieu. Sàndor Ferenczi, personzentriert gelesen, in: apg-kontakte 2 (1992d) 10–17
SCHMID, PETER F., »Ecce Homo! – Seht, was für ein Mensch!« Anthropologische Voraussetzungen für die Begegnung mit Jesus, in: Diakonia 1 (1992e) 13–23
SCHMID, PETER F., Die Familie als Lernort. Psychotherapeutische Erfahrungen und pastoraltheologische Konsequenzen, in: Diakonia 4 (1992f) 231–240
SCHMID, PETER F., Echtheit als Wahrhaftigkeit. Offenheit und Transparenz als Grunddimension personaler Begegnung, Seggauberg (Manuskript) 1993
SCHMID, PETER F., Personzentrierte Gruppenpsychotherapie, Bd. I: Solidarität und Autonomie, Köln (Edition Humanistische Psychologie) 1994(a)
SCHMID, PETER F., Begegnung ist Verkündigung. Paradigmenwechsel in der Seelsorge, in: Diakonia 1 (1994b) 15–30
SCHMID, PETER F., »Der Mensch ist der erste und grundlegende Weg«. Zum Dialog zwischen Humanistischer Psychologie und Seelsorge, in: Lebendige Seelsorge 3/4 (1994c) 170–176
SCHMID, PETER F., Krabbeln, gehen und tanzen. Von der Kunst, Kreativität zu fördern, in: Schmid/Wascher 1994(d), 6–19
SCHMID, PETER F., »Gegenwärtigkeit«. Anthropologische und psychologische Vorausetzungen des Dialogs über Glaubensfragen, in: Forum St. Stephan, Bedingungen des Dialogs über Glaubensfragen. Erkenntniswege in der Theologie, Linz 1994(e), II/1–29
SCHMID, PETER F., Personzentrierte Gruppenpsychotherapie in der Praxis, Bd. II: Die Kunst der Begegnung, Paderborn (Junfermann) 1995(a), erscheint 1996.
SCHMID, PETER F., Die Person im Zentrum, in: Rogers/Schmid 1991, ²1995(b), 297–303
SCHMID, PETER F., »The future is more important than the past in determinating present behavior«. Zum 15. Geburtstag der APG und zur Eröffnung neuer Räume, in: apg-kontakte 1 (1995c) 9–22
SCHMID, PETER F., Rogers auf der Couch. Zu Köhler-Weisker u. a. 1993, in: apg-kontakte 3 (1995d)
SCHMID, PETER F., »Probably the most potent social invention of the

century«. Person-Centered Therapy is fundamentally group therapy, in: Hutterer/Pawlowsky/Schmid/Stipsits 1995(e), 611–625
SCHMID, PETER F., »Intimacy, tenderness and lust«. A person-centered approach to sexuality, in: Hutterer/Pawlowsky/Schmid/Stipsits 1995(f), 85–99; dt.: »Intimität, Zärtlichkeit und Lust«. Thesen zur Sexualität aus personzentrierter Sicht, in: GWG Zeitschrift 99 (1995)
SCHMID, PETER F., Die Person im System. Muß der Personzentrierte Ansatz um eine systemische Perspektive ergänzt werden?, in: apg-kontakte 2 u. 3 (1995g)
SCHMID, PETER F., Aggression. Thesen zum Verständnis aus personzentrierter Sicht, in: Personzentriert 2 (1995h)
SCHMID, PETER F., Bibliographie Carl Rogers. Vollständiges, chronologisches und alphabetisches Verzeichnis der Originalausgaben und der deutschsprachigen Übersetzungen der Schriften und Filme mit einem Anhang über Video- und Audiokassetten sowie Namens-, Titel- und Sachregister 1922–1995, Wien (Manuskript) [8]1995i; erhältlich beim Verfasser
SCHMID, PETER F., Bibliographie zum Personzentrierten Ansatz 1940–1995. Mit komplettem Register, Wien (Manuskript) [7]1995j; erhältlich beim Verfasser
SCHMID, PETER F., Christsein in Gemeinden. Pastoraltheologische Überlegungen zu einer personalen Seelsorge (in Vorbereitung)
SCHMID, PETER F. / WASCHER, WERNER (Hg.), Towards creativity. Ein personzentriertes Lese- und Bilderbuch, Linz (edition sandkorn) 1994
SCHMIDTCHEN, STEFAN, Klientenzentrierte Spiel- und Familientherapie, Weinheim (PVU) [3]1991
SCHMIDTCHEN, STEFAN / SPEIERER, GERT-WALTER / LINSTER, HANS (Hg.), Die Entwicklung der Person und ihre Störung, Bd. 2: Theorien und Ergebnisse zur Grundlegung einer klientenzentrierten Krankheitslehre, Köln (GwG) 1995
SCHÜTZ, KLAUS-VOLKER, Gruppenforschung und Gruppenarbeit. Theoretische Grundlegungen und Praxismodelle, Mainz (Grünewald) 1989(a)
SCHÜTZ, KLAUS-VOLKER, Gruppenarbeit in der Kirche. Methoden angewandter Sozialpsychologie in Seelsorge, Religionspädagogik und Erwachsenenbildung, Mainz (Grünewald) 1989(b)
SCOBEL, WALTER A., Grundlagen der Supervision, in: GwG Zeitschrift 84 (1991a) 19–22
SCOBEL, WALTER A., Was ist Supervision?, Göttingen (Vandenhoeck & Ruprecht) [3]1991b
SEEWALD, CORNELIA, Das personzentrierte Konzept in Organisationen. Gespräch mit Roland Asanger, GwG Zeitschrift 67 (1987) 6–8
SEIDLER, KLAUS-PETER (1992), Perspektiven der Forschung in der Klientenzentrierten Psychotherapie, in: GwG Zeitschrift 88 (1992) 19–29
SPEIERER, GERT-WALTER, Eine klientenzentrierte Krankheitstheorie für die Gesprächspsychotherapie, in: Meyer-Cording, Gisela / Speierer, Gert-Walter (Hg.), Gesundheit und Krankheit. Theorie und Praxis der klientenzentrierten Gesprächspsychotherapie heute, Köln (GwG) 1990, 86–114

SPEIERER, GERT-WALTER, Das differentielle Inkongruenzmodell (DIM). Handbuch der Gesprächspsychotherapie als Inkongruenzbehandlung, Heidelberg (Asanger) 1994

SPLETT, JÖRG, Der Mensch ist Person. Zur christlichen Rechtfertigung des Menschseins, Frankfurt/M. (Knecht) 1978

STIPSITS, REINHOLD, Die Person im Plural, in: apg-kontakte 2 (1991) 5–12

STIPSITS, REINHOLD / HUTTERER, ROBERT (Hg.), Perspektiven Rogerianischer Psychotherapie. Kritik und Würdigung zu ihrem 50jährigen Bestehen, Wien (WUV Universitätsverlag) 1992

STRAUMANN, URSULA (Hg.), Beratung und Krisenintervention. Materialien zu theoretischem Wissen und interdisziplinärem Bezug, Köln (GwG) 1992

SWILDENS, HANS, Prozeßorientierte Gesprächspsychotherapie. Einführung in eine differentielle Anwendung des klientenzentrierten Ansatzes bei der Behandlung psychischer Erkrankungen, Köln (GwG) 1991

SWILDENS, HANS, Die klientenzentrierte Therapie, die prozeßorientierte Gesprächstherapie und die personzentrierte Gesprächsführung: drei Töchter des gleichen Vaters, aber aus verschiedener Ehe, in: Stipsits/Hutterer 1992, 54–70

STRAUMANN, URSULA (Hg.), Beratung und Krisenintervention. Materialien zu theoretischem Wissen und interdisziplinärem Bezug, Köln (GwG) 1992

STUMM, GERHARD, Der Prozeß: Ich kann mich jetzt besser leiden. Interpretationsebenen des therapeutischen Prozesses, in: Frenzel/Schmid/Winkler 1992, 241–262

TAUSCH, REINHARD / TAUSCH, ANNE-MARIE, Gesprächspsychotherapie. Hilfreiche Gruppen- und Einzelgespräche in Psychotherapie und alltäglichem Leben, Göttingen (Hogrefe) [9]1990

TEICHMANN-WIRTH, BEATRIX, Sexualität: »Man darf das nicht vor keuschen Ohren nennen, was keusche Herzen nicht entbehren können«. Personzentrierte Therapie: Jenseits der Sexualität?, in: Frenzel/Schmid/Winkler 1992, 293–302

TERJUNG, BEATRIX, Person-centered approach und Organisationsentwicklung, in: Behr u. a. 1990, 123–143

TEUSCH, LUDWIG / FINKE, JOBST (Hg.), Krankheitslehre der Gesprächspsychotherapie. Neue Beiträge zur theoretischen Fundierung, Heidelberg (Asanger) 1993

THORNE, BRIAN, Person-centred counselling. Therapeutic and spiritual dimensions, London (Whurr) 1991a

THORNE, BRIAN, Behold the man. A therapist's meditations on the Passion of Jesus Christ, London (Darton, Longman and Todd) 1991b

THORNE, BRIAN, Carl Rogers, London (Sage) 1992a

THORNE, BRIAN, Carl Rogers – das Vermächtnis und die Herausforderung, in: Stipsits/Hutterer 1992(b), 39–53; orig: Carl Rogers: The legacy and the challenge, in: Thorne 1991a, 178–189

TOPF, REINHARD, Die Indikation: Bin ich bei Ihnen richtig? Indikation aus der Begegnung, in: Frenzel/Schmid/Winkler 1992, 137–152

TSCHEULIN, DIETER, Wirkfaktoren psychotherapeutischer Intervention, Göttingen (Hogrefe) 1992
TSCHEULIN, DIETER, Heilung durch Liebe? Die Struktur der psychotherapeutischen Interaktion, Vortrag ICCCEP 1994, Gmunden; s. Book of Abstracts, 106
VOGEL, ALBERT-LUDWIG, Das Politische bei Carl Rogers. Versuch einer Annäherung mit der Darstellung von ausgewählten Strukturanalogien zur Programmatik der Ökologisch-Demokratischen Partei, Frankfurt/M. (Peter Lang) 1989
WAGNER, ANGELIKA C. (Hg.), Schülerzentrierter Unterricht, München (Urban und Schwarzenberg) [2]1982
WALDENFELS, BERNHARD (1971), Das Zwischenreich des Dialogs, Den Haag 1971
WARNER, MARGARET S., How does empathy cure? A theoretical consideration of empathy, processing and personal narrative, in: Hutterer/Pawlowsky/Schmid/Stipsits 1995
WASCHER, WERNER, Körper: Meine Schmerzen, deine Schmerzen. Personzentrierte Therapie als Körpertherapie, in: Frenzel/Schmid/Winkler 1992, 303–313
WASCHER, WERNER / FRENZEL, PETER (Hg.), Der Personzentrierte Ansatz und multikulturelle Kommunikation. Ein internationaler Überblick, vol. III, Linz (edition sandkorn) 1994
WEBER, WILFRIED, Wege zum helfenden Gespräch. Gesprächspsychotherapie in der Praxis, München (Reinhardt) [10]1994
WEINBERGER, SABINE, Klientenzentrierte Gesprächsführung. Ein Trainings- und Lernprogramm, Weinheim (Beltz) [5]1992
WINDISCH, HUBERT, Sprechen heißt lieben. Eine praktisch-theologische Theorie des seelsorgerlichen Gesprächs, Würzburg (Echter) 1989a
WINDISCH, HUBERT, Seelsorge für die Menschen. Die Erneuerung der Pastoral durch das seelsorgerliche Gespräch, Mainz (Echter) 1989b
WINKLER, MARIETTA, Was ist Feministische Therapie?, in: apg-kontakte 1 (1990) 5–7
WINKLER, MARIETTA, Das Geschlecht: Du Tarzan – ich Jane. Geschlechterdifferenz in der therapeutischen Interaktion, in: Frenzel/Schmid/Winkler1992, 193–205
WITTRAHM, ANDREAS u. a., Ethische Leitlinien für personzentriertes Handeln in Therapie und Beratung, Workshop Europ. Kongreß Aachen 1995; Abstracts, S. 94
WUTTIG, SIEGBERT, Die Anthropologie von Carl Rogers im Kontext der europäischen und amerikanischen Ideengeschichte, in: Behr u.a. 1990, 22–42
ZURHORST, GÜNTER, Wissenschaft und Subjektivität – für eine kritische, phänomenologisch-existentialistische Fundierung der GT, in: Gesellschaft für wiss. Gesprächspsychotherapie 1988, Bd. II, 182–186